俄罗斯财经研究报告

RUSSIAN FINANCIAL RESEARCH REPORT

2022 — 2023年

全民健康覆盖下俄罗斯基本医疗卫生财政保障

FINANCIAL AND ECONOMIC SUPPORT FOR MEDICAL
AND HEALTH CARE IN RUSSIA:
BASED ON THE PERSPECTIVE OF UNIVERSAL HEALTH COVERAGE

中央财经大学俄罗斯东欧中亚研究中心　组织编写

童　伟　宁小花　著

人民出版社

序

促进与保护健康对于经济与社会持续发展不可或缺，也是世界各国一直在努力追求的人类福祉。虽然各国医疗保障体系改革存在诸多差异，但有一大趋势是共通的，即医疗保障体系应逐渐向全民健康覆盖发展，且政府在医疗保障筹资中应扮演积极而有效的角色。根据 2010 年世界卫生报告《卫生系统筹资：实现全民覆盖的道路》中关于全民健康覆盖的阐述，全民健康覆盖主要涵盖三项内容：覆盖多少人口？覆盖多少服务？覆盖多少费用？

无论是对某个国家还是对全世界来说，实现全民健康覆盖的两个关键要素都是获得关键卫生服务的经济可及性，以及为使用卫生服务的人们提供经济风险保护的程度，即公共卫生资金筹集的程度。不同收入水平的国家，其卫生财政保障机制也会有所不同，不仅会影响其医疗卫生服务的公平性和可及性，更对一国的健康产出、人力资本状况，以及经济发展和社会稳定产生重要影响。

近年来，我国各级政府对全民健康覆盖的重视程度愈来愈高，采取了一系列措施，特别是不断加大财政保障力度，以切实提高基本医疗卫生服务的公平程度。但在诸多因素影响下，我国公共卫生服务仍然存在多方面问题，提高基本医疗卫生服务的公平性、可及性、便利性，任重而道远。

事实上，从基本国情来看，作为一个依然处于转型之中的发展中国家，我国在转型初始条件、医疗保障模式选择与俄罗斯有诸多相似之处，但随着两国经济改革道路的不同选择，在医疗卫生服务及财政保障领域的改革也有所不同：中国以先试点再扩大的方式渐进式推进改革，而俄罗斯采取的则是"小步快跑"的激进式改革，尤其是财政投入方面的"医疗优先"改革，彻底改变了俄罗斯的基本医疗卫生服务面貌。经过 20 多年的改革与发展，俄罗斯医

疗卫生财政保障改革取得的成效是显著而积极的，俄罗斯人均预期寿命已从
20 世纪 90 年代初的 63.8 岁提升到 2019 年的 73.3 岁，增长了 9.5 岁①；死亡
率由 2006 年的 15.1‰降至 2019 年的 12.5‰，下降了 17.3%；俄罗斯人口数
量也因之明显提高，由 2006 年的 14323 万人增长到 2019 年的 14679 万人，增
长了 356 万人，涨幅接近 2.5%⋯⋯从这些数据可以发现，俄罗斯在医疗卫生
服务领域的财政投入已取得了积极成效，使其国民享受的医疗服务得以快速提
高，其基本医疗卫生财政保障机制，值得研究、思考。

　　本书在全民健康覆盖的大背景下，对俄罗斯基本医疗卫生财政保障机制的
发展沿革、组织管理、筹资来源、主要改革措施进行全面梳理。以全民健康覆
盖为测量指标，构建医疗卫生支出公平性和有效性评价指标体系，通过洛伦茨
曲线、基尼系数、泰尔指数法等实证分析方法，对俄罗斯基本医疗卫生支出的
公平性、效率性、效益性进行剖析，同时结合俄罗斯近年来颁布的基本医疗卫
生发展规划、相关政策、改革措施，探讨俄罗斯基本医疗卫生财政保障体系存
在的不足及后续改革方向，并在对我国基本医疗卫生财政保障机制与俄罗斯异
同剖析的基础上，提出完善我国相关领域改革的政策建议。

　　本书受中央财经大学财经研究院、北京市财经研究基地支持，在此表示
感谢。

编　者

2022 年 10 月

---

① 2019 年的新冠疫情使俄罗斯 2020 年人均预期寿命下降到 71.5 岁，2021 年下降到 70.06 岁。

目　录

第一章　俄罗斯基本医疗卫生财政保障机制的发展......................1

第一节　俄罗斯基本医疗卫生财政保障机制改革思想的发展脉络...........1

第二节　俄罗斯基本医疗卫生财政保障机制发展历程..................10

第三节　俄罗斯基本医疗卫生服务供给机制的构建...................21

第二章　全民健康覆盖视角下俄罗斯基本医疗卫生财政保障理论..........31

第一节　核心概念界定.....................................31

第二节　基本医疗卫生服务财政保障理论........................48

第三节　健康人力资本理论.................................56

第三章　以全民健康覆盖为核心的俄罗斯基本医疗卫生财政保障改革......61

第一节　规范法律制度，坚持政府主导，加强医疗卫生领域顶层设计......61

第二节　扩大筹资来源，加大医疗投入，提高免费医疗政策可持续性......73

第三节　引入竞争机制，完善硬软件设施，提升医疗卫生服务供给能力...87

第四章　全民健康覆盖下俄罗斯基本医疗卫生支出公平性和有效性分析...98

第一节　医疗卫生支出绩效测度相关研究........................98

第二节　全民健康覆盖的测量指标框架.........................110

第三节　俄罗斯基本医疗卫生支出公平性分析....................114

第四节　俄罗斯基本医疗卫生支出有效性分析....................150

第五章　全民健康覆盖下俄罗斯基本医疗卫生财政保障问题、　成因

**　　　　及改革方向** 184

　　第一节　俄罗斯基本医疗卫生财政保障存在的主要问题 184

　　第二节　俄罗斯基本医疗卫生财政保障问题的引发原因 232

　　第三节　俄罗斯基本医疗卫生财政保障的改革方向 243

第六章　全民健康覆盖下俄罗斯基本医疗卫生财政保障机制构建的

**　　　　借鉴和启示** 272

　　第一节　我国基本医疗卫生财政保障发展历程和现状 273

　　第二节　俄罗斯医疗卫生财政保障模式对我国的借鉴意义 289

　　第三节　俄罗斯基本医疗卫生财政保障机制经验借鉴 295

　　第四节　俄罗斯基本医疗卫生财政保障改革的教训汲取 304

参考文献 309

前　言

俄罗斯东欧中亚政治经济研究一直是中央财经大学的优势学科方向。自20世纪60年代起，在姜维壮教授、魏振雄教授等一批知名留苏学者的带领下，中央财经大学在苏联政治经济领域开展了大量的教学与科学研究工作，为新中国培育了大批专门人才，向有关部门提交了大量关于苏联政治经济研究方面的研究报告，为中国外交战略的确定、本国政治经济方针的制定作出了卓越贡献，获得了政府有关部门及学术界的高度好评。

为延续和发挥这一教学与科研优势，中央财经大学于1988年成立苏联东欧研究中心（后改名为俄罗斯东欧中亚研究中心）。该中心以服务国家战略和外交大局为目标，以俄罗斯东欧中亚国家政治经济理论研究和人才培养为核心，以扩大国际影响和对外交流为方向，凭借自身在政治、经济、财政、金融等领域拥有的雄厚科研实力和独特的学科优势开展了大量工作，发布了一大批在国内具有领先水平的高质量研究成果，为国家培养了一批高素质人才，同时，也为我国的各级立法机构、各级政府部门、银行、企事业单位和各类投资者提供了大量政策咨询与技术保障服务，为我国政治经济社会发展和对外开放作出了应有的贡献。

2017年，中央财经大学俄罗斯东欧中亚研究中心通过申报，成功入选为教育部国别与区域备案研究中心。

在多年积累和几代人努力的基础上，中央财经大学俄罗斯东欧中亚研究中心已成为一个以多学科为依托，吸收校内外、国内外高水准专家组成的开放、流动的研究基地。

2011年，中央财经大学俄罗斯东欧中亚研究中心开始潜心编写与打造

《俄罗斯财经研究报告》。至今，《俄罗斯财经研究报告》已连续出版十年。在这十年中，俄罗斯东欧中亚研究中心对每一期《俄罗斯财经研究报告》的研究内容都进行了精心编排，已分别对俄罗斯的公共财政、政府预算、税制改革、银行与资本市场、对外贸易与投资、企业管理、社会保障、农地制度、住房改革、国家治理等领域进行了系统深入的专题研究。

本次推出的《俄罗斯财经研究报告（2022—2023 年）》，着重针对全民健康覆盖下俄罗斯基本医疗卫生财政保障进行研究。众所周知，促进与保护健康对于经济与社会持续发展不可或缺，也是世界各国一直在努力追求的人类福祉。虽然各国医疗保障体系改革存在诸多差异，但有一大趋势是共通的，即医疗保障体系应逐渐向全民健康覆盖发展，且政府在医疗保障筹资中应扮演积极而有效的角色。2012 年 12 月 12 日，联合国大会通过一项决议，敦促各国加快实现全民健康覆盖，即全世界各地每个人都应该有机会获得高质量且负担得起的卫生保健服务，这是国际发展的一个重要优先事项。新冠疫情的暴发让全世界的卫生系统持续进行反思，也让各国对于实现全民健康覆盖的目标更加迫切，压力更加巨大。那么，要实现全民健康覆盖关键要素是什么？那就是获得关键卫生服务的经济可及性，以及为使用卫生服务的人们提供经济风险保护的程度，即公共卫生资金的筹集。强有力的筹资结构是实现全民健康覆盖的关键所在，不同收入水平的国家，其卫生财政保障机制也会有所不同，不仅会影响其医疗卫生服务的公平性和可及性，更对一国的健康产出、人力资本状况，以及经济发展和社会稳定产生重要影响。

我国政府历来重视人民的健康事业，将全民健康覆盖放在优先发展的战略地位，并采取一系列措施，特别是不断加大财政保障力度，以切实提高基本医疗卫生服务的公平程度。但在诸多因素影响下，我国公共卫生服务仍然存在多方面的问题，提高基本医疗卫生服务的公平性、可及性、便利性，任重而道远。事实上，从基本国情来看，作为一个依然处于转型之中的发展中国家，我国在转型初始条件、医疗保障模式选择与俄罗斯有诸多相似之处，但随着两国经济改革道路的不同选择，在医疗卫生服务及财政保障领域的改革也有所不同：中国以先试点再扩大的方式渐进式推进改革，而俄罗斯采取的则是"小步快跑"的激进式改革，尤其是财政投入方面的"医疗优先"改革，彻底改变了俄罗斯的基本医疗卫生服务面貌。经过 20 多年的改革与发展，俄罗斯在全民健康覆盖推进过程中的财政投入已取得了积极成效，使其国民享受的医疗卫生服务水平得以快速提高，其基本医疗卫生财政保障机制值得我们分析、研究和思考。因此，俄罗斯在推进全民健康覆盖过程中的财政保障机制就成为需要着重关注与研究的领域，此亦本书关注的重要内容。

马海涛

2022 年 10 月

第一章 俄罗斯基本医疗卫生财政保障机制的发展

经过近 30 年的改革发展，俄罗斯医疗卫生财政保障机制已从集中、综合、分层的管理模式逐渐过渡到分散、竞争、以保险为基础的管理模式，为提高俄罗斯医疗卫生服务的可及性和公平性奠定了良好基础。①

第一节 俄罗斯基本医疗卫生财政保障机制改革思想的发展脉络

一、苏联时期马克思主义的"国家主导型"社会保障思想

马克思主义的社会保障思想，是当代俄罗斯马克思主义社会保障思想的重要思想渊源，对苏联免费医疗保障制度的产生和发展具有深远影响。

（一）马克思社会保障思想的发展与主要内容

马克思社会保障思想最早形成于 19 世纪中期，这种保障思想并不是凭空产生的，而是植根于特定的社会发展背景，并吸收和融合了前人取得的理论成果。一方面，随着工业革命的爆发，社会生产力得到极大发展，新的社会生产关系——新兴资本主义制度得以快速建立并巩固，伴随着城市化和工业化的加速，很多包括养老、医疗等社会问题逐渐暴露，亟须构建与社会制度相适应的社会保障制度；另一方面，资本主义经济的快速发展，使得生产社会化与生产

---

① 童伟、宁小花：《全民健康覆盖视角下的俄罗斯医疗卫生筹资分析及启示》，《经济社会体制比较》2019 年第 3 期。

资料私有制之间的矛盾日益加剧，尤其是 1825 年后爆发的周期性经济危机，进一步激化了无产阶级与资产阶级之间的矛盾，资产阶级迫于压力不得不主动思考如何解决无产阶级的福利问题。在这种背景下，马克思开始探究资本主义社会危机以及民众疾苦的根源，并探索有效的解决之道。

19 世纪 40 年代到 50 年代，在批判英国古典政治经济学关于资产阶级社会保障思想、吸收其生产力发展和社会进步思想，并理性结合莫尔、温斯坦莱、欧文、傅立叶、圣西门等空想社会主义者的社会保障思想基础上，马克思初步探索了社会主义的社会保障思想。在其《1844 年经济学哲学手稿》中，马克思就开始关注工人阶级的贫困问题，指出："分工提高劳动的生产力，增加了社会的财富。使社会精美完善，同时却使工人陷于贫困直到沦为机器。劳动促进资本的积累，从而也促进社会富裕程度的提高，同时却使工人越来越依赖于资本家，引起工人间更剧烈的竞争，使工人卷入生产过剩的追猎活动；跟随生产过剩而带来的是同样急剧的生产衰落"。① 而一旦当社会处于衰退状态时，工人遭受的苦难最为严重。因为与雇用他的人相比，工人不是处于自由卖方的地位。资本家可以自由雇用工人，而工人总是被迫出售。如果劳动力的价值不是瞬间就被销毁，那它的价值就会被完全破坏。与真实的商品不同，劳动既不能积累也不能节省。"劳动就是工人阶级的生命，如果每天不以生命换取食物，工人就会遭受苦难并很快灭亡。"②

因此，对于工人阶级来说，劳动不仅是赖以生存的手段，更是全家生活的保障。如果工人无法出卖自身劳动或者生病，整个家庭将不得不因失去生活保障而陷入贫困。1848 年，马克思在《共产党宣言》中还阐述了为维持工人阶级基本生活而建立最低工资制度的思想。马克思对工人阶级贫困问题的关注标志着马克思社会保障思想的初步形成。此后，在《1857—1858 年经济学手稿》，以及《资本论》和《哥达纲领批判》中，马克思不仅批判了资本主义社会保障制度，还从剩余价值理论角度揭示了资本主义社会保障基金的来源，并提出社会总产品的"六项扣除学说"，使得马克思社会主义社会保障思想更加

---

① 《马克思恩格斯文集》第 1 卷，人民出版社 2009 年版，第 155 页。
② 《马克思恩格斯文集》第 1 卷，人民出版社 2009 年版，第 158—159 页。

系统完善。

具体来说，马克思社会主义社会保障思想主要包括以下内容：

其一，在社会主义社会中，社会保障的出发点是保障人们最基本的需求。在马克思看来，人类的基本需求不仅是其生存的本质，也是人类的基本权利，是社会生产中最重要的事情。在社会主义社会中，社会生产的基本目的就是满足人们的基本需求，而社会保障是为了满足人类基本需求，保证社会生产和发展的前提条件。在社会发展初级阶段，社会保障首先要满足人类的基本需求，随着生产力的发展，社会保障可以逐步满足人类的高层次需求，促进人的全面发展。①

其二，在社会主义社会中，社会保障制度要遵循适度公平原则。这里的公平主要包括两个维度：一是社会保障资金分配上的公平，即在确定社会保障的对象、资金来源、社会主体等问题时坚持公平原则，以社会劳动量为尺度进行计量，在社会保障资金筹集过程中通过调节收入差距实现社会保障资金分配上的公平，使个人的风险尽可能通过社会集体的方式进行释放；二是社会保障范围上的公平，即使出身、地位等不同的社会群体作为社会成员的一部分无差别的享受应有的社会保障服务②。

其三，在社会主义社会中，社会保障的责任主体应是国家。工业产业的发展在解散旧的家庭劳动经济制度的同时，也解散了相应的旧家庭关系，这就降低了个体的社会风险防控能力。③ 在马克思看来，在社会化大生产的背景下，工人人口数量众多，涉及领域非常广泛，当工人遭遇疾病或者丧失劳动能力，个人及其家庭失去生活保障时，社会无力承担，就需要国家这个大"工厂"承担保障工人基本生活的责任。在社会主义社会以及共产主义社会中，国家应在建立社会保障制度、筹集社会保障资金、明确社会保障权利义务等方面起着主导作用，承担主体责任，只有这样，才能实现社会保障的公平性和有效性。

其四，在社会主义社会中，社会保障资金来源于社会共同财富。马克思认

① 《马克思恩格斯文集》第 8 卷，人民出版社 2009 年版，第 156、171 页。
② 梅哲：《马克思恩格斯的社会保障思想研究》，《马克思主义研究》2005 年第 6 期。
③ 《马克思恩格斯文集》第 5 卷，人民出版社 2009 年版，第 562 页。

为，作为社会产品分配和再分配的一个重要环节，社会主义社会保障的资金并不像资本主义社会那样来源于工人所创造的剩余价值，而是靠劳动人民创造的剩余价值积累形成的。在《哥达纲领批判》中，马克思指出，社会总产品在进入社会分配领域之前应进行一定的扣除，且部分用来保证社会保障资金，其扣除的顺序为：首先，扣除消耗的生产资料部分；其次，扣除追加生产的生产资料部分；再次，扣除应付工人自身遭遇意外或者自然灾害的储备基金部分；最后，在进行个人分配之前，还应扣除满足工人共同需求的消费资料部分，包括一般管理费用以及医疗、教育、养老、住房、社会救助等社会福利基金。①由此可见，马克思关于社会产品的分配、扣除理论，为医疗卫生保障资金的筹集奠定了基础。

（二）马克思社会保障思想对苏联免费医疗保障制度的影响

在马克思社会保障思想的指导下，作为一个社会主义社会，苏维埃社会主义共和国联盟在成立之前，就初步建立了覆盖所有保障需求、覆盖所有人群（包括职工和家属），覆盖所有医疗费用的国家医疗保障制度。②

苏联成立后，开发了一种完全由国家运营的医疗保障模式——萨马什科（Semashko）系统③，并将包含医疗保险制度在内的社会保险制度纳入宪法。在此基础上，马克思社会保障思想还被用于进一步促进苏联医疗保障制度的形成与完善。1918 年 7 月 11 日，在批准新宪法的第五次苏维埃全国代表大会上，苏联人民卫生委员会成立。尼古拉·萨马什科（Nikolai Semashko）当选为第一人民委员会主席，并提出了国家医疗系统的基本原则：在医疗保障目标方面，宪法规定应该关心和保障每个人的基本福利，国家应注重初级医疗保健服务和预防医学的发展；在医疗保障范围方面，政府应为所有公民提供免费、平等的医疗保健服务，所有卫生人员都是国家雇员；在医疗筹资方面，强调国家

---

① 《马克思恩格斯文集》第 3 卷，人民出版社 2009 年版，第 433、436、678 页。
② Jeremy Jennings, *Socialism：Critical Concepts in Political Science*（Vol. 1），London and New York：Routledge，2003，pp. 1-4.
③ 该系统以苏联卫生部门负责人尼古拉·萨马什科（Nikolai Semashko）命名，在其任职期间，制定了国家卫生保健原则，建立了统一的国家卫生系统，开展了抗击流行病工作，为全民提供免费医疗服务，奠定了苏维埃公共卫生的基础。

的无限责任，医疗保障资金应由政府和企业共同负担；在医疗组织管理方面，应对医疗服务机构实行高度集中的统一管理，国家应对医疗卫生服务进行统一规划。

二、俄罗斯转型初期新自由主义的"市场主导型"社会保障思想

作为 20 世纪 70 年代盛行的西方经济思潮，新自由主义反对国家直接插手社会保障事业，认为社会保障制度破坏了市场机制的功能，不利于社会保障事业发展，市场才是解决社会保障问题的最有效途径。在其影响下，俄罗斯对医疗保障领域进行了一系列市场化改革。

（一）新自由主义思想的发展与主要内容

第二次世界大战后，西方国家在凯恩斯主义及国家干预理论的指导下，持续了近 30 年的快速增长。到 20 世纪 70 年代，西方国家出现了严重的经济危机，陷入长期"滞胀"状态，而凯恩斯主义无法解释也无法解决这一社会局面，社会基本矛盾日益突出。在这一背景下，新自由主义逐渐在西方理论界盛行。

新自由主义的前身实为古典自由主义，该思想借鉴了古典经济学和功利主义，尤其是亚当·斯密在《国富论》一书中提出的经济思想，认为所有人都能确保自己的经济自利符合共同利益，个人应有从收入最高的雇主那里获得工作的自由。在自由市场中，劳动力和资本都将获得最大的回报，而生产将被有效地组织起来以满足消费者的需求。古典自由主义批判福利国家干预自由市场的做法，主张政府干预应实现最小状态，仅限于以下功能：保护个人权利并提供自由市场中无法提供的服务；提供国防服务；维护公民免遭其他公民的侵犯；建立和维护公共机构；建造和维护公共工程，包括道路、运河、港口、铁路、通信和邮政服务等。①

此后，在古典自由主义的基础上，新自由主义逐渐发展壮大且流派众多，其中最具代表性的学派主要有哈耶克学派、弗里德曼学派和艾哈德学派。其

---

① E. K. Hunt, *Property and Prophets*: *The Evolution of Economic Institutions and Ideologies*, New York: M. E. Sharpe, 2003, pp. 51-53.

中，哈耶克认为，世界本身就是千差万别的，每个个体都会因自身差异获得不一样的待遇，如果强行实行个体的同等待遇反而会破坏社会发展的自然规则，引发新的不平等。具体到社会保障领域亦是如此，社会保障应是一种相对有限的保障，而不是绝对的社会保障。免费医疗服务的供给一方面会刺激需求方无限的医疗需求，缺乏有效的约束机制；另一方面还会大大降低供给方的供给动力，造成医疗资源的浪费和医疗系统的低效率。弗里德曼在其著作《资本主义与自由》中阐述了个体与政府的关系，认为个体的自由是至关重要的，政府只是帮助个体实现和保护自由的工具而已。市场经济本身具有较强的稳定性，只须靠自身的调节机制就能正常运行，无须政府进行干预。具体到社会保障领域，弗里德曼认为，国家通过统一的社会保障计划给与所有人同等的保障待遇，侵犯了个人自由选择的权利，同时也会降低社会保障系统的运行效率。① 和前两位学者一样，德国经济学家路德维希·艾哈德也对国家干预下的社会福利系统持批判态度。他认为，生产和消费自由是市场经济中最为宝贵的财富，这种自由竞争能够同时保证经济发展中的民主和效率。社会发展需要福利政策的支持，但是前提条件是经济首先实现稳定增长，把蛋糕做大做强，才能增加福利待遇，福利国家向全民提供均等化福利的做法只会使社会个体对政府越来越依赖，缺乏激励效应，从而降低经济发展效率。

概括来说，新自由主义医疗保障思想主要涵盖以下内容：

其一，反对医疗保障领域的绝对公平，主张相对公平。在差异化明显的社会个体面前，公平并不是绝对的，而是相对的。在自由竞争的医疗服务市场中，医疗资源分配和医疗服务供给可以达到"帕累托最优"，是最具效率和公平的。如果政府制定强制性、统一的医疗保障方案，反而会破坏医疗卫生系统，损害个人自由选择的权利，没有了自由，公平也就无从谈起。

其二，反对医疗保障中的国家主体责任，主张个人责任。在新自由主义者看来，国家在医疗保障领域进行过多干预，不仅会剥夺个人自由选择权利，使个人过度依赖政府，造成社会生产效率的低下，同时还会给政府带来沉重的财

---

① Milton Friedman, Rose D. Friedman, *Capitalism and Freedom*: *Fortieth Anniversary Edition*, U. of Chicago Press, 1962.

政支出负担。因此，在医疗保障领域应大力推行私有化改革，推行商业医疗保险，强化医疗保障中的个体责任，使家庭和个人成为医疗保障的重要渠道。

其三，反对无限医疗保障福利，主张有限的医疗保障。新自由主义充分肯定医疗保险在保障个体健康、促进社会发展中的重要意义，但是反对单一的国家医疗保障或者全民医疗保障方案，因为这类方案违背了秩序自由，且一旦确定后就很难更改或撤销，加大了国家未来医疗保障改革的成本。因此，政府只须向社会提供有限的医疗保障，为真正需要的社会个体提供最基本的医疗卫生服务，充分尊重医疗卫生领域的自由竞争。

（二）新自由主义思想对俄罗斯医疗保障改革的影响

新自由主义在西方理论界盛行后，逐渐取代了凯恩斯主义的国家干预理论，在世界政治经济领域中占据主导地位，成为多个国家社会保障领域改革的理论基础，如英国的撒切尔政府改革、美国的里根政府改革、拉丁美洲国家的新自由主义改革，等等。与此同时，俄罗斯在面对不断加深的社会经济危机和矛盾下，开始实施以"华盛顿共识"为导向的"休克疗法"，快速推进经济转轨进程。[①]

在医疗保障领域，由于国家政治、经济形势严重恶化，政府难以维持苏联时期的免费医疗计划，在推进公共服务市场化、倡导医疗保障领域自由竞争、限制政府权力、强调个人责任与义务、提倡有限国家福利等新自由主义医疗保障思想的影响下，俄罗斯逐步将市场机制引入医疗保障领域，以"小步快跑"的方式对医疗保障领域进行了一系列市场化改革。

在改革过程中，俄罗斯虽然沿袭了苏联的免费医疗制度，主张政府在医疗卫生财政保障中的主导责任，但是政府不再负完全责任，而是通过设立强制医疗保险基金，逐步建立起政府、企业、个人共同负担的医疗筹资体系；在医疗管理体制上，俄罗斯不再实行国家统一的集中管理模式，而是通过成立非国有医疗保险公司、实行强制医疗保险卡、取消私人医疗机构准入限制等措施，加快医疗卫生领域的市场化改革；在反对绝对公平、绝对社会福利的新自由主义

---

① 田春生：《新自由主义学说及其政策在转型国家的失败——以俄罗斯转型前 10 年的结果为例》，《世界经济与政治》2004 年第 5 期。

思想影响下，俄罗斯通过不再对医疗卫生服务实行全部免费供给，而是通过每年根据民众需求和社会经济发展情况定期更新、发布国家免费医疗服务清单，确定免费医疗服务的类型、方式、支出标准、种类等，强化政府在医疗卫生服务供给中的"托底责任"，确保医疗卫生领域的基本公平。

三、俄罗斯发展期普京主义的"民生为本型"社会保障思想

普京就任总统后，逐渐形成了以民为本的"普京主义"国家治理模式，将医疗保健列为俄罗斯联邦预算的主要优先事项之一。

（一）"普京主义"思想的发展与主要内容

俄罗斯以追求"高效率"为目标的激进式"休克疗法"的实施，一方面，彻底摧毁了苏联 70 余年的计划经济体制，为俄罗斯市场经济体制的建立奠定了一定基础；另一方面，由于"休克疗法"在改革原有的社会生产关系的同时，未能及时建立有效的新型社会经济运行系统，导致"休克疗法"期间，俄罗斯经济混乱、社会保障制度严重滞后、国家综合实力和国民生活水平大幅下降、社会矛盾突出①，转型期经济危机全面爆发，俄罗斯政府不得不对社会经济政策进行一系列调整。

2000 年，普京就任总统后，面对严峻的社会经济形势，提出强国富民的执政理念，从政治、经济、社会方面采取了一系列措施，调整各种关系，整顿社会政治经济秩序，形成了独特的"普京主义"国家治理模式。

在政治层面，受主权民主理念的影响，"普京主义"主张民主化、多元化和稳定化，强调国家权威，认为一个国家政治、经济、社会发展离不开一个具有权威性的决策系统，强有力的中央政权是实现市场经济改革的必要前提②。

在经济层面，"普京主义"认为，正常的社会经济活动以及可持续的经济增长是提升国家治理能力和实现公共服务有效供给的重要保障，政府必须把市场经济改革一直进行下去，直到市场经济能够全面运作。在追求经济自由化的

---

① 徐坡岭、贾春梅：《俄罗斯经济转型：新自由主义的失败与社会市场经济模式的探索》，《俄罗斯东欧中亚研究》2017 年第 3 期。

② 庞大鹏：《"普京主义"析论》，《俄罗斯东欧中亚研究》2016 年第 1 期。

同时，普京认为在市场经济发展过程中，虽然应杜绝国家对经济没有根据的干预，但并不意味着全面消减政府的调节职能。在《千年之交的俄罗斯》中，普京指出，俄罗斯必须在经济和社会领域建立完整的国家调控体系，将政府适度干预与市场自发调节相结合，需要国家调控的地方，就要有国家调控；需要自由的地方，就要有自由。①

在社会层面，由于转型初期的激进式改革对社会生活冲击巨大，民众承担了绝大部分转型的风险和成本，生活水平大幅下降。普京上台后高度重视民生问题，倡导以民为本的观念，强调指出："对俄罗斯来说，任何会造成人民生活条件恶化的改革和措施基本上已无立足之地"，"政治和社会经济动荡、巨变和激进的改革严重消耗了俄罗斯民族的忍耐力、生存能力和建设能力，只有将市场经济和民主原则与俄罗斯现实有机结合起来，才会有一个光明的未来"②，并认为，基本公共服务需求的满足有赖于国家持续的公共政策支持和公共资金的投入，主张政府要承担应有的社会民生职能，尤其要加强和巩固社会保障体系。

（二）"普京主义"思想对俄罗斯医疗保障发展的影响

作为"普京主义"治国思想的重要组成部分，"以民为本"一直贯穿在普京上任后俄罗斯各项经济社会政策之中，在普京历年来的国情咨文中也得到充分体现。这种民生本位观不仅体现在提高人民生活水平方面，还体现在重视人民健康、人口质量、人口发展、医疗卫生服务供给等方面。

2000 年，普京在上任之后的第一个国情咨文中就明确指出："社会经济发展的目的是提高居民生活水平和生活质量，国家不仅要出台相应社会福利政策帮助有需要的人，还要积极投资公民的未来、健康、教育和个人发展"，并提出俄罗斯将优先发展医疗卫生、教育和文化事业。

2004 年，普京在国情咨文中强调，俄罗斯已经成为政治经济稳定的国家，政府的首要任务是在 2010 年前实现国内生产总值翻一番的目标，同时将提高居民福利水平、消除贫困与实现军队现代化放在同等重要的战略位置，并重申显著提高公民福祉的重要性。

---

① 陆南泉：《转型中的俄罗斯》，社会科学文献出版社 2014 年版，第 175—176 页。
② 陆南泉：《转型中的俄罗斯》，社会科学文献出版社 2014 年版，第 176 页。

2006 年，普京在国情咨文中仍侧重于俄罗斯社会经济发展问题，提出在其后的 10 年间政府应把主要精力放在直接决定公民生活质量的主要领域，在教育、卫生、农业和住房建设领域实施国家规划，保证经济发展成果用于提高人民的福利水平。同时呼吁俄罗斯重视日益严重的人口问题，加强基层医疗卫生预防体制建设，让更多民众享受高技术医疗服务，通过降低死亡率、提高生育率等政策来解决人口问题。

2012 年，在国情咨文中，普京强调，随着医疗保健的发展，应该更加重视改善医疗卫生服务，提高医疗卫生服务的可及性。

2016 年，普京在国情咨文中再次强调人力资本是俄罗斯的重要财富，政府的主要目标在于通过实施人口计划、改善生活环境、关注人民健康、发展教育和文化来提高人民生活水平，并在其中大篇幅介绍了俄罗斯未来在改善医疗卫生保障方面的各种措施。

2018 年，普京在国情咨文中提出，政府的最重要的任务就是让民众能够获得现代化的优质医疗救助服务，政府应在 2019—2024 年每年划拨国民生产总值 4%以上的资金用于发展卫生保健系统，并且力争达到 5%，并通过优化医疗机构网络、完善初级卫生保健设施、实施全国癌症防治计划等一系列措施改善医疗卫生服务供给情况。

在四届总统和一届总理期间，普京始终坚持以民为本，把改善人民生活水平和健康水平放在优先地位，把增加社会福利、提高公共服务质量作为社会经济发展的重要战略目标，使以医疗卫生为代表的社会福利支出在俄罗斯财政支出中始终占据重要地位，即使在经济衰退、国家财政状况紧张的情况下，依然保持了高投入，实实在在践行了普京主义的"以民为本"的思想。

第二节　俄罗斯基本医疗卫生财政保障机制发展历程

在各时期不同的社会保障思想影响下，俄罗斯基本医疗卫生财政保障机制先后经历了初建期、探索期、发展期等历程，在筹资方式、管理体制、责任主体、免费程度等方面也发生较大转变。

一、"国家主导型"社会保障思想下苏联免费医疗卫生保障机制的建立

俄罗斯现有的基本医疗卫生财政保障机制，主要根源于苏联时期的医疗保障制度。受马克思主义"国家主导型"社会保障思想的影响，作为苏联社会保障制度的重要组成部分，苏联的医疗保障制度渗透着苏联国家社会保险制度的基本思想，即列宁在 1912 年 1 月俄国社会民主工党第六次全国代表大会上所表述的：对于工人来说，最好的保险形式是根据以下原则建立的国家保险：在工人丧失劳动力或失业情况下，国家保险都应该给工人以保障；国家保险范围应涵盖一切雇佣劳动者及其家属；对一切被保险人都应按照偿付全部工资的原则给予补偿，同时保险费由企业主和国家共同负担；国家各种保险应由统一的保险组织根据被保险人完全自行管理的原则办理。[①]

在这一基本思想的指导下，苏联成立后，包括医疗保险制度在内的一系列社会保险制度被写入宪法并加以完善，1977 年 10 月 7 日通过的《苏维埃社会主义共和国联盟宪法》指出，"这个社会的生活准则是大家关心每个人的福利和每个人关心大家的福利"，其中第四十二条明确规定，苏联公民有享受保健的权利有：国家医疗保健机构免费提供基本医疗服务；扩大公民治疗和健康促进机构网络；发展和改善安全和工业卫生；实施广泛的预防措施；改善卫生环境；关注年轻一代的健康；开展预防和减少发病率的科学研究，以确保公民的长期健康生活。[②]

在医疗卫生筹资方面，苏联时期的医疗卫生体系强调国家的无限责任，即采用由国家和单位包揽一切的国家医疗保障模式，医疗费用完全由国家统一筹集并实行高度集中管理，医疗保障预算是国家预算的组成部分，预算资金主要来源于企业、机关、组织等投保单位按照工资的比例缴纳的保险费、各种设施的收入和国家补贴，个人基本上无须缴费但普遍享有免费的医疗服务。[③] 这一

---

① 华颖：《中国社会保障 70 年变迁的国际借鉴》，《中国人民大学学报》2019 年第 5 期。

② Конституция（Основной закон）Союза Советских Социалистических Республик（принята на внеочередной седьмой сессии Верховного Совета СССР девятого созыва 7 октября 1977 r.），https：//constitution. garant. ru/history/ussr-rsfsr/1977/red_ 1977/5478732/.

③ 徐海燕：《苏联与俄罗斯医疗保险制度比较》，《中共天津市委党校学报》2008 年第 5 期。

时期的医疗保障制度是同高度集中的计划经济相适应并发展起来的，国家垄断了医疗保障体系的资金、组织、许可、实践规范和指南等，私人医疗供给行为在很大程度上是非法的，国家所拥有的医生人数和病床数量均占世界前位。在这种中央集权和官僚体制管理模式下，中央是全联盟卫生部，其机构向下延伸到地区和地方各级，药品完全由国家生产、进口和分销，卫生部门只须按照国家计划来建设医院、综合诊所和农村卫生点，并招聘卫生从业人员，在这一时期，医疗卫生服务的供给数量指标比质量指标更重要。①

在医疗卫生服务覆盖范围方面，苏联时期的医疗卫生服务名义上强调全民普惠性，但在具体实践中，由于受政治意识形态的影响，免费医疗服务的提供是明确分等级的：医疗保健系统在法律上分为六个不同的子系统——中央部门职工、国家精英阶层、首都城市民众、国营企业职工、省会城市民众和农村地区农民，每个子系统以不同的筹资水平和护理标准为不同的人口群体服务，也就是说，该免费医疗系统的保障范围主要覆盖城市职工和国营农场里的农民，而集体农庄的农民则被排除在外。直到 20 世纪 70 年代以后，城乡医疗保障才逐步实现一体化，但城乡之间、地区之间的差距仍然很大。②

整体来看，由于苏联实行的医疗保障制度是建立在其高度集中的计划经济体制基础之上的，具有集中性、一体化、分级组织等特点，因此需要强大的国家能力作为支撑，这种国家能力主要体现在其强大的资源汲取能力上，即通过国家集中规划实现经济快速增长，为满足民众医疗卫生需求奠定经济基础。这一时期苏联的医疗卫生服务体系客观上还是起到了较好的社会效果，但同时也存在着医疗费用紧张、费用控制和利益均衡机制缺乏、资源浪费和过度医疗现象严重等各种缺陷，这些不足之处为独立后俄罗斯医疗卫生体制改革提供了重要参考。③

---

① L. J. Cook，"Constraints on Universal Health Care in the Russian Federation：Inequality，Informality and the Failures of Mandatory Health Insurance Reforms"，*Journal of Self-Governance and Management Economics*，Vol. 3，No. 4（2015），pp. 37–60.

② 童伟、宁小花：《俄罗斯免费医疗：发展历程、效果分析、困境及未来发展方向》，《俄罗斯东欧中亚研究》2020 年第 1 期。

③ 王星、葛梦磊：《在市场化与福利化之间——俄罗斯免费医疗体制反思及其启示》，《学术研究》2014 年第 6 期。

二、"市场主导型"社会保障思想下俄罗斯基本医疗卫生财政保障机制的探索

苏联解体后，俄罗斯面对的转型初期社会和经济形势日益复杂与严峻，一方面，国家财政负担日益加重，已无法维持苏联时期的免费医疗卫生服务体系，医疗经费不足、医疗设备陈旧、医疗技术落后、医疗机构缺乏创新力和竞争力、医疗人员懒怠等弊端逐渐显露；另一方面，原来的医疗制度已不能适应市场化的经济体制，苏联时期的免费医疗模式逐渐浮现出越来越多的负面影响，民众满意度逐渐下降。在这种背景下，受新自由主义社会保障思想影响，叶利钦对俄罗斯医疗卫生保障系统进行了一系列市场化改革。①

早在 1991 年 6 月，作为苏维埃加盟共和国，俄罗斯就通过了《俄罗斯苏维埃联邦社会主义共和国②公民医疗保险法》（第 1499—1 号，以下简称《公民医疗保险法》），该法的出台为俄罗斯新型医疗保险体系的构建奠定了基础。该法规定：俄罗斯苏维埃联邦社会主义共和国境内所有居民必须参与强制医疗保险，政府和企业共同承担保险费。其中，从业者由其所在单位按照工资收入的一定比例缴纳，无业者由国家财政为其支付，实现强制医疗保险的全覆盖。除强制医疗保险外，还设立自愿医疗保险，企业和个人可视情况参保，由非国有保险公司承担其免费医疗服务之外的医疗服务。政府为所有参加强制医疗保险的居民提供免费医疗服务，并按照强制医疗保险基本纲要对服务范围和标准进行明确规定，实行多缴多付、少缴少得的医疗保险给付制度。③

---

① 童伟、宁小花：《俄罗斯免费医疗：发展历程、效果分析、困境及未来发展方向》，《俄罗斯东欧中亚研究》2020 年第 1 期。

② 1991 年 12 月 25 日，戈尔巴乔夫宣布辞去苏联总统职务。1991 年 12 月 26 日，苏联最高苏维埃共和国院举行最后一次会议，宣布苏联停止存在，苏联正式解体。俄罗斯联邦成为苏联的唯一继承国，苏联在海外的一切财产、存款、外交机构、使领馆等由俄罗斯接收。

③ 童伟、宁小花：《俄罗斯免费医疗：发展历程、效果分析、困境及未来发展方向》，《俄罗斯东欧中亚研究》2020 年第 1 期。

为保证《公民医疗保险法》的顺利实施以及联邦主体①强制医疗保险体系的财务稳定性，拉平各地区医疗服务水平和质量，俄罗斯在 1993 年和 1998 年分别通过了《关于建立联邦和地方强制性医疗保险基金会的规定》（第 4543 号）和《俄罗斯联邦强制性医疗保险基金章程》（第 857 号）。上述法规再次明确强制医疗保险基金的主要资金来源：（1）强制医疗保险缴费，保险缴费的费率为工资总额的 3.6%，其中 0.2% 上缴联邦强制医疗保险基金，3.4% 上缴地区强制医疗保险基金；（2）专门用于完成国家强制医疗保险计划的联邦预算拨款；（3）企业和个人的自愿缴款；（4）基金资本运营所得。②

此外，根据这些法规，俄罗斯还成立了医疗保险公司，作为独立的经营主体，保险公司不受任何政府卫生部门的管理，并且可以承揽各种医疗保险业务，企业和国家管理机关作为投保人同保险公司签订合同，被保险人到保险公司指定的医疗服务机构就医，保险公司为被保险人支付医疗费用。医疗保险公司可以代表被保险人的利益检查和监督医疗机构提供的医疗服务的质量，并在必要时向医疗机构提出索赔和罚款。③

1999 年 7 月，俄罗斯通过了《国家社会救助法》（第 178-Ф3 号），旨在通过强制医疗保险计划保证公民平等获得免费医疗服务，确保公民获得免费医疗的宪法权利。整个计划包含了由强制医疗保险资金所覆盖的全部医疗服务和药物援助，并且对于俄罗斯联邦所有地区都是强制性的。根据联邦政府基本的强制医疗保险计划，地方政府制定了当地的强制医疗保险计划，并规定地方政府医疗保险计划所提供的医疗服务不得差于国家所提供的，地方性的医疗保险计划可以包含更多的额外服务，但这些服务必须由当地的医疗资源提供。④

---

① 联邦主体指俄罗斯的一级行政区的统称，这一概念是 1993 年俄罗斯联邦宪法引入司法体系的。截至 2014 年 3 月具体包括 85 个联邦主体：22 个共和国、9 个边疆区、46 个州、3 个联邦直辖市（自治市）、1 个自治州、4 个自治区。各联邦主体一律平等，各有不同的国家法律地位。有的按照民族地域原则构成，如共和国、自治州和州，有的按照地域原则，如边疆区、州和直辖市。
② 童伟等：《2012 年俄罗斯财经研究报告》，经济科学出版社 2012 年版，第 237 页。
③ 陆南泉：《转型中的俄罗斯》，社会科学文献出版社 2014 年版，第 235—241 页。
④ 童伟、宁小花：《俄罗斯免费医疗：发展历程、效果分析、困境及未来发展方向》，《俄罗斯东欧中亚研究》2020 年第 1 期。

叶利钦执政时期采取的一系列医疗卫生保障改革措施为俄罗斯医疗保障机制的发展奠定了基础，但由于这一时期出现了严重的经济转型危机，很多医疗卫生服务改革政策并没有得到很好的贯彻与落实，这也使医疗卫生改革的成果未能显现出来。①

三、"民生为本型"社会保障思想下俄罗斯基本医疗卫生财政保障机制的发展

普京上任后，倡导强国富民、民生为本的执政理念，高度关注医疗卫生事业的发展，在不同时期采取了多项措施深化医疗体制改革，以保证叶利钦执政时期建立的医疗制度得到有效运转。其具体的改革措施分为以下几个阶段。

（一）2000—2004 年的调整发展改革

普京执政后，首先对俄罗斯税制进行了大刀阔斧的改革，并在 2001 年 12 月 31 日通过了《俄罗斯联邦税法典》（第 198-Φ3 号）。该法典的第二部分确立了统一社会税的开征，并于 2002 年 1 月 1 日起正式实施。税法典规定，俄罗斯将预算外养老基金、社会保险基金和强制医疗保险基金合并为一个税种——统一社会税，并在全国范围内统一征收。统一社会税的税率为 35.6%，其中分配给养老基金 28%，分配给社会保险基金 4%，分配给强制医疗保险基金 3.6%。强制医疗保险基金又被划分为两个部分：0.2% 分配给联邦强制医疗保险基金（FFOMS），3.4% 分配给地方强制医疗保险基金（TFOMS），与之前《关于建立联邦和地方强制性医疗保险基金会的规定》中所规定的一样。统一社会税的开征，为强制医疗保险基金的全国统筹奠定了基础。

此外，由于俄罗斯实行医药分离政策，强制医疗保险虽然能满足大部分民众的基本医疗服务需求，但是无法提供免费药品。为了避免人们因药品价格太高而买不起药的情况，俄罗斯于 2002 年发布了药品价格管制清单，并对管制清单中的药品实行最高限价和价格管制，以保证普通民众对药品的需求。

---

① 童伟、宁小花：《俄罗斯免费医疗：发展历程、效果分析、困境及未来发展方向》，《俄罗斯东欧中亚研究》2020 年第 1 期。

（二）2005—2011 年的优先发展改革

2005 年后，俄罗斯的医疗改革开始以预防为主，并在 2006 年提出了"国家优先发展计划"，医疗、教育、住房、农业成为国家优先发展计划的四大领域，由俄罗斯总统亲自担任国家优先发展计划委员会的主席。其中，国家医疗优先发展计划主要通过增加政府医疗支出、改善医疗系统的基础设备、提高医疗基金使用效率、促进医疗领域公平竞争、稳定居民药物保障、关注弱势群体的健康状况、提高医务人员工资等措施来进一步推进俄罗斯医疗体系改革，提高免费医疗卫生服务的水平。

为保证"国家优先发展计划"的顺利实施，2008 年 11 月 17 日，俄罗斯联邦政府发布第 1662 号命令《关于俄罗斯联邦至 2020 年的长期社会经济发展构想》，指出虽然俄罗斯政府近年来在医疗卫生领域投入逐渐加大，但是由于缺乏有效的组织、财务和经济措施，使得俄罗斯医疗卫生事业并没有得到明显改善，与发达国家相比，医疗卫生发展水平还比较落后，为了改善公民健康状况，有必要在医疗卫生发展中取得实质性突破。根据该构想，俄罗斯政府提出了 2020 年前医疗卫生领域的八项重要发展任务（见表 1.1）。希望通过实施这些任务来改善人们的健康和生活质量：如将循环系统疾病的死亡率至少降低 140%，事故、中毒和伤害的死亡率至少降低 200%，将婴儿和孕产妇的死亡率指标降低至发达国家标准，将社会重大疾病的发病率降低 150%，将门诊服务量增加 130%，等等。为了实现这些计划指标，政府计划将公共卫生支出占国内生产总值的比重在 2008—2020 从 3.6%提高到 5.2%—5.5%，使卫生支出总额占国内生产总值中的比重达到 10%—11%，与发达国家水平相当。

表 1.1 《关于俄罗斯联邦至 2020 年的长期社会经济发展构想》中医疗卫生领域的重要发展任务

序号	任务	具体目标
1	确保国家保证向公民充分提供免费医疗服务	（1）使国家保证范围内的免费医疗服务的类型、数量、程序和条件具体化；（2）改善医疗卫生领域的标准化体系，引进现代医疗技术，为最常见的疾病以及对人口健康和社会福祉造成最大损害的疾病提供医疗服务；（3）合理规划医疗资源以确保国家保证的执行

续表

序号	任务	具体目标
2	建立现代化强制性医疗保险制度，发展自愿性医疗保险制度	（1）在强制性医疗保险制度中向医疗筹资的单渠道模式过渡，包括通过立法合并收入来源和支出义务；（2）对所有雇主和个体企业家实行统一的强制性医疗保险保费费率；（3）对收取保险费的年收入额实行限额；（4）统一俄罗斯联邦主体为非劳动人口缴纳的强制性医疗保险额度；（5）通过有效的制度确保在国家保障领土方案的最低人均标准基础上，加大均衡国家保障领土方案的财政支持，为公民提供免费医疗服务；（6）通过为参加强制性医疗保险的医疗机构引入单渠道融资模式来增加保险医疗机构的责任；（7）逐步过渡到基于合理收费的有效医疗支付方式，具体取决于其提供的质量和数量；（8）建立医疗卫生质量管理体系；（9）形成强制医疗保险的竞争模式，为被保险人选择保险人和医疗组织创造条件，并向民众提供有关保险人和医疗组织活动的无障碍信息；（10）为各种组织和法律形式的医疗组织参与强制医疗保险创造条件
3	提高医疗卫生系统的效率	（1）确保在各个阶段都有有效的技术为民众提供医疗服务；（2）发展初级卫生保健系统，增强预防性治疗作用；（3）改善救护车服务，发展空中救护车医疗服务，并在院前阶段采用有效的治疗方法；（4）根据床位占用情况的增加，优化向人群提供的住院治疗；（5）保证医疗卫生服务的连续性，包括康复和疗养院护理；（6）发展在保护母亲和儿童健康的医疗保健系统；（7）在农村地区开设全科医生和家庭医生办公室；（8）开发提供医疗和社会援助的系统；（9）开展医学创新活动，以开发和实施有效的医学技术；（10）在国家任务的基础上满足民众接受高科技医疗的需求；（11）增加政府投资，支持医疗机构设备现代化发展；（12）增强医疗机构的经济独立性；（13）优化医护人员比例
4	改善为公民提供的药品	（1）基于国家药品提供计划和公民医疗保险的结合，增加门诊病人的药物供应；（2）在俄罗斯联邦境内建立必要药品和医疗产品的完整生产周期；（3）确定免费提供或部分支付强制医疗保险资金的药品清单；（4）改善国家对医疗体系中向公民提供的药品价格的监管
5	提高医疗卫生系统的信息化	（1）发展医疗卫生系统的信息化，包括在医疗机构中引入电子文件管理；（2）创建医学信息和教育资源
6	发展医学科学和医疗卫生领域的创新	（1）开发和实施新的有效技术，以便在医疗卫生系统的实践中进行早期诊断；（2）鼓励国内外药物生产商在俄罗斯联邦建立药物开发研究中心；（3）在持续教育、专业发展和引进先进医疗技术的基础上，对医务人员进行培训和再培训，制定为卫生保健系统中的管理人员进行培训的标准以及实施计划

续表

序号	任务	具体目标
7	完善公共卫生保护体系	（1）促进和形成健康的生活方式，并增加雇主对雇员的健康和人民对自身健康的责任；（2）制定和执行预防酗酒、吸烟和其他危险因素的方案；（3）形成人口健康营养的文化；（4）确保人类生活的安全环境；（5）确保人民的卫生和流行病学福祉
8	执行国家优先重点项目"卫生"（2009—2012 年）	（1）向民众提供预防保健；（2）发展初级卫生保健系统；（3）增加高科技医疗，提升向血管和肿瘤疾病患者以及道路交通事故受害人等人员提供专门医疗服务的质量和水平，包括高科技医疗；（4）改善血液服务

资料来源："Распоряжение Правительства РФ от 17. 11. 2008 N 1662 – р（ред. от 28. 09. 2018）< О Концепции долгосрочного социально-экономического развития Российской Федерации на период до 2020 года>"，http：//www. consultant. ru。

2008 年，为了结束地区卫生委员会和医疗保险基金之间的无序竞争，俄罗斯在 19 个地区启动了"单一渠道融资"试点改革计划，以摆脱卫生部门以投入为基础的粗放管理的医疗融资模式，引入基于卫生产出和质量的绩效管理模式。

2009 年，俄罗斯制定《2020 年俄罗斯制药工业发展战略》，以保证基本药品的供应。2010 年 11 月，为进一步使医疗保险制度与市场化、现代化改革相适应，俄罗斯颁布《俄罗斯联邦强制医疗保险法》（第 326 – Ф3 号），对俄罗斯联邦和俄罗斯联邦组成实体在强制性医疗保险领域的权力、保险参加者、各方权利义务、资金来源、法律地位、保险计划、合同制度、提供强制性医疗保险的机构条件、会计制度等方面的关系作了详细规定。2011 年 1 月 1 日，俄罗斯启动新一轮医疗体制改革，通过在保险法中赋予被保险人自主选择医疗保险公司的权利、扩大强制医疗保险给付范围、取消私人医疗机构进入强制医疗保险体系的限制等措施提高医疗卫生服务供给质量。2011 年 4 月，《俄罗斯联邦 2020 年前医疗体系发展构想草案》发布，进一步对俄罗斯未来医疗体系发展作出长远规划。[1]

---

[1] "Государственная программа развития здравоохранения Российской Федерации"，https：//www. rosminzdrav. ru/news/2014/01/30/1686 – gosudarstvennaya – programma – razvitiya – zdravoohraneniya–rossiyskoy–federatsii.

这一时期，随着经济社会发展，为减轻企业负担，提高企业纳税的积极性，俄罗斯的统一社会税税率经过多次调整和改革，从 2001 年的 35.6% 降至 2006 年的 26%，但是分配给强制医疗保险基金的比重变化不大，由 2001 年的 3.6% 降至 2006 年的 3.1%。2011 年，统一社会税被取消后，强制医疗保险缴费率提高到工资总额的 5.1%，极大地提高了俄罗斯医疗卫生资金的筹集水平。

（三）2012 年至今的规划发展改革

2012 年，普京再次当选总统后，继续践行"强国富民"的执政理念，推进医疗体制改革，并承诺在未来 5 年内增加政府医疗支出 100 亿美元。2012 年 5 月 7 日，在就职典礼当天普京就签署了涵盖 11 项法令、218 项具体发展任务的"五月法令"，国家"卫生"发展规划作为 11 项法令中的一项，为 2012—2020 年俄罗斯国家医疗卫生事业发展指明了方向。

为了有效执行国家"卫生"发展规划，2013 年 10 月，俄罗斯颁布《2013—2015 年俄罗斯联邦医疗卫生发展规划》，提出要通过加大医疗财政支出、发展初级保健、改善专业医疗服务、创新治疗方法、增加医疗人员配备、加强医疗领域监控、强化医疗保险基金支出绩效等措施，提高俄罗斯医疗卫生服务水平和质量。

2017 年，依据《俄罗斯联邦强制医疗保险法》中"定期发布国家免费医疗规划"的规定，俄罗斯发布 2018—2020 年国家免费医疗服务规划。该规划明确俄罗斯免费医疗服务的范围包括：初级保健、专业化治疗、紧急救助服务，以及干预治疗服务，并对免费医疗服务的资金保障、支出标准、支出程序等进行了详细规定。

2018 年 3 月，普京第四次当选总统。在 2018 年国情咨文中表示，未来俄罗斯医疗卫生的资金投入应提高一倍，向世界最高标准看齐，为居民提供现代化的优质医疗服务。同时强调，俄罗斯必须恢复最基本的、便利的医疗救助，2018—2020 年，在每个 100—2000 人的居民点都应建立起有助产资质的卫生站和门诊部，以进一步提升民众对国家医疗卫生服务供给的信心。2018 年 12 月，俄罗斯卫生部公布国家免费医疗卫生服务清单，明确俄罗斯民众可享受以下免费医疗服务：一是初级卫生保健，包括初级急救、初级医疗、初级专业医疗服务等；二是专业医疗服务，即专科医生在医院提供的包括疾病预防、诊断和治疗等方面的医疗服务；三是高科技医疗服务，主要指使用高新、复杂、独特的技术和医疗设备来提供的医疗服务；四是紧急医疗护理，主要由州和市医疗机构提供的针对急性发作需要紧急干预治疗方面的服务。① 此外，为了保证民众能够及时得到相应的医疗服务，提高免费医疗服务的效率，俄罗斯国家免费医疗保障计划还根据患者疾病的紧急程度明确了患者接受免费医疗服务的时间限度要求。②

2018 年 5 月，俄罗斯总统提出了 2018—2024 年俄罗斯国家战略发展目标，并发布了新的"五月法令"，在"发展人力资本""优化生活环境"和"促进经济增长"三个领域提出了包含医疗、人口在内的 12 项国家重点发展战略任务，"医疗"和"人口"两个项目作为 2019—2024 年国家"卫生"规划下辖的国家项目，描绘了未来俄罗斯医疗卫生事业发展的宏伟蓝图。同时，为使国家"卫生"规划及国家项目顺利实施，2019 年 6 月，俄罗斯总统签署第 254 号法令《俄罗斯至 2025 年的医疗卫生发展战略》，旨在增加人口、提高预期寿命、减少死亡率和残疾，并确保民众在医疗卫生领域享有的基本权利，为地方政府制定具体执行计划奠定了制度基础。该战略分两个阶段实施：2019—2021 年和 2021—2025 年，计划到 2025 年实现 2018—2024 年俄罗斯国家战略发展目标中设定的目标。2020 年，受新冠疫情的影响，俄罗斯发布第 474 总统令，对 2018—2024 年俄罗斯国家战略发展目标中的部分具体项目目标进行了调整，并延长了目标达成时间。

从整体来看，在俄罗斯独立后近 30 年的发展历程中，发端于苏联体制下的基本医疗卫生财政保障机制实现了四大转变：（1）在筹资方式上，从预算拨款制度向保险制度转变；（2）在管理体制上，从集中管理向引入市场竞争机制转变；（3）在责任主体上，从国家单一主体向政府、企业、个人共同负

---

① 童伟、宁小花：《俄罗斯免费医疗：发展历程、效果分析、困境及未来发展方向》，《俄罗斯东欧中亚研究》2020 年第 1 期。

② 资料来源：https://www.rosminzdrav.ru/。

担转变；（4）在免费程度上，从一切免费到有限免费转变。各项医疗保障改革制度的出台、强制医疗保险基金的引入、非国有医疗保险公司的成立、自愿医疗保险的设立、强制医疗保险卡的实行、私人医疗机构准入限制的取消、统一社会税的征收、国家免费医疗规划的发布、国家优先发展项目"医疗"的设立，为俄罗斯在转轨时期社会医疗保障的改革提供了稳定可靠的环境，尤其是医疗筹资体系的改革，极大缓解了俄罗斯免费医疗体系资金不足的困境，推进了俄罗斯全民医疗保险制度的建立。[①]

但是，需要明确的是，改革后的俄罗斯医疗卫生体制已不再是传统意义上的"免费医疗"服务，而是一种建立在全民医疗保险制度基础上、全民覆盖、较为基本的免费医疗服务供给，是传统免费医疗向医疗保险制度的转化，其之所以被称为"免费医疗"，主要源于 1991 年发布的《社会医疗保险法》规定，国家有义务"在强制医疗保险范围内由政府提供免费医疗服务"。1993 年宪法第 41 条规定：所有人都有维持健康和享有医疗卫生服务的权利，国家和地方医疗机关应该在相应的预算、保险金和其他收入的资金支持下，为居民提供无偿的医疗卫生服务，到 1998 年这一承诺再被具体定义为"政府承诺免费提供的医疗待遇包"。其中，历史的路径依赖效应以及苏联传统价值理念为俄罗斯医疗卫生体制的发展奠定了社会基础，但这种免费医疗制度的正常运行，还需强大的政府财政支持和完善的市场化配套机制作为基础。[②]

第三节　俄罗斯基本医疗卫生服务供给机制的构建

经过几个阶段的发展和改革，俄罗斯建立了比较完整的基本医疗卫生服务供给体系，筹资机制和筹资来源也发生了较大变化。

---

① 童伟、宁小花：《俄罗斯免费医疗：发展历程、效果分析、困境及未来发展方向》，《俄罗斯东欧中亚研究》2020 年第 1 期。

② 王星、葛梦磊：《在市场化与福利化之间——俄罗斯免费医疗体制反思及其启示》，《学术研究》2014 年第 6 期。

一、俄罗斯基本医疗卫生服务供给的组织架构

俄罗斯基本继承了苏联的组织架构和管理模式（见图 1.1），目前其医疗卫生服务主要由四类机构提供：公共卫生部门、部署平行卫生系统、私人部门和非政府组织。[①]

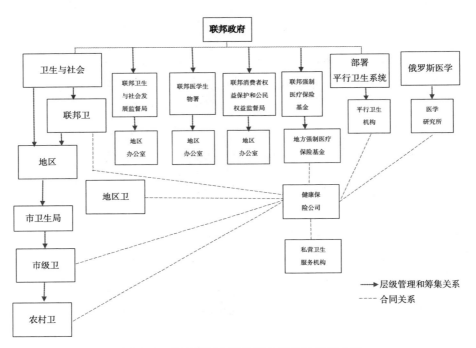

图 1.1　俄罗斯医疗卫生服务供给组织架构图

资料来源：L. Popovich, et al., "Russian Federation：Health System Review", 2011, pp. 1-190。

（一）公共卫生部门

公共卫生部门由联邦至地方四个不同层级的医疗服务机构组成，分别是卫生与社会发展部以及其相关的联邦机构（包括联邦卫生与社会发展监督局、联邦医学生物署、联邦消费者权益保护和公民权益监督局和联邦强制医疗保险基金等机构）、地区卫生局（地区卫生机构）、地方卫生局（地方卫生机构）、

---

① L. Popovich, et al., "Russian Federation：Health System Review", 2011, pp. 1-190.

农村医疗机构。联邦机构层级中的各级医疗机构向直属国家机构报告；地区卫生局负责监管区域内的卫生机构（综合医院、专科医院、门诊机构、急救机构等）和督导地方卫生部门及相应的机构；地方卫生局监管各自的地方卫生机构；而农村医疗机构网络一般由综合医院（中心区医院）、区医院和小型村医院构成，农村的基层医疗由医院门诊和农村卫生站提供。

（二）部署平行卫生系统

部署平行卫生系统包括卫生与社会发展部以外部委运营的医疗机构，主要为相关部委为本部门职工及其家属提供的医疗卫生服务，如总统办公厅、国防部、内务部、经济部及其他部委就有自己的综合医院、门诊和疗养院。这些平行卫生系统的资金主要来自财政部给各部委的预算。

（三）私人部门

如前所述，2010 年俄罗斯颁布的《俄罗斯联邦强制医疗保险法》取消了私营医疗机构进入强制医疗保险体系的限制，使私营医疗机构数量快速增加，由 2010 年的 124 家发展到 2016 年的 2540 家，为公民提供的免费医疗服务达到总量的 29%，民私营医疗机构的加入为公共卫生机构创造了必要的竞争环境。[1]

（四）非政府组织

非政府组织主要包括一些科学和专业协会以及志愿者部门，它们在直接提供医疗护理服务和卫生政策倡导方面发挥一定作用，主要在传染病，特别是艾滋病领域发挥宣传和政策倡导作用。[2]

二、俄罗斯基本医疗卫生服务筹资机制构建

卫生系统的筹资来源和方式是实现全民健康覆盖的一个关键因素，决定着人们是否可以使用卫生服务，以及在需要时能否负担得起卫生服务。在卫生服

---

[1]　资料来源：Эдина Хетагурова，"Треть медицинских учреждений в системе ОМС-частники"，https：//iz/ru/610013/elina - khetagurova/tret - besplathykh - uslug - okazyvaet - chastnyi - sektor。

[2]　童伟、宁小花：《全民健康覆盖视角下的俄罗斯医疗卫生筹资分析及启示》，《经济社会体制比较》2019 年第 3 期。

务筹资的道路上，各个国家实现全民健康覆盖的方式各有特色，每个国家都会根据其社会、经济等背景来综合构建符合本国国情的卫生筹资体系。[①]

（一）俄罗斯卫生筹资体系的演变

随着国内政治、经济、社会环境的变革，俄罗斯的卫生筹资系统也在不断演变。

1. 苏联时期

苏联时期，国家主要沿袭萨马什科（Semashko）系统，全民免费医疗筹资主要以企业、机关、组织等投保单位按照工资的比例缴纳的保险费、各种设施的收入和国家补贴为主，包括医疗保险在内的各项社会保险事业均实行高度集中化管理，作为国家预算的一部分，社会保险预算由苏联最高苏维埃会议和共和国最高苏维埃会议批准。[②] 在这种筹资系统下，苏联医疗卫生服务广泛覆盖并且全民免费，保证了医疗卫生系统的公平，但是由于医疗费用匮乏，医疗基础设施条件较差、医护人员工作积极性缺乏，苏联时期的医疗系统整体效率比较低下。[③]

2. 俄罗斯时期

随着苏联解体，俄罗斯开始向市场经济过渡，社会也经历了各种变革，国内通货膨胀严重，卫生保健资金严重短缺，在这种情况下，俄罗斯不得不进行卫生筹资改革，以确保稳定的卫生资金来源，俄罗斯强制医疗保险系统应运而生。

为此，俄罗斯出台了《俄罗斯苏维埃联邦社会主义共和国公民医疗保险法》（1991 年 6 月 28 日第 1499-1 号，以下简称《公民医疗保险法》）[④]。《公民医疗保险法》规定的新筹资系统包含以下内容：一是建立非预算收入来源，

[①] S. H. D. B. Cassiani，"Strategy for Universal Access to Health and Universal Health Coverage and the Contribution of the International Nursing Networks"，*Revista Latino-americana De Enfermagem*，Vol. 22，No. 6（2014），pp. 891-892.

[②] 徐海燕：《苏联与俄罗斯医疗保险制度比较》，《中共天津市委党校学报》2008 年第 5 期。

[③] L. Popovich, et al.，"Russian Federation：Health System Review"，2011，pp. 1-190.

[④] 该法在 1993 年 4 月 2 日再次被修订。

由雇主为雇员购买保险，在增加可用卫生资金总量的同时不损害其他现有资金来源；二是由地区政府和地方政府出资覆盖非就业人口医疗卫生服务；三是建立联邦和地区两级强制医疗保险基金，并明确规定强制医疗保险基金的主要资金来源为：（1）强制医疗保险缴费，保险缴费的费率为工资总额的 3.6%，其中的 0.2% 上缴联邦强制医疗保险基金，3.4% 上缴地方强制医疗保险基金；（2）专门用于完成国家强制医疗保险计划的联邦预算拨款；（3）企业和个人的自愿缴款；（4）基金资本运营所得。①

虽然强制医疗保险系统的建立给俄罗斯医疗卫生服务供给带来了很大改善，在其最初运行的几年也确实增加了卫生资金总额。但由于实施过程中存在官僚主义、财务管理等方面的问题，强制医疗保险系统的推进并不均衡。1994—1995 年，以医疗机构能够从保险机构获得收入为由，俄罗斯的部分地方政府开始削减公共财政医疗卫生预算，导致 1997 年俄罗斯公共医疗卫生支出与 1993 年相比降低了 27%②，部分地区的医疗卫生支出面临更为严重的困难，大大削弱了俄罗斯医疗保险筹资的补充效应。

此后，俄罗斯一直在朝着以保险为基础的卫生筹资方向改革，并经过不断演变发展成当前的混合卫生筹资体系，即强制资源（一般性税收和强制医疗保险基金）③ 和自付资金相结合的筹资体系。该混合筹资体系主要有两个预付资金池：强制医疗保险（联邦和地方强制医疗保险基金）和不同层级的政府预算——联邦政府、联邦主体政府和地方政府预算（见图 1.2）④。

（二）俄罗斯医疗卫生资金筹集来源

具体来说，俄罗斯医疗卫生资金主要分为一般预算收入、强制医疗保险基金、自费支付、自愿健康保险等几类筹资来源（见图 1.3）。

---

① 童伟、庄岩：《俄罗斯医疗保障制度的启示与借鉴》，《中央财经大学学报》2014 年第 10 期。

② S. Shishkin, "Priorities of the Russian Health Care Reform", *Croatian Medical Journal*, Vol. 57, No. 29（1998），pp. 298–307.

③ 即指俄罗斯卫生系统公共筹资的两个主要渠道：由联邦、地区和地方卫生部门管理的预算（或一般收入）；联邦与地方强制医疗保险基金。

④ 童伟、宁小花：《全民健康覆盖视角下的俄罗斯医疗卫生筹资分析及启示》，《经济社会体制比较》2019 年第 3 期。

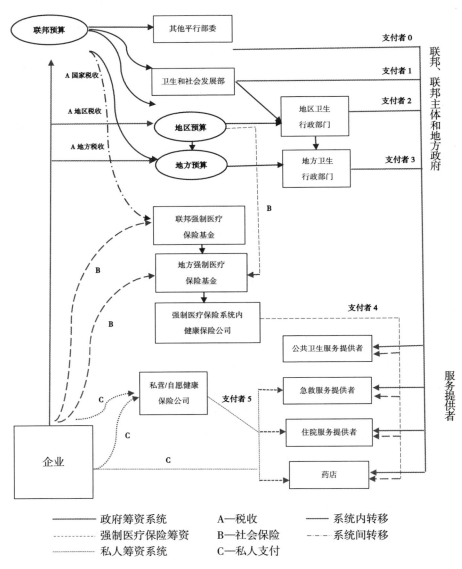

图 1.2　俄罗斯卫生资金流向图

资料来源：L. Popovich，et al.，"Russian Federation：Health System Review"，2011，pp. 1-190。

1. 一般预算收入

俄罗斯一般预算收入主要指通过预算的方式划拨给医疗卫生领域的资金，这些预算资金主要来自联邦、地区、地方的税收收入，须经俄联邦政府和议会

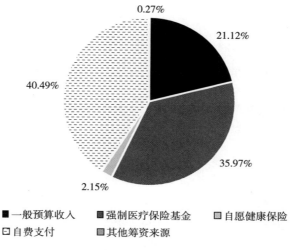

图 1.3　2017 年俄罗斯各筹资来源占卫生支出总额比重

资料来源：全球卫生观察站数据库，见 http：// apps. who. int/gho/data/node. main. HEALTHFINANC-
ING？ lang＝en。

批准，一旦获批必须强制执行。

　　值得一提的是，俄罗斯预算系统内有一些平等化的机制促使联邦为地区提供医疗补贴，这种筹资均等化主要通过计算各地区纳税能力指数和预算支出指数，并考虑各地区的客观因素和条件进行。

　　一般来说，针对医疗卫生领域的补贴为一般预算转移支付，没有指定用途，地区可以将其用于任何项目。同样，地区政府也会对地方政府实施转移支付，以实现基本医疗卫生筹资的均等化，这些转移支付与联邦类似，没有特别的指定用途，地方政府可以自由支配。①

　　2. 强制医疗保险基金

　　强制医疗保险基金是俄罗斯除政府预算外另一大筹资来源，当俄罗斯最开始引入强制医疗保险时，强制医疗保险基金主要通过独立的专项税费进行征收，即工资总额的 3.6%，其中 3.4% 上缴地方强制医疗保险基金，0.2% 分配

---

　　① 　童伟、宁小花：《全民健康覆盖视角下的俄罗斯医疗卫生筹资分析及启示》，《经济社会体制比较》2019 年第 3 期。

给联邦强制医疗保险基金，用以解决地区间医疗经费的不均衡。随着医疗体制改革的深入，强制医疗保险基金的来源和缴费率也发生了变化（见表 1.2）。当然，以上规定主要是针对就业人口，对于失业人员、残疾人、儿童和退休人员等非就业人口的强制医疗保险，一般由地区和地方当局出资缴纳。[1]

表 1.2　俄罗斯近年来强制医疗保险基金缴费率变化及分配[2]　　单位：%

年份 \ 指标	来源	强制医疗保险税税率	分配	
			联邦强制医疗保险基金	地区强制医疗保险基金
1993	独立的专项税收	3.6	0.2	3.4
2001	统一社会税	3.6	0.2	3.4
2005	统一社会税	2.8	0.8	2.0
2006	统一社会税	3.1	1.1	2.0
2011	社会保险费	5.1	2.1	3.0
2012	社会保险费	5.1	5.1	0.0

资料来源：根据俄罗斯相关法律制度等资料整理。

3. 自费支付

自付费用主要包括服务和药品的直接支付和非正规支付。其中，直接支付主要是指患者为接受非免费医疗服务或者私人医疗机构服务所支付的费用。非正规支付主要是指人们为了得到更好的、更高质量的医疗服务而支付的"小费"[3]。根据世界卫生组织全球卫生观察站统计数据，2017 年，俄罗斯私人卫生支出已占到卫生总支出的 40.49%。

4. 自愿健康保险

自愿健康保险实质上是俄罗斯强制医疗保险的补充保险，一般会覆盖强制医疗保险负面目录中的项目或者更多，这种保险主要由雇主购买，个人很少购买。

---

　　① 童伟、宁小花：《全民健康覆盖视角下的俄罗斯医疗卫生筹资分析及启示》，《经济社会体制比较》2019 年第 3 期。

　　② L. Popovich，et al.，"Russian Federation：Health System Review"，2011，pp. 1–190.

　　③ 童伟、宁小花：《全民健康覆盖视角下的俄罗斯医疗卫生筹资分析及启示》，《经济社会体制比较》2019 年第 3 期。

5. 其他筹资来源

与大部分国家一样，俄罗斯也接受包括世界银行、世界卫生组织在内的国际组织的卫生援助，援助领域包括卫生筹资改革、初级保健、妇幼卫生等，但该筹资来源占俄罗斯卫生总支出的比重不大。

可以说，20 多年来，俄罗斯的医疗卫生筹资模式已经发生了巨大变化，政府通过不断改革调整，已逐步建立起可确保公民获得大致均等免费医疗服务的多渠道医疗卫生资金筹资系统。[1]

随着强制医疗保险的进入以及俄罗斯市场经济的发展，一般预算收入已不再是国家医疗卫生筹资的主要资金来源，强制医疗保险基金和自愿医疗保险基金在俄罗斯卫生筹资中的占比不断上升（见表 1.3）[2]。为此，俄罗斯不少专家提议，在人口老龄化现象不断加剧、现代医疗服务价格不断上涨的情况下，俄罗斯应逐渐探索新型的卫生筹资体系——共同筹资体系来应对这些变化，即政府继续提供最基本的免费医疗服务，其他则向公众引入额外的自愿付费以提供更好的医疗服务，从而形成患者、雇主、政府共同参与的卫生筹资模式。[3]

表 1.3　2000—2017 年俄罗斯各种医疗筹资来源占卫生总费用比重变化

单位:%

年份 筹资来源	2000	2005	2010	2011	2012	2013	2014	2015	2016	2017
一般预算收入	35.00	34.60	37.65	31.29	33.02	28.51	27.80	22.86	21.28	21.12
强制医疗保险基金	24.36	26.55	23.73	31.36	30.69	33.87	33.98	35.86	35.67	35.97
自费支付	30.21	31.93	35.33	34.19	33.40	34.83	35.83	38.65	40.48	40.49
自愿健康保险	3.26	3.19	2.69	2.58	2.45	2.42	2.05	2.30	2.25	2.15
其他筹资来源	7.18	3.73	0.60	0.57	0.44	0.37	0.33	0.34	0.32	0.27

资料来源：全球卫生观察站数据库，见 http：// apps. who. int/gho/data/node. main. healthfinancing? lang＝en。

---

[1]　В. С. Назаров，Н. А. Авксентьев，"Российское здравоохранение：проблемы и перспективы"，*Финансовый журнал*，No. 4（2017），pp. 9-23.

[2]　童伟、宁小花：《全民健康覆盖视角下的俄罗斯医疗卫生筹资分析及启示》，《经济社会体制比较》2019 年第 3 期。

[3]　资料来源：俄罗斯医务人员门户网站：https：// www. zdrav. ru/articles/4293658164 - 18-m01-06-finansirovanie-zdravoohraneniya。

　　总体来看，俄罗斯现有的基本医疗卫生财政保障机制，主要根源于苏联时期的医疗保障机制，是建立在高度集中的计划经济体制之上的，具有集中性、一体化、分级组织等特点。[①] 苏联解体后，面对复杂的社会形势和严峻的经济形势，俄罗斯在沿袭苏联医疗卫生服务体系的基础上对其进行了一系列改革，形成了现有的全民医疗财政保障机制，为推动俄罗斯全民健康覆盖进程奠定了基础。[②]

---

　　① 　童伟、宁小花：《俄罗斯免费医疗：发展历程、效果分析、困境及未来发展方向》，《俄罗斯东欧中亚研究》2020 年第 1 期。
　　② 　童伟、宁小花：《俄罗斯免费医疗：发展历程、效果分析、困境及未来发展方向》，《俄罗斯东欧中亚研究》2020 年第 1 期。

第二章　全民健康覆盖视角下俄罗斯
基本医疗卫生财政保障理论

要深入了解全民健康覆盖背景下俄罗斯基本医疗卫生财政保障的现状和未来，就必须首先了解全民健康覆盖的标准、基本医疗卫生服务及其财政支出的范围，并从理论上理解卫生财政支出的必要性。

第一节　核心概念界定

本节将从理论和实践两个角度对全民健康覆盖的内涵、外延做系统梳理，同时分析基本医疗卫生服务及其财政保障的内容和范围，以明确本书的研究范围。

一、全民健康覆盖

当前，我国学者对于全民健康覆盖（UHC）的研究主要集中于概念、内涵、测量方式和指标，并在此基础上研究推进全民健康覆盖进程的措施。如孟庆跃（2014）[①] 分析了全民健康覆盖的含义和测量框架，认为全民健康覆盖的核心价值取向是社会公平，其主要任务是在医疗卫生服务过程中缩小国家、区域和人群间在可及性和费用负担方面存在的差距。蒋春红等（2014）[②] 认为全民健康覆盖的内涵在于全社会每个人公平的享有其应享有的卫生服务，并指出

---

① 孟庆跃：《全民健康覆盖：从理念到行动》，《中国卫生政策研究》2014 年第 2 期。
② 蒋春红等：《全民健康覆盖的内涵及我国推进全民健康覆盖的策略选择》，《中国卫生经济》2014 年第 8 期。

全民健康覆盖不是"全民医保"，也不是全民卫生覆盖，而应涵盖公共卫生服务和健康促进等。张朝阳、孙磊（2014）① 站在"人人享有卫生保健"角度，从中国实践出发，认为全民健康覆盖应包括风险保护、服务提供、服务获得、服务结果四方面核心要素，具体可以从经济可负担性、服务可提供性、服务可获得性、体系有效性四个维度进行测量。迟垚等（2016）② 从筹资公平性、受益公平性、卫生服务可及性、卫生系统效率、国民健康素质五个方面对典型国家的全民健康覆盖实现程度进行了评价，结果显示虽然我国医改的实施提高了医疗服务的可及性及效率，但是距离国际上全民健康覆盖实践最佳的国家仍有差距。钟正东等（2019）③ 介绍了全民健康覆盖中服务覆盖测量的发展情况和国际层面的测量方法，并以世界卫生组织提出的测量原则为框架分析其对我国测量服务覆盖的启示。研究认为，世界卫生组织推荐的服务覆盖评价指标在我国使用的可行性较高，但部分指标存在不足，我国在测量过程中除了关注费用覆盖，还须重视服务覆盖的测量。

　　还有一部分学者聚焦实现全民覆盖的路径选择研究。梁立霖等（2013）④、石光（2013）⑤ 认为应从提高基本医疗保险统筹层次、开展供方支付制度改革、完善基本医疗服务包、加强基层卫生服务体系建设等方面推动全民健康覆盖进程。吴传俭（2014）⑥ 分析了全民健康覆盖理念与医疗保险的内在关联，认为全面健康覆盖与医疗保险制度的基本目标是一致的，全民医疗保险是实现全民健康覆盖最重要的手段，也是最公平和最有效的方式。蒋春红、马敬东

---

　　① 张朝阳、孙磊：《全民健康覆盖的内涵界定与测量框架》，《中国卫生政策研究》2014 年第 1 期。

　　② 迟垚等：《全民健康覆盖实现程度的国际比较》，《中国卫生资源》2016 年第 5 期。

　　③ 钟正东等：《全民健康覆盖下服务覆盖测量的发展、框架与启示》，《卫生经济研究》2019 年第 6 期。

　　④ 梁立霖、John C. Langenbrunner：《全民健康覆盖的发展道路：基于外部视角》，《中国卫生政策研究》2013 年第 2 期。

　　⑤ 石光：《概念、政策与策略：我国如何实现全民健康覆盖的目标》，《卫生经济研究》2013 年第 10 期。

　　⑥ 吴传俭：《全民健康覆盖理念下的医疗保险制度改善路径》，《中国卫生经济》2014 年第 11 期。

（2015）① 在对比 2003—2011 年我国三次国家卫生服务调查中医疗保险覆盖率、住院补偿比、灾难性卫生支出等健康服务利用指标等相关数据的基础上，研究了全民医保在推进全民健康覆盖进程中的作用，结果表明医疗保险覆盖率和补偿比的双重提高有效推动了全民健康覆盖的进程。汪彦辉等（2015）② 分析了我国在推进全民健康覆盖进程中存在的各种问题，建议加大卫生投入和财政专项转移支付力度，加强基层医疗卫生机构服务能力建设，提高基本医疗保险保障水平等方面推进全民覆盖进程。李心怡等（2017）③ 考量了不同国家卫生筹资机制对实现全民健康覆盖的影响，认为实现全民健康覆盖最重要的条件就是根据自身经济情况开展卫生筹资和提高资源使用效率。何子英、郁建兴（2017）④ 认为要实现全民健康覆盖这一目标，必须要高度重视基层医疗卫生机构在全民健康覆盖进程中的作用和核心地位。朱坤（2019）⑤ 分析了全球全民健康覆盖工作呈现的发展趋势，认为各国应提高全民健康覆盖的战略地位，加强卫生筹资与卫生服务体系发展的协同性，从而加快全民健康覆盖的实施进程。

国外学者也结合各国卫生体制改革，从全民健康覆盖的内涵、作用、监测指标和方法、推进路径等方面对全民健康覆盖展开研究。2015 年，《柳叶刀》期刊发表了一篇题为《2015 年后的全民健康覆盖：以人为本》的社论，认为为了实现千年发展目标，2015 年后的全民健康覆盖应以人为本、明确人人享有健康权，并提高医疗服务质量以及卫生公平性。⑥ 莫雷诺-塞拉和史密斯

---

① 蒋春红、马敬东：《我国"全民医保"在"全民健康覆盖"进程中作用分析》，《中国卫生事业管理》2015 年第 2 期。

② 汪彦辉等：《我国实现全民健康覆盖目标的策略建议》，《南京医科大学学报（社会科学版）》2015 年第 3 期。

③ 李心怡等：《全民健康覆盖视角下的发展中国家卫生筹资机制比较》，《江苏预防医学》2017 年第 3 期。

④ 何子英、郁建兴：《全民健康覆盖与基层医疗卫生服务能力提升——一个新的理论分析框架》，《探索与争鸣》2017 年第 2 期。

⑤ 朱坤：《"全民健康覆盖"全球瞩目中国需加速进程》，《中国财经报》2019 年 7 月 16 日。

⑥ Economic S., "Non-governmental C. R. Universal Health Coverage Post-2015: Putting People First", *The Lancet*, Vol. 384, No. 9960 (2014), p. 2083.

（Moreno-Serra，Smith，2012）① 通过实证数据分析了全民健康覆盖扩大与人口健康结果之间的关系，发现更广泛的健康覆盖面有利于改善人口健康。马西森（Matheson，2015）② 探讨了全民健康覆盖下的公共政策和卫生公平，认为在卫生筹资部分之外缺乏明确的卫生政策可能会限制该倡议对卫生不平等的影响，为了解决卫生不平等问题，在卫生改革中应更加关注最脆弱的社区、地方卫生系统，并关注社区、社会部门和私营部门如何参与卫生系统。哈尔基杜等（Chalkidou，et al.，2013）③ 在研究中认为，卫生技术评估是实现全民健康覆盖的基础，要真正发挥卫生技术评估在全民健康覆盖中的作用，为决策者提供科学有效的证据。霍根等（Hogan，et al.，2018）④ 选取了生殖、孕产妇、新生儿和儿童健康等 14 种跟踪指标构建了 183 个国家 2015 年全民健康服务的覆盖指数。富尔曼、洛扎诺（Fullman，Lozano，2018）⑤ 认为应通过扩大监测全民健康覆盖指标的来源，逐步改进全民健康覆盖监测体系。索夫多福等（Savedoff，et al.，2012）⑥ 通过对不同国家全民健康覆盖实现路径的研究，认为实现全民健康覆盖通常具有三个共同特征：由各种社会力量推动的政治进程、收入的增长以及医疗保健支出的增加、家庭支出的增加而不是自付医疗费用的增加。其中，国家统筹医疗卫生支出的优势是实现全民健康覆盖的必要条

① R. Moreno-Serra，P. C. Smith，"Does Progress Towards Universal Health Coverage Improve Population Health？"，*The Lancet*，Vol. 380，No. 9845（2012），pp. 917–923.

② D. Matheson，"Will Universal Health Coverage（UHC）Lead to the Freedom to Lead Flourishing and Healthy Lives？Comment on 'Inequities in the Freedom to Lead a Flourishing and Healthy Life：Issues for Healthy Public Policy'"，*International Journal of Health Policy and Management*，Vol. 4，No. 1（2015），p. 49.

③ K. Chalkidou，et al.，"Health Technology Assessment in Universal Health Coverage"，*The Lancet*，Vol. 382，No. 9910（2013），pp. 48–49.

④ D. R. Hogan，et al.，"Monitoring Universal Health Coverage within the Sustainable Development Goals：Development and Baseline Data for an Index of Essential Health Services"，*The Lancet Global Health*，Vol. 6，No. 2（2018），pp. 152–168.

⑤ N. Fullman，R. Lozano，"Towards a Meaningful Measure of Universal Health Coverage for the Next Billion"，*The Lancet Global Health*，Vol. 6，No. 2（2018），pp. 122–123.

⑥ W. D. Savedoff，et al.，"Political and Economic Aspects of the Transition to Universal Health Coverage"，*The Lancet*，Vol. 380，No. 9845（2012），pp. 924–932.

件。博尔戈诺维、孔帕尼（Borgonovi，Compagni，2013）① 通过研究发现，政治和经济的可持续性是实现卫生保健系统和推进全民健康覆盖必不可少的要素。麦基等（McKee，et al.，2013）② 认为在过去 50 年中，全民健康覆盖无论是在发展中国家还是在发达国家进展都不是很稳定。文章对通过全民健康覆盖进展的分析，认为组织劳动强度、经济资源、医药机构发展等因素会影响全民健康覆盖的进程。

从实践来看，自 2005 年在第 58 届世界卫生大会上被首次提出后，全民健康覆盖就逐渐成为国际卫生组织以及世界各国在卫生运动及卫生政策领域的热门词汇。推动全民健康覆盖的运动日益壮大，甚至成为"可持续发展目标"下的全球承诺。全民健康覆盖的源头最先起于 70 年前《世界卫生组织宪章》提出的"健康是每个人都应该享有的一项基本权利"。1978 年，《阿拉木图宣言》进一步指出，"全民保健"既是提高生活质量的要求，也是世界和平与安全的要求。2005 年，在第 58 届世界卫生大会上，世界卫生组织成员国普遍意识到了一个完善的卫生服务体系及其筹资体系对国家长远发展的重要性，因此在大会上提议各国通过建立更加公平有效的筹资体系，使其国民能够获取及时、有效的医疗卫生服务③，且不会因为享受这些医疗卫生服务而陷入经济困境，这一目标被定义为全民覆盖，也称为全民健康覆盖（universal health coverage，UHC）④。

2010 年世界卫生报告《卫生系统筹资：实现全民覆盖的道路》将全民健康覆盖的目标确定为：确保现在和将来所有人都可以在获得预防、促进、治疗、康复和姑息治疗等所需的基本医疗卫生服务而不会陷入经济困境。该报告

---

① E. Borgonovi, A. Compagni, "Sustaining Universal Health Coverage: the Interaction of Social, Political, and Economic Sustainability", *Value in Health*, Vol. 16, No. 1, (2013), pp. 34–38.

② M. McKee, et al., "Universal Health Coverage: A Quest for All Countries but Under Threat in Some", *Value in Health*, Vol. 16, No. 1 (2013), pp. S39–S45.

③ "卫生服务"包括健康促进、预防、治疗和康复，包括针对个体的服务（如儿童免疫或结核病治疗）以及针对群体的服务（如大众戒烟运动）。

④ World Health Organization, *World Health Report: Health Systems Financing: the Path to Universal Coverage (Arabic)*, World Health Organization, 2010.

还提出了要实现全民健康覆盖，需要考虑的三个方向：人口覆盖、服务覆盖和费用覆盖（见图2.1），指出实现全民健康覆盖的两个关键要素，即获得关键卫生服务的经济可及性以及为使用卫生服务的人们提供经济风险保护的程度。

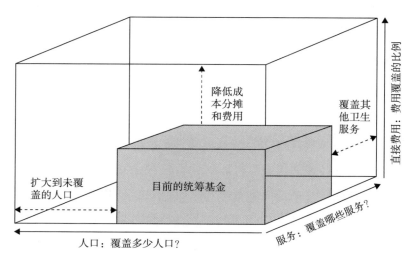

图 2.1　实现全民覆盖需要考虑的三个方向

资料来源：2010 年世界卫生报告：《卫生系统筹资：实现全民覆盖的道路》。

2013 年世界卫生报告《全民健康覆盖研究》再次重申全民健康覆盖目标的重要性，并提出了"专注于结果的全民健康覆盖的结果链模型"（见图2.2）对 UHC 进行测量，该报告在强调卫生服务公平可及性、经济风险保护目标外，还特别强调了健康促进的目标，全民健康覆盖不仅仅强调医疗卫生服务的可及性，同时也强调医疗卫生服务的质量。因此在评价 UHC 时不仅要考虑公平，也要考虑效率。[①]

根据以上研究和实践，全民健康覆盖主要包括人口覆盖、服务（提供和获得）覆盖、费用覆盖，以及健康（结果）覆盖四项核心要素[②]。其中：

人口覆盖主要从需求角度阐述全民健康覆盖的核心内容，包含服务项目的人口覆盖以及筹资机制的人口覆盖。其中，服务项目的人口覆盖指区域内居民

[①]　C. Dye，et al.，"Research for Universal Health Coverage"，2013.

[②]　孟庆跃：《全民健康覆盖：从理念到行动》，《中国卫生政策研究》2014 年第 2 期。

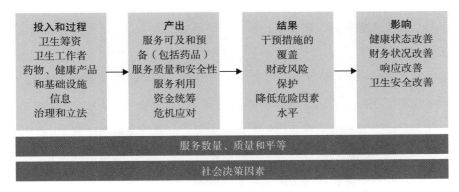

图 2.2 专注于结果的全民健康覆盖的结果链模型①

资料来源：2013 年世界卫生报告：《全民健康覆盖研究》。

不受家庭收入、年龄、教育程度、职业、病情严重程度和居住地等因素影响，都可以享受到其所需求的卫生服务，其强调了居民获得基本医疗卫生服务的公平性和可及性；筹资机制的人口覆盖则指医疗保障制度的人口覆盖，全民健康覆盖要求基本医疗保障制度的参保率达到 100%，这能促使人们主动寻求卫生服务，提高对卫生服务的有效利用②。

　　服务覆盖主要从供给角度阐述全民健康覆盖的核心内容，包含服务提供覆盖和服务获得覆盖。服务提供覆盖是指卫生机构所提供的卫生服务的范围、质量，以及人们获取卫生服务的方便程度，保证人们获取诊疗所需的基本药物、医疗技术、卫技人员和基础设施，反映了服务体系覆盖的程度、服务能力和服务质量，是全民健康覆盖的基础。服务获得覆盖主要指有需求的人们能够在居住地的适当范围内得到基本、规范、质量可靠的医疗卫生服务③，反映了基本卫生服务的实际利用情况，即真正能投射到公众身上的卫生服务的公平性程

---

　　① 每一项结果都有赖于左边的投入、过程和产出，并最终对健康产生影响。可获得的经济风险保护也可以看作一种产出。所有政策都不应只考虑卫生服务的数量，还应考虑其质量和可获得的公平性（第一个横条）。覆盖的公平性受到"社会决定因素"（第二个横条）的影响，所以，从收入、职业、残疾等方面对投入影响的各个环节进行评价和测量十分重要。

　　② 汪彦辉等：《我国实现全民健康覆盖目标的策略建议》，《南京医科大学学报（社会科学版）》2014 年第 3 期。

　　③ 张朝阳、孙磊：《全民健康覆盖的内涵界定与测量框架》，《中国卫生政策研究》2014 年第 1 期。

度，是改善人们健康水平的关键。

费用覆盖也称风险保护覆盖，是指人们不会因获得健康所需的基本医疗卫生服务而陷入经济困难风险，反映了医疗保障制度对居民疾病经济风险的保障程度以及患者的自付费用水平。[1] 需要说明的是，全民健康费用覆盖强调的是人们在获取所需的基本医疗卫生服务时是可承担的、不会出现经济困难的情况，而不是说人人都能免费获得所需的卫生服务。有效覆盖医疗费用，不仅可以防止穷人因家庭经济困难而放弃治疗，还可以降低使用服务的家庭发生灾难性医疗费用和因疾病造成的贫困和困难的概率。

健康覆盖主要从结果角度阐述全民健康覆盖，指国家卫生服务体系提供的基本医疗卫生服务、建立的医疗保险制度对于改善健康状况的效果，反映了国家投入、服务及制度对于公众健康改善的作用和卫生体系的有效性[2]，包括卫生服务的支出效率、社会效益、经济效益和满意度等。

值得一提的是，全民健康覆盖不仅强调基本卫生服务的覆盖，还强调财务风险保护的普及性覆盖。但这种普及并不意味着免费覆盖所有的健康干预措施，因为无论成本如何，任何国家都不能在可持续的基础上免费提供所有医疗卫生服务。只能在确保提供最低限度卫生服务的同时，随着国家财力的壮大以及更多资源的获得，逐步扩大医疗卫生服务的覆盖范围。因此，作为实现全民覆盖的关键性要素，医疗卫生财政保障机制决定了全民健康覆盖的发展进度，实现全民覆盖不只是一个技术问题，它更体现了一个国家的社会凝聚力。

二、基本医疗卫生服务

基本医疗卫生服务最早是以初级卫生保健的概念出现在 20 世纪 70 年代末很多国家政府的责任和行动中，后来逐步发展成为基本医疗卫生服务，其经费

---

[1] 张朝阳、孙磊：《全民健康覆盖的内涵界定与测量框架》，《中国卫生政策研究》2014 年第 1 期。

[2] 张朝阳、孙磊：《全民健康覆盖的内涵界定与测量框架》，《中国卫生政策研究》2014 年第 1 期。

主要来自国家援助、政府或个人。① 所谓初级卫生保健，最早在 1978 年《阿拉木图宣言》中指的是一种基本的卫生保健，这种卫生保健服务具有以下几个重要特点：在技术上可行；在学术上可靠；在服务可及性上，能够满足个人与家庭的普遍需求，被社会大众普遍所接受；在费用上，一般个人和家庭能够负担得起。②

真正意义上的"基本医疗卫生服务"概念在《1993 年世界发展报告》中被正式提出。其中的"基本"主要基于两个方面的考虑：一是卫生服务供给角度，考虑医学领域对于健康需求的界定；二是从费用支付角度，考虑国家经济发展状况。同时，该报告还对基本医疗卫生服务的标准进行了界定：根据国家实际情况确定优先的基本医疗卫生服务、考虑对人民健康影响最大的一些疾病危险因素、能够采取"成本低、效果好"的卫生干预措施、能够覆盖大多数有医疗卫生服务需求的民众、无论是个人还是国家都能在经济上可负担得起。③ 由此，从界定标准上来看，基本医疗卫生服务的定义可以概括为：根据国家实际发展情况确定，符合国家经济社会发展水平，国家、社会和个人都能负担得起，投入低、效果好，能够满足社会成员基本健康需求的医疗卫生服务。

从内涵来看，基本医疗卫生服务的内涵可从广义和狭义两个角度来理解④：广义上的基本医疗卫生服务是指所有能够防治疾病、促进健康、维持生命的医疗卫生服务；而狭义上的基本医疗卫生服务是指那些根据国家经济社会发展水平提供的最普遍的、最基本的、方便的、廉价的、负担得起的、安全有效的医疗卫生服务。虽然两者涵盖范围有所不同，但是两者都将只有少数人才能享受得起的高精尖医疗卫生服务排除在外。《关于保护俄罗斯联邦公民健康

---

① 李玲等：《社区卫生服务及基本卫生服务主要内容探讨》，《卫生经济研究》2004 年第 11 期。

② 刘运国：《初级卫生保健的内涵及其在我国的发展回顾》，《中国卫生经济》2007 年第 7 期。

③ 胡善联：《基本医疗卫生服务的界定研究》，《卫生经济研究》1996 年第 2 期。

④ 郭雅萍等：《潍坊市普及基本医疗卫生制度实验研究目标分析》，《中国初级卫生保健》2011 年第 2 期。

的基本原则》（第 323-ФЗ 号）中指出医疗保健是指为维护和恢复居民健康而采取的政治、经济、法律、社会、科学、医疗等一整套措施，具体包括卫生和防疫（预防）、医疗干预、诊断和治疗疾病、医疗康复等。① 根据 2019 年 12 月最新通过的《中华人民共和国基本医疗卫生与健康促进法》规定，基本医疗卫生服务，是指维护人体健康所必需、与经济社会发展水平相适应、公民可公平获得的，采用适宜药物、适宜技术、适宜设备提供的疾病预防、诊断、治疗、护理和康复等服务。② 由于基本医疗卫生服务关系到社会公众的基本健康权利和国家的长治久安，具有较强的公共性和外部性特征，这就决定了政府干预的必要性和合法性。

从内容来看，基本医疗卫生服务主要分为公共卫生服务和基本医疗服务两部分。其中，公共卫生服务重在疾病预防控制，主要指由疾病预防控制机构、城市社区卫生服务中心、乡镇卫生院等城乡基本医疗卫生机构向全体居民提供的公益性的公共卫生干预措施。根据《关于做好 2020 年基本公共卫生服务项目工作的通知》（国卫基层发〔2020〕9 号），基本公共卫生服务由两大部分构成：一部分主要由各地基层医疗卫生机构依据《国家基本公共卫生服务规范（第三版）》提供的居民健康档案建立、健康教育等 14 项服务③；另一部分是由各地参照《新划入基本公共卫生服务相关工作规范（2019 年版）》提供的地方病防治、职业病防治等 11 项服务④。基本医疗服务主要指在国家能力范围内提供的，公共财政能够保障的，居民能够支付得起的，利用适宜的治疗技术满足广大居民最常见、最基本的健康需求的基本医疗保险、基本药物，以

---

① Федеральный закон от 21 ноября 2011 г. No. 323 – ФЗ " Об основах охраны здоровья граждан в Российской Федерации", https://minzdrav. gov. ru/documents/7025.

② 《中华人民共和国基本医疗卫生与健康促进法》，《人民日报》2020 年 3 月 10 日。

③ 具体包括：居民健康档案、健康教育、预防接种、0—6 岁儿童健康管理、孕产妇健康管理、老年人健康管理、高血压和 2 型糖尿病等慢性病患者健康管理、严重精神障碍患者管理、肺结核患者健康管理、中医药健康管理、传染病和突发公共卫生事件报告和处理、卫生监督协管。

④ 具体包括：地方病防治、职业病防治、重大疾病及危害因素监测、疾病预防控制、妇幼健康服务、老年健康与医养结合服务、食品安全保障、卫生监督管理、卫生应急队伍建设、人口监测与计划生育服务、健康素养促进。

及基本医疗技术，具有质优价廉的特点。

从特征来看，基本的医疗卫生服务具有三个特点：其一是公平性，即无论社会地位、职业、收入、种族如何，都能公平享受基本医疗卫生服务；其二是适宜性，基本医疗卫生服务是指根据公众需求、医疗服务能力和对医疗费用承受能力的预测，在一定时期内优先提供的医疗服务，费用由国家、社会和个人合理分担，因此需要与经济社会发展水平以及民众的经济承受能力相适应；其三是动态性，基本医疗卫生服务是指以满足群众基本卫生需求为重点的医疗卫生服务，但这并不意味着此类服务一直不变或者维持在低水平。随着经济和社会的不断发展，政府应该与时俱进，承担起不断完善现有基本医疗卫生制度的责任，加大公共卫生投入，逐步提高基本医疗卫生服务的覆盖范围和保障水平，以满足社会公众日益增长的基本健康需求。

三、医疗卫生服务财政保障

公共卫生作为一种公共产品，政府对其发展有着不可推卸的责任，政府在公共卫生方面的财政支出力度和侧重点决定着公共卫生事业的发展速度及方向，影响着公共卫生服务提供的质量、可及性和公平性。[1] 因此，建立基本医疗卫生制度，必须按照公共财政的要求，对财政介入公共医疗卫生领域的投入责任和投入机制进行合理有效的设计。

随着人们对于健康的更高要求，国家对公共卫生的高度重视，国内外学者对于医疗卫生服务的财政保障研究也越来越多，大多数学者从公共卫生产品的属性特征、公共财政的内在要求、政府基本职能等方面探讨了医疗卫生服务中的财政责任。

其中，我国学者刘兴柱、徐凌中（1998）[2] 在其研究中认为，政府在公共卫生筹资中的作用减弱可导致社会资源利用的低效率，因此公共卫生筹资改革

---

[1]　童伟、宁小花：《俄罗斯免费医疗：发展历程、效果分析、困境及未来发展方向》，《俄罗斯东欧中亚研究》2020 年第 1 期。

[2]　刘兴柱、徐凌中：《我国公共卫生筹资改革措施评价》，《中国卫生资源》1998 年第 4 期。

不能以市场为导向。李淑霞等（2002）① 认为由于公共卫生产品或服务的公共品属性，市场难以有效提供，因此，政府理应对其进行干预。代英姿（2004）② 在其研究中认为，为了提高一国医疗卫生服务效率，改善民众健康水平和国民福利，政府有必要实施公共卫生支出。任苒（2005）③ 从市场失灵角度阐述政府对公共卫生领域干预的必要性，并提出强化政府公共卫生职能的关键在于加强财政投入力度和完善投入机制。周旭东等（2006）④ 认为由于公共卫生产品具有间接公共物品的特征，且其供求不能形成相互制约关系，市场存在着严重的信息障碍，因此很大程度上需要政府来提供。周寅（2006）⑤ 认为公共卫生产品作为一种社会必需品，具有效用的非竞争性、不可分割性以及受益的非排他性等特点，这些特点决定了政府在其中必须承担起供方的全部职责。郭军强、王林松（2007）⑥ 认为由于医疗卫生领域存在市场失灵，加之公共财政的主要特点是为社会提供公共产品和公共服务，因此建立公共卫生体系不能单纯依靠卫生系统而应是全社会共同努力的结果，作为公共产品的提供者，政府在此中应承担更多的责任。赵郁馨等（2008）⑦ 通过实证研究，认为以公共筹资为主的基本医疗卫生服务筹资制度的建立，对促进不同收入群体间、城乡居民间、不同地域间人群公平享有基本医疗卫生服务具有重要意义，因此政府在基本医疗卫生筹资中发挥着重要作用。顾昕（2010）⑧ 在其研究中指出，20 世纪 90 年代以来政府的公共筹资责任虚化和弱化已成为我国医疗卫生领域的突出问题，这些问题导致了卫生不公平性增加、医疗卫生服务质量下降等一系列弊端。而自 2003 年以来，我国公共财政的卫生筹资功能进一步强

① 李淑霞等：《我国医疗卫生支出的公共政策研究》，《中国卫生经济》2002 年第 7 期。
② 代英姿：《公共卫生支出：规模与配置》，《财政研究》2004 年第 6 期。
③ 任苒：《公共卫生的作用及政府职责》，《医学与哲学》2005 年第 8 期。
④ 周旭东等：《公共财政框架下公共卫生支出的改革思路》，《中国卫生事业管理》2006 年第 10 期。
⑤ 周寅：《财政投入对公共医疗卫生服务影响的探讨》，《求实》2006 年第 S2 期。
⑥ 郭军强、王林松：《完善我国公共财政卫生投入体制的研究》，《医学与哲学（A）》2007 年第 7 期。
⑦ 赵郁馨：《我国基本医疗卫生服务筹资研究》，《卫生经济研究》2008 年第 3 期。
⑧ 顾昕：《公共财政转型与政府卫生筹资责任的回归》，《中国社会科学》2010 年第 2 期。

化，推动医疗卫生领域形成一种新的市场机制。邓大松、郭婷（2016）[1]认为，医疗卫生服务的公共产品性质决定了政府应该在医疗保障中承担必要的责任，正确定位政府在医疗卫生服务供给中的角色，明确各方在医疗卫生服务公告中的责任，是推动我国医疗保障事业可持续发展的重要前提。裴育、贾邵猛（2020）[2]认为财政作为国家治理的基础和重要支柱，在公共卫生体系的建设中起着基础性的保障作用，应通过"全周期"参与和保障贯穿于公共卫生体系建设的始终。

诺贝尔经济学奖获得者阿玛蒂亚·森（1999）[3]认为，健康既是经济发展的目标，又是发展的手段，促进与保护健康对于经济与社会持续发展不可或缺，这既是世界各国一直在努力追求的人类福祉，也是学者们争相研究的关键领域。奥尔特曼、摩根（Altman，Morgan，1983）[4]早在1983年就探讨了政府在医疗保健领域的重要性。其研究认为，随着社会公众对健康要求越来越高，国家和地方政府应及时转换角色，在提供个人健康服务方面发挥着越来越重要的作用。以萨缪尔森为代表的公共产品理论、布坎南的公共选择理论从不同角度阐述了公共卫生产品中政府供给的合理性。世界卫生组织（2006）[5]在其研究报告中认为政府在健康发展中发挥着重要作用。由于市场力量未能恰当地解决民众的健康需求，政府有义务对公共卫生服务进行干预，提供影响健康发展的公共产品，并提高其公平和效率，履行公共卫生职能。拜克尔、斯金纳（Baicker，Skinner，2011）[6]通过对经合组织国家数据的分析，发现医疗卫生筹资所带来的负担可能会抑制医疗卫生支出的增长。居鲁士等（Cylus, et al.,

---

[1]　邓大松、郭婷：《我国医疗保障中政府角色与责任研究》，《长江论坛》2016年第4期。

[2]　裴育、贾邵猛：《公共卫生体系建设中的财政保障机制研究》，《财政监督》2020年第24期。

[3]　A. Sen, *Development as Freedom*, New York: Alfred A. Knopf, 1999, pp. 516-524.

[4]　D. E. Altman, D. H. Morgan, "The Role of State and Local Government in Health", *Health Affairs*, Vol. 2, No. 4 (1983), pp. 7-31.

[5]　World Health Organization, "The Role of Government in Health Development", Regional Office for the Eastern Mediterranean, 2006.

[6]　K. Baicker, J. Skinner, "Health Care Spending Growth and the Future of US Tax Rates", *Tax Policy and the Economy*, Vol. 25, No. 1 (2011), pp. 39-68.

2012)① 以欧洲 24 个国家为分析对象，通过研究认为政府减缓医疗卫生支出的增长，可能会对医疗卫生服务的公平、效率、质量造成负面影响，并对健康结果产生影响。斯塔比尔、汤姆森（Stabile，Thomson，2014)② 通过不同国家在医疗筹资政策中的角色比较，发现各国政府在公共卫生筹资方面的政策基本趋于一致，即探索公共卫生筹资的新方法，改善筹资激励措施，并鼓励有效利用公共卫生服务，以应对当前日益增长的卫生成本。

俄罗斯学者别尼阿米诺夫（Бениаминов，2008)③ 在其研究中指出俄罗斯在 1993 年联邦宪法中将俄罗斯联邦定义为一个社会福利国家，规定国家最重要的活动领域之一是社会领域。所谓社会福利国家即指国家对公民在教育、医疗保健、社会保障、就业、劳动保护、社会援助等领域的基本权利进行宪法保障。因此，国家应主动承担这些领域的社会服务，避免该领域的生产者和消费者之间出现经济交换关系中固有的缺陷，实现社会正义和国家意识的要求。奥西波夫、基西尔（Осипов，Кизиль，2010)④ 认为公共物品是国家和市政经济部门运作的最终结果，公共收入支出应尽可能贴近公民对特定公共产品的需求，并有目的地用于满足这些需求。卡特科娃、安德鲁娜（Каткова，Андрюшина，2012)⑤ 认为为了降低俄罗斯死亡率，俄罗斯政府应根据国家收入水平确定医疗保健公共支出的最佳比例，并在联邦和地区层面制定相应的

---

① J. Cylus, et al., Is There a Statistical Relationship Between Economic Crises and Changes in Government Health Expenditure Growth? An Analysis of Twenty-four European Countries, *Health Services Research*, Vol. 47, No. 6 (2012), pp. 2204-2224.

② M. Stabile, S. Thomson, "The Changing Role of Government in Financing Health Care: An International Perspective, *Journal of Economic Literature*, Vol. 52, No. 2 (2014), pp. 480-518.

③ Бениаминов, А. И., "Организация материально-технического обеспечения социальной сферы в условиях рыночной экономики", *Научные труды: Институт народнохозяйственного прогнозирования РАН*, No. 6 (2008), C. 668-679.

④ Осипов, С., Кизиль, Е. В. Объективные предпосылки производства и распределения общественных благ в государственном и муниципальном секторах экономики: теоретические аспекты, *Власть и управление на Востоке России*, No. 1 (2010), C. 65-72.

⑤ Каткова, И. П., Андрюшина, Е. В., "Финансовая устойчивость здравоохранения и увеличение ожидаемой продолжительности жизни: тенденции и взаимосвязи", *Народонаселение*, No. 55 (2012), C. 32-40.

指标，提高国家医疗保健系统的有效性。塔莫夫等（Тамов，et al.，2012）①在其研究中认为公共产品是具有一定社会意义的商品或服务，这种产品依社会客观需求而被充分、高质量地提供，从而形成一定的累积效应。一般而言，这些社会商品或服务关系到人的生命本质（社会保障、医疗服务）、人格精神形成的基本特征（教育、文化）及其身体发育（体育运动），以及《世界人权宣言》所载的其他自然社会人权。这些权利的保障者理应是国家，因此这些公共产品必须由国家在财政支持的基础上提供保障，国家预算系统在其筹资和实施中发挥着主导作用。杜比尼娜（Дубынина，2013）②在其研究中认为要了解国家在商品和服务生产中的活动，首先要清楚三个问题：生产什么？如何生产？为谁生产？从而评估国家在商品和服务生产中应承担的角色和责任。对于医疗、教育等公共产品来说，由于其具有非竞争性和非排他性的特点，私人市场无法有效供给，必须由国家主动承担供给责任。伊格纳托娃、阿希罗娃（Игнатова，Аширова，2015）③认为改善公共服务供给的最佳选择是在国家机构主导的基础上，规范供给机制实现国家与市场的互动，促进国家直接监管与市场机制相结合，使公共服务供给以公众需求为导向，不断适应外部环境变化，提高供给效率。库齐亚舍夫、切尔尼赫（Кузяшев，Черных，2022）④在对公共产品的社会属性、特点和本质进行研究的基础上，认为由于市场存在着无法提供足够的公共产品、无法抵抗通货膨胀和失业等失灵行为，因此，国家应免费或者按照规定的价格向民众供给教育、医疗、人口社会保护和联邦法律规定的其他社会公共服务。

---

①　Тамов，А. А.，et al.，"Вестник Адыгейского Государственного Университета. Серия 5：Экономика"，*Вестник Адыгейского Государственного Университета. Серия 5：ЭКОНОМИКА Учредители*，No. 1（2012），C. 38-49.

②　Дубынина，А. В.，"Государственный сектор в рыночной экономике"，*Национальные интересы：приоритеты и безопасность*，No. 7（2013），C. 20-23.

③　Игнатова，Т. В.，Аширова，М. Н.，"Общественные блага и государственные услуги"，*Вестник Волгоградского государственного университета. Серия 3：Экономика. Экология*，No. 2（2015），C. 7-17.

④　Кузяшев，А. Н.，Черных，А. А.，"Общественные Блага Как Обязательный Элемент В Зонах"провалов Рынка""，*Экономика И Бизнес：Теория И Практика*，No. 9（2022），C. 116-119.

　　从医疗卫生资源的属性来看，基本医疗卫生服务中的公共卫生服务属于公共产品类，基本医疗服务为准公共产品类。公共产品具有供给的非竞争性和消费的非排他性两个特点，这两个特点使消费者不愿付出成本购买公共产品，市场供给者由于利润空间极其有限并且存在外部性也不愿意提供，因此只能由政府公共财政提供；而基本医疗服务的准公共品特性使得供需双方信息严重不对称而存在严重的市场失灵，再加上巨大的外部效应，因此，在基本医疗服务供给过程中必须要在政府的干预和监督下配置卫生资源，从而保护民众的健康利益，确保个人不因为经济负担方面的原因而被排斥在外。这就需要有覆盖全民的基本医疗保障机制做保障，而支撑这个体系的支柱之一就是政府公共财政的投入。

　　因此，基本医疗卫生服务的财政保障也是一个广义上的概念，其承担的责任范围主要包括基本医疗服务、公共卫生服务，以及在这些卫生服务供给过程中的卫生监督执法，医疗保障中社会医疗保险和医疗救助等几个大的方面。这些卫生服务均属于公共卫生产品或者准公共卫生产品，应该由政府提供，是公共财政承担经济责任的范围。对这些卫生产品政府不管是直接提供还是采取购买的方式，其投入的主导地位和作用是不可改变的（陈琴，2005）[①]。它是一种公共的卫生服务支出，也就是政府在卫生领域的支出，不仅包括财政对公共卫生的投入，也包括政府财政用于卫生的其他支出（如医疗保健方面的支出），它是各级政府用于卫生事业的全部政府拨款，远大于财政对公共卫生的支出（陈共、王俊，2007）[②]。

　　从国际上来看，政府卫生支出的衡量通常基于世界卫生组织或国际经济合作组织的卫生账户体系，该体系包括两类：广义的政府卫生支出和狭义的政府卫生支出。其中，广义的政府卫生支出包括狭义的政府卫生支出和社会医疗保障支出两部分，这一口径除了涵盖我国政府卫生支出之外，还将范围扩展至我

---

　　①　陈琴：《完善公共财政对卫生领域投入的研究》，武汉大学硕士学位论文 2006 年 5 月。
　　②　陈共、王俊：《论财政与公共卫生》，中国人民大学出版社 2007 年版，第 26 页。

国社会卫生支出中的社会医疗保险基金（见表 2.1)①。

表 2.1　国内外对政府卫生支出的定义范围

统计口径	卫生总支出				
国内口径	政府卫生支出		社会卫生支出		个人卫生支出
	公共卫生服务经费	公费医疗经费	社会医疗保险基金	其他社会支出	——
国际口径	狭义的政府卫生支出	社会保障卫生支出		——	
	广义的政府卫生支出（基本医疗卫生财政支出）			私人卫生支出	

资料来源：作者根据公开资料整理。

　　综上，本书研究的范围集中于政府在基本医疗卫生服务领域的财政保障，主要侧重于分析政府在基本医疗卫生服务供给方面的财政责任，是一个广义的范畴，即中央和地方政府为发展本国、本地区的医疗卫生事业，满足民众基本的健康需求，由政府财政提供用于向社会全体成员提供公共卫生服务和基本医疗服务的经费。其中，基本医疗卫生服务的内涵是广义的，财政保障口径也是广义的。具体来说，基本医疗卫生服务的财政支出由政府预算卫生支出（狭义政府卫生支出）与社会卫生保障性支出两部分组成，包括医疗卫生管理事务、医疗服务、基层医疗卫生机构、公共卫生、医疗保障、中医药、人口与计划生育事务、食品和药品监督管理事务、其他医疗卫生等方面的支出。基本医疗卫生财政支出反映一个国家或地区政府动用自身财政与动员社会保险资金支持卫生系统的能力。② 而社会卫生保障性支出作为其中的一部分，主要体现政府在卫生方面的社会保障资金的动员能力，体现了政府的强制力（雷光和，2016)③。

────────────

① 张仲芳：《国内外政府卫生支出测算方法、口径及结果的比较研究》，《统计研究》2008年第4期。

② 童伟、宁小花：《俄罗斯免费医疗：发展历程、效果分析、困境及未来发展方向》，《俄罗斯东欧中亚研究》2020年第1期。

③ 雷光和：《中国卫生系统公平性探析》，博士学位论文，武汉大学，2016年。

第二节　基本医疗卫生服务财政保障理论

如前所述，基本医疗卫生服务既包括公共卫生服务，又包括基本医疗服务，这两种服务虽然内容不同，但是都具有公共产品的属性，且其有效供给离不开政府的积极参与，这就决定了政府在基本医疗卫生财政支出中的主导责任。

一、基本医疗卫生服务的公共产品属性要求

基本医疗卫生服务产品是公共产品、私人产品还是准公共产品，决定了政府和市场在提供基本医疗卫生服务时的责任和分担比例。基于基本医疗卫生服务的公共产品属性，有必要强调政府在基本医疗卫生服务供给过程中的主导责任。

（一）公共产品理论的主要内容

公共产品理论最早开端于 1739 年休谟（David Hume）的《人性论》中关于个人和集体的论述。1776 年，亚当·斯密（Adam Smith）在其著作《国富论》中提出，在公共服务供给过程中，除了"看不见的手"要发挥基本作用之外，君主也必须通过提供保护社会、设立国防、设立司法机关等公共服务来维持某些公共事业发展及某些公共设施的运行。1817 年，英国古典政治经济学家大卫·李嘉图在其名著《政治经济学及赋税原理》中进一步论证了政府提供某些公共服务的合理性。1919 年，瑞典经济学家林达尔（Lindahl）提出了林达尔均衡理论，这也是公共产品理论最早的成果之一。20 世纪 50 年代中期，保罗·萨缪尔森（Paul Samuelson）相继发表了《公共支出的纯粹理论》和《公共支出理论的图式探讨》，公共产品理论的一些核心问题被提出并部分得到解决。其中，《公共支出的纯粹理论》中将公共产品定义为：每个人对某种产品的消费并不会对他人对这种产品的消费产生任何影响（减少或增加）。这一描述成为了经济学中关于纯公共产品的经典定义。在这两篇文章的启发下，公共产品理论逐渐被重视并得以发展：1965 年，布坎南在其论文《俱乐

部的经济理论》中提出了俱乐部理论，首次对非纯公共产品（准公共产品）进行了讨论，公共产品的概念得以拓宽。1973 年，桑得莫（A. Sandom）发表了论文《公共产品与消费技术》，着重从消费技术角度研究准公共产品。可以说，自 20 世纪 50 年代以来，公共产品理论一直是公共部门经济理论的基石，公共产品理论的发展也逐渐集中于设计机制保证公共产品的决策者提供的效率原则。①

　　根据公共产品的特征，可将其分为纯公共品和准公共品。② 萨缪尔森对纯公共品给出了一个数学表达式：$X_{n+1} = X_{n+1}^i (i = 1, 2, \cdots, m)$，即对任意一个消费者 i，他所消费的该公共品的数量就是该公共品的总量 X_{n+i}，也就是说，纯公共品具有以下特征：

　　一是效用的不可分割性。即对于消费者来说，公共产品具有共同利益或共同消费的特征，是向整个社会的消费者同时提供的，其效用无法分割，无法归属于某个特定的个人或者集体，也无法按照付费原则来优先选择消费者，而是社会所有成员同时享有的。

　　二是消费的非竞争性。即所有人可同时消费某一公共产品，而不会对他人对该产品的消费造成影响，且当消费该产品的人数减少或增加时，并不会导致产品的边际成本减少或增加，因此纯公共产品一般只能免费供给。

　　三是受益的非排他性。即某种公共产品一旦被提供，便会有众多的受益者，大家将共同消费这一产品，不能将任何人排除在外。这种非排他性的特征意味着公共产品的供给者无法阻止他人使用产品，也无法直接向消费者收费，很难从技术上把"免费搭车者"排除在外，私人也无法从投资生产这种公共产品中受益。

　　由于纯公共产品的非竞争性和非排他性，供给者因无利可图缺乏提供该产品的动力，而作为"经济人"的消费者都会试图"搭便车"。因此，在自由市

---

① Randall G. Holcombe, "Public Goods Theory and Public Policy", *The Journal of Value Inquiry*, Vol. 34, No. 2 (2000), pp. 273-286.

② 王根贤：《公共财政视角下的中国医疗卫生保障制度研究》，西南财经大学出版社 2008 年版，第 32 页。

场经济条件下，由于公共产品利润太小甚至没有利润，供给者没有兴趣和动力去提供这种产品，容易导致公共产品供给不足。

除了纯公共产品外，还有一种产品是介于纯公共产品和私人产品之间的混合体，在消费过程中只符合非排他性特征或者只符合非竞争性特征，这种产品也称准公共产品。准公共产品具有以下特点：一是具有效益上的外部性（溢出效应），即一个人或一群人在对产品的行动和决策会使另一个人或一群人受损或受益的情况。如果使另一部分人受益则属于正外部效应，如果受损就属于负外部性。二是存在着消费上的有限排他性或者局部排他性，即当使用该产品的使用者超过一定的数量，就会影响其他人对该产品的使用。三是存在消费上的有限竞争性，即随着产品的供给范围逐渐扩大时，使用者数量增多，引起生产成本的增加，导致一部分人在消费该产品时，会影响其他消费者对该产品进行消费。对于准公共产品来说，由于单个个体消费者对某种产品消费效益的估计总和始终会小于社会实际总效益（$X_{n+1}^i \leqslant X_{n+1}$），因此消费者对公共产品的需求始终小于最佳社会需求，市场上对准公共产品的需求和供给都将呈现不足状态。[①]

（二）公共产品理论与基本医疗卫生服务供给

如前所述，基本医疗卫生服务分为公共卫生服务和基本医疗服务两大类。在国际上，公共卫生的定义主要来自世界卫生组织，即指所有预防疾病，促进健康并延长整个人口寿命的有组织的措施（无论是公共措施还是私人措施），其宗旨在于为人们提供保持健康，改善健康和福祉或防止其健康恶化的条件，而不仅仅是消除特定疾病。具体包括卫生监督执法、疾病控制与疫情监测、健康教育、妇幼保健和计划免疫、计划生育和围产期保健、医学教育与科研等领域。基本医疗服务的内容目前尚无统一标准，主要满足人们最迫切和急需也是最常见、最基本的健康需求。

从理论上看，公共卫生服务一般来说具有纯公共产品的属性，而基本医疗服务则基本属于准公共产品的范畴（见表 2.2）。这是因为，虽然基本医疗卫

---

① 程晓明：《卫生经济学》，人民卫生出版社 2013 年版，第 45 页。

生服务没有明显的非排他性或非竞争性特征，但是正外部性比较强，消费者对此类物品的需求始终小于社会的最佳需求，如果仅靠市场机制提供，就会出现供需不足的问题。

表 2.2　基本医疗卫生服务的属性一览表

公共服务领域	产品性质	服务项目
公共卫生服务	纯公共产品	卫生监督执法
		疾病控制与疫情监测
		健康教育
		妇幼保健和计划免疫
		计划生育和围产期保健
		医学教育与科研
	准公共产品	疾病控制（卫生检验）
基本医疗服务	准公共产品	基本医疗服务

资料来源：陈共、王俊：《论财政与公共卫生》，中国人民大学出版社 2007 年版，第6—7 页。

由于基本医疗卫生服务具有不同于普通商品的一些特征，以及医疗服务市场的特殊性，导致基本医疗卫生服务供给中存在市场作用的失灵，主要表现在：

一是医疗卫生服务市场的信息不对称。价格调节是市场经济有效运行的重要条件，而价格调节的前提则是生产者和消费者都能拥有作出正确决策所需要的全部信息。但是，在医疗卫生服务市场中却存在着多种信息不对称现象：医疗卫生服务的供需双方的信息不对称，即卫生服务供给者出于自身经济利益的考虑，利用供方的信息优势提供过度的或者不合理的卫生服务；卫生服务需求者与卫生服务筹资机构之间的信息不对称。这种信息的不对称一方面会给消费者带来道德上的损害；另一方面也会产生医疗卫生服务的逆向选择，卫生服务提供者与管制者之间的信息不对称。由于个体发病的不确定性，疾病治疗的方案有很大的差异，导致医疗保健需求和供给的不确定性，个体因疾病所伴随的疾病负担也同样存在不确定性，这些导致卫生服务的提供者和管制者间存在信息的不对称影响。

二是基本医疗卫生服务的外部性效益在一定程度上会影响市场对资源的优化配置。如前所述，在医疗卫生服务领域，许多医疗卫生服务为纯公共产品或者准公共产品，具有效益的外部性特征。在外部不经济时，医疗卫生服务提供商或消费者的经济活动会给社会的其他成员带来利益上的损害，但自身不会为此付出补偿成本；在外部经济时，医疗卫生服务提供商或消费者的经济活动会使社会上其他成员受益，但其自身却无法从中获得补偿。在这种情况下，产品的社会利益要大于私人利益，企业往往缺乏生产社会有益产品的动力，使其产量少于社会最优的产量。由于这种正的外部效应扭曲了医疗卫生服务市场的价格机制，使得价格体系无法传递正确信息，卫生资源配置无法达到帕累托最优状态。

三是医疗卫生服务供给垄断导致市场低效率。市场特征的一个显著特点就是优胜劣汰，劣者在竞争过程中不断被淘汰，胜者在竞争过程中则不断壮大。而一旦有了垄断，竞争将不存在或不完全，垄断者就能影响价格，从而大大降低市场配置资源的效率。如图 2.3 所示，在完全竞争市场中，市场均衡点在 A 点，均衡价格为 PC，均衡数量为 QC。而当市场中存在垄断，假设市场需求与机构生产的成本不变，垄断机构的利润最大化点在 C 点，均衡数量为 QM，均衡价格为 PM，图中 ABC 形成的阴影部分就是由于市场垄断造成的社会福利的损失。在医疗卫生服务领域，由于供需双方信息的不对称，一般来说，医疗卫生服务的需求者总是处于被动地位，而供给者处于主导地位，造成供需双方的不平等竞争或者市场垄断，从而影响市场机制在卫生服务领域的作用，导致市场失灵，这将直接导致卫生资源配置和资源利用效率低下，限制卫生技术进步，还有可能影响卫生资源的可及性以及卫生服务质量。

四是医疗卫生服务市场运行机制会带来不公平问题。市场运行机制不能解决贫富差距问题，也不能兼顾公平和效率，这是市场的固有缺陷。在医疗卫生服务市场中，没有管制的卫生服务市场是以支付能力和支付愿意为基础来配置资源的，因此，由于人们的收入水平支付能力的差异，有可能导致卫生服务的

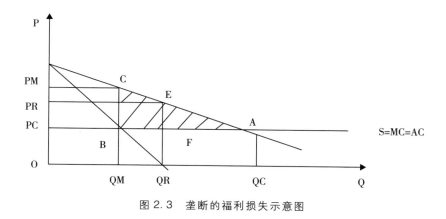

图 2.3 垄断的福利损失示意图

利用健康水平等方面的不公平性。①

基于上述基本医疗卫生服务的特点以及在该领域出现的市场失灵情况，在依靠市场机制作用的同时，有必要加强政府对医疗卫生服务领域的干预，发挥政府在该领域的主导作用，从而规范卫生服务市场，提高卫生资源配置效率，促进社会公平与稳定。

二、实现基本医疗卫生服务有效供给的内在要求

在基本医疗卫生服务供给过程中，政府主导虽然能在一定程度上纠正市场失灵，但是，政府不是万能的，在供给过程中也会存在各种制约因素，可能导致公共政策失效。因此，为了实现基本医疗卫生服务的有效供给，还必须处理好政府与市场在医疗卫生服务供给过程中的关系。

（一）公共选择理论的主要内容

公共选择理论是指借助新古典经济学的基本假设和研究方法，分析政治市场中各种政治主体的运行和行为的跨学科理论。由于公共选择理论采用经济学的方法研究政治问题，因此，公共选择理论又称"公共选择经济学""新政治经济学"，等等。

公共选择理论最先产生于 20 世纪 50 年代，当时主要有三位代表性人物的

———————

① 程晓明：《卫生经济学》，人民卫生出版社 2013 年版，第 77 页。

研究成果对其影响最大，他们发表的重要文献标志着公共选择理论这一新研究领域的诞生。这三位代表性人物分别是邓肯·布莱克（Duncan Black）、詹姆斯·布坎南（James M. Buchanan, Jr.）和肯尼思·阿罗（Kenneth J. Arrow）。其中，邓肯·布莱克被尊称为"公共选择理论之父"，其在 1958 年出版的《委员会与选举理论》一书是公共选择理论的经典文献，该书首次提出了委员会决策问题，并对委员会的投票选举问题进行了深入、系统和全面的研究，构造了投票选举理论的基本理论框架。詹姆斯·布坎南是公共选择学派最有影响、最有代表性的经济学家，也是公共选择理论的创始人与领袖，其著述《财政理论与政治经济学》《民主过程中的公共财政》《俱乐部经济理论》等构成了公共选择理论重要的组成部分。肯尼思·阿罗是美国著名数理经济学家，其在著作《社会选择和个人价值》中提出了著名的"阿罗不可能性定理"。作为社会选择理论的一部分，阿罗不可能定理被认为是一项重大突破，被广泛用于分析福利经济学中的问题。

　　所谓公共选择，其实是一种对资源配置的非市场（政府）选择，即通过集体行动和政治程序来确定公共产品的需求、供给和产出。正如布坎南所说，公共选择理论只是在努力尝试提出公共经济的一般理论，以便帮助人们按照集体选择来做微观经济学领域的事情，即尽可能地以相应的政治市场运作理论补充生产和商品及服务交换的理论。这种理论试图建立一个模型来模拟当今的社会行为，并根据个人是活跃在经济市场还是政治市场中，而采用不同的方式来处理人类决策过程。① 政府失灵与市场失灵是公共选择理论探讨的主要内容之一。一般认为，提供公共产品、消除外部性和纠正市场失灵是政府存在的基本原因及其基本职能。而公共选择理论认为，即使不存在外部性，也会发生市场失灵，而且政府失灵因为政治市场中"经济人"的存在而变得非常普遍。因此，政府的失灵并不能成为放弃政府或政府渎职的借口，而应接受政府也会失灵的现实，通过重新创造市场和宪制政府对其进行矫正。

　　按照公共选择原理，政府公共产品供给决策过程实际就是一个公共选择过

---

① ［美］詹姆斯·布坎南：《民主财政论》，商务印书馆 2002 年版，第 10 页。

程，最后对某项公共产品供给的政策就是公共选择的结果。在民主社会中，公众对公共物品的偏好由投票决定，不同的投票规则（一致规则和多数规则）和影响投票结果的因素对集体选择的结果和个人偏好的满足会产生不同的影响。阿罗不可能性定理认为，无论投票规则是什么样，政府决策都不可避免地出现偏差，难以实现社会福利的最大化。在社会政策决策过程中，当政策相关的公民超过一定规模，通过公民直接投票进行选择是非常困难的。此时，公民需要集体委托政府为受托人为其利益作出公共选择。在政策决策过程中，由于委托人的利益诉求是多样的，不同政府部门可能往往从部门利益出发理解代理人这一职责，从而导致社会政策的决策往往成为各种社会利益主体进行政治角逐、政治竞争的结果，政府也未能作为委托人为代理人诉求其真正的利益。

（二）公共选择理论与基本医疗卫生服务供给

基于公共选择理论，在"经济人"假设下，政府和市场都会存在失灵状况，因此政府一方面要通过有效干预市场活动来矫正市场失灵，另一方面还须优化自身决策，防止在公共产品供给过程中出现自身失灵，这也对基本医疗卫生服务的供给具有一定启示：

其一，政府的决策行为影响基本医疗卫生服务的有效供给。作为公民集体利益的"代理人"，政府的决策行为最终要服务于公共利益，而一个科学、民主、积极回应民众需求的政府决策行为是保证公共产品有效供给的重要前提。在基本医疗卫生服务供给过程中，各级政府可能会受政绩和利益的驱使，从而影响其对基本医疗卫生产品供给的决策，导致基本医疗卫生服务供给偏离公民的利益诉求。这就需要理顺政府职能角色，构建良好的制度环境，优化政府的决策行为，提高政府医疗产品的供给效率。

其二，政府是基本医疗卫生服务的主要供给者但不是垄断者。政府虽然对基本医疗卫生服务的供给负有主要责任，但是不能形成垄断地位。由于政府也是市场"经济人"，任何形式的政府垄断决策都可能使得医疗公共产品出现供给不足。政府可以通过改善内部行为和规则，引入市场竞争机制，并对市场供给主体进行规制和监督，通过与其他社会主体的多元化合作，建立灵活多样的医疗卫生服务供给体系，更好地满足公众需求。

其三，注意处理好政府与市场在医疗产品供给中的关系。在基本医疗卫生服务供给过程中，政府应承担主导责任但不是全部责任。对于一些垄断性强、其他行为主体不能或不愿提供的公共产品，政府应积极加强供给责任，而对于一些涉及市场可以高效率配置和供给的医疗卫生产品，可以交由市场主体提供。在这个过程中，一方面政府要及时转变角色，在医疗卫生服务供给中更多的扮演指挥协调者和规范者角色，引导市场有序供给；另一方面，政府在对自身进行规制和监督的同时，也要对其他市场参与主体供给时的负外部性进行规制，防止市场供给主体为追求效益、效率而损坏公共利益。

第三节　健康人力资本理论

健康不仅是个人福利和作为人的尊严的一个重要条件，更是一个国家人力资本的重要的组成部分，因此政府对医疗卫生的投资实际上也是一种资本性投资。

一、人力资本理论和健康人力资本理论

人力资本理论最早起源于 18 世纪欧洲的工业革命，1776 年，被誉为"资本主义之父"的英国政治经济学家亚当·斯密（Adam Smith）在出版的《国富论》中首次提出，人力资本才是任何其他形式资本的重要生产工具，并详细分析了人类经验、知识和能力作为财富和生产性财富的重要作用。李嘉图继承并发展了斯密的劳动价值学说，认为一种商品的价值，取决于其生产所需的相对劳动量，而不取决于为该劳动所付出的或多或少的补偿，并明确指出机器和自然物不能创造价值，只有人的劳动才能创造价值。① 1906 年，美国经济学家欧文·费雪（Erving Fisher）发表《资本和收入的性质》，并在其中首次将人力资本纳入经济分析的理论框架②。20 世纪 60 年代，诺贝尔经济学奖得主西奥多·舒尔茨（Theodore W. Schultz）在《美国经济评论》上发表了一篇题

---

① 宁先圣：《论人力资本理论的演进及当代进展》，《社会科学辑刊》2006 年第 3 期。
② ［美］欧文·费雪：《资本和收入的性质》，谷宏伟、卢欣译，商务印书馆版 2018 年版。

为《人力资本投资》的文章，开辟了关于人类经济增长模式的新思路，被称为"人力资本之父"。在该文章中，舒尔茨详细介绍了人力资本理论：（1）知识和技能都是资本的一种形式，而这种资本是长期投资的产物，人力资本投资有利于增加国家产出。（2）人力资本意味着要重视对人的投资，一个国家对人的健康、教育、培训的投资能为许多个人提供其他人无法获得的机会和选择。（3）人与人之间的收入差异与接受教育和保健的机会高度有关，因此在主要关注点不再是基本需求的国家和社会中，存在对教育、卫生进行长期投资的机会。根据舒尔茨的理论，人力资本是具有经济价值的健康、知识、经验、技能和智力等质量因素的总和，这些因素是通过对教育、培训和医疗保健的投资而形成的，具体包括教育人力资本、健康人力资本和其他人力资本。每个人的健康状况都是一种通过保健服务发挥作用的"健康资本储备"或"健康资本存量"。[1]

那么健康是什么呢？1948 年，世界卫生组织成立，同时定义了"健康"的含义，即除了没有疾病外，还能达到躯体、精神与社会和谐融合的良好状态。美国国家健康中心则认为"个体要成为一个全面健康的人，不仅要求在身体上达到健康状态，更要求情感、智商、精神以及社会这四要素同时达到一种完美状态"。正如舒尔茨所说的，健康资本是需要通过健康服务来发挥作用的。健康人力资本作为人力资本的一种形式，它并不是个单独的概念，健康投资在整体人力资本投资中起基础性作用，是教育、技能和其他具体形式人力资本发挥作用的物质基础[2]。贝克尔（Becker，1964）[3] 和富赫斯（Fuchs，1966）[4] 都认为健康是人力资本不可或缺的组成部分，因此在疾病发生之前提前进行预防可以降低死亡率和疾病发生的可能性，减少因疾病死亡而造成的医

---

① T. W. Schultz, Investment in Human Capital, *The American Economic Review*, Vol. 51, No. 1 (1961), pp. 1–17.

② T. W. Schultz, Investment in Human Capital, *The American Economic Review*, Vol. 51, No. 1 (1961), pp. 1–17.

③ Gary S. Becker, *Human Capital: A Theoretical and Empirical Analysis, with Special Reference to Education*, New York Columbia University Press, 1964, pp. 169–204.

④ Victor R. Fuchs, The Contribution of Health Services to American Economy, *Milbank Memorial Fund Quarterly*, No. 44 (1966), pp. 65–101.

疗费用和损失，促进社会经济发展。格罗斯曼（Grossman，1972）[①] 通过建立健康需求人力资本模型，首次把健康资本纳入人力资本理论研究的框架中。该模型将健康视为可产生健康时间输出的持久资本存量，个人继承了健康资本的初始额度，该额度会随着年龄的增长而贬值，但可以通过健康投资来增加。

健康人力资本不同于其他形式资本的特点在于：其一，健康人力资本和生命是一个共同体，健康人力资本的增加意味着更长的健康时间、更长的生命周期和更少的医疗保健支出。其二，健康人力资本与每个人的先天性健康条件有关，也与后天获得的健康投资有关。由于每个人所处的外部条件不同，出生后自己的健康人力资本存量也不同，但是后天获得的良好生活习惯、更好的医疗条件等健康投资才是增加健康人力资本的决定性因素。其三，健康人力资本投资具有较强的时间性，一般来说，刚出生时个体的健康人力资本会逐渐增加，成年后，身体机能开始逐渐降低，健康投资的资本储备随着时间的流逝而贬值，人力资本也逐渐减少，因此一个人的健康人力资本存量与年龄呈现一种倒 U 形关系。其四，健康人力资本的功能在于提供健康服务，也就是个人在无病状态下进行的工作、消费和休闲等活动。其五，与其他形式的人力资本不同，健康人力资本不仅是其他人力资本的重要载体，而且可以促进教育人力资本等其他形式人力资本的发展，是一种最基础的人力资本。[②]

二、健康人力资本理论与基本医疗卫生服务供给

健康对于个人生活、生存来说至关重要，与经济发展有着密切关系，更是国家富强的基础条件和重要标志。1993 年世界银行在其《世界发展报告》中明确指出，良好的健康状况可以提高一国的个人劳动生产率和经济增长率，医疗事业的发展既是一国经济发展的结果，也是促进经济发展的动力。因此，健康人力资本投资是人力资本投资不可或缺的一个组成部分，是确保一个国家高质量人力资本的重要保障。从微观角度来看，健康能为个人或家庭提供经济来

[①]　Michael Grossman，"On the Concept of Health Capital and the Demand for Health"，*Journal of Political Economy*，Vol. 80，No. 2（1972），pp. 223-255.

[②]　朱必祥：《人力资本理论与方法》，中国经济出版社 2005 年版。

源和安全感，并作为劳动者学习能力及智力体力的基础。从宏观角度来看，健康人力资本从多种途径影响国家经济发展水平：一方面，健康人力资本可以通过提高劳动者质量和数量直接影响经济产出。一般来说，健康状况影响劳动者的体力和精神状态，在同等劳动强度和工作条件下，较好的健康状况可以提高劳动生产率。此外，具有良好健康状况的个体会有更多的就业机会，从而提高了劳动力参与率，增加了市场上劳动力的供给量。另一方面，健康人力资本还会通过人口结构、教育人力资本、技术水平，以及其他生产要素对经济增长产生间接影响。健康条件的改善会降低婴儿死亡率、成人死亡率，从而促进经济增长。一般来说，健康状况好的人有更多的机会接受学校教育或者培训，拥有较高的教育人力资本，从而形成一种良性循环，逐渐积累人力资本，间接促进了经济的长期增长。此外，健康还将影响社会研发人员的工作效率，从而影响新技术的发展并通过技术因素影响经济增长。最后，身体健康的人通常生命周期更长，从而增加了个人储蓄和物质资本积累。同时，良好的健康状况可以节省医疗卫生费用，将有限的经济资源用在经济发展的相关领域。

由此可见，在经济发展过程中，健康人力资本对经济增长的影响是通过人力资本的内生和外溢作用体现的，与此同时，经济增长反过来也会制约和影响健康资本的存量和水平。人力资本的健康状况取决于社会的医疗卫生水平，因此，政府在资源有限的情况下，应优先确保人民最基本的健康权。在市场经济条件下，基本医疗卫生服务的公共品和准公共品的特性，决定了政府应该从"取之于民"的公共财政收入中用医疗卫生预算的支出来"用之于民"①，这是政府应有的职能，也是政府投资健康人力资本的具体形式，政府理应成为健康人力资本投资的最重要主体。政府卫生支出通过"政府卫生支出—保障居民健康—积累健康人力资本—促进经济增长"的传导机制，能够有效提高居民健康水平，增加健康人力资本的存量和增量，进而促进社会经济可持续发展。从长远来看，政府医疗卫生支出投资于健康人力资本不仅是出于经济增长的需要，也是经济、社会和个人稳定发展的根本源泉。

---

① 王根贤：《公共财政视角下的中国医疗卫生保障制度研究》，西南财经大学出版社2008年版，第31页。

通过以上研究，可以看出政府应该在基本医疗卫生服务供给中担负起主要责任。一方面，基本医疗卫生服务作为一项典型的公共产品，在供给上具有非竞争性和正外部效应，市场供给动力缺乏，且容易出现市场失灵，如果单纯依靠市场来提供，很难达到帕累托最优，也很难满足广大民众的健康需求，因此从基本医疗卫生服务的客观特点来看，政府理应成为供给基本医疗卫生服务的主导者；另一方面，健康人力资本是社会经济发展的重要条件和保障，从多项实证研究来看，医疗卫生服务的发展确实与人们健康状况、经济增长存在着较强的正向关系，基本医疗卫生服务的供给不仅关系到人民个人的切身利益，更具有明显的社会效益和经济效益，因此，从主观上来看，基本医疗卫生服务的主要功能决定了政府主导的必要性。总之，政府对医疗卫生的发展有着不可推卸的责任，政府在公共卫生方面的财政支出力度和侧重点决定着公共卫生事业的发展速度及方向，影响公共卫生服务提供的质量、可及性和公平性。①

---

　　①　童伟、宁小花：《俄罗斯免费医疗：发展历程、效果分析、困境及未来发展方向》，《俄罗斯东欧中亚研究》2020 年第 1 期。

第三章　以全民健康覆盖为核心的俄罗斯 基本医疗卫生财政保障改革措施

如前所述，苏联解体之前实行的是全民免费医疗制度，医疗卫生保障经费全部来源于国家预算。在向市场经济转轨后，由于经济形势的恶化，俄罗斯联邦财政陷入困境，医疗保障经费出现严重短缺，旧的医疗卫生财政保障机制已经不能适应新的社会经济形势的需要，市场经济条件下的医疗卫生财政保障改革迫在眉睫。[1] 在 30 年的改革过程中，俄罗斯一直把提高医疗卫生保障水平作为人力资本发展的一项重要政策措施。尤其在全民健康覆盖（UHC）已经成为国际卫生组织以及世界各国在卫生运动及卫生政策领域共同理念和追求目标的大背景下，俄罗斯政府在医改过程中更加注重人文关怀[2]，积极推动免费医疗制度，加快全民健康覆盖进程，并承担必要的转轨成本，坚持医疗卫生服务的"底线"公平，这对于这样一个财力并不雄厚的国家来说无疑具有重要的现实意义[3]。

第一节　规范法律制度，坚持政府主导， 加强医疗卫生领域顶层设计

在以社会医疗保险为核心的改革思路下，俄罗斯制定了多部法律法规，并

---

① 高明非：《俄罗斯医疗保健制度改革》，《世界经济与政治》1997 年第 5 期。

② 汪金峰等：《医疗保障制度：比较中的路径探索——以中国和俄罗斯为例》，《江汉学术》2014 年第 3 期。

③ 童伟、宁小花：《俄罗斯免费医疗：发展历程、效果分析、困境及未来发展方向》，《俄罗斯东欧中亚研究》2020 年第 1 期。

根据这些法律文件，建立了免费的法定强制医疗保险和自费的私人医疗保险相结合的医疗保障制度，使得医疗保障体制的雏形基本形成并逐渐完善。同时，为实现高效的基础免费医疗服务，确保免费医疗制度得以长期运行，俄罗斯政府站在全局战略高度，加强医疗卫生顶层设计，不断尝试医疗体系改革，加大对免费医疗的支持力度。

一、注重医疗法制建设，强化基本医疗卫生领域制度规范

自独立以来，俄罗斯一直非常注重法律制度的建设和完善，同时以法律制度为指导积极推动各项工作向前发展。在医疗卫生保障领域，近几十年来，随着社会经济发展、医学技术的进步，以及国家和私人卫生保障的出现，客观上要求俄罗斯对与医疗卫生服务活动相关的法律法规进行根本性改革。在这种背景下，俄罗斯建立、完善了一系列医疗卫生服务相关的法律、法规和制度，构建了一套较为成熟的医疗保障法律法规体系①，为确保民众的基本医疗卫生服务奠定了坚实的法律基础。

（一）以宪法保障医疗卫生领域相关法律制度的建立

1993 年 12 月 12 日，在克服了严重的政治危机之后，俄罗斯经过全民公决通过了《俄罗斯联邦宪法》（以下简称《宪法》），新宪法的通过也标志着俄罗斯法制建设正式开启。

《宪法》第二章第 41 条阐述了公民具有基本的健康和生命权利，明确规定人人有权享有健康和医疗保健。联邦和地方卫生机构在相关预算、保险费、其他收入的保障下免费向公民提供医疗救助。为保护和促进居民健康，国家采取联邦、地方和私人相结合的医疗筹资系统，以促进人类健康、体育文化运动、生态环境保护以及卫生防疫事业的发展。同时，《宪法》第 39 条规定，国家养老金和社会福利是法律规定的，国家有义务保障每个人在年龄、疾病、残疾、抚养子女以及其他方面的社会安全，并鼓励自愿社会保险，建立其他形式的社会保障和慈善事业。第 72 条还明确了医疗卫生是联邦和各联邦主体共

---

① О. П. Щепин，В. А. Медик，Общественное здоровье и здравоохранение：учебник，М.：ГЭотар-Медиа，2012.

同管辖的范畴，其共同管辖权包括：协调卫生保健问题，确保提供负担得起的高质量医疗保健，维护和加强公共卫生，为健康的生活方式创造条件，建立良好的健康文化以及良好的社会保障系统。此外，《宪法》还明确规定，强制性社会保险的一般原则由联邦法律确定，联邦法律须经国家杜马批准，且联邦法律不得与宪法相抵触，这也为俄罗斯医疗卫生财政保障配套法律的制定提出了明确的规范与要求。

由此可见，俄罗斯联邦宪法在宏观层面对公民应当享有的医疗卫生权利给予了充分保障。在此基础上，规定了联邦与联邦主体共同承担医疗卫生法律制度建设的责任与义务，为制定更为详尽的医疗卫生领域法律法规奠定了基础。

（二）构建与宪法相配套的医疗卫生法律体系

为使宪法的基本理念得到充分贯彻与落实，俄罗斯出台了多部医疗卫生领域的法律法规，构建了一套较为成熟的医疗保障法律法规体系。

早在 1991 年 6 月，俄罗斯在独立前就已经出台《俄罗斯苏维埃联邦社会主义共和国①公民医疗保险法》（第 1499 - 1 号，以下简称《公民医疗保险法》），该法确定了俄罗斯医疗保险制度的法律、经济和组织基础，旨在加强人民和国家、企业、机构、组织在新的经济条件下保护公民健康的利益和责任，并确保俄罗斯联邦公民享有医疗的宪法权利，为新型医疗保险体系的构建奠定了基础。

1993 年 7 月，俄罗斯通过了《俄罗斯联邦保护公民健康的立法基础》（第 5487 - 1 号）。作为俄罗斯公共卫生领域全国性问题第一部法律，该法涵盖了包括医疗卫生在内的广泛的社会关系。根据该法，保护公民健康被认为是政治、经济、法律、社会、文化、科学、医学、卫生保健和防疫各个领域的结合，国家在保护公民基本健康时要遵循以下基本原则：尊重医疗卫生领域的人权，并提供与这些权利有关的国家保障；在保护公民健康方面优先采取预防措施；提

---

① 1991 年 12 月 25 日，戈尔巴乔夫宣布辞去苏联总统职务。1991 年 12 月 26 日，苏联最高苏维埃共和国院举行最后一次会议，宣布苏联停止存在，苏联正式解体。俄罗斯联邦成为苏联的唯一继承国，苏联在海外的一切财产、存款、外交机构、使领馆等由俄罗斯接收。

高医疗和社会援助的可及性；在公民失去健康的情况下对公民进行社会保障；国家当局、地方自治政府、企业、相关机构和组织对保护公民在健康保护领域的权利负有责任。此外，该法还规定了医疗卫生领域立法的主要任务，确立了医疗卫生领域立法的组织、目标、程序和基本原则，成为制定医疗卫生领域相关法律制度的法律基础。

根据联邦保护公民健康的立法基础，俄罗斯在 1993 年发布了《关于建立联邦和地方强制医疗保险基金的规定》（第 4543 号），对联邦和地方强制医疗保险基金的目标、职能、资金来源、董事会结构、董事会职能、活动、管理等作了详细规定。1998 年为规范强制医疗保险基金的目标、权力、资金资源和财产、管理机构、活动、清算和重组等，俄罗斯发布了《俄罗斯联邦强制性医疗保险基金章程》（第 857 号）。1999 年，俄罗斯从更宏观的角度出发，发布《俄罗斯联邦强制性社会保险的基本原则》（第 165-Φ3 号），规范了强制性社会保险体系中的关系，明确了强制性社会保险主体的法律地位、行使其权利和义务的依据和程序、强制性社会保险主体的责任，为国家强制性社会保险管理奠定了基础。

2011 年 11 月 21 日，随着《关于保护俄罗斯联邦公民健康的基本原则》（第 323-Φ3 号）的发布，《俄罗斯联邦保护公民健康的立法基础》失效。《关于保护俄罗斯联邦公民健康的基本原则》整合了俄罗斯医疗卫生领域的多部相关法律、法规和规范，规定联邦和联邦主体在制定医疗卫生法律制度时应以宪法和本法律为基础，俄罗斯联邦与联邦主体的法律、法规不得与《关于保护俄罗斯联邦公民健康的基本原则》相抵触。该法进一步明确了公共卫生保护的主要内容和基本原则，包括：在医疗卫生领域保障公民权利，并提供与这些权利有关的国家保障；保障医疗服务时患者利益的优先权；优先考虑儿童健康；在公民健康缺失时进行社会保护；国家当局和地方自治机构具有保护公民健康权利的责任；提高医疗卫生服务的可及性和质量；不能拒绝提供医疗卫生服务；在医疗卫生领域的预防重点；遵守医疗保密规定；等等。

在俄罗斯医疗卫生财政保障改革过程中，每次强制医疗保险基金的缴费率发生调整时，也会有相应的法律予以规范。2001 年，俄罗斯强制医疗保险"费"改"税"之际，俄罗斯联邦《税法典（第二部分）》对统一社会税作了具体规定，明确了强制医疗保险基金的收入来源与税率水平；2009 年，强制医疗保险"税"改"费"之时，俄罗斯又出台联邦法《关于俄罗斯联邦养老基金、社会保险基金、强制医疗保险基金保险缴款的规定》（第 212-Ф3 号），规定了强制医疗保险费的缴费费率、征收程序等。《向俄罗斯联邦公民提供免费医疗服务的国家保障计划》每年也会根据社会经济发展以及医疗卫生事业发展情况，对免费医疗卫生服务的类型、方式、标准、程序等进行调整，这种以立法形式向居民提供大致均等的免费医疗服务做法，体现了国家在保障居民享受适度免费医疗服务中的法律责任。

另外，在药品管理、卫生监管、卫生防疫等医疗卫生的各个方面，俄罗斯也出台了各种相关法律制度，如《关于药品流通的规定》（第 61-Ф3 号）、《俄罗斯医疗机构提供有偿医疗服务的规则》（第 1006 号）、《俄罗斯联邦公民卫生流行病防疫法》（第 52-Ф3 号）等（见表 3.1），从不同角度规范医疗卫生事业发展，从而保证了医疗卫生各种活动的法制化和规范化，确保医疗卫生服务供给的高质量、可及性和公平性。

可见，在医疗卫生财政保障改革的过程中，俄罗斯始终将法律制度建设放在不可或缺的位置，在宪法的框架下既有保护公民健康的立法基础，又有强制医疗保险专门法，还有其他相应的法律制度与之配套，使俄罗斯医疗卫生保障过程中各种具体事项均有法可依。

二、做好卫生顶层设计，加强国家公共卫生体系建设

在俄罗斯医疗卫生改革过程中，一直坚持政府主导，注重顶层设计，尤其是普京上任后，在保证叶利钦时期建立的强制医疗保险制度有效运转的基础上，更加注重通过制定国家卫生发展规划，加强国家在医疗卫生领域的宏观调控，把握医疗卫生发展的基本方向，确保俄罗斯特色的免费医疗制度可持续运行。

表 3.1　俄罗斯医疗卫生领域的部分法律制度规范一览表

领域	文件	年份	相关规定
法律基础	《俄罗斯联邦宪法》	1993	该法第 2、7、17、20、41 条规定，俄罗斯国家的主要任务之一是保护人民的健康，创造条件确保人的体面生活和自由发展，保障俄罗斯公民的生命和健康权
	《俄罗斯联邦保护公民健康的立法基础》（第 5487-1 号）	1993	该法定义了保护公民健康的基本原则：尊重医疗保健领域的人权，并提供与这些权利有关的国家保障；在保护公民健康方面优先采取预防措施；医疗和社会援助的可及性；在失去健康的情况下对公民的社会保护；国家当局和地方自治政府、企业、机构和组织（无论所有权如何）对确保公民在健康保护领域的权利负有责任
	《俄罗斯联邦预算法典》（第 145-Φ3 号）	1998	该法第 21 条预算支出分类中，规定医疗卫生预算包括：住院医疗；卧床护理；各类日间医院的医疗服务；救护车；疗养院和卫生援助；献血及其成分的采购、加工、存储和安全性；卫生和流行病学福利；医疗领域的应用科学研究；医疗领域的其他问题
	《俄罗斯联邦税法典》（第 198-Φ3 号）	1998	该法第二部分第 11 节第 34 章对强制医疗保险的征收对象、征收税率等进行了明确规定
	《向俄罗斯联邦公民提供免费医疗服务的国家保障计划》	1998 年首次通过并由每年进行调整	每年公布提供免费医疗服务的种类、方式、预算来源、享受标准、人均额度，等等
	《国家社会救助法》（第 178-Φ3 号）	1999	该法规定政府对特定弱势群体免费提供部分药品，费用由联邦预算承担。而地方政府的预算除了要承担专项急救和专项医疗服务外，还包括免费向本地特定弱势群体提供部分超出基本保险范围的药品，体现了对弱势群体的医疗保障
	《关于保护俄罗斯联邦公民健康的基本原则》（第 323-Φ3 号）	2011	明确和全面地规范了在保护俄罗斯联邦公民健康领域中出现的关系，并确定了保护公民健康的法律，组织和经济基础；公民在健康保护领域的权利和义务；俄罗斯联邦国家机关，俄罗斯联邦主体的国家机关以及地方政府在卫生领域的权力和责任；医疗组织、其他组织、个体企业家在健康保护领域开展活动的权利和义务；医务人员和药剂师的权利和义务

续表

领域	文件	年份	相关规定
医疗保险	《俄罗斯联邦公民医疗保险法》（第1499-1号）	1991	该法规定了俄罗斯联邦公共卫生保险的法律、经济和组织基础。该法律旨在加强人民和国家、企业、机构、组织在新的经济条件下保护公民健康的利益和责任，并确保俄罗斯联邦公民享有医疗的宪法权利
	《关于建立联邦和地方强制医疗保险基金的规定》（第4543号）	1993	对联邦和地方强制医疗保险基金的目标、职能、资金来源、董事会结构、董事会职能、活动、管理等作了详细规定
	《俄罗斯联邦强制性医疗保险基金章程》（第857号）	1998	对联邦强制医疗保险基金的目标、权力、资金资源和财产、管理机构、活动、清算和重组作了详细规定
	《俄罗斯联邦强制性社会保险的基本原则》（第165-Φ3号）	1999	该联邦法按照国际法公认的原则和规范，规范了强制性社会保险体系中的关系，明确了强制性社会保险主体的法律地位，行使其权利和义务的依据和程序，强制性社会保险主体的责任，为国家强制性社会保险管理奠定了基础
	《关于向俄罗斯联邦养老基金、俄罗斯联邦社会保险基金、联邦强制性医疗保险基金缴纳保险金的规定》（第212-Φ3号）	2009	该联邦法律规范了俄罗斯联邦强制性养老保险基金，用于伤残等的社会保险基金以及强制性强制医疗保险基金的缴费计算和支付（转移）关系
	《俄罗斯联邦强制医疗保险法》（第326-Φ3号）	2010	该法根据《俄罗斯联邦宪法》《俄罗斯强制性社会保险的基本原则》制定，对俄罗斯联邦和俄罗斯联邦组成实体在强制性医疗保险领域的权力、保险参加者、各方权利义务、资金来源、法律地位、保险计划、合同制度、提供强制性医疗保险的机构条件、会计制度等作了详细规定

续表

领域	文件	年份	相关规定
管理监督	《关于稳定和发展俄罗斯联邦公共卫生和医学科学的措施》（第 1387 号）	1997	确定了医疗保健发展的主要方向，组织和改进行业融资的问题，对 1997 年至 2005 年改善医疗组织、完善卫生筹资体系、卫生组织管理、优化卫生和流行病学服务、保证提供免费医疗和保护患者权利、医学科学发展、改善医学教育和人事政策、改善药品供应、扩大医疗保健的社会基础等具体目标和计划作了详细规定
	《关于批准医疗活动许可的实施细则》（第 30 号）	2007	该条例对法人实体和个体企业家在俄罗斯从事医疗活动的许可条件、领域和程序做了详细规定
	《教育和科学组织中接受其他专业教育计划的培训来提高医务人员和制药人员专业知识和技能的程序和条款》（第 66 号）	2012	确定了通过在教育和科学组织中接受其他专业教育计划的培训以及培训的持续时间（以下简称为条款和条件）来提高医务人员和制药工人（以下简称为工人）的专业知识和技能的规则
	《俄罗斯医疗机构提供有偿医疗服务的规则》（第 1006 号）	2012	确定了医疗组织向公民提供有偿医疗服务的程序和条件
	《关于进行某些成年人口预防医学检查和医学检查的程序》《关于提供初级保健的程序》《关于改善俄罗斯联邦人口的门诊服务》《关于实施全科医生（家庭医生）活动的程序》《关于在医疗和预防保健机构中安排日间医院活动的规定》《关于提供紧急医疗服务的程序》	持续修订、更新	俄罗斯联邦卫生部根据联邦宪法以及《关于保护俄罗斯联邦公民健康的基本原则》制定的一系列具体规章制度
	《关于药品流通的规定》（第 61-Ф3 号）	2010	该法规对俄罗斯联邦境内药品流通产生的关系——开发、临床前研究、临床试验、检验、国家注册、标准化和质量控制、生产、制造、存储、运输、进口、出口、广告、销售、转让、使用、销毁等进行了规范，确立了国家对药品流通的安全性、质量和有效性进行监管的优先事项

续表

领域	文件	年份	相关规定
管理监督	《医用药物药品良好质量管理规范》（第647号）	2016	该规范对药房组织，获得药品经营许可的个体企业家，获得药品经营许可的医疗组织，农村药品零售实体，以及制药企业和医疗机构及其分支机构向个人出售药品的各个方面进行了详细规定
	《医疗药品储存和运输的良好操作规范》（第646号）	2016	确立了药物的储存和运输的要求，以确保药物的质量，安全性和有效性以及最大程度地减少药品伪造的风险
卫生防疫	《关于防止人类免疫缺陷病毒（HIV感染）引起的疾病在俄罗斯联邦传播》（第38-Φ3号）	1995	该法制定了关于预防由人类免疫缺陷病毒引起的疾病传播的医疗活动的一般规则
	《俄罗斯联邦公民卫生流行病防疫法》（第52-Φ3号）	1999	明确规定了流行病防疫的基本原则、具体防范措施、联邦卫生防疫局的职能、政府在流行病方面的作用以及违反《防疫法》应负的法律责任，为俄罗斯保障公民健康和良好环境提供了法律依据

资料来源：作者根据公开资料整理。

（一）2006—2010 年国家"医疗"优先发展项目

俄罗斯从 2003 年开始实施以结果为导向的中期预算，力图通过预算决策与国家战略的紧密结合，以国计民生问题解决为目标，以国家职能履行为依据，合理配置预算资源。同时，通过赋予低层级部门更多预算权限，强化成本控制和结果导向，促使预算管理重心由传统的合规性监控转向对产出与结果的追求，通过对财政支出效率性、责任感、公平性和有效性的监督与评价，将预算资金的管理责任直接指向公共部门及其管理人员，促使公共部门及其管理者关注财政资金效益，改进公共服务质量。为此，俄罗斯不仅规范了中期预算的编制程序，国家财政中长期收支预测方法，财政赤字、国家债务的约束条件，还逐步将规划预算的理念与方法引入中期预算，试图通过规划预算的实施改变预算编制本位，优化预算资源配置模式，强化预算资金对国家战略的鼎力支撑与有力保障。规划预算也因此成为俄罗斯中期预算改革的重点，其中，设立国家优先发展项目即是俄罗斯启动规划预算的尝试与创新。

2005 年 9 月 5 日，俄罗斯总统在与政府成员、俄罗斯联邦议会领导和国务院主席团成员的扩大会议上指出，民众的需求就是政府的责任，政府应通过国家优先发展项目的形式将民众的需求转变为国家发展战略，并宣布在俄罗斯启动国家优先发展项目。这些项目的建设目标是将国家预算和行政资源集中在俄罗斯联邦社会经济发展的主要领域，促进俄罗斯民众生活质量的全面提升。其中，医疗卫生领域因民众关注度较高、影响范围广泛，以及改革的刻不容缓成为俄罗斯首批入选的国家优先发展项目。

2006 年 1 月 1 日，涵盖医疗、教育、住房和农业四个重要领域的俄罗斯国家优先发展项目正式启动。"医疗"项目在其中被赋予了明确的发展目标：

（1）提高民众健康水平和对医疗系统的满意度；

（2）改善医疗卫生服务的可及性和护理质量；

（3）促进基层医疗卫生服务发展；

（4）加强卫生预防保健；

（5）为民众提供高科技医疗卫生服务。

为了实现这些目标，俄罗斯将"医疗"项目的主要发展方向确定为：

（1）加强全科医生的教育和再培训；

（2）提高基层医务工作者工资水平；

（3）改善急诊医疗的硬软件设施；

（4）提高高科技医疗卫生服务的质量和数量；

（5）新建医疗中心并加强医务人员培训①。

为实现上述国家战略目标，俄罗斯政府投入了大量财政资金，在改善医疗卫生的软硬件条件方面取得了一定效果：向上万家初级医疗机构提供了 4.2 万套诊断设备（X 射线、超声波、内窥镜等），这些机构约有半数以上是第一次获得此类设备，大大缩短了患者等待检查的时间；为医疗机构配备了 13000 多辆装有特殊医疗设备的救护车，70%以上的救护车得到更新，急救车到达抢救

---

① Реализация приоритетного национального проекта в сфере здравоохранения в 2006 году，http：//old. donland. ru/？pageid＝83702.

地点的时间从 35 分钟缩短到 25 分钟；各类疫苗广泛投入使用，许多危险的流行病，如白喉、乙型肝炎、麻疹、腮腺炎、风疹、百日咳等的发生率大大降低；配备高科技设备的医疗机构不断增多，享受高科技医疗服务的患者人数增长了四倍以上。①

2010 年 7 月 29 日，时任总统梅德韦杰夫在国家重点项目实施委员会和人口政策委员会会议上，批准了 2011 年至 2013 年延长实施"卫生、教育、住房"三个国家优先发展项目，计划拨款 13920 亿卢布，其中包括来自联邦预算的约 7980 亿卢布用于这三个项目，在卫生项目中计划将俄罗斯预期寿命提高 2.3 岁至 71.3 岁。②

（二）2012—2020 年国家"卫生"发展规划

2010 年，时任俄罗斯总理普京提出国家预算改革的进一步设想：全面推进规划预算，对联邦政府管理部门进行根本性改革。政府各部门的管理工作都应以国家规划为基础，充分反映国家战略思想及民生服务需求，通过国家规划的实施促进国家战略目标及民生服务需求的实现，使纳税人每一卢布的支出都能着眼于良好结果的取得。③ 在联邦政府的直接指导与干预下，俄罗斯自 2011 年起开始实施"国家规划"政府预算管理改革。

俄罗斯国家规划的前期准备工作极其繁琐浩大，国家规划的编制虽由某一政府部门负责，但其实施往往需要多个部门协同。为此，俄罗斯不得不采取渐进的方式，成熟一个批准一个，在 2011—2012 年先后批准了五大领域④ 42 项国家规划，国家"卫生"规划即是"提高生活质量"领域下 13 项国家规划之一。俄罗斯原有的国家优先发展项目也逐步融入新的国家规划之中，如国家优先发展项目"医疗"就成为国家规划"卫生"的重要组成部分。

---

① 李永全：《俄罗斯医疗保障体系改革》，载《俄罗斯发展报告（2014）》，社会科学文献出版社 2014 年版，第 136—147 页。

② "История нацпроектов в России"，https：//tass.ru/info/6101471.

③ 2010 年 6 月俄罗斯联邦政府颁布《关于批准 2012 年前提高俄罗斯联邦政府预算支出效率规划》，2010 年 8 月进一步发布联邦政府令《关于批准俄罗斯联邦国家规划制定、实施和评估的程序》。

④ 俄罗斯国家规划共分布在提高生活质量、建设高效国家、保障国家安全、平衡地区发展、经济创新与现代化等五大领域。

2012 年 5 月 7 日，俄罗斯总统普京在就职典礼当天签署了 11 项"五月法令"，涵盖了国家 2020 年前社会经济发展的 218 个主要发展方向，主要涉及国家经济政策、社会政策、医疗卫生、教育科学、住房、公共管理、民族团结、武装部队、兵役、外交、人口政策的发展。其中，国家"卫生"发展规划实施方案任务目标非常明确：强化政府预算对国家医疗卫生事业发展的大力投入，促进俄罗斯医疗卫生基础设施条件改善，改进疾病预防治疗环境，提高医务人员工资收入水平及增强专业技术能力。

俄罗斯国家"卫生"发展规划的实施期限为 2012—2020 年，总预算 60675 亿卢布，具体实施分为两个阶段：第一阶段为 2013 年至 2015 年，第二阶段为 2016 年至 2020 年，下设 11 个子方案[①]：

（1）发展初级卫生保健，加强疾病预防，形成健康的生活方式；

（2）改进包括高科技医疗在内的专门医疗、紧急医疗服务；

（3）开发和实施创新的诊断和治疗方法；

（4）加强妇幼保健，保障母婴健康；

（5）发展包括儿童在内的医疗康复疗养院；

（6）发展包括儿童在内的姑息治疗；

（7）加强卫生系统的人力资源管理；

（8）加强卫生领域国际合作；

（9）加强卫生领域的检查和监督职能；

（10）加强特殊群体的医疗保健；

（11）促进医疗产业发展。

在"国家卫生发展规划"的目标指引下，《2020 年前卫生信息系统概念》《俄罗斯联邦 2020 年前医药工业发展战略》《俄罗斯联邦 2025 年前医学发展战略》《俄罗斯联邦 2025 年前的人口药物供应战略及实施计划》相继出台，进一步明确了俄罗斯其后一段时期医疗保障的具体发展方向。此外，为了提高国家发展规划的科学性，找准国家战略发展的主要方向，2016 年 6 月 30 日，

---

① "Утверждена госпрограмма развития здравоохранения РФ до 2020 года"，https：//www.garant.ru/news/439496/.

俄罗斯总统签署了一项法令，成立了战略发展和优先项目委员会，同时废除了执行国家优先项目和人口政策理事会、住房政策和改善住房条件理事会。同年10月，战略发展和优先项目委员会主席团以及俄罗斯联邦政府办公室的项目活动部被批准为俄罗斯联邦的常设项目管理机构，专门负责国家战略发展的项目规划①，从组织上有力保证了国家项目的有效实施。

第二节　扩大筹资来源，加大医疗投入，提高免费医疗政策可持续性

在俄罗斯正式独立之前，随着享受免费医疗人数的增加和医疗费用的快速上涨，以国家财政拨款为主要资金来源的苏联医疗保障体系面对重重压力。俄罗斯独立之后，面对严峻的社会动荡与经济危机，医疗资金不足一直以来是俄罗斯医疗保障的一大困扰，成为制约俄罗斯医疗事业发展的主要问题，同时也导致俄罗斯国家医疗保障计划未能按照俄罗斯政府设计的现代医疗标准覆盖全部俄罗斯人口。随着俄罗斯经济的逐步复苏、国家财力的不断增强，俄罗斯政府不断加大医疗卫生方面的投入，并采取一系列措施扩大卫生筹资来源，为推进全民健康覆盖奠定了一定的经济基础，使民众不断从经济发展中得到实惠。

一、加大财政医疗投入，扩大医疗卫生服务覆盖面

1999 年《国家社会救助法》出台后，俄罗斯根据国家经济发展情况不断加大在民生领域的投入力度，据世界银行统计，从 1999 年到 2006 年，俄罗斯的国内生产总值（GDP）年均增长 6%，经济总量增长 70%，各级政府 30% 的财政资源用于教育、卫生、救济和其他社会民生领域。②

2006 年，俄罗斯开始实施国家优先发展计划，"医疗"作为四个优先项目之一被纳入其中，为保障"医疗"优先发展项目既定目标的实现，俄罗斯投入了大量财政资金。2006—2008 年，俄罗斯用于国家"医疗"优先发展项目

---

① "История нацпроектов в России"，https：//tass. ru/info/6101471.

② 刘爱民：《触摸俄罗斯》，华艺出版社 2011 年版，第 30 页。

的财政资金由 789.8 亿卢布提高到 1458 亿卢布，增长了近 85%，项目三年投入合计超过 3560 亿卢布，是俄罗斯同期四个国家优先发展项目中资金规模最大、增长速度最快的项目。新世纪头 10 年，俄罗斯政府在医疗卫生方面的支出从 2000 年的 2254 亿卢布提高到 2009 年的 1.5 万亿卢布。

为巩固国家在医疗卫生领域取得的成绩，进一步提高俄罗斯公民的健康水平，2009—2012 年俄罗斯国家优先发展项目"医疗"获得的财政拨款进一步扩大，4 年累计 6768 亿卢布，比上一时期增长了近 90%，相当于每个俄罗斯公民均得到来自联邦政府 5000 余卢布的医疗补贴。

2012 年，为进一步解决俄罗斯医疗保障体系发展中存在的问题与发展瓶颈，俄罗斯发布了《俄罗斯联邦 2020 年国家医疗保健发展计划》，指出随着经济发展水平的提高，国家预算应不断增加医疗卫生投入，使政府卫生支出在 2020 年达到国内生产总值的 4.8%，这些投入主要用于提高医务人员的工资水平、扩大免费医疗服务范围，以促进俄罗斯医疗服务水平和服务质量的全面提升。

总体来看，2000—2017 年，随着政府对医疗卫生事业发展的重视，无论是从绝对规模还是从相对规模来看，俄罗斯卫生支出在总体上都呈现一定的上升态势。

1. 卫生支出总额分析

卫生支出总额主要反映一个国家或地区在一定时期内全社会用于医疗卫生服务的资金总和[1]，它包括一般政府卫生支出[2]（包括狭义政府卫生支出、社会保障支出等）和私人卫生支出（包括私人现金卫生支出、自愿健康医疗保险等）两大部分。据世界卫生组织统计，2017 年俄罗斯卫生支出总额为 49175.68 亿卢布，而且从 2000 年开始一直呈现持续走高的态势。[3]

由于名义卫生支出总额的增长情况受价格因素影响无法真实反映卫生领域

---

① 黄冠：《建立卫生筹资公平性新视角》，《中国卫生经济》2011 年第 5 期。
② 这里实际上是指广义的政府卫生支出。
③ 童伟、宁小花：《全民健康覆盖视角下的俄罗斯医疗卫生筹资分析及启示》，《经济社会体制比较》2019 年第 3 期。

的真实增长，因此本书先剔除价格因素再对实际卫生支出进行总量分析。以
2017 年的价格指数为 1 进行换算，得出实际卫生支出总额（见表 3.2），可以
看出，在这 18 年间，俄罗斯实际卫生支出总额由 2000 年的 26179.20 亿卢布
增长至 2017 年的 49175.68 亿卢布，增长了 87.8%，呈现不断增长趋势（见图
3.1）。

表 3.2　2000—2017 年俄罗斯名义卫生支出总额、价格指数、实际卫生支出总额

年份	名义卫生支出总额 （亿卢布）	价格指数	实际卫生支出总额 （亿卢布）
2000	3926.88	0.15	26179.20
2001	5027.63	0.18	27931.25
2002	6413.18	0.2	32065.90
2003	7311.99	0.23	31791.25
2004	8678.59	0.28	30994.96
2005	11037.37	0.33	33446.58
2006	13748.18	0.38	36179.41
2007	16910.21	0.44	38432.29
2008	21701.28	0.51	42551.53
2009	23477.81	0.52	45149.63
2010	24644.24	0.6	41073.73
2011	28836.32	0.69	41791.77
2012	33625.36	0.75	44833.82
2013	37097.44	0.79	46958.78
2014	40963.62	0.85	48192.49
2015	44043.58	0.92	47873.46
2016	45327.35	0.95	47713.00
2017	49175.68	1	49175.68

资料来源：全球卫生观察站数据，见 http：//apps. who. int/gho/data/node. main. HEALTHFINANCING？
lang＝en。

2. 政府卫生支出总额分析

2000—2017 年，俄罗斯政府卫生支出从 2000 年的 2332.31 亿卢布增长至
2017 年的 28097.85 亿卢布，保持了一定增长速度。如表 3.3 所示，在 2009 年

（亿卢布）

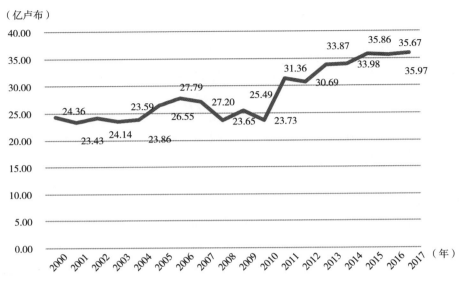

图 3.1 2000—2017 年俄罗斯实际卫生支出总额趋势图

资料来源：全球卫生观察站数据库，http：//apps. who. int/gho/data/node. main. HEALTHFINANCING？
　　　　　lang＝en。

以前，俄罗斯政府卫生支出每年都保持较高的增长率，平均增长率达到
24.76％；2009 年受金融危机的影响，俄罗斯财政支出、卫生支出总额、政府
卫生支出的增长率都大幅下降，政府卫生投入出现了比较大的波动，但总体呈
现上升态势。

表 3.3 2000—2017 年俄罗斯政府卫生支出、卫生支出总额、
财政支出情况及其增长率

年份	政府卫生支出（亿卢布）	政府卫生支出增长率（%）	卫生支出总额（亿卢布）	卫生支出总额增长率（%）	财政支出（亿卢布）	财政支出增长率（%）
2000	2332.31	—	3926.88	—	23991.8	—
2001	2915.98	25.03	5027.63	28.03	30150.8	25.67
2002	3735.60	28.11	6413.18	27.56	39243.9	30.16
2003	4245.72	13.66	7311.99	14.02	46134.1	17.56
2004	5103.81	20.21	8678.59	18.69	54053.9	17.17
2005	6755.52	32.36	11037.37	27.18	68206.5	26.18

续表

年份	政府卫生支出（亿卢布）	政府卫生支出增长率（%）	卫生支出总额（亿卢布）	卫生支出总额增长率（%）	财政支出（亿卢布）	财政支出增长率（%）
2006	8485.98	25.62	13748.18	24.56	83752.3	22.79
2007	10495.61	23.68	16910.21	23.00	113785.8	35.86
2008	13582.00	29.41	21701.28	28.33	141570.3	24.42
2009	14565.56	7.24	23477.81	8.19	160483.4	13.36
2010	15139.46	3.94	24644.24	4.97	176166.6	9.77
2011	18058.50	19.28	28836.32	17.01	199946.5	13.50
2012	21417.43	18.60	33625.36	16.61	231747.2	15.90
2013	23133.48	8.01	37097.44	10.33	252909.1	9.13
2014	25304.13	9.38	40963.62	10.42	276116.7	9.18
2015	25838.18	2.11	44043.58	7.52	293077.2	6.14
2016	25791.75	—0.18	45327.35	2.91	313236.8	6.88
2017	28097.85	8.94	49175.68	8.49	319891.3	2.12

资料来源：全球卫生观察站数据库，见 http：//apps.who.int/gho/data/node.main.HEALTHFINANCING？lang＝en。

从政府卫生支出与卫生支出总额的增长率来看（见图3.2），2014年之前俄罗斯两者增长态势大部分趋同，说明随着卫生总投入的增加，政府卫生投入也在相应增加，表明俄罗斯政府确实非常重视对基本医疗卫生服务的供给投入。但是，2014年以后，随着西方制裁的实施，以及国际石油价格的暴跌，俄罗斯财政收入急剧下滑，财政赤字不断扩大，国家财政处于极度困难之中，在这种情况下，俄罗斯不得不大力压缩各类支出，政府卫生支出也因之受到明显影响，增长率出现下降。

从政府卫生支出与财政支出的增长率来看，俄罗斯政府卫生支出与财政支出一直保持总量上的增长态势，且两者近20年的增长率变化趋同①，仅个别年份有些出入。如2005年、2006年俄罗斯经历医疗体制改革后，提出了医疗、教育、住房、农业四大领域的"国家优先发展计划"，政府不断加大卫生

---

① 童伟、宁小花：《全民健康覆盖视角下的俄罗斯医疗卫生筹资分析及启示》，《经济社会体制比较》2019年第3期。

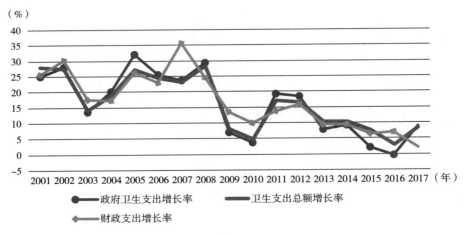

图 3.2　2001—2017 年俄罗斯政府卫生支出、卫生支出总额、
财政支出增长率变化趋势

资料来源：全球卫生观察站数据库，见 http：//apps. who. int/gho/data/node. main. HEALTHFINANC-ING？lang＝en。

投入，政府卫生支出明显增加。2015 年、2016 年，为反制裁、促进经济复苏，俄罗斯政府压缩部分类别民生服务支出，使政府卫生支出增长率明显低于财政支出增长率，直到 2017 年这一现象才有所缓解。

3. 卫生支出总额占 GDP 比重分析

2019 年，俄罗斯卫生支出总额占国内生产总值（GDP）的比重为 5.65%，比 2000 年增长 12.55%（如图 3.3 所示）。2011 年前，俄罗斯卫生支出总额占国内生产总值比重波动较大，2012 年，普京再次担任总统后，继续推进医疗卫生体制改革，加大医疗卫生投入，卫生支出总额占国内生产总值比重再度逐步上升。

4. 政府卫生支出占 GDP 及财政支出的比重分析

政府卫生支出占国内生产总值（GDP）比重以及其占财政支出的比重，能够较客观地反映政府卫生支出相对规模。由图 3.4 可以看出，2000—2017 年俄罗斯政府卫生支出相对规模的变化趋势，其中政府卫生支出占 GDP 的比重一直较为平缓，最高时为 2009 年 3.51%，最低时为 2004 年 2.80%，2009 年后由于国际金融危机的影响有所下降，之后慢慢趋于平缓并开始回升。

政府卫生支出占财政支出的比重波动较大，且近几年增长速度较慢，但总

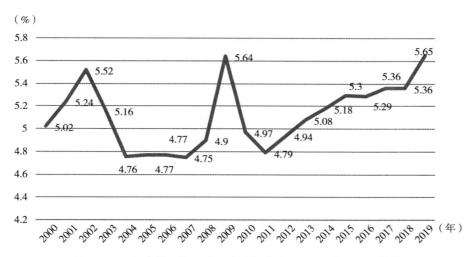

图 3.3　近年来俄罗斯卫生支出总额占 GDP 比重情况变化趋势

资料来源：世界卫生组织全球卫生支出数据库，见 https：//www.who.int/data。

图 3.4　近年来俄罗斯政府卫生支出占国内生产总值 GDP 和财政支出比重变化情况

资料来源：全球卫生观察站数据库，见 http：//apps.who.int/gho/data/node.main.HEALTHFINANC-ING？lang＝en。

体来看呈上升态势，可见俄罗斯政府对医疗卫生服务的供给以及居民健康一直以来还是非常重视的。①

————————

①　童伟、宁小花：《全民健康覆盖视角下的俄罗斯医疗卫生筹资分析及启示》，《经济社会体制比较》2019 年第 3 期。

二、调整国家税收管理制度，促进医疗保险基金稳定发展

作为基本医疗卫生支出的重要筹资来源，俄罗斯强制医疗保险基金是国家预算外社会保障基金的一部分，旨在为俄罗斯公民提供免费医疗和卫生保健。强制医疗保险基金由两个层级组成：联邦强制医疗保险基金和地区强制医疗保险基金。资金主要来源于三个部分：（1）企业、组织和其他参保单位缴纳的强制医疗保险费；（2）用于支付儿童、残疾人、退休人员和其他非就业人员医疗费用的国家预算拨款；（3）从事个体劳动和私营经济活动的公民为自己缴纳的强制医疗保险费。为了加大税收体系对医疗保障系统的支持力度，改善免费医疗服务质量，俄罗斯根据社会发展情况和医疗保障体系需求及时调整国家相关税收管理制度，为俄罗斯免费医疗体系提供稳定的资金来源。

（一）适时开展税费改革，保证强制医疗保险基金的稳定性

在俄罗斯独立之初，政府就在《俄罗斯苏维埃联邦社会主义共和国公民医疗保险法》中设立了强制医疗保险基金，并规定了强制医疗保险费的缴费群体与使用规则，还通过法律确定了强制医疗保险基金的缴费率，即工资总额的 3.6%，其中 0.2% 上缴联邦强制医疗保险基金，3.4% 上缴地区强制医疗保险基金。由于运作效率较低，强制医疗保险费在 2001 年被"统一社会税"取代，但由于在具体征收过程中出现各种问题，俄罗斯于 2010 年又废除了统一社会税，重新开征强制医疗保险费。在这一过程中，俄罗斯政府根据社会经济发展状况、民众对医疗卫生服务的需求以及强制医疗保险基金的运行效果及时开展税费改革（见表 3.4），保证强制医疗保险基金的稳定性。

表 3.4　俄罗斯强制医疗保险基金缴费率变化及分配　　单位：%

年份	来源	总税率（费率）	养老保险基金	社会保险基金	强制医疗保险基金	
					联邦强制医疗保险基金	地方强制医疗保险基金
1991—1993	强制医疗保险费	3.6	——	——	0.2	3.4
2001	统一社会税	35.6	28.0	4.0	0.2	3.4

续表

年份	来源	总税率（费率）	养老保险基金	社会保险基金	强制医疗保险基金	
					联邦强制医疗保险基金	地方强制医疗保险基金
2005	统一社会税	26.0	20	3.2	0.8	2.0
2006	统一社会税	26.0	20.0	2.9	1.1	2.0
2010	社会保险费	26.0	20.0	2.9	1.1	2.0
2011	社会保险费	34.0	26.0	2.9	2.1	3.0
2012	社会保险费	30.0	22.0	2.9	5.1	0.0

资料来源：L. Popovich, et al., "Russian Federation: Health System Review", 2011, pp. 1-190。

1. 基金建立初期的单独缴费阶段（1993—2000 年）

在强制医疗保险基金建立初期，俄罗斯在 1993 年发布了《关于建立联邦和地方强制性医疗保险基金会的规定》（第 4543 号），其中第五条规定：为了确保公民强制医疗保险方案的实施，俄罗斯联邦境内包括任何所有权形式的企业、组织、机构和其他经济实体都应缴纳强制医疗保险费，费率为工资的 3.6%。其中，联邦强制医疗保险基金分配 0.2%，地区强制医疗保险基金分配 3.4%。当强制医疗保险的缴费率发生变化时，俄罗斯联邦最高委员会将确定联邦和地区强制医疗保险基金的分配比例。这一阶段，强制医疗保险费为俄罗斯医疗保障机制的初步形成奠定了一定的经济基础。

2. 以强制性税收代替缴费阶段（2001—2009 年）

一系列激进式改革举措后，俄罗斯经济已经比较脆弱，再加上 1998 年金融危机的冲击，俄罗斯社会保险基金面临一系列危机。为了解决社会保险基金面临的问题，通过简化收缴程序提高保险基金的运作效率，俄罗斯政府决定于 2001 年开始征收统一社会税①，以取代保险缴费。

2001 年俄罗斯在修订《俄罗斯联邦税法典》时，将开征统一社会税纳入其中，征收额为工资总额的 35.6%，养老基金为 28%，社会保险基金为 4%，

---

① 《俄罗斯联邦税法典（第二部分）》规定，统一社会税旨在实现俄公民享有养老保障、医疗救助和社会保险的权利，统一为俄罗斯联邦养老基金、强制医疗保险基金和社会保险基金筹集资金。

强制性健康保险基金为 3.6%。其中，联邦和地区强制医疗保险基金的分配比例并未改变，依旧是 0.2%划归联邦强制医疗保险基金（FFOMS）所有，3.4%划归地区强制医疗保险基金（TFOMS）所有。通过精简税种，促进了企业和个人依法纳税，国家税收大幅增加，为俄罗斯社会保障事业以及医疗卫生服务保障筹集了稳定的专项资金。

2005 年，随着经济社会发展，为减轻企业负担，俄罗斯政府再次调整统一社会税的税率，将统一社会税税率大幅降至 26%，其中，养老基金为 20%，社会保险基金为 3.2%，强制医疗保险基金为 2.8%。强制医疗保险基金中 0.8%划归联邦强制医疗保险基金（FFOMS）所有，2.0%划归地区强制医疗保险基金（TFOMS）所有。

2006 年，随着国家"医疗"优先发展项目正式启动，政府加大对医疗卫生领域的投入力度，财政卫生支出面临挑战，政府在不增加企业负担的前提下，将统一社会税税率依然保持在 26%，但将其中的 3.1%用于强制医疗保险基金，其中，1.1%划归联邦强制医疗保险基金（FFOMS）所有，2.0% 划归地区强制医疗保险基金（TFOMS）所有。

3. 缴费再次取代统一社会税阶段（2010 年至今）

2008 年的金融危机给俄罗斯经济带来巨大冲击，统一社会税收入无法满足社会保障需求。2009 年俄罗斯出台《俄罗斯联邦养老基金、社会保险基金、强制医疗保险基金保险缴款的规定》（第 212-Ф3 号），根据该规定，自 2010 年 1 月 1 日起，正式取消统一社会税。

2010 年，养老基金、社会保险基金、强制医疗保险基金的总缴费率未发生改变，依然为工资的 26%，各项基金的缴费率也分别维持在 20%、2.9%、3.1%，企业雇主仍是保险费的主要承担者。由于新的保险费不受税法法律的约束，因此立法者必须在保险费法中纳入许多一般规则，以重申俄罗斯联邦税法的规定。

2010 年 11 月，随着《关于部分修订俄罗斯联邦强制医疗保险法》（第 326 号）的正式发布，俄罗斯开始新一轮强制性医疗保险制度的大规模改革，改革的重点方向主要有：加速医疗保险现代化，医疗费用向完全保险原则过渡，提高俄罗斯医疗服务质量，促进俄罗斯医疗体系发展。为保证充足的医疗费用，政府承诺在今后 5 年内将增加 100 亿美元的医疗卫生支出，同时，调整在职人员强制医疗保险费率，从原先工资总额的 3.1% 提至 5.1%。①

2011 年，养老基金和强制医疗保险基金的缴费率分别提高至 26% 和 5.1%，养老基金、社会保险基金、强制医疗保险基金的总缴费率相应提高至 34%。为了保障国家向民众提供优质的免费医疗服务，联邦强制医疗保险基金的分配比例上调至 2.1%，地区强制医疗保险基金的分配比例为 3.0%。

2012 年，俄罗斯对各种社会保险费的缴费率进行修订后，强制医疗保险费率一直维持在 5.1%，但为了加强联邦对国家医疗卫生事业的宏观调控，保证 2012—2020 年国家 "卫生" 发展规划的顺利实施，强制医疗保险基金改为全部由联邦强制医疗保险基金统一管理，其主要来源有：雇主为劳动人口缴纳的强制性医疗保险金；俄罗斯联邦主体为非劳动人口缴纳的强制医疗保险金；政府间转移支付。同时，为了帮助各个联邦主体更好地履行医疗卫生责任，俄罗斯联邦政府于 2012 年 5 月 5 日发布第 462 号法令《关于从联邦强制医疗保险基金预算中向各地区强制医疗保险基金预算分配、提供和支出补助金的程序，以行使联邦各主体在强制医疗保险领域的权力》，对从联邦强制医疗保险基金预算中向各地区强制医疗保险基金预算分配的规则、方式方法进行详细规定。

此后，强制医疗保险基金的缴费率一直维持在 5.1% 的水平，其来源主要包括企业和其他组织依法为劳动人口缴纳的强制医疗保险费、国家为非劳动人口缴纳的强制医疗保险费、联邦预算中专门用于完成国家强制医疗保险计划的拨款、企业和个人的自愿缴款以及基金资本运营所得等，目前劳动人口缴纳的强制医疗保险金是俄罗斯强制医疗保险基金的主要来源，且占比越来越高（如图 3.5 所示）。

随着强制医疗保险金费率的调整和优化，强制医疗保险基金在俄罗斯卫生支出总额中的比重不断上升，拓宽了医疗保险的资金来源，为俄罗斯全民免费

---

① 肖来付：《俄罗斯医疗保险制度改革的新进展》，《俄罗斯中亚东欧市场》2015 年第 4 期。

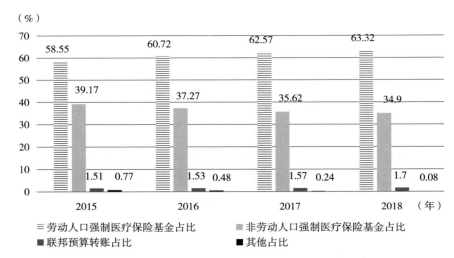

图 3.5　2015—2018 年俄罗斯强制医疗保险基金的收入来源结构

资料来源：《俄罗斯 2019 年卫生统计年鉴》，见 http：//www.gks.ru/wps/wcm/connect/rosstat_ main/rosstat/ru/statistics/publications。

医疗奠定了一定的财力基础（见图 3.6）。

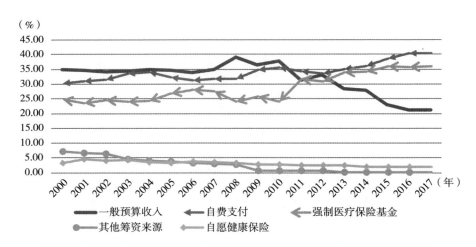

图 3.6　2000—2017 年俄罗斯各种医疗筹资来源占卫生总费用比重变化图

资料来源：全球卫生观察站数据库，见 http：//apps.who.int/gho/data/node.main.healthfinancing? lang＝en。

（二）引入单一渠道医疗卫生融资系统，提高医疗保险基金使用效率

如前所述，俄罗斯卫生系统主要通过强制医疗保险体系和预算体系筹集资金，且两者在医疗保障中的责任是相互分开的，负责不同服务类型的筹资。其中：

（1）预算资金主要负责二级和三级专科高端技术保健服务、急诊服务、维护费用和目标卫生规划实施，强制医疗保险基金主要负责日常保健需求的筹资；

（2）联邦强制医疗保险基金负责分配缴纳的医疗保险基金，并将联邦预算的专项资金分配给国家医疗优先发展项目下的特定子项目；

（3）地方强制医疗保险基金负责覆盖所有非就业人口的强制医疗保险基金①。

2013 年以前，俄罗斯卫生系统资金是从不同级别的预算和社会保险基金流向医院的，医院按照病床数和入住率获得资金。综合诊所也按照类似的方式获得资金，不同的是以门诊量代替病床数。每年这些预算都会根据通货膨胀、经济增长和其他相关因素实行指数化增长，因此，医疗机构就有了扩大机构规模以获得更多资源的不良动机，导致强制医疗保险基金的使用效率下降。

2013 年后，为了摆脱卫生部门以投入为基础的粗放式管理医疗融资模式，俄罗斯在医疗卫生改革过程中，引入了基于产出和效益管理的医疗卫生财政保障模式——单一渠道医疗卫生融资体系，并在 19 个地区启动了"单一渠道融资"试点改革计划②，引入医疗机构的单一渠道融资也被称为俄罗斯国家医疗体系改革的最佳选择③。

单一渠道融资体系是指用于治疗患者的所有资金以及用于维持医疗组织运行的资金，都是通过强制医疗保险系统这一个来源获得，其实质是将来自不同

---

① L. Popovich, et al. , "Russian Federation: Health System Review", 2011, pp. 1–190.

② 童伟、宁小花:《俄罗斯免费医疗：发展历程、效果分析、困境及未来发展方向》,《俄罗斯东欧中亚研究》2020 年第 1 期。

③ H. B. Федорова, "Одноканальная система финансирования здравоохранения в РФ: преимущества и недостатки", *Научное обозрение. Экономические науки*, No. 3 (2016), C. 61–63.

来源的资金流（一般预算资金和强制性医疗保险资金）进行合并，汇集成由地方强制医疗保险基金管理的单一资金池，作为联邦预算基金中用于基本强制医疗保险计划财务支持资金的累积。① 这一系统并不改变俄罗斯卫生筹资来源，向民众提供的医疗卫生服务也依然在强制性医疗保险计划的框架内进行，仅改变了医疗机构的筹资机制，以及各资金来源的比率和进入医疗机构的渠道。② 具体来说，单一渠道融资具有以下特点：

（1）在单一渠道融资模式中，与各联邦主体强制医疗保险基金签订协议的医疗保险公司成为医疗服务的购买者。同时，医疗保险公司与各种所有制形式的医疗组织签订购买医疗服务的合同；

（2）可以在联邦内任何医疗机构下达支付结算命令，以解决跨地区医疗的问题，而不论医疗机构在哪个地区；

（3）赋予医疗机构更大的资金支出自由，同时责任也更加重大；

（4）医疗保险机构的质量能够得到有效控制；

（5）在特定疾病类别和个别诊断的情况下，能对筹资进行准确核算。③

与传统的预算保险融资模式相比，单一渠道融资体系在技术效率、组织管理、经济效益、社会效益等方面都具有较大优势：

（1）从技术效率来看，单一渠道融资能够通过保险的定价压力促使医疗机构减少住院时间，更合理利用初步诊断医疗服务，鼓励初级医疗机构为患者提供初级保健，而不是将他们转给上级医院治疗，这不仅提高了不同医疗服务机构之间资源分配的灵活性，同时也有利于消除卫生部门财务的分散性及卫生筹资管理的重复性；

（2）从组织管理来看，单一渠道融资能够增强医疗系统中领导者在计划和支出方面的独立性和责任感，促使他们优化医疗服务组织并发展优先领域，

---

① "Одноканальное финансирование", http：//infomedics. ru/healthleg/odnokanalnoe-finans-irovanie.

② Н. В. Федорова，"Одноканальная система финансирования здравоохранения в РФ：преимущества и недостатки"，*Научное обозрение. Экономические науки*，No. 3（2016），С. 61-63.

③ Н. В. Федорова，"Одноканальная система финансирования здравоохранения в РФ：преимущества и недостатки"，*Научное обозрение. Экономические науки*，No. 3（2016），С. 61-63.

比如改善门诊服务，按照全科医疗原则提供医疗卫生服务，引进先进的医疗技术，减少不合理的预约、会诊次数，以及长期住院时间，减少昂贵的住院设施，采用现代化的医疗技术和管理方法等，以减少低效和不合理的成本；

（3）从经济效益来看，单一渠道融资扩大了医疗机构的财务独立性，完善了医疗服务的财务支付机制，提高了医疗卫生领域资金使用的效率和透明度，以确保所有公民无论居住在何处都可以免费获得及时优质的医疗卫生服务，不仅降低了医疗成本，大大提高了医疗卫生系统预算支出的效率，还提高了医疗卫生服务的可及性和质量；

（4）从社会效益来看，由于单一渠道融资采用按人均标准支付门诊费用的原则，面向所有公民提供强制医疗保险基金，促使政府和公民更加注重初级预防保健服务，节约医疗资源。另外，通过引入统一的住院医疗服务和人均门诊医疗服务标准，实现所有公民不论何时何地均可获得均等化的医疗卫生服务。[1]

此后，俄罗斯医疗卫生保健系统一直在不断优化，以期在不需要联邦政府预算额外补贴的情况下，建立基于公众保险缴费的单一渠道卫生融资系统。这些政策和措施在一定程度上扩大了俄罗斯医疗保险的资金来源，提高了强制医疗保险基金的使用效率，使强制医疗保险基金在俄罗斯全民健康覆盖进程中发挥的作用越来越大（见图 3.7）。

第三节　引入竞争机制，完善硬软件设施，提升医疗卫生服务供给能力

随着俄罗斯经济社会发展以及人民生活水平提高，民众对多样化、差异化、个性化健康需求持续增长，医疗卫生服务的内容和模式有待拓展升级。在落实政府在医疗卫生服务供给中主体责任的基础上，俄罗斯在医疗保障体制改革过程中，引入市场竞争机制，完善医疗系统硬软件设施，支持社会力量提供

---

[1]　"Одноканальная модель финансирования здравоохранения（Это путь к единой политике в здравоохранении）"，https：//community.akusherstvo.ru.

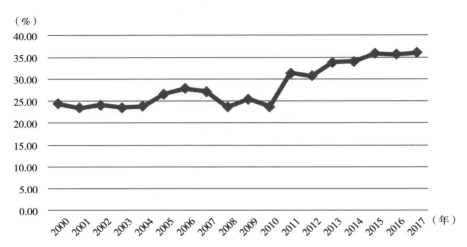

图 3.7　2000—2017 年俄罗斯强制医疗保险基金占卫生支出总额比重变化

资料来源：全球卫生观察站数据库，见 http：//apps. who. int/gho/data/node. main. healthfinancing？
　　　　　lang＝en。

多层次多样化的医疗卫生服务，逐步提升医疗卫生服务供给能力。

一、引入市场竞争机制，增强医疗卫生体系活力

为了克服医疗财政压力，增强医疗体系活力，俄罗斯在刚刚进行医疗保障制度改革时就引入了市场竞争机制，将部分国有医疗设施私有化，同时，鼓励民营医疗机构的发展，建立私人医疗保险，居民可以根据自身需求和经济状况自愿购买补充保险，从而形成了以社区诊所、专科医院、综合医院为主的国家医疗服务体系，以及以私立医院为主的非国家医疗结构相结合的公私结合的医疗服务体系。①

（一）赋予私人医疗机构合法地位

为了使医疗保障制度适应社会经济发展趋势，俄罗斯在医疗改革的过程中，不断完善相关法律法规，赋予私人医疗卫生服务合法地位。

俄罗斯联邦《宪法》第 41 条第 2 款明确指出："在俄罗斯联邦，联邦应为保护和加强公共卫生提供资金，并采取措施发展国家、市政和私人卫生系

———————————

①　肖来付：《俄罗斯医疗保障制度改革的启示》，《中国社会报》2017 年 1 月 16 日。

统，鼓励公民健康生活，发展体育文化和体育事业，关注环境和卫生传染病学的发展。"

《俄罗斯联邦保护公民健康的立法基础》（第 5487-1 号）第 14 条明确规定："私人医疗主体包括私有的治疗、预防及药房机构，以及从事私人医疗活动和私人医药活动的个人。私人卫生系统包括由法人和自然人创建和资助的医疗和其他组织。"[1]

2011 年，《关于保护俄罗斯联邦公民健康的基本原则》（第 323-Ф3 号）进一步明确了私人医疗机构在俄罗斯医疗体系中的地位。该法第五部分 29 条规定，在俄罗斯联邦建立国家、市政和私人卫生保健系统，私人卫生保健系统由医疗组织、制药组织和其他由法人和个人创建的从事医疗卫生服务的组织组成。[2]

2012 年 10 月 4 日，俄罗斯联邦政府颁布 1006 法令《俄罗斯医疗机构提供有偿医疗服务的规则》，对医疗组织向公民提供有偿医疗服务的要求、范围、条件、申请程序和提供服务程序，以及责任进一步明确，更加规范了有偿医疗服务市场的发展。

此外，俄罗斯还通过法律鼓励私人兴办私人医疗保险，并规定居民可以自愿购买私人保险作为医疗补充。如在 2010 年 12 月颁布的《俄罗斯公民强制性医疗保险法》中进一步保障了市场医疗机构平等参与强制医疗保险系统的权利。

在政府的政策利好下，俄罗斯出现了大量私人医疗机构。[3] 2016 年，俄罗斯联邦的私人医疗机构数量增长了 8 倍，达到 2.3 万家。[4] 2018 年年底，俄罗

---

① I. V. Раздел，X. Раздел，"Основы законодательства Российской Федерации об охране здоровья граждан от 22 июля 1993 г. N 5487-1"，1993.

② Федеральный закон от 21. 11. 2011 N 323-Ф3 "Об основах охраны здоровья граждан в Российской Федерации" // СЗ РФ. 2011. N 48. Ст. 6724.

③ Постановление Правительства РФ от 4 октября 2012 г. N 1006 "Об утверждении Правил предоставления медицинскими организациями платных медицинских услуг"，http：// base. garant. ru.

④ "Частные клиники Актуальные вопросы и предложения для «дорожной карты» по обеспечению устойчивого экономического роста несырьевого сектора экономики Российской Федерации"，https：// opora. ru/upload/iblock/092/092bc3f32df06a848413edcdaa227274. PDF.

斯医疗机构已达到4.6万家，其中私人医疗机构数达23541家，占全国医疗机构数的51.2%（见图3.8），在私营医疗机构中工作人数达33.2万人，占从事卫生保健工作人数的11%，是2010年的3倍。[①]

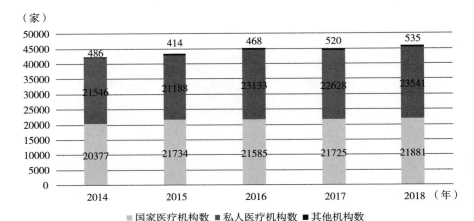

图3.8　俄罗斯各类型医疗机构数量

资料来源："Анализ рынка медицинских услуг в России в 2014-2018 гг，прогноз на 2019-2023 гг"，https：//marketing. rbc. ru/research/27532/。

（二）鼓励医疗领域的公私合营（PPP）模式发展

公私合营伙伴关系简称PPP（Public-Private-Partnership），是指两个或两个以上的公共和私营部门通过长期合作，共同完成一个项目或向民众提供供给服务。随着私人资本进入医疗领域成为一种全球趋势，面对财政医疗资金压力大、医疗服务质量较差、医疗保健水平低下、医护人员缺乏、医疗设备过度折旧等现状[②]，俄罗斯在推进医疗卫生体制改革的过程中，逐步在医疗卫生服务领域中引入PPP模式，发展政府或公立医疗机构与民营资本合作的平台。

早在2005年，俄罗斯在《关于特许权协议的联邦法律》（第115-Ф3号）

---

① "Анализ рынка медицинских услуг в России в 2014-2018 гг，прогноз на 2019-2023 гг"，https：//marketing. rbc. ru/research/27532/.

② Д. В. Роднянский，Г. Ф. Валеева，"Государственно-частное партнерство в сфере здравоохранения：региональный анализ"，Международный журнал прикладных наук и технологий《Integral》，No. 1（2019），C. 387-389.

中就明确了公私合营模式的合法性，指出可通过保障特许协议当事方的权利和合法利益，吸引对俄罗斯联邦经济的投资，根据特许协议有效利用地方财政资金，提高向公民提供商品、工程和服务的质量。2009 年，由 PPP 领域领先的商业协会和机构发起的"非营利合作伙伴关系 PPP 发展中心"（国家 PPP 中心）成立，旨在通过 PPP 机制加速公共基础设施、公共服务的发展和现代化。① 2014 年，俄罗斯卫生部成立了 PPP 协调委员会，以审议吸引私人对医疗基础设施投资的重要问题。

2015 年 7 月 13 日，在国家 PPP 中心的推动下，俄罗斯第一部关于 PPP 模式发展的联邦法律《关于俄罗斯联邦的公私伙伴关系、市私伙伴关系以及对俄罗斯联邦某些立法的修正》（第 224－Φ3 号）发布，该法对公私合作机制的原则和法律条件进行了规范，以吸引私人资本对国民经济的投资。其中，该法第七条指出，PPP 发展的目标之一就是医疗设施建设，包括用于疗养院治疗和其他医疗保健活动的基础设施建设。此外，《俄罗斯联邦 2020 年前医疗保健发展计划》也提出，支持并吸引私人投资发展医疗保健是国家卫生政策的重要方向之一。在地方层面，俄罗斯联邦 85 个联邦主体中都根据本区域实际情况制定了医疗卫生领域开展 PPP 模式的相关法规，其中有 61 个联邦主体在联邦 PPP 规范法律发布前就出台了规范公私伙伴关系（PPP）的地方法律②。

俄罗斯联邦卫生部副部长谢尔盖·克雷沃伊曾公开表示，俄罗斯政府随时准备利用私营部门的专业精神和经验来发展现代形式的项目融资，在标准化的医疗质量和可及性要求基础上形成开放的竞争环境，以减少政府在维护医疗卫生领域固定资产方面的支出。迄今为止，在俄罗斯医疗卫生领域有 60% 的卫生项目是以 PPP 的形式实施的。根据 2019 年卫生部提供的最新统计数据，俄罗斯医疗保健部门正在实施的公私合营项目有 124 个，吸引了 770 亿卢布的私人资金投资于医疗卫生发展领域。③ 此外，还在俄罗斯 24 个地区（包括莫斯

---

① "О Национальном Центре ГЧП"，https：//pppcenter. ru/o-tsentre/.

② "ГЧП в сфере здравоохранения"，http：// strategyjournal. ru/ekonomika － i － biznes/ gchp-v-sfere-zdravoohraneniya/.

③ Официальный сайт Министерства здравоохранения РФ，https：//www. rosminzdrav. ru.

科、列宁格勒、萨马拉、梁赞、卡卢加州和罗斯托夫等地区）的公私合作伙伴关系框架内，开展建立了产科中心建设、全科医生办公室和家庭医学中心建设等项目，如圣彼得堡市有 12 个全科医疗中心、17 个围产中心，伊尔库茨克州有 3 个透析中心等都是通过公私合营项目建立起来的。

目前，俄罗斯医疗卫生领域实施的 PPP 项目主要分为三大类：公共和市政医疗基础设施建设；强制性医疗保险制度内某些服务（例如运输、清洁、食品等）的外包；信息技术的引进和创新医疗设备的生产。这些项目主要通过 PPP 协议或特许协议的方式实施。

通过在医疗卫生领域采用公私合作模式，俄罗斯增加了私人对医疗卫生领域的投资，不仅形成了私人医疗组织与国家医疗机构之间的竞争机制，刺激了国家医疗组织的发展，同时使与政府合作的私人合作伙伴可以获得更多政府资源和支持，并在实施 PPP 项目期间获得了稳定的业务发展，从而加速了俄罗斯医疗卫生服务市场的发展，促进了国家医疗卫生服务质量的提高、卫生系统的现代化发展，以及满足与回应民众获得高质量医疗服务需求。①

此外，俄罗斯还通过制定私人卫生系统税收优惠政策、建立私人医疗组织和私人从业人员参与国家公共卫生保障计划机制等措施，鼓励私人医疗系统向公民提供高质量的医疗卫生服务。目前，俄罗斯医疗保健的大多数领域都设有私营医疗机构，包括医疗企业、特许经营机构、非营利组织、专业诊所等各种类型。医疗卫生领域的部分私有化改革，为俄罗斯建立了一个多层次的医疗保障体系，一定程度上弥补了政府医疗资金的投入不足，增强了医疗保障体系的活力。

二、改善医疗系统软硬件，提升基层医疗卫生系统服务能力

充足、高质量的医疗卫生资源是保障基本医疗卫生服务可及性的基础，也是全民健康覆盖的重要监测指标。在坚持全民强制医疗保险方向不变的前提

---

① Лазарева Д.，"Практика применения государственно-частного партнерства в сфере здравоохранения Российской Федерации"，Тенденции и перспективы государственного управления социально-экономическим развитием регионов и территорий，2018，C. 420-425.

下，如何通过重点领域的改革，改善医疗系统软硬件条件，提升基层医疗卫生系统服务能力，为民众提供一份既清晰明确又有质量保障的免费医疗服务清单，实现高效的基本医疗卫生服务，一直是俄罗斯医疗体系改革的一大重点。①

（一）2006—2010 年国家"医疗"优先发展项目

2006—2010 年，在国家"医疗"优先发展项目实施期间，俄罗斯投入超过 6070 亿卢布财政资金改善医疗系统的硬软件设施：自 2006 年以来，向基层医生和护士每年分别发放 10000 卢布和 5000 卢布补贴；同时，提高救护车站和助产士站医护人员的工资，医生、医护人员、护士分别提高 5000 卢布、3500 卢布、2500 卢布。在此期间，俄罗斯为超过 10000 个临床机构配备了现代化的诊断设备，约 70% 的救护车队得到了更新；建设了 15 个联邦高级医疗技术中心；完成了 13 个联邦医疗中心的建设。②

与此同时，政府尤其重视强化基层医疗机构服务能力，提高基层医疗卫生服务的质量、水平及其可及性。其中，2006—2008 年，"加强基层医疗卫生发展和预防保健"成为国家"医疗"优先发展项目五大目标之一，为了实现这一目标，俄罗斯政府在初级医疗服务、急诊、人口免疫、预防保健方面投入大量资金，用于配备初级医疗机构的诊断设备、救护车，并广泛投入使用各类疫苗，实施效果也非常显著：（1）向上万家初级医疗机构提供了 4.2 万套诊断设备（X 射线、超声波、内窥镜等），这些机构约有半数以上是第一次获得此类设备，大大缩短了患者等待检查的时间；（2）为医疗机构配备了 13000 多辆装有特殊医疗设备的救护车；（3）急救车到达抢救地点的时间从 35 分钟缩短到 25 分钟；（4）各类疫苗广泛投入使用，许多危险的流行病，如白喉、乙型肝炎、麻疹、腮腺炎、风疹、百日咳等的发生率大大降低；（5）对 5834 名基层医护人员进行了培训和再培训。③

---

① 童伟、宁小花：《俄罗斯免费医疗：发展历程、效果分析、困境及未来发展方向》，《俄罗斯东欧中亚研究》2020 年第 1 期。

② "История нацпроектов в России"，https：//tass.ru/info/6101471.

③ 李永全：《俄罗斯医疗保障体系改革》，载《俄罗斯发展报告（2014）》，社会科学文献出版社 2014 年版。

2008—2010 年，国家"医疗"优先发展项目继续实施，政府继续采取多项措施提高基层医疗卫生服务质量、扩大预防保健覆盖面：（1）投入 6 亿卢布对"治疗""儿科""普通医学（家庭医学）"领域的 3000 名全科医生和 18500 名基层医生和儿科医生等初级保健医生进行培训和再培训；（2）分别在 2008 年、2009 年、2010 年投入资金 78 亿卢布、108 亿卢布、108 亿卢布用于提高基层医疗站点和救护车站医生、护理人员和护士的工资，使得产科中心和救护车医务人员分别达到 60485 人和 115043 人；（3）三年投入 3 亿卢布用于 HIV、乙肝和丙肝的预防计划，同时投入 291 亿卢布检查和治疗 HIV、乙肝和丙肝感染者；（4）2008—2010 年，在《国家预防接种日程》的框架内，拨款 183 亿卢布（每年 61 亿卢布）用于幼儿、儿童、青少年、60 岁以上的成年人的疫苗接种；（5）投入 15 亿卢布为新生儿进行筛查，此外，还每年投入 40 亿卢布对在职公民进行额外的身体检查；（6）每年投入 20 亿卢布为在有害或有害生产要素中工作的工人进行深入的医学检查。①

（二）2012—2020 年国家"卫生"发展规划

2012 年，俄罗斯发布国家"卫生"发展规划实施方案，任务目标非常明确：强化政府预算对国家医疗卫生事业发展的大力投入，促进俄罗斯医疗卫生基础设施条件改善，改善疾病预防治疗环境，提高医务人员工资收入水平及增强专业技术能力。为了实现这些战略目标，该规划制定了 11 个具体的实施方案。除了"包括儿童在内的姑息治疗"方案，对于其他每个具体实施方案都在 2013—2020 年投入相应的预算资金，总预算达到 60675.19 亿卢布，其中联邦预算 27106.31 亿卢布，预算外资金 33568.88 亿卢布（见表 3.5）。

---

① "Доклад о мерах по реализации приоритетного национального проекта «Здоровье» в 2008 - 2010 годах"，http：// old. economy. gov. ru/minec/activity/sections/ecoSocSphere/depart- ment/doc201001131107.

表 3.5 俄罗斯 2012 年国家 "卫生" 发展规划方案资金分配表

单位：亿卢布

2012 年国家 "卫生" 发展规划指标 （2013—2020 年实施）	总额	联邦预算	预算外资金
总方案	60675.19	27106.31	33568.88
发展初级卫生保健，加强疾病预防，形成健康的生活方式	14874.52	7503.48	7371.04
改进包括高科技医疗在内的专门医疗、紧急医疗服务	18835.31	9385.11	9450.20
开发和实施创新的诊断和治疗方法	8361.42	1769.48	6591.94
加强妇幼保健，保障母婴健康	1782.87	782.87	1000.00
发展包括儿童在内的医疗康复疗养院	1149.65	912.01	237.64
发展包括儿童在内的姑息治疗	0.00	0.00	0.00
加强卫生系统的人力资源管理	2486.18	200.61	2285.57
加强卫生领域国际合作	31.23	31.23	0.00
加强卫生领域的检查和监督职能	8618.08	2018.08	6600.00
加强特殊群体的医疗保健	3440.00	3422.51	17.49
促进医疗产业发展	1095.93	1080.93	15.00

资料来源：Распоряжение Правительства РФ от 24 декабря 2012 г. N 2511 - р Об утверждении государственной программы РФ "Развитие здравоохранения" (утратило силу), https://base.garant.ru/70290076/。

经过八年的连续投入，俄罗斯医疗卫生硬软件得到很大改善：（1）完成了 6706 次空中救护，创建了 350 多个新诊所，为 1200 多个急诊诊所和 1300 多个门诊诊所的移动医疗中心更新了医疗设施；（2）在农村新建了 40 多个全科医生诊所；（3）人口预防性检查覆盖率从 40% 提高到 70%；（4）在所有地区建立门诊癌症护理信息网络中心，实施针对癌症疾病的区域集中信息诊疗系统；（5）建造了 8 个肿瘤诊所，32 个围产期中心；（6）开发了 2100 个互动式教育模块，更新了 58 项医学培训教育标准，使得接受远程职业继续教育的医生人数增长 9.4% 并达到 190 万人；（7）2018 年医务人员的平均工资与 2012 年相比，医生增加了 120%，达到 75007 卢布，护理人员增加了 92%，达到 36965 卢布，初级医务人员增加了 227%，达到 34254 卢布。在俄罗斯联邦绝大多数组成实体中，医生和医护人员的平均工资增加了 1.5—2 倍；（8）通过电子医疗信息系统建设，使 4000 多个医疗组织建立了医疗信息系统，超过 15000 个医疗机构在医疗保健中使用信息电子病历，医疗信息系统工作人员总数超过 60 万，其中有 7 万名信息自动化技术人员；（9）在俄罗斯卫生部的联邦远程医疗系统中，已关联 700 多个医疗组织和 3539 个远程医疗咨询系统。①

其中，"发展初级卫生服务和预防保健"作为"卫生"发展规划中 11 个子项目中的第一个优先发展项目，总投入为 14874.52 亿卢布，占所有项目资金的 24.52%，足见俄罗斯政府对促进初级卫生保健发展的决心。

总之，世界各国的卫生体系发展经验表明，建立覆盖全民的医疗保障制度是推动和支撑各国卫生系统发展的基础和根本②。对于每个国家来说，无论其国家经济社会发展水平如何，都应根据自身情况、制定实现全民健康覆盖的愿景、战略和行动实施全民健康覆盖。全民健康覆盖程度不仅取决于国家财力，更与一个国家对于居民卫生服务的理念以及持续的政治、财政支持息息相关。③

通过本章研究可以发现，俄罗斯作为一个财政收入并不十分充裕的国家，自实施医疗卫生财政保障机制改革以来，在促进经济发展的同时，一直将全民健康覆盖作为卫生发展的最终目标，正视医疗保障体系中存在的各种问题，不断加大公共医疗卫生投入，提高医疗卫生资源分配的效率和公平性，采取各种措施确保高质量、可负担的基本医疗卫生服务的供给，将有限的财力优先用于全民健康覆盖：

一是坚持政府在医疗卫生服务发展中的主导责任。通过建立、完善一系列医疗卫生服务相关的法律、法规和制度，逐步构建起一套较为成熟的医疗保障法规体系，为确保民众的基本医疗卫生服务奠定了坚实的法律基础；加强医疗

---

① "Уточненный годовой отчет за 2018 год о ходе реализации пилотной государственной программы Российской Федерации «Развитие здравоохранения» и об оценке ее эффективности", https： // www.rosminzdrav.ru/ministry/programms/health/info/otchety－po－gosudarstvennoy－programme－rossiyskoy－federatsii-razvitie-zdravoohraneniya.

② 迟垚等：《全民健康覆盖实现程度的国际比较》，《中国卫生资源》2016 年第 5 期。

③ 世界卫生组织：《世界银行与世界卫生组织联合发布全民健康覆盖的新目标》，见 http：//www.worldbank.org/en/topic/universalhealthcoverage。

卫生领域顶层制度设计，通过制定国家卫生发展规划加强国家在医疗卫生领域的宏观调控，把握医疗卫生发展的基本方向，确保俄罗斯特色的免费医疗制度可持续运行。

二是扩大筹资来源，加大医疗卫生领域财政投入。通过将医疗卫生纳入国家优先发展项目或国家战略发展规划中，保证医疗卫生领域的财政投入，扩大医疗卫生服务覆盖面；通过不断完善国家税费管理体系，保证强制医疗保险基金收入的可持续性。

三是在医疗体系中引入市场竞争机制，提升医疗卫生服务的供给能力。通过相关法律中鼓励私人兴办医疗保健机构、建立私人医疗保险，同时鼓励医疗领域的公私合营（PPP）模式发展，形成公私结合的医疗服务体系，激发了医疗卫生体系的活力；通过不断改善医疗卫生系统的硬件和软件设施，使得基层医疗机构的服务能力得到较大提升。

第四章　全民健康覆盖下俄罗斯基本医疗卫生支出公平性和有效性分析

作为世界卫生组织实现"人人公平享有最高、可得健康水平"这一根本宗旨的前提条件和基础，全民健康覆盖不仅是合理配置医疗卫生资源的一个重要途径，更是衡量一个国家或地区医疗卫生服务可及性的核心。近年来，俄罗斯在推进全民健康覆盖进程中，虽然医疗卫生体制改革成果较为突出，基本医疗卫生服务投入不断增加，全民基本医疗保险体系初步形成，基本医疗服务保障能力也进一步提升，但同时依然存在不少矛盾和问题。基于此，本章在全民健康覆盖指标框架下，对俄罗斯基本医疗卫生支出的公平性、有效性进行实证分析。

第一节　医疗卫生支出绩效测度相关研究

对医疗卫生服务支出产生的实际效果进行衡量，是规范医疗卫生支出行为的迫切要求。根据绩效评价的一般方法，对医疗卫生支出的绩效进行测度，其指标主要包括基础类和评价类两个层面的指标。其中，前者主要指医疗卫生支出的投入类、过程类、产出类和效果类四类指标，后者主要指经济性、效率性和有效性三类指标。此外，世界卫生组织也在其 2000 年《世界卫生报告》[①]中从适合程度、足够程度、进度、效率、效果、影响六个方面介绍了卫生绩效评价的指标。这些指标概括而言，主要涉及医疗卫生支出的公平性、效率性和

---

① World Health Organization, "The World Health Report 2000-Health Systems: Improving Performance", 2010.

效益性。

一、医疗卫生支出公平性研究

当前，国内外学者对于医疗卫生支出公平性的测量内容和测量方法都进行了大量研究，为本书后文研究奠定了一定基础。

（一）国内学者的相关研究

赵建国、苗莉（2008）[①] 认为医疗卫生支出公平性是指社会成员获取由医疗卫生支出所形成的医疗卫生服务的机会、数量和质量的均等性，主要包含医疗卫生服务筹资公平性、供给公平性两个方面。李琼（2009）[②] 认为医疗卫生支出的公平性一般包括卫生筹资、卫生服务可及性、利用性、健康结果四个维度。程晓明（2013）[③] 和赵飞虎、魏东晓（2014）[④] 从评价指标角度出发，指出医疗卫生支出公平性主要包括卫生服务资源分配、卫生服务利用以及卫生服务筹资的公平性。杨艳、李晓梅（2014）[⑤] 指出医疗卫生支出的公平性不是医疗卫生支出的简单平等或平均，而是根据人们的健康需求对卫生资源进行有效分配，从而实现医疗卫生服务的有效供给。其中，卫生资金筹集过程中的公平性研究是整个卫生系统公平性研究的起点和基础。

此外，我国很多学者非常关注医疗卫生支出公平性测量方法的研究。其中，牟俊霖（2010）[⑥] 运用 Kakwani 指数集中指数测算了我国医疗筹资的公平性，结果显示我国自付医疗支出是最主要的筹资形式，因此未来提高医疗保险筹资比重是我国医疗改革的重点。闫凤茹（2010）[⑦] 采用洛伦茨曲线（Lorenz Curve）与基尼系数（Gini Index）这两大传统评价方法对我国医疗卫生服务资

---

① 赵建国、苗莉：《中国医疗卫生支出公平性的实证分析》，《财政研究》2008 年第 7 期。

② 李琼：《印度医疗保障体系公平性分析》，《经济评论》2009 年第 4 期。

③ 程晓明：《卫生经济学》，人民卫生出版社 2013 年版，第 35—51 页。

④ 赵飞虎、魏东晓：《我国卫生公平性现状评价和分析》，《人力资源管理》2014 年第 10 期。

⑤ 杨艳、李晓梅：《卫生筹资公平性评价方法浅析》，《卫生软科学》2014 年第 9 期。

⑥ 牟俊霖：《我国医疗筹资的公平性研究——基于"中国健康与营养调查"的微观数据》，《人口与经济》2010 年第 6 期。

⑦ 闫凤茹：《我国医疗卫生服务资源配置公平性研究》，《中国卫生资源》2010 年第 6 期。

源配置公平性进行评价，指出我国城市和农村、东部与西部在卫生服务资源配置方面还存在较大差距。许敏兰、罗建兵（2011）[①] 通过以基尼系数和泰尔指数为基础的实证分析，指出 2003 年后我国公共卫生支出在省际间的分配公平性在逐渐好转，但是区域间的差异依然较大。张毓辉（2013）[②] 在对我国卫生筹资公平状况进行分析的基础上，认为当前卫生筹资公平的主要问题是缺乏以公平为导向的卫生政策设计。杨艳、李晓梅（2014）[③] 总结、介绍了卫生总费用、家庭卫生筹资贡献率（HFC）、卫生筹资累进性、个人现金卫生支出等评价卫生筹资公平性的宏、微观方法。杜凤姣、宁越敏（2015）[④] 对 2002—2011 年我国医疗卫生资源相关数据进行实证分析，认为我国医疗卫生资源的配置水平主要受医疗卫生筹资能力、经济发展水平、城镇化进程、社会保障水平等因素的影响。

那么，该如何解决这些难题提升医疗卫生服务的公平性呢？不同学者也给出了不同的"药方"。这些"药方"主要集中于以下几个方面：加强以公平为导向的卫生制度建设，将提高公平性作为制定卫生政策的依据（张毓辉，2013[⑤]；赵飞虎、魏东晓，2014[⑥]）；加大财政支持力度，科学划分各级政府的基本医疗卫生服务投入责任、完善财政转移支付制度（孙开、崔晓冬，2011[⑦]；赵建国、苗莉，2008[⑧]；赵飞虎、魏东晓，2014[⑨]）；优化政府医疗卫

[①] 许敏兰、罗建兵：《公共卫生支出公平性的实证分析——基于基尼系数和泰尔指数的视角》，《湖南商学院学报》2011 年第 5 期。

[②] 张毓辉：《中国卫生筹资公平性现状与挑战》，《卫生经济研究》2013 年第 8 期。

[③] 杨艳、李晓梅：《卫生筹资公平性评价方法浅析》，《卫生软科学》2014 年第 9 期。

[④] 杜凤姣、宁越敏：《我国医疗卫生资源空间配置的公平性分析》，《中国城市研究》2015 年第 00 期。

[⑤] 张毓辉：《中国卫生筹资公平性现状与挑战》，《卫生经济研究》2013 年第 8 期。

[⑥] 赵飞虎、魏东晓：《我国卫生公平性现状评价和分析》，《人力资源管理》2014 年第 10 期。

[⑦] 孙开、崔晓冬：《基本医疗卫生服务均等化与财政投入研究》，《地方财政研究》2011 年第 5 期。

[⑧] 赵建国、苗莉：《中国医疗卫生支出公平性的实证分析》，《财政研究》2008 年第 7 期。

[⑨] 赵飞虎、魏东晓：《我国卫生公平性现状评价和分析》，《人力资源管理》2014 年第 10 期。

生支出结构（赵建国、苗莉，2008）①，合理规划和整合各地医疗卫生资源（杜凤姣、宁越敏，2015）②，通过各种具体措施实现公共卫生资源区域间和区域内的公平分配与合理使用（许敏兰、罗建兵，2011）③，从而使医疗公共服务实现空间上的相对均等化；加强农村医疗卫生服务的供给、加强基层社区医疗服务建设（赵建国、苗莉，2008）④；完善医疗保障制度，提高社会卫生支出在整个结构中的比例，降低个人现金卫生支出（王昕，2013⑤；赵飞虎、魏东晓，2014⑥）；鼓励私营医疗机构发展，寻求国际非政府组织资金支持，建立公私合作及社区参与的医疗服务机构（李琼，2009）⑦。

（二）国外机构和学者的相关研究

正如世界卫生组织前总干事陈冯富珍在第六十五届世界卫生大会致辞中所指出的，"全民健康覆盖是公共卫生不得不提的唯一最强有力的概念"，如何公平有效地利用资源，满足人民日益增长的健康需求，是任何国家的医疗卫生系统都面临的共同挑战⑧。因此，世界卫生机构以及国外学者都非常关注医疗卫生支出公平性问题研究。

《2010 年世界卫生报告：卫生系统筹资实现全民覆盖的道路》指出，应从提高卫生服务覆盖人群比例、扩大可提供卫生服务的范围，以及承保更高比例的卫生服务费用三个维度提高医疗卫生支出公平性。《2013 年世界卫生报告：全民健康覆盖研究》再次重申全民健康覆盖的概念，并指出各国应通过尽可能扩大现有卫生服务覆盖的人群比例、增加现有卫生服务的种类和经济补偿以减少卫生服务的个人支付费用等途径实现全民健康覆盖。

---

① 赵建国、苗莉：《中国医疗卫生支出公平性的实证分析》，《财政研究》2008 年第 7 期。

② 杜凤姣、宁越敏：《我国医疗卫生资源空间配置的公平性分析》，《中国城市研究》2015 年第 2 期。

③ 许敏兰、罗建兵：《公共卫生支出公平性的实证分析——基于基尼系数和泰尔指数的视角》，《湖南商学院学报》2011 年第 5 期。

④ 赵建国、苗莉：《中国医疗卫生支出公平性的实证分析》，《财政研究》2008 年第 7 期。

⑤ 王昕：《我国卫生总费用筹资分析与建议》，《中国软科学》2013 年第 11 期。

⑥ 赵飞虎、魏东晓：《我国卫生公平性现状评价和分析》，《人力资源管理》2014 年第 10 期。

⑦ 李琼：《印度医疗保障体系公平性分析》，《经济评论》2009 年第 4 期。

⑧ ［美］詹姆斯·亨德森：《健康经济学》，向运华等译，人民邮电出版社 2008 年版。

国外学者也非常重视对医疗卫生支出公平问题的研究。布塞、施莱特（Busse，Schlette，2007）[1] 认为在医疗卫生服务提供过程中，确保社会每个人都能够获得他们所需的卫生服务，且不会有人因为使用卫生服务而遭受经济风险是政府应有的责任。马尔莫等（Marmot，et al.，2012）[2] 认为从世界各地来看，无论是国家之间还是国家内部都存在卫生不平等现象，政府有责任了解国家卫生健康公平的影响因素，并将追求医疗卫生支出公平纳入政府的政策目标之中。

近年来，很多学者开始探究促进医疗卫生支出及其服务公平的措施。如威廉斯（Williams，2016）[3] 等对美国医疗卫生支出公平性进行了分析，指出美国在卫生支出公平方面有很多值得肯定的地方，但居民负担能力、医疗服务可获得性和医疗保健多样性等因素依然影响医疗卫生支出公平，并建议政府在卫生系统中通过实施有效的干预措施、改善劳动力多样性、利用先进技术、采用个性化医疗等措施消除目前的卫生不公平因素，防止出现新的卫生差距。索科尔等（Sokol，et al.，2017）[4] 认为地方卫生机构在促进医疗卫生支出公平方面发挥着非常重要的作用。库克森等（Cookson，et al.，2018）[5] 指出医疗卫生服务的质量和公平已成为世界范围内卫生政策议题的关键问题，研究引入了2016 年英国国家医疗服务体系提出的对健康公平监测的新方法——内部质量保证和外部公共问责制，将卫生公平纳入卫生质量评估的一部分[6]。

---

[1] R. Busse, S. Schlette, "Health Policy Developments 7/8: Focus on Prevention, Health and Ageing, and Human Services", *Verlag Bertelsmann Stiftung*, *Gutersloh*, 2007, p.56.

[2] M. Marmot, et al., "Building of the Global Movement for Health Equity: from Santiago to Rio and Beyond", *The Lancet*, Vol. 379, No. 9811 (2012), pp. 181-188.

[3] J. S. Williams, "Achieving Equity in an Evolving Healthcare System: Opportunities and Challenges", *The American Journal of the Medical Sciences*, Vol. 35, No. 1 (2016), pp. 33-43.

[4] R. Sokol, et al., "How Local Health Departments Work Towards Health Equity", *Evaluation and Program Planning*, 2017, 65: 117-123.

[5] R. Cookson, et al., "Health Equity Monitoring for Healthcare Quality Assurance", *Social Science & Medicine*, Vol. 198, No. 6 (2018), pp. 148-156.

[6] NHS England, "Challenging Health Inequalities (2016b)", https://www.england.nhs.uk/about/gov/equality-hub/challenge-health inequalities/.

二、医疗卫生支出效率性研究

医疗卫生支出效率指的是政府在医疗卫生领域投入资金所能形成的医疗资源产出能力。目前国内外学者围绕医疗卫生支出效率的影响因素、评价方法等进行了大量研究。

(一) 国内学者的相关研究

张宁、陈康民 (1992)[①] 很早就运用数据包络分析法分别对县级综合医院和乡镇卫生院进行了效率评估，此后国内很多专家学者都运用该方法来评价医疗卫生机构的效率。马振江 (1999)[②] 也较早地对医疗卫生保障领域的效率问题进行了研究。他认为，卫生领域中的效率是指卫生服务活动或者卫生经济活动中所消耗的劳动量与获得劳动成果的比较，卫生服务应注重分配效率，而不能片面追求技术效率。

邴媛媛等 (2001)[③] 较全面地介绍了技术效率、经济效率、成本结果、配置效率等国内外卫生服务效率测量方法。杜乐勋 (2005)[④] 分析了我国公共卫生支出效率，认为我国公共卫生支出效率低下的原因主要有投入严重不足且资源浪费现象严重。张宁等 (2006)[⑤] 利用数据包络分析方法研究不同地区健康卫生产品的供给效率和影响因素，结果表明公共卫生支出配比失调会降低公共卫生支出效率。王俊 (2007)[⑥] 认为卫生医疗系统的深层次问题不能仅仅通过增加政府卫生投入规模来解决，而需把政策的重点转向卫生管理的有效性和投入的公平性。汪云等 (2007)[⑦] 则借鉴管理学家法约尔的观点，认为医疗卫生

---

① 张宁、陈康民：《公共卫生服务系统的效率评估》，《上海理工大学学报》1992 年第 4 期。

② 马振江：《论卫生领域效率和公平的特殊性》，《医学与哲学》1999 年第 5 期。

③ 邴媛媛等：《卫生服务的效率及其测量》，《中华医院管理杂志》2001 年第 5 期。

④ 杜乐勋：《我国公共卫生投入及其绩效评价》，《中国卫生经济》2005 年第 11 期。

⑤ 张宁等：《应用 DEA 方法评测中国各地区健康生产效率》，《经济研究》2006 年第 7 期。

⑥ 王俊：《中国政府卫生支出规模研究——三个误区及经验证据》，《管理世界》2007 年第 2 期。

⑦ 汪云等：《我国医疗卫生服务效率及其改进策略》，《卫生经济研究》2007 年第 12 期。

服务效率可从制度效率和经济效率两个维度去评价。张晖、许琳（2009）① 运用 DEA 方法对我国各地方政府 2001—2005 年的医疗卫生投入产出的技术效率进行测算，结果发现我国医疗卫生产出效果并不理想，投入规模越大，效率反而低下。张仲芳（2013）② 使用我国 1998—2011 年的省际面板数据，并通过 DEA 和 Tobit 模型对地方政府卫生支出效率进行研究，发现由于各地政策因素、经济因素和社会因素的不同，地方政府卫生支出效率存在显著差异。程琳、廖宇岑（2015）③ 通过异质性随机前沿模型对我国 2003—2011 年 31 个省份的政府卫生支出效率进行实证研究，发现随着政府卫生支出的增加，医疗卫生资源使用效率会得到提高，且东部地区效率明显高于中西部。

（二） 国外机构和学者的相关研究

国外相关学者和卫生机构也非常关注医疗卫生支出的效率问题。库特勒（Cutler，2002）④ 通过民意调查发现随着医疗卫生支出的增加，政府在公平和效率之间的权衡将变得更加困难。因此，许多国家正在考虑从控制支出转向基于激励的医疗改革来平衡公平、效率以及医疗成本之间的关系。豪纳、京叶（Hauner，Kyobe，2010）⑤ 通过 114 个国家 1980 年到 2006 年的数据研究了制度、人口、经济、地理等各种因素对政府医疗卫生支出效率的影响。结果表明，经济越发达的国家，医疗卫生支出效率越高，且政府责任的加强以及政府腐败行为的抑制能够在一定程度上提高医疗卫生支出效率。冈萨雷斯等（González，et al.，2010）⑥ 使用价值效率分析法（VEA）和数据包络分析法

---

① 张晖、许琳：《我国各地医疗卫生投入效果分析》，《卫生经济研究》2009 年第 4 期。

② 张仲芳：《财政分权、卫生改革与地方政府卫生支出效率——基于省际面板数据的测算与实证》，《财贸经济》2013 年第 9 期。

③ 程琳、廖宇岑：《地方政府医疗卫生支出效率及其影响因素分析：基于异质性随机前沿模型》，《中国卫生经济》2015 年第 1 期。

④ D. M. Cutler，"Equality，Efficiency，and Market Fundamentals：The Dynamics of International Medical-care Reform"，*Journal of Economic Literature*，Vol. 40，No. 3 （2002），pp. 881-906.

⑤ D. Hauner，A. Kyobe，"Determinants of Government Efficiency"，*World Development*，Vol. 38，No. 11 （2010），pp. 1527-1542.

⑥ E. González，et al.，"Value Efficiency Analysis of Health Systems：Does Public Financing Play a Role?"，*Journal of Public Health*，Vol. 18，No. 4 （2010），pp. 337-350.

（DEA）研究发现，高收入国家的医疗卫生支出效率普遍高于低收入国家，且卫生支出效率与政府卫生支出占卫生总支出的百分比呈正相关。该研究还注意到，在评价医疗卫生支出效率时 VEA 法优于 DEA 法。格里戈利、卡普索利（Grigoli，Kapsoli，2018）[①] 通过研究发现，与发达经济体的医疗卫生产出相比，新兴和发展中经济体的医疗卫生支出效率较低，需要大幅度改善。易卜拉欣、达涅什瓦（Ibrahim，Daneshvar，2018）[②] 通过应用修正的数据包络分析（DEA）模型，选择预期寿命、孕产妇死亡率、婴儿死亡率和新感染艾滋病毒人数四个产出变量，以及医疗卫生支出占 GDP 的百分比和医院病床数两个投入变量，评估了 2000 年至 2015 年黎巴嫩医疗卫生系统的效率。

此外，世界卫生组织也对医疗卫生支出效率问题进行了专题研究。《2010 年世界卫生报告》[③] 提到，提高效率并不意味着减少卫生投入，而是为了更好地利用卫生资源提高民众健康水平，在不断增加卫生投入的情况下，政府可以通过合理规划卫生资源配置、加强质量控制、改革支付方式等措施提高医疗卫生支出的效率。作为《2010 年世界卫生报告》的后续行动，世界卫生组织在 2013 年对非洲、亚洲、拉丁美洲 10 个不同国家卫生支出效率改革进行了案例研究，通过研究这些国家卫生支付改革、社会医疗保障、健康福利选择、药品监管和定价，以及卫生工作者的培训等，总结各个国家在提高医疗卫生支出效率方面的经验和教训，并对未来发展方向提出建议。[④]

---

① F. Grigoli, J. Kapsoli, "Waste Not, Want Not: the Efficiency of Health Expenditure in Emerging and Developing Economies", *Review of Development Economics*, Vol. 22, No. 1 （2018）, pp. 384–403.

② M. D. Ibrahim, S. Daneshvar, "Efficiency Analysis of Healthcare System in Lebanon Using Modified Data Envelopment Analysis", *Journal of Healthcare Engineering*, Vol. 15, No. 6 （2018）, p. 6.

③ World Health Organization, "World Healh Report: Health Systems Financing: The Path to Universal Coverage （Arabic）", 2010.

④ W. Yip, R. Hafez, "World Health Organization. Improving Health System Efficiency: Reforms for Improving the Efficiency of Health Systems: Lessons from 10 Country Cases", World Health Organization, 2015.

三、医疗卫生支出效益性研究

政府卫生支出效益是指政府为满足社会医疗卫生共同需要进行的财力分配与所取得的社会实际效益之间的比例关系，基本内涵是医疗卫生资源分配的比例性和医疗卫生资源运用的有效性。目前国内外学者对政府卫生支出的效益研究，主要是通过其经济效益与社会效益两方面来进行考量。

（一）国内学者的相关研究

在经济效益方面，耿嘉川、苗俊峰（2008）[①] 和骆永民（2011）[②] 认为，我国公共卫生支出具有较强的人力资本效应，对于推动经济增长具有积极的促进作用，但缺乏长期持续的推动效应。陈浩（2010）[③] 和杨洋（2014）[④] 通过实证模型对我国公共卫生支出的经济增长效应进行研究，发现公共卫生支出对经济增长的效应越来越大，并提出政府应提高公共卫生支出以促进经济增长。王晓洁（2011）[⑤] 以 1978—2009 年的数据为研究对象，采用误差修正模型（ECM）计量分析得出：我国公共卫生支出对经济增长的贡献率为21.4%。王海成、苏梿芳（2015）[⑥] 通过门槛协整模型研究了卫生支出与经济发展间的关系，研究结果显示我国公共卫生支出与经济增长存在着单向的Granger 因果关系。不过也有学者得出了不同的研究结论，如刘勇政、张坤（2007）[⑦] 通过实证分析发现，虽然公共卫生支出作为人力资本投资对经济增长有间接的正向影响，但作为非直接的生产性支出时则不利于经济增长。王弟

[①] 耿嘉川、苗俊峰：《公共卫生支出的经济增长效应》，《社会科学研究》2008 年第 5 期。

[②] 骆永民：《公共卫生支出、健康人力资本与经济增长》，《南方经济》2011 年第 4 期。

[③] 陈浩：《卫生投入对中国健康人力资本及经济增长影响的结构分析》，《中国人口科学》2010 年第 2 期。

[④] 杨洋：《我国卫生总费用与经济增长的动态关系》，《中国卫生经济》2014 年第 7 期。

[⑤] 王晓洁：《中国公共卫生支出理论与实证分析》，中国社会科学出版社 2011 年版，第152—157 页。

[⑥] 王海成、苏梿芳：《中国公共卫生支出与经济增长关系的再检验》，《统计与决策》2015年第 1 期。

[⑦] 刘勇政、张坤：《我国公共卫生支出的经济增长效应实证分析》，《北方经济》2007 年第24 期。

海等（2008）① 通过研究发现，只有健康人力资本提高劳动生产力的效应超过其对物质资本的挤出效用时才会促进经济增长，反之，则会抑制经济增长。钟晓敏、杨六妹（2016）② 通过建立双向固定效应模型对公私医疗卫生支出对经济增长的影响进行了分析，发现政府医疗卫生支出对经济增长呈现倒 U 形效应，意味着当政府卫生支出超过一定临界水平，将会减弱对经济发展的促进作用。

在社会效益方面，曹燕等（2010）③ 采用成本效果分析法分别测算了2000 年和 2007 年我国各省财政卫生投入的健康绩效。结果显示政府卫生支出的健康影响具有较强的地区差异性，人均政府卫生支出较高的部分省份，其健康绩效却较低。孙菊（2011）④ 通过研究发现，居民健康的改善更多地依赖于政府的卫生支出而不是私人卫生支出。李华、俞卫（2013）⑤ 分析了公共卫生、医疗卫生服务可及性等对民众健康的影响，并得出政府卫生支出应重点投向基层医疗服务和公共卫生的结论。周婷（2017）⑥ 利用世界银行相关数据，考察了中高收入国家和中低收入国家政府卫生筹资对健康水平的影响。实证研究结果表明，中低收入国家政府卫生支出的健康绩效始终为正，而中高收入国家政府卫生支出的健康绩效呈倒 U 形，且拐点位于政府卫生筹资占比为 80%左右的水平。王杰杰、何辉（2018）⑦ 运用我国 2004—2016 年宏观数据，分别采用固定效应模型以及系统 GMM 法进行实证分析，研究结果显示公共卫生

① 王弟海、龚六堂、李宏毅：《健康人力资本、健康投资和经济增长——以中国跨省数据为例》，《管理世界》2008 年第 3 期。

② 钟晓敏、杨六妹：《公私医疗卫生支出与经济增长关系的实证分析》，《财经论丛（浙江财经学院学报）》2016 年第 3 期。

③ 曹燕、姜卫、黄锐：《我国各省财政卫生投入的健康绩效比较》，《中国卫生经济》2010年第 5 期。

④ 孙菊：《中国卫生财政支出的健康绩效及其地区差异——基于省级面板数据的实证分析》，《武汉大学学报（哲学社会科学版）》2011 年第 6 期。

⑤ 李华、俞卫：《政府卫生支出对中国农村居民健康的影响》，《中国社会科学》2013 年第10 期。

⑥ 周婷：《跨国比较视角下政府卫生筹资影响健康水平的实证研究》，《世界经济研究》2017 年第 6 期。

⑦ 王杰杰、何辉：《公共卫生支出是否提高了居民健康水平？——基于宏观和微观数据的实证分析》，《财政监督》2018 年第 11 期。

支出对健康具有显著影响。

（二）国外机构和学者的相关研究

在经济效益方面，纽豪斯（Newhouse，1977）[①] 研究了公共卫生支出与国家收入之间的关系，结果发现，公共卫生支出与国家 GDP 之间存在很强的正向关系。拉瓦雷、比达尼（Ravallion，Bidani，1999）[②] 利用 35 个发展中国家的健康结果和贫困指标数据研究了公共卫生支出对不同国家的影响，认为一国的政府卫生支出对于贫穷国家的影响相对要大于对富裕国家的影响。马耶尔（Mayer，2001）[③] 通过对拉丁美洲 18 个国家 30 年的面板数据分析研究发现，经济增长和政府卫生支出具有很强的正相关性。布利尼等（Bleaney，et al.，2001）[④] 以及赫什马提（Heshmati，2001）[⑤] 采用 OECD 国家数据考察了医疗卫生支出与经济增长（国内生产总值）的关系，认为政府卫生支出确实会对经济增长产生显著的正效应。艾萨、普埃约（Aisa，Pueyo，2006）[⑥] 分析了不同收入水平国家中政府卫生支出对经济增长的影响，发现对于发展中国家来说，政府卫生支出的增加对经济增长具有明显的促进效应，而对于发达国家来说，政府卫生支出对经济的正向作用并不明显。皮亚布、铁谷红（Piabuo，Tieguhong，2017）[⑦] 通过计量经济学模型研究发现，政府卫生支出、国民健康指标和经济增长之间存在着紧密的关系，政府卫生支出是每个国家经济增长的

---

① J. P. Newhouse, "Medical-care Expenditure: A Cross-national Survey", *The Journal of Human Resources*, Vol. 12, No. 1 (1977), pp. 115-125.

② M. Ravallion, B. Bidani, "Decomposing Social Indicators Using Distributional Data", The World Bank, 1999, pp. 125-139.

③ D. Mayer, "The Long-term Impact of Health on Economic Growth in Latin America", *World Development*, Vol. 29, No. 6 (2001), pp. 1025-1033.

④ M. Bleaney, et al., "Testing the Endogenous Growth Model: Public Expenditure, Taxation, and Growth Over the Long Run", *Canadian Journal of Economics/Revue Canadienne d'économique*, Vol. 34, No. 1 (2001), pp. 36-57.

⑤ A. Heshmati, "On the Causality Between GDP and Health Care Eexpenditure in Augmented Solow Growth Model", SSE/EFI Working Paper Series in Economics and Finance, 2001.

⑥ R. Aisa, F. Pueyo, "Government Health Spending and Growth in a Model of Endogenous Longevity", *Economics Letters*, Vol. 90, No. 2 (2006), pp. 249-253.

⑦ S. M. Piabuo, J. C. Tieguhong, "Health Expenditure and Economic Growth-a Review of the Literature and an Analysis between the Economic Community for Central African states (CEMAC) and Selected African Countries", *Health Economics Review*, Vol. 7, No. 1 (2017), pp. 7-23.

基本决定因素。

在社会效益方面，沃尔夫（Wolfe，1986）① 通过对 OECD 国家的健康和生活方式数据研究发现，当人们其他生活方式保持不变时，医疗卫生支出确实与健康状况存在正相关关系。古普塔（Gupta，2002）② 使用 50 个发展中转型经济体国家的横截面数据研究发现，公共卫生支出对低收入国家的健康状况影响比对高收入国家更大，也就是说低收入国家的公共卫生支出更有效。迈尔、萨林（Mayer，Sarin，2005）③ 研究发现，提高公共卫生支出水平能有效降低婴儿死亡率。诺维格农等（Novignon，et al.，2012）④ 利用固定和随机效应面板数据回归模型研究发现，医疗卫生支出能够通过提高出生时预期寿命，降低死亡率和降低婴儿死亡率来影响国民健康状况。雅巴等（Jaba，et al.，2014）⑤ 通过 175 个不同地理位置和收入水平国家的面板数据分析得出，医疗卫生支出与预期寿命之间存在显著的关系。但是，也有一些研究得出了相反的结论，如卡兰、波利蒂（Carrin，Politi，1996）⑥ 研究了贫穷、收入以及公共卫生支出对国民健康的影响，结果发现，前两者确实在提高国民健康水平方面发挥着关键性作用，但公共卫生支出对健康水平的影响并不显著。坦齐、舒克内希特（Tanzi，Schuknecht，1997）⑦ 在其研究中发现，公共卫生支出的增加

---

① B. L. Wolfe, "Health Status and Medical Expenditures: Is There a Link?", *Social Science & Medicine*, Vol. 22, No. 10, (1986), pp. 993–999.

② S. Gupta, "The Effectiveness of Government Spending on Education and Health Care in Developing and Transition Economies", *European Journal of Political Economy*, Vol. 18, No. 4 (2002), pp. 717–737.

③ S. E. Mayer, A. Sarin, "Some Mechanisms Linking Economic Inequality and Infant Mortality", *Social Science & Medicine*, Vol. 60, No. 3 (2005), pp. 439–455.

④ J. Novignon, et al., "The Effects of Public and Private Health Care Expenditure on Health Status in Sub-Saharan Africa: New Evidence from Panel Data Analysis", *Health Economics Review*, Vol. 2, No. 1 (2012), p. 22.

⑤ E. Jaba, et al., "The Relationship Between Life Expectancy at Birth and Health Expenditures Estimated by a Cross-country and Time-series Analysis", 2014, 15, pp. 108–114.

⑥ G. Carrin, C. Politi, "World Health Organization. Exploring the Health Impact of Economic Growth, Poverty Reduction and Public Health Expenditure", World Health Organization, 1996.

⑦ V. Tanzi, L. Schuknecht, "Reconsidering the Fiscal Role of Government: The International Perspective", *The American Economic Review*, Vol. 87, No. 2 (1997), pp. 164–168.

几乎不会对健康产生影响。贝尔热、梅瑟（Berger，Messer，2002）[1] 利用20个 OECD 国家 1960—1992 年的面板数据研究了公共卫生支出、医疗保险等因素对人民健康的影响。结果发现，较高的公共卫生支出比重反而会导致较高的死亡率。库尔卡尼（Kulkarni，2016）[2] 通过固定效应面板数据分析得出，政府卫生支出的随意增加及其高机会成本会对健康结果产生不利影响，产生这种现象的原因可能是公共支出增加带来的边际收益低于高税收带来的边际成本。

综上，无论是国内还是国外的研究，对于医疗卫生支出公平性、效率性、效益性的测量都有各自不同的测量指标体系和方法，具有一定的操作性和推广性，为后续对医疗卫生支出绩效评价研究提供了有力的支撑。

但是这些研究在取得较大进展的同时，也存在一些不足：一是从系统性角度研究医疗卫生支出绩效的文献较少。医疗卫生支出的绩效评价是一个系统性工程，应该是对其公平、效率和效益进行综合考量，这三者密不可分、相辅相成。但是目前大多数学者只研究其中的一部分，较少学者将它们作为一个整体加以研究。二是量化研究较多，规范研究较少。大多数学者还是主要使用量化方法对医疗卫生支出的公平性、效率性和效益性展开研究，从价值角度进行规范化研究的较少，且量化研究中以统计分析较多，统计描述的较少。但是，医疗卫生支出绩效评价不能只依据数据和模型，还须结合一国医疗卫生体系的价值取向和目标来进行分析。

第二节　全民健康覆盖的测量指标框架

如前所述，当前全民健康覆盖（UHC）在全球范围内被不断推行，已成为 2015 年后全球发展议程的重要目标之一。各卫生组织和学者们对于全民健

---

① M. C. Berger, J. Messer, "Public Financing of Health Expenditures, Insurance, and Health Outcomes", *Applied Economics*, Vol. 34, No. 17 (2002), pp. 2105-2113.

② L. Kulkarni, "Health Inputs, Health Outcomes and Public Health Expenditure：Evidence from the BRICS Countries", *International Journal of Applied Economics*, Vol. 31, No. 1 (2016), pp. 72-84.

康覆盖的内涵及其测量指标也有不同的看法。其中，比较权威的是世界卫生组织对全民健康覆盖的界定：人人都可以根据需要享受到预防、治疗和康复等高质量的医疗卫生服务，且不会因享受这些服务而出现经济困难。全民健康覆盖的目标是确保现在和将来所有人都可以获得所需的卫生服务而不会有经济损失或陷入贫困的危险。① 这个界定强调了卫生服务公平可及性、服务质量和经济风险保护三个重要维度。

对于全民健康覆盖的测量，早在 2010 年《世界卫生组织报告》中就提出从人口覆盖、服务覆盖和费用覆盖三个维度来对其进行测量（见图 2.1）。其中，人口覆盖是指医疗卫生服务项目、医疗卫生筹资制度等覆盖的人口比例②，在其他两个维度不变的情况下，人口覆盖范围越大，全民健康覆盖程度就越高；服务覆盖是指民众享有的医疗卫生服务的范围和质量，当人口和费用覆盖不变的情况下，服务覆盖的范围越广、质量越高，全民健康覆盖实现程度就越高；费用覆盖是指政府卫生支出占卫生总支出的比例程度，在其他两个维度不变的情况下，费用覆盖水平越高，全民健康覆盖实现程度也就越高。这是目前国际上较为公认的衡量一个国家或地区全民健康覆盖的标准，分别从全民健康覆盖的宽度、深度和高度来测量全民健康覆盖水平。

世界卫生组织在 2014 年 5 月发布的《在国家和全球层面上监测全民健康覆盖进展——框架、衡量指标与标的》报告中，提出了一个监测全民健康覆盖的框架，该框架同时也是监测国家卫生系统绩效综合框架的一部分。根据该报告，监测全民健康覆盖是跟踪各国卫生及绩效总体进展的重要组成部分，需要从投入（财力、人力和药物）、产出（医疗服务）、干预措施等方面来定期评估全民健康的覆盖率以及对健康的影响等。报告认为，全民健康覆盖包含卫生服务覆盖和财务保障覆盖两个方面，其中卫生服务覆盖包含了预防服务和治疗性服务的覆盖水平。除了上述测量服务覆盖和费用覆盖的指标外，产出结果

① 世界卫生组织：《世界银行与世界卫生组织联合发布全民健康覆盖的新目标》，见 http：// www. worldbank. org／en／topic／universalhealthcoverage。

② World Health Organization,"World Healh Report：Health Systems Financing：the Path to Universal Coverage（Arabic）"，World Health Organization，2010.

指标①（包括效率、公平、质量等绩效指标）和健康结果指标（整体健康水平提高、健康不公平程度降低等），也是评价全民健康覆盖的重要维度②。

国内外一些学者也对全民健康覆盖的测量指标进行了研究。麦基（Mckee，2013）认为，全民健康覆盖包含医疗卫生服务可及性、覆盖性、注重人的基本权利、在卫生系统中如何切入、注重经济风险保护五个关键方面，并根据世界卫生组织的界定，对 2009 年 194 个国家的全民健康覆盖程度进行了分析，认为其中 58 个国家达到了全民健康覆盖标准③。张朝阳、孙磊（2014）④ 从"人人享有卫生保健"的角度，结合中国实践，认为全民健康覆盖应包括风险保护、服务提供、服务获得、服务结果四方面核心要素，可以从经济可负担性、服务可提供性、服务可获得性、体系有效性四个维度进行测量。

作为一种战略目标，全民健康覆盖的核心是公平，实现的关键是要如何做到"全体的"（universal）覆盖。一般来说，这种公平包括健康状态公平和卫生保健公平两大范畴，涉及卫生筹资的投入、卫生服务的提供和健康产出影响的全部环节。可见，全民健康覆盖的公平不仅仅是结果公平，还包含过程公平。因为从患上疾病开始到是否得到有效的医疗卫生服务，整个过程都可能导致不公平。⑤ 这也符合《2013 年世界卫生报告：全民健康覆盖研究》⑥ 中关于全民健康覆盖的结果链模型（见图 2.2），以及世界卫生组织 2018 年 2 月发布的关于卫生公平监测指标的阐述。

综上，结合国际组织和国内外学者对全民健康覆盖内涵及其测量指标的理解，全民健康覆盖主要包括人口覆盖、服务（提供和获得）覆盖、费用覆盖

---

① 孟庆跃：《全民健康覆盖：从理念到行动》，《中国卫生政策研究》2014 年第 2 期。

② World Health Organization，"Monitoring Progress Towards Universal Health Coverage at Country and Global Levels：Framework，Measures and Targets"，World Health Organization，2014.

③ M. McKee，et al.，"Universal Health Coverage：A Quest for All Countries but Under Threat in Some"，*Value in Health*，Vol. 16，No. 1（2013），pp. 39-45.

④ 张朝阳、孙磊：《全民健康覆盖的内涵界定与测量框架》，《中国卫生政策研究》2014 年第 1 期。

⑤ 杨学来等：《卫生筹资系统公平性分析方法研究》，《中国卫生经济》2013 年第 3 期。

⑥ 世界卫生组织：《2013 年世界卫生报告：全民健康覆盖研究》，《上海医药》2013 年第 17 期。

以及健康（结果）覆盖四项核心要素。具体到全民健康覆盖的测量，本书认为应从一个动态的视角考察一个国家在全民健康覆盖进程中的医疗卫生服务支出的公平性和有效性，其中公平性主要包含投入公平性分析（卫生筹资的公平性）、过程公平性分析（卫生资源分配的公平性）、结果公平性分析（卫生服务利用的公平性），而有效性主要包含医疗卫生支出的效率分析和效益分析（见表4.1）。

表 4.1　全民健康覆盖框架下俄罗斯基本医疗卫生支出
公平性和有效性评价指标体系

评价维度	一级指标	二级指标	三级指标
公平性	投入公平性分析	卫生筹资的公平性	政府卫生支出在各联邦主体的分布公平性
			政府卫生支出在联邦区域间分布的公平性分析
	过程公平性分析	卫生资源分配的公平性	卫生机构分布情况：大型医院、门诊机构
			卫生人力资源分布情况：卫生技术人员、每万人口医生数、每万人口护士数
			医院床位数
			药物供应情况
	结果公平性分析	卫生服务利用的公平性	门诊医疗服务利用情况
			住院医疗服务利用情况：病人住院率、平均住院日、病床周转率、平均病床工作日
			基本医疗卫生服务使用率
有效性	效率分析	卫生支出效率	综合效率、纯技术效率、规模效率、投入—产出比
	效益分析	经济效益	经济增长情况
		社会效益	卫生干预效果：疫苗接种覆盖率、育龄妇女避孕普及率、孕妇产前检查覆盖率、孕妇剖腹产率、专业医护人员接生率
			国民健康水平：预期寿命、出生率、死亡率、孕产妇死亡率、婴儿死亡率、儿童死亡率
			居民健康状况满意度

资料来源：作者根据公开资料整理。

第三节　俄罗斯基本医疗卫生支出公平性分析

任何一个国家在推动全民健康覆盖进程中都面临一个共同挑战，即如何公平有效地利用有限的卫生资源来满足人们日益增长的健康需求。医疗卫生服务公平性作为卫生财政支出的一个主要目标，对于促进社会公平、维护国家稳定更是具有重要的现实意义。那么，什么是医疗卫生服务的公平性？世界卫生组织（WHO）和瑞典国际发展合作组织（SIDCA）在 1996 年的一份倡议书《健康与卫生服务的公平性》中强调：公平不等于平等，这意味着生存机会的分配应该以需求为导向，而不是取决于社会特权。因此，要实现医疗卫生服务的公平，就需要努力缩小人们在获取卫生服务方面不公平、不合理的社会差距。① 本节站在医疗卫生服务的全民覆盖视角，从投入公平、过程公平、结果公平三个方面分析俄罗斯基本医疗卫生支出的公平性。

一、投入公平性分析：卫生筹资

投入公平性主要从卫生筹资的角度，利用洛伦茨曲线、基尼系数和泰尔指数三种方法分析俄罗斯政府卫生支出在各联邦主体间以及联邦区域间的分布公平性。

（一）研究方法和资料来源

为了衡量俄罗斯基本医疗卫生支出的投入公平性，本书主要采用洛伦茨曲线（Lorenz Curve）、基尼系数（Gini Coefficient）和泰尔指数（Theil Index）三种方法对其进行分析。

1. 研究方法

卫生资金筹集是医疗卫生系统中最核心的组成部分，也是实现全民健康覆盖的重要基础条件。世界卫生组织对卫生筹资的界定为"实现足够的、公平的、有效率和效果的卫生资金的筹集、分配和利用活动的总和"。卫生筹资公

---

① 孙菊：《中国卫生财政支出的实证分析》，中国社会科学出版社 2010 年版，第 103 页。

平则指卫生筹资应该在不同经济水平人群中实现风险的共同承担，即每个人对卫生服务的贡献大小应当与经济状况结合起来。[1] 作为医疗卫生公平的重要组成部分，卫生筹资公平一直受到各国卫生部门及世界卫生组织的关注，其内涵和测量方法也成为学者们的研究重点。[2] 这些测量指标有的是从微观层面来考量，认为评价卫生筹资公平性不但要反映一个家庭在医疗卫生方面花费的金额，更重要的是要反映医疗卫生支出对家庭的影响，这是一种以家庭为单位负担医疗费用的概念。[3] 世界卫生组织最早在其《2000 年世界卫生报告》中首次通过样本家庭的卫生筹资负担贡献率（HFC）（家庭卫生总支出占家庭可支付能力的比重）来评价一个国家或地区卫生筹资公平性高低。[4] 也有一些机构和学者在研究中从宏观角度，通过集中曲线法[5]、Kakwani 指数法[6]、洛伦茨曲线与基尼系数[7]、泰尔指数[8]等指标或方法来测量一个国家或地区的卫生筹资公平性。

（1）洛伦兹曲线

洛伦兹曲线是美国经济学家马克斯·洛伦兹（Max Lorenz）在 1905 年提出的表示收入不平等或财富不平等的一种图形，该图根据收入或财富在水平轴上绘制了人口百分比，研究国民收入在国民之间的分配问题，其基本原理是通过描述一定比例的单位拥有资源的多少来判断资源分布的公平性，目前这种方法也被广泛应用于各种公平性问题研究中。通过洛伦兹曲线，可以直观地看到

① World Health Organization, "World Health Report: Health Systems Financing: The Path to Universal Coverage (Arabic)", World Health Organization, 2010.

② 童伟、宁小花：《全民健康覆盖视角下的俄罗斯医疗卫生筹资分析及启示》，《经济社会体制比较》2019 年第 3 期。

③ 姜垣等：《卫生筹资公平性研究》，《卫生经济研究》2003 年第 3 期。

④ 童伟、宁小花：《全民健康覆盖视角下的俄罗斯医疗卫生筹资分析及启示》，《经济社会体制比较》2019 年第 3 期。

⑤ 魏众、古斯塔夫森：《中国居民医疗支出不公平分析》，《经济研究》2005 年第 12 期。

⑥ A. Wagstaff, E. van Doorslaer, "Equity in the Finance of Health Care: Some International Comparisons", *Journal of Health Economics*, Vol. 11, No. 4 (1992), pp. 361–387.

⑦ 尹冬梅等：《中国贫困农村地区卫生服务公平性研究》，《中国卫生经济》1999 年第 3 期。

⑧ 龚相光、胡善联：《卫生资源配置的公平性分析》，《中华医院管理杂志》2005 年第 2 期。

一个单位相关资源分配平等或不平等的状况。从图形上来看（如图 4.1 所示），整个洛伦兹曲线是一个正方形，正方形的横轴代表收入获得者在总人口中的百分比，纵轴代表各个百分比人口所获得收入的百分比。而洛伦兹曲线的弯曲程度反映了收入分配的不平等程度。曲线离对角线越远，弯曲程度越大，曲线围成的面积越大，不平等程度越高，反之亦然。

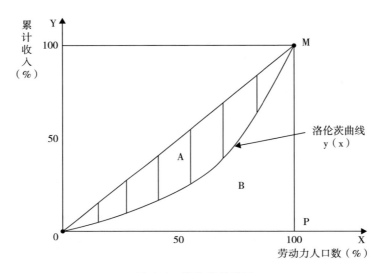

图 4.1　洛伦茨曲线图

资料来源：李海涛等：《洛仑兹曲线与基尼系数的应用》，《甘肃科学学报》2003 年第 1 期。

（2）基尼系数

基尼系数是意大利统计学家科拉多·吉尼（Corrado Gini）在 1912 年开发的一种统计分布度量。它通常用作衡量经济不平等的程度，收入分配或者人口之间的财富分配情况。图 4.1 中，洛伦兹曲线与对角线之间的不平等面积 A 与完全不平等面积（A+B）之比，就是基尼系数。基尼系数可以从 0（完全相等，也表示为 0%）到 1（完全不平等，也表示为 100%）变化。基尼系数为 0 表示每个人都有相同的收入，系数为 1 表示一个人获得了所有收入（当然，这两种极端情况都不太可能发生）。基尼系数越高，不平等程度越大。通过微积分，我们也可以得到基尼系数的计算公式：

$$I_{Gini} = \frac{2}{n^2 \bar{y}} \sum_{i=1}^{n} i(y_i - \bar{y})$$

其中：

I_{Gini} = Gini 系数值，$\bar{y}$ = 收入均数，y_i = 第 i 个组的收入。

一般来说，如果基尼系数低于 0.2 表示收入绝对平均，0.2—0.3 表示比较平均，0.3—0.4 表示相对合理，0.4—0.5 表示收入差距较大，0.6 以上表示收入差距悬殊。本书中，根据 F. G. De Maio（2007）[1]、龚向光（2005）[2]、王晓洁（2011）[3]、许敏兰等（2011）[4] 的研究成果，当研究对象不同时，所采用的判断标准也应有所区别。在衡量收入分配时，由于受许多个人、社会因素影响，用基尼系数判断公平性的标准会稍微低一些。而政府卫生支出属于一种政府行为和责任，其目的就是提高公共卫生服务的均等化水平，因此用基尼系数判断公平性的标准会更严格。基于此，本书在评价俄罗斯基本医疗卫生支出的投入公平性时给予不同的判断标准：0.1 以下为高度平均，0.1—0.2 为相对平均，0.2—0.3 为比较合理，0.3 以上为差距偏大。本书主要采用基尼系数来分析俄罗斯政府卫生支出的总体公平性。

（3）泰尔指数

泰尔指数是 1976 年荷兰经济学家泰尔（H. Theil）提出的从信息量与熵的概念来考察不公平性和差异性的一种研究方法，主要通过考察人口和其相对应的收入是否匹配来判断资源分布的公平性，在衡量收入分布公平性以及某地域各种社会资源配置差异性中发挥重要作用。一般来说，泰尔指数的数值越低，某种资源的配置差异性就越小，其社会资源分配的公平性就越好，反之亦然。作为社会资源分配不平等程度的测度指标，比起其他指标泰尔指数可分解性较好，可以分解区域内和区域间差异。因此，通过泰尔指数来衡

---

① F. G. De Maio, "Income Inequality Measures", *Journal of Epidemiology & Community Health*, Vol. 61, No. 10（2007），pp. 849–852.

② 龚向光：《卫生资源配置的公平性分析》，《中华医院管理杂志》2005 年第 2 期。

③ 王晓洁：《中国公共卫生支出理论与实证分析》，中国社会科学出版社 2011 年版，第 96 页。

④ 许敏兰、罗建兵：《公共卫生支出公平性的实证分析——基于基尼系数和泰尔指数的视角》，《商学研究》2011 年第 5 期。

量资源配置的不公平时，可以衡量区域内差异和区域间差异对总差异的贡献，从而找出引起公平性变动的原因，这是泰尔指数的一个重要优势。[①] 同时利用泰尔指数进行时间序列分析，还可以比较清晰地看到各年区域内和区域间差异的动态变化过程。[②] 近几年来泰尔指数在卫生领域也逐渐得到了广泛应用，结合本书的研究内容，俄罗斯各联邦主体在区域内部卫生投入的不公平性指数 T_i 为

$$T_i = \sum n_{ia} \log(E_i / E_a)$$

其中，n_{ia} 为 a 联邦主体人口占 i 区域总人口的比例，E_i 和 E_a 分别代表 i 区域和 a 联邦主体的人均政府卫生支出额。

各区域间的卫生投入的不公平性指数 T_j 为

$$T_j = \sum_{i=1}^{n} n_i \log(n_i / q_i)$$

其中，n_i 为各区域人口数占全国总人口数的比例，q_i 为各区域政府卫生支出额占全国政府卫生支出总额的比例。

全国总的卫生投入的不公平性指数 T 为

$$T = T_j + \sum_{i=1}^{n} n_i T_i$$

其中，$\sum_{i=1}^{n} n_i T_i$ 代表区域内差距。

对泰尔指数进行分解后，通过计算各区域及区域间的贡献率，可以反映该区域卫生投入不公平性对全国总体不公平性的影响程度，具体来说：

组内（i 区域内）不公平性贡献率 $D_i = n_i \times T_i / T$

组间（各区域间）不公平性贡献率 $D_j = T_j / T$

2. 资料来源

本书的数据主要来源于近年来的《俄罗斯统计年鉴》《俄罗斯人口统计年鉴》《俄罗斯卫生统计年鉴》。需要说明的是，本书用《俄罗斯卫生统计年鉴》

---

① 刘楚、尹爱田：《我国全科医生的配置公平性研究：基于基尼系数和泰尔指数》，《中国卫生经济》2017 年第 1 期。

② 张彦琦等：《基尼系数和泰尔指数在卫生资源配置公平性研究中的应用》，《中国卫生统计》2008 年第 3 期。

中的各联邦主体的政府卫生支出数据来替代基本医疗卫生服务的筹资数据，用以研究基本医疗卫生服务投入的公平性，主要基于以下理由：其一，收入与支出一般是紧密联系的，支出往往是收入的真实反映，因此可以用各联邦主体的政府卫生支出来代替基本医疗卫生服务的卫生筹资；其二，《俄罗斯卫生统计年鉴》中的政府卫生支出数据也是根据筹资来源（一般预算收入和强制医疗保险基金）进行分类统计的；其三，本节主要研究基本医疗卫生投入在人群中的分布公平性，采用的方法主要是洛伦茨曲线、基尼系数法、泰尔指数法。这几种研究方法主要看卫生投入在人群中的分布情况，而不是绝对值，因此如果各联邦主体政府卫生支出占比与政府卫生筹资（一般预算收入和强制医疗保险基金）占比之间没有差异时，卫生支出能够代替卫生筹资来分析卫生投入的公平性问题。

（二）实证分析

本部分在利用基尼系数法分析俄罗斯政府卫生支出的总体公平性的同时，还利用泰尔指数法分析联邦区域之间和区域内部政府卫生支出的公平性。

1. 俄罗斯政府卫生支出在各联邦主体的分布公平性

为了对俄罗斯政府卫生支出在各地区分布公平性进行实证分析，客观反映俄罗斯政府卫生支出在各联邦主体层面的分布情况，本书按照各联邦主体人均政府卫生支出从低到高进行排序，列出了 85 个联邦主体 2018 年的人均政府卫生支出、各联邦主体政府卫生支出占政府卫生支出总额比重及其占政府卫生支出总额累计比重、各联邦主体人口占全国人口总数百分比及其占人口总数累计百分比（如表 4.2 所示），并根据数据绘出洛伦茨曲线（见图 4.2），据此计算出俄罗斯 2018 年政府卫生支出的基尼系数为 0.17。根据本书的判断，属于差距较小范畴，这说明，从总体来看，俄罗斯基本医疗卫生服务投入在各联邦主体之间还是比较公平的。

表 4.2 俄罗斯 2018 年按人均政府卫生支出水平排序的
各联邦主体政府卫生支出分布情况

地区	2018 年人均公共卫生支出（"一般预算+强制医疗保险基金"，卢布）	占政府卫生支出总额比重（%）	占政府卫生支出总额累计比重（%）	占人口总数百分比（%）	占人口总数累计百分比（%）
印古什共和国	11069.60	0.21	0.21	0.34	0.34
卡拉恰伊—切尔克斯共和国	11080.82	0.20	0.41	0.32	0.66
达吉斯坦共和国	11418.83	1.36	1.77	2.10	2.76
马里—埃尔共和国	11424.90	0.30	2.07	0.46	3.22
车臣共和国	11586.53	0.65	2.73	0.99	4.22
卡尔梅克共和国	11856.82	0.12	2.85	0.19	4.40
卡巴尔达—巴尔卡尔共和国	11914.82	0.40	3.25	0.59	4.99
坦波夫州	12144.34	0.48	3.73	0.69	5.68
萨拉托夫州	12154.82	1.15	4.88	1.66	7.35
阿迪格共和国	12163.85	0.21	5.09	0.31	7.66
乌里扬诺夫斯克州	12294.59	0.59	5.68	0.84	8.50
斯塔夫罗波尔边疆区	12468.40	1.35	7.03	1.90	10.40
梁赞州	12470.64	0.54	7.57	0.76	11.16
科斯特罗马州	12493.22	0.31	7.88	0.43	11.60
伊万诺夫州	12614.30	0.49	8.37	0.68	12.28
北奥塞梯—阿兰共和国	12633.76	0.34	8.71	0.48	12.76
布良斯克州	12749.94	0.59	9.31	0.82	13.58
加里宁格勒州	12752.65	0.50	9.80	0.68	14.26
伏尔加格勒州	12860.01	1.25	11.05	1.71	15.97
普什科夫州	12871.24	0.31	11.37	0.43	16.40
斯摩棱斯克州	12929.77	0.47	11.84	0.64	17.04
奥廖尔州	13060.53	0.37	12.21	0.50	17.54
莫尔多维亚共和国	13125.01	0.40	12.62	0.54	18.08
诺夫哥罗德州	13198.03	0.31	12.92	0.41	18.49
罗斯托夫州	13204.57	2.14	15.06	2.86	21.36
基洛夫州	13242.50	0.65	15.72	0.87	22.22
萨马拉州	13398.87	1.55	17.27	2.16	24.38

续表

地区	2018 年人均公共卫生支出（"一般预算+强制医疗保险基金"，卢布）	占政府卫生支出总额比重（%）	占政府卫生支出总额累计比重（%）	占人口总数百分比（%）	占人口总数累计百分比（%）
库尔斯克州	13405.82	0.58	17.84	0.75	25.14
奔萨州	13458.44	0.69	18.53	0.90	26.03
克里米亚共和国	13531.80	1.00	19.53	1.30	27.34
特维尔州	13628.50	0.67	20.20	0.87	28.20
别尔哥罗德州	13634.46	0.82	21.02	1.05	29.26
利佩茨克州	13656.48	0.61	21.63	0.78	30.04
塞瓦斯托波尔市	13690.38	0.24	21.86	0.30	30.34
图拉州	13700.18	0.79	22.65	1.01	31.35
弗拉基米尔州	13702.39	0.73	23.37	0.93	32.28
库尔干州	13791.62	0.45	23.82	0.57	32.85
乌德穆尔特共和国	13808.41	0.80	24.62	1.03	33.87
下诺夫哥罗德州	13867.06	1.73	26.34	2.19	36.06
楚瓦什共和国	13887.03	0.66	27.00	0.83	36.90
沃罗涅日州	13947.46	1.25	28.25	1.48	38.38
克拉斯诺亚尔斯克边疆区	14181.55	1.30	29.55	1.61	39.99
克拉斯诺达尔边疆区	14262.66	3.00	32.55	3.85	43.84
鞑靼斯坦共和国	14292.95	2.15	34.70	2.55	46.39
阿斯特拉罕州	14298.07	0.56	35.27	0.69	47.08
彼尔姆边疆区	14388.91	1.44	36.71	1.71	48.79
卡卢加州	14662.70	0.57	37.28	0.69	49.47
奥伦堡州	14739.55	1.12	38.40	1.34	50.81
车里雅宾斯克州	14784.08	1.98	40.38	2.26	53.07
巴什科尔托斯坦共和国	14908.51	2.24	42.62	2.76	55.83
雅罗斯拉夫州	14942.92	0.73	43.35	0.86	56.69
沃格格达州	15078.43	0.68	44.03	0.80	57.48
托木斯克州	15119.01	1.52	45.55	1.89	59.38
斯维尔德洛夫斯克州	15563.31	2.60	48.16	2.84	62.22
鄂木斯克州	16342.71	1.62	49.78	1.85	64.06

续表

地区	2018 年人均公共卫生支出（"一般预算+强制医疗保险基金"，卢布）	占政府卫生支出总额比重（%）	占政府卫生支出总额累计比重（%）	占人口总数百分比（%）	占人口总数累计百分比（%）
伊尔库茨克州	16669.62	0.70	50.48	0.74	64.80
列宁格勒州	17242.41	1.23	51.71	1.26	66.06
滨海边疆区	17346.59	1.27	52.98	1.30	67.35
犹太自治州	18017.43	0.11	53.09	0.11	67.46
莫斯科州	18139.35	5.14	58.23	5.18	72.64
图瓦共和国	18612.14	0.71	58.94	0.67	73.31
新西伯利亚州	18966.87	1.77	60.71	1.64	74.95
阿尔泰边疆区	19243.51	0.40	61.11	0.37	75.32
布里亚特共和国	19532.16	0.74	61.86	0.67	75.99
卡累利阿共和国	20009.46	0.48	62.34	0.42	76.41
阿穆尔州	20041.01	0.62	62.95	0.54	76.95
秋明州	20048.10	2.89	65.84	2.43	79.38
克麦罗沃州	20398.82	2.05	67.89	1.85	81.23
阿尔泰共和国	20521.34	0.17	68.06	0.15	81.38
哈巴罗夫斯克边疆区	21873.73	1.11	69.17	0.90	82.28
阿尔汉格尔斯克州	22017.42	0.98	70.15	0.78	83.06
哈卡斯共和国	23391.77	0.29	70.44	0.22	83.27
圣彼得堡市	26004.54	5.32	75.76	3.67	86.94
科米共和国	26081.59	0.84	76.60	0.57	87.51
摩尔曼斯克州	26297.69	0.76	77.36	0.51	88.02
萨哈共和国（雅库特）	26780.38	1.00	78.36	0.66	88.68
莫斯科市	30492.16	14.51	92.87	8.39	97.07
堪察加边疆区堪察加边疆区	40250.46	0.49	93.37	0.21	97.28
后贝加尔边疆区	40356.12	1.57	94.94	0.73	98.01
汉特—曼西自治区（尤格拉）	42319.25	2.73	97.67	1.13	99.14
萨哈林州	43899.62	0.83	98.50	0.33	99.47

续表

地区	2018 年人均公共卫生支出（"一般预算+强制医疗保险基金"，卢布）	占政府卫生支出总额比重（%）	占政府卫生支出总额累计比重（%）	占人口总数百分比（%）	占人口总数累计百分比（%）
马加丹州	50883.64	0.28	98.78	0.10	99.57
亚马尔—涅涅茨自治区	52952.57	1.01	99.79	0.37	99.94
楚科奇自治区	56586.57	0.11	99.90	0.03	99.97
涅涅茨自治区	61374.32	0.10	100.00	0.03	100.00

资料来源：《俄罗斯 2019 年卫生统计年鉴》和《俄罗斯 2019 年人口统计年鉴》，见 https：//rosstat. gov. ru/storage/mediabank/KrPEshqr/year_ 2020. pdf。

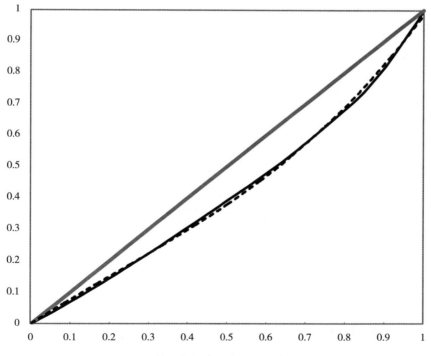

图 4.2 2018 年俄罗斯基本医疗卫生支出的洛伦茨曲线

资料来源：作者根据计算结果自制。

2. 俄罗斯政府卫生支出在各联邦区域间分布的公平性分析

如前文所述，基尼系数只能从总体上描述俄罗斯政府卫生支出的公平性，但无法判断其中的不公平性究竟是由各联邦区域之间的差距造成的，还是由各区域内部的差距造成的。而泰尔指数不仅可以衡量俄罗斯政府卫生支出分布的总体差异，还可以将其分解为联邦区域之间和区域内部的差异，从而深入分析俄罗斯政府卫生支出分布的实际情况。因此，本书根据前文所介绍的泰尔指数分析法，继续利用泰尔指数分析俄罗斯政府卫生支出在联邦区域间和区域内的公平程度，并计算俄罗斯八大联邦区域 2014 年、2016 年、2018 年的政府卫生支出差异及其贡献率（见表 4.3）。

（1）从总体来看，俄罗斯 2014 年、2016 年、2018 年的泰尔指数分别为 0.0283、0.0225、0.0229，处于较低水平（见表 4.3），说明俄罗斯政府卫生支出整体分布比较公平，这与前面根据基尼系数作出的判断是一致的。尤其是 2014 年后，俄罗斯政府卫生支出泰尔指数大幅下降，并保持平稳状态（见图 4.5），说明俄罗斯政府卫生支出的公平性逐渐提高。

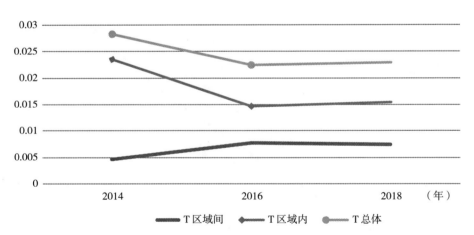

图 4.3　2014 年、2016 年、2018 年俄罗斯区域间差距、区域内差距及总体差距

资料来源：作者根据计算结果自制。

（2）从俄罗斯八大联邦区域间的政府卫生支出分布泰尔指数值来看（见表 4.3），中央联邦区、西北联邦区、乌拉尔联邦区、远东联邦区的政府卫生支出泰尔指数值为负数，说明这几个区域占有的政府卫生支出比重大于其人口

比重，处于有利地位；而南部联邦区、北高加索联邦区、伏尔加河沿岸联邦区、西伯利亚联邦区的政府卫生支出泰尔指数值为正，说明这个区域所享有的政府卫生支出比重小于其人口比重，处于不利地位。以 2018 年数据为例，中央联邦区、西北联邦区、乌拉尔联邦区、远东联邦区人口占全国的比重分别为26.76%、9.50%、8.41%、5.60%，但其享有的政府卫生支出却分别占全国的29.98%、11.59%、10.02%、8.28%，分别高于其人口比重 3.22、1.09、1.61、2.68 个百分点；而南部联邦区、北高加索联邦区、伏尔加河沿岸联邦区的政府卫生支出比重分别低于其人口比重 2.55、2.18、4.34 个百分点，西伯利亚联邦区基本持平。五年来，各联邦区域间的差距有扩大趋势，其对总体差距的贡献率从 2014 年的 16.70% 上升到 32.75%，表明俄罗斯各地区之间的政府卫生支出均等化水平正在逐步下降。

表 4.3 俄罗斯各联邦区域间政府卫生支出的 $T_{区域间}$ 值及贡献率

区域	2014 年	2016 年	2018 年
中央联邦区	−0.0135	−0.0110	−0.0132
西北联邦区	−0.0055	−0.0078	−0.0082
南部联邦区	0.0114	0.0135	0.0126
北高加索联邦区	0.0123	0.0132	0.0115
伏尔加河沿岸联邦区	0.0207	0.0178	0.0212
乌拉尔联邦区	−0.0149	−0.0081	−0.0064
西伯利亚联邦区	0.0022	0.0012	−0.0004
远东联邦区	−0.0079	−0.0111	−0.0095
$T_{区域间}$	0.0047	0.0077	0.0075
$T_{总体}$	0.0283	0.0225	0.0229
区域间贡献率	0.1670	0.3422	0.3275

资料来源：作者根据计算结果自制。

（3）从八大联邦区域内的泰尔指数来看（见表 4.4），中央联邦区、乌拉尔联邦区、远东联邦区的泰尔指数相对较高，说明相对其他区域，这几个区域内部的联邦主体之间的政府卫生支出的不公平性更为突出。以 2018 年的中央联邦区为例，别尔哥罗德州、沃罗涅日州、莫斯科州、莫斯科市是影响中央联邦区政府卫生支出分布不公平的最主要地区，这四个联邦主体的泰尔指数值分别为 0.0063、0.0089、0.0068、-0.0604，而政府卫生支出占全国政府卫生支出的比重分别为 0.82%、1.26%、5.27% 和 14.77%，别尔哥罗德州、沃罗涅日州的人口比重都稍高于其政府卫生支出占比，而莫斯科市占有的政府卫生支出比重高于其人口比重 6.25 个百分点。从人均政府卫生支出数额来看，莫斯科市、莫斯科州分别达到 30492.16 卢布和 18139.35 卢布，分别排在第一、二位，别尔哥罗德州、沃罗涅日州却只有 13634.45 卢布和 13947.46 卢布，位于倒数第九、第七位。2014—2018 年，这八大联邦区域中，除了乌拉尔联邦区、远东联邦区的泰尔指数值变动幅度较大外，其他区域的泰尔指数值都比较平稳（见图 4.4），且处于较低水平，可以看出大多数区域内部政府卫生支出的差距不是很大。

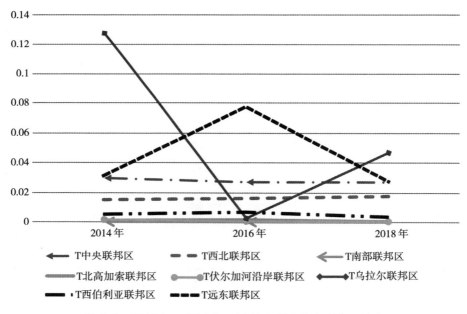

图 4.4　2014 年、2016 年、2018 年俄罗斯各联邦区域内
政府医疗卫生支出的泰尔指数变动情况

资料来源：作者根据计算结果自制。

（4）从俄罗斯八大联邦区域间、区域内差距的贡献率变化情况来看，联邦区域间差距的贡献率有所上升，从16.61%上升到32.75%，而区域内差距的贡献率有所下降，从83.39%下降到67.25%，这说明目前联邦区域间差距对俄罗斯政府卫生支出的差异贡献率逐渐增加，区域内差距对其差异贡献率逐渐下降，且区域内的差距大于区域间的差距。在区域内差异中，中央联邦区的各联邦主体政府卫生支出差距最大，其贡献率从2014年的28.87%上升到2018年的32.72%，上升了3.85%；南部联邦区、北高加索联邦区、伏尔加河沿岸联邦区、乌拉尔联邦区、西伯利亚联邦区、中部地区的贡献率均有所下降，分别下降了0.13、0.10、0.60、21.07、0.15个百分点，这说明这几个区域内的基本医疗卫生经费分配的公平性逐渐提高，而中央联邦区、西北联邦区、远东联邦区区域内的公平性正在下降。从贡献度程度来看，中央联邦区、乌拉尔联邦区对总体差距的影响程度分别排在第一、二位，说明这两个区域内部的政府卫生支出分配的公平性有待进一步加强。

表4.4　俄罗斯各联邦区域政府卫生支出的内部差距及对总体差距的贡献率

区域	2014 年		2016 年		2018 年	
	TI 值	贡献率	TI 值	贡献率	TI 值	贡献率
中央联邦区	0.0303	0.2887	0.0277	0.3284	0.0279	0.3272
西北联邦区	0.0150	0.0507	0.0162	0.0681	0.0177	0.0737
南部联邦区	0.0011	0.0038	0.0008	0.0041	0.0005	0.0025
北高加索联邦区	0.0012	0.0027	0.0019	0.0056	0.0006	0.0017
伏尔加河沿岸联邦区	0.0021	0.0152	0.0012	0.0109	0.0010	0.0092
乌拉尔联邦区	0.1285	0.3852	0.0033	0.0125	0.0473	0.1745
西伯利亚联邦区	0.0052	0.0220	0.0069	0.0359	0.0040	0.0205
远东联邦区	0.0315	0.0640	0.0776	0.1941	0.0278	0.0681
区域间	0.0047	0.1661	0.0077	0.3422	0.0075	0.3275
区域内	0.0236	0.8339	0.0148	0.6578	0.0154	0.6725
总体	0.0283	—	0.0225	—	0.0229	—

资料来源：作者根据计算结果自制。

　　结合基尼系数法和泰尔指数法，本书分析了 2014—2018 年俄罗斯政府卫生支出分布的总体差异、区域间差异和区域内差异，综上分析得出以下基本结论：

　　其一，总体来看，俄罗斯政府卫生支出的分配是比较公平的。根据基尼系数法测算，2018 年按照人均政府卫生支出从低到高排序计算出的基尼系数为0.17，说明目前俄罗斯政府卫生支出的联邦主体间分配总体比较公平。根据泰尔指数法测算，2014—2018 年，俄罗斯政府卫生支出的总体差距呈现稍微下降趋势，说明其公平性有所上升。

　　其二，俄罗斯各联邦区域间政府卫生支出差距有扩大趋势，其对总体差距的贡献率从 2014 年的 16.61% 上升到 2018 年的 32.75%，表明俄罗斯政府卫生支出联邦区域间的均等化水平有所降低。

　　其三，俄罗斯政府卫生支出的总体差异目前主要由联邦区域内差异引起的，且联邦区域间差距的贡献率有所上升，区域内差距的贡献率有所下降，说明目前区域间差距对俄罗斯政府卫生支出的公平性影响越来越大。从各区域内部的公平性来看，中央联邦区、乌拉尔联邦区两个区域的政府卫生支出分配公平性最为严峻，需要政府更多去关注。

二、过程公平性分析：卫生资源分配

　　过程公平性主要从卫生资源分配的角度，分析俄罗斯公民获取卫生服务过程的公平性。卫生资源是卫生部门为社会提供医疗卫生服务的基础，卫生资源配置的合理性和公平性是实现良好卫生服务的基本条件，也是各国医疗卫生服务体系改革中最重要的环节和目标。一般来说，卫生资源主要包括卫生机构、卫生人力、医院床位、药物供应等组成要素。

（一）研究方法和资料来源

　　本书将从俄罗斯联邦主体层面以及国际层面，从纵向、横向两个维度分析俄罗斯卫生资源分配的公平性①。

---

　　①　童伟、宁小花：《俄罗斯免费医疗：发展历程、效果分析、困境及未来发展方向》，《俄罗斯东欧中亚研究》2020 年第 1 期。

在纵向上，主要根据资料的可得性分成不同时间段对某一个地区的某个卫生资源进行比较分析。

在横向上，通过国内和国际两个层面进行比较分析，其中国内比较分为联邦主体间与城乡（根据数据可获得性）比较，即对俄罗斯卫生资源分配公平性从国际、联邦主体间、城乡三个层面进行分析和探讨。在典型对比国家的选取上，本书借鉴雷光和的研究，依据经济大国标准、发达国家与发展中国家数量平衡标准、符合记忆规律标准、平衡卫生体制模式的标准、邻国标准[①]，选取美国、英国、日本、巴西、中国及印度这六个国家作为对比国家。

考虑到数据的可获得性和分析可行性，本书选择以往研究中常用的医疗卫生机构数、卫生人力、医院床位数、药物供应等卫生资源指标进行分析。这些数据资料均来源于相应年份的《俄罗斯卫生统计年鉴》以及俄罗斯联邦国家统计署网站有关人口和卫生保健的相关数据。

（二）实证分析

本部分利用相关数据，从纵向、横向两个维度分析俄罗斯卫生机构、卫生人力、医院床位、药物供应等卫生资源分配的公平性。

1. 卫生机构分布情况

从卫生机构分布情况来看，2005—2018 年，俄罗斯大型医院绝对数量逐渐减少，从 2005 年的 9479 家减少到 2018 年的 5257 家，每千人医院数也从 2005 年的 0.0659 家/千人减少至 0.0358 家/千人，降低了 45.68%（见图4.5）。从 2018 年大型医院分布情况来看，最多的是中央联邦区 1150 家，最少的是北高加索联邦区 357 家，相差 2.2 倍。在人均大型医院数量上，最多的为远东联邦区 0.0548 家/千人，最少的中央联邦区 0.0293 家/千人，而俄罗斯联邦的人均大型医院数为 0.0358 家/千人，在国家平均水平之上的有 5 个联邦区，在其之下的有 3 个联邦区（见图 4.6），这说明俄罗斯大型医院分布还是比较公平的。

---

① 雷光和：《中国卫生系统公平性探析》，博士学位论文，武汉大学，2016 年。

表 4.5　俄罗斯各地区大型医院数量分布情况

地区	指标	2005 年	2010 年	2013 年	2014 年	2015 年	2016 年	2017 年	2018 年
俄罗斯联邦	大型医院数量（家）	9479	6308	5870	5638	5433	5357	5293	5257
	人口数量（千人）	143801	142833	143347	143667	146267	146545	146804	146880
	每千人医院数（家）	0.0659	0.0442	0.0409	0.0392	0.0371	0.0366	0.0361	0.0358
中央联邦区	大型医院数量（家）	2076	1513	1339	1239	1206	1183	1164	1150
	人口数量（千人）	38044	38335	38679	38820	38951	39104	39209	39311
	每千人医院数（家）	0.0546	0.0395	0.0346	0.0319	0.0310	0.0303	0.0297	0.0293
西北联邦区	大型医院数量（家）	821	584	560	547	521	543	531	524
	人口数量（千人）	13793	13604	13717	13801	13844	13854	13899	13952
	每千人医院数（家）	0.0595	0.0429	0.0408	0.0396	0.0376	0.0392	0.0382	0.0376
南部联邦区	大型医院数量（家）	767	538	505	537	525	504	511	498
	人口数量（千人）	13871	13854	13910	13964	16299	16368	16429	16442
	每千人医院数（家）	0.0553	0.0388	0.0363	0.0385	0.0322	0.0308	0.0311	0.0303
北高加索联邦区	大型医院数量（家）	530	380	340	344	345	339	346	357
	人口数量（千人）	8994	9353	9541	9590	9659	9718	9776	9823
	每千人医院数（家）	0.0589	0.0406	0.0356	0.0359	0.0357	0.0349	0.0354	0.0363
伏尔加河沿岸联邦区	大型医院数量（家）	2081	1294	1227	1165	1132	1097	1068	1059
	人口数量（千人）	30679	29993	29772	29739	29715	29674	29637	29543
	每千人医院数（家）	0.0678	0.0431	0.0412	0.0392	0.0381	0.0370	0.0360	0.0358

续表

地区	指标	2005 年	2010 年	2013 年	2014 年	2015 年	2016 年	2017 年	2018 年
乌拉尔联邦区	大型医院数量（家）	678	574	537	505	461	463	451	440
	人口数量（千人）	12205	12087	12198	12234	12276	12308	12345	12356
	每千人医院数（家）	0.0556	0.0475	0.0440	0.0413	0.0376	0.0376	0.0365	0.0356
西伯利亚联邦区	大型医院数量（家）	1438	874	875	821	779	770	764	778
	人口数量（千人）	17573	17208	17211	17228	17247	17259	17263	17230
	每千人医院数（家）	0.0818	0.0508	0.0508	0.0477	0.0452	0.0446	0.0443	0.0452
远东联邦区	大型医院数量（家）	1088	551	487	480	464	458	458	451
	人口数量（千人）	8642	8399	8319	8291	8276	8260	8246	8223
	每千人医院数（家）	0.1259	0.0656	0.0585	0.0579	0.0561	0.0554	0.0555	0.0548

资料来源：《俄罗斯 2019 年卫生统计年鉴》和《俄罗斯 2019 年人口统计年鉴》，见 https：// rosstat. gov. ru/storage/mediabank/KrPEshqr/year_ 2020. pdf。

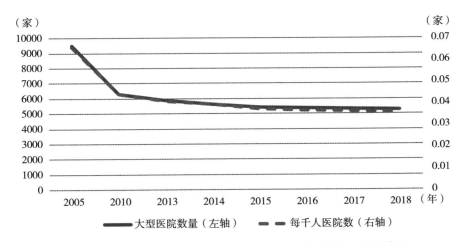

图 4.5　近年来俄罗斯大型医院总数和人均大型医院数量发展情况

资料来源：《俄罗斯 2019 年卫生统计年鉴》，见 https： // rosstat. gov. ru/storage/mediabank/ KrPEshqr/year_ 2020. pdf。

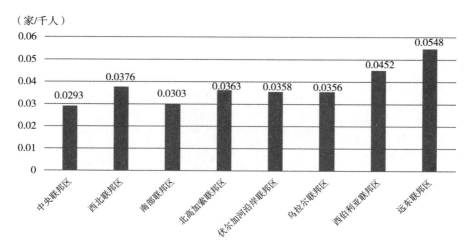

图 4.6　2018 年俄罗斯各联邦区域人均大型医院数量情况

资料来源：《俄罗斯 2019 年卫生统计年鉴》，见 https：// rosstat. gov. ru/storage/mediabank/ KrPEshqr/year_ 2020. pdf。

从门诊机构数量来看，近十年来，俄罗斯无论是门诊机构总数还是人均门诊机构数量都呈增长趋势，其中，门诊机构总数从 2010 年的 15732 家增加到 2018 年的 20228 家，增长了 28.58%，人均门诊机构数量由 2010 年的 0.1101家/千人增加到 2018 年的 0.1377 家/千人，增长了 25.07%，说明近年来俄罗斯更加注重基层卫生服务的供给，门诊卫生机构资源总量在向好发展（见表4.6 和图 4.7）①。从 2018 年门诊机构分布情况来看，最多的是中央联邦区5077 家，最少的是北高加索联邦区 920 家，相差 4.52 倍。在人均门诊机构数量上，最多的为西北联邦区 0.1621 家/千人，最少的北高加索联邦区 0.0937家/千人，而俄罗斯联邦的人均门诊机构数为 0.1377 家/千人，在国家平均水平之上的有 5 个联邦区，在其之下的有 3 个联邦区（见图 4.7），这说明俄罗斯门诊机构分布也是比较公平的。

---

①　童伟、宁小花：《俄罗斯免费医疗：发展历程、效果分析、困境及未来发展方向》，《俄罗斯东欧中亚研究》2020 年第 1 期。

表 4.6 俄罗斯各地区的门诊机构数量分布情况

地区	指标	2010 年	2013 年	2014 年	2015 年	2016 年	2017 年	2018 年
俄罗斯联邦	门诊机构数量（家）	15732	16461	17106	18564	19126	20217	20228
	人口数量（千人）	142833	143347	143667	146267	146545	146804	146880
	每千人门诊机构数（家）	0.1101	0.1148	0.1191	0.1269	0.1305	0.1377	0.1377
中央联邦区	门诊机构数量（家）	4462	4531	4710	4811	4999	5096	5077
	人口数量（千人）	38335	38679	38820	38951	39104	39209	39311
	每千人门诊机构数（家）	0.1164	0.1171	0.1213	0.1235	0.1278	0.1300	0.1291
西北联邦区	门诊机构数量（家）	1641	1856	1908	2033	2136	2284	2261
	人口数量（千人）	13604	13717	13801	13844	13854	13899	13952
	每千人门诊机构数（家）	0.1206	0.1353	0.1383	0.1469	0.1542	0.1643	0.1621
南部联邦区	门诊机构数量（家）	1502	1532	1710	1906	1930	1965	1891
	人口数量（千人）	13854	13910	13964	16299	16368	16429	16442
	每千人门诊机构数（家）	0.1084	0.1101	0.1225	0.1169	0.1179	0.1196	0.1150
北高加索联邦区	门诊机构数量（家）	796	666	692	710	729	829	920
	人口数量（千人）	9353	9541	9590	9659	9718	9776	9823
	每千人门诊机构数（家）	0.0851	0.0698	0.0722	0.0735	0.0750	0.0848	0.0937
伏尔加河沿岸联邦区	门诊机构数量（家）	2940	3237	3439	4002	4091	4396	4394
	人口数量（千人）	29993	29772	29739	29715	29674	29637	29543
	每千人门诊机构数（家）	0.0980	0.1087	0.1156	0.1347	0.1379	0.1483	0.1487

续表

地区	指标	2010 年	2013 年	2014 年	2015 年	2016 年	2017 年	2018 年
乌拉尔联邦区	门诊机构数量（家）	1280	1219	1409	1527	1570	1789	1868
	人口数量（千人）	12087	12198	12234	12276	12308	12345	12356
	每千人门诊机构数（家）	0.1059	0.0999	0.1152	0.1244	0.1276	0.1449	0.1512
西伯利亚联邦区	门诊机构数量（家）	2169	2438	2289	2453	2522	2541	2510
	人口数量（千人）	17208	17211	17228	17247	17259	17263	17230
	每千人门诊机构数（家）	0.1260	0.1417	0.1329	0.1422	0.1461	0.1472	0.1457
远东联邦区	门诊机构数量（家）	942	982	949	1122	1149	1317	1307
	人口数量（千人）	8399	8319	8291	8276	8260	8246	8223
	每千人门诊机构数（家）	0.1122	0.1180	0.1145	0.1356	0.1391	0.1597	0.1589

资料来源：《俄罗斯 2019 年卫生统计年鉴》和《俄罗斯 2019 年人口统计年鉴》，见 https：// rosstat. gov. ru/storage/mediabank/KrPEshqr/year_ 2020. pdf。

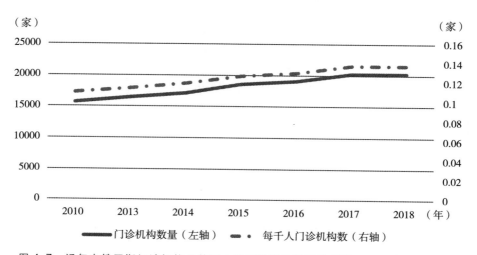

图 4.7　近年来俄罗斯门诊机构总数和人均门诊机构数量发展情况　单位：家/千人

资料来源：《俄罗斯 2019 年卫生统计年鉴》，见 https：// rosstat. gov. ru/storage/mediabank/ KrPEshqr/year_ 2020. pdf。

（家/千人）

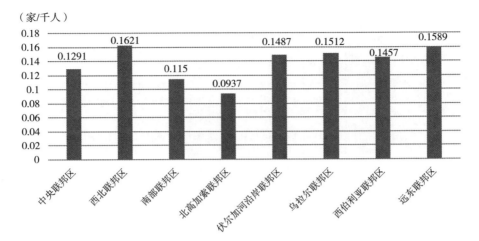

图 4.8 2018 年俄罗斯各联邦区域人均门诊机构数量情况

资料来源：《俄罗斯 2019 年卫生统计年鉴》，见 https://rosstat.gov.ru/storage/mediabank/KrPEshqr/year_2020.pdf。

2. 卫生人力资源情况

从卫生人员数量来看，2005—2018 年，俄罗斯无论是全国卫生技术人员总数还是人均数都呈下降趋势，但这两年有所回升。2018 年人均卫生技术人员数在全国平均水平之上的有西北联邦区、南部联邦区、乌拉尔联邦区、西伯利亚联邦区、远东联邦区，总体来说分布还是比较公平的（见表 4.7）。

表 4.7 俄罗斯各地区卫生技术人员情况

地区	指标	2005 年	2010 年	2013 年	2014 年	2015 年	2016 年	2017 年	2018 年
俄罗斯联邦	卫生技术人员数（千人）	4234.8	4371.4	4271.1	4255.4	4258.3	4241.5	4109.9	4173.1
	人口总数（千人）	143801	142833	143347	143667	146267	146545	146804	146880
	人均卫生技术人员数（人）	0.0294	0.0306	0.0298	0.0296	0.0291	0.0289	0.0280	0.0284
中央联邦区	卫生技术人员数（千人）	1019.6	1097.0	1074.8	1067.5	1038.9	1049.2	1008.9	1047.4
	人口总数（千人）	38044	38335	38679	38820	38951	39104	39209	39311
	人均卫生技术人员数（人）	0.0268	0.0286	0.0278	0.0275	0.0267	0.0268	0.0257	0.0266

续表

地区	指标	2005 年	2010 年	2013 年	2014 年	2015 年	2016 年	2017 年	2018 年
西北联邦区	卫生技术人员数（千人）	428.9	448.5	434.5	436.0	432.6	435.7	410.5	426.4
	人口总数（千人）	13793	13604	13717	13801	13844	13854	13899	13952
	人均卫生技术人员数（人）	0.0311	0.0330	0.0317	0.0316	0.0312	0.0314	0.0295	0.0306
南部联邦区	卫生技术人员数（千人）	412.9	425.2	412.7	410.2	472.9	471.7	464.5	467.5
	人口总数（千人）	13871	13854	13910	13964	16299	16368	16429	16442
	人均卫生技术人员数（人）	0.0298	0.0307	0.0297	0.0294	0.0290	0.0288	0.0283	0.0284
北高加索联邦区	卫生技术人员数（千人）	185.0	231.4	240.6	239.2	240.6	239.1	237.0	240.2
	人口总数（千人）	8994	9353	9541	9590	9659	9718	9776	9823
	人均卫生技术人员数（人）	0.0206	0.0247	0.0252	0.0249	0.0249	0.0246	0.0242	0.0244
伏尔加河沿岸联邦区	卫生技术人员数（千人）	968.6	917.6	876.2	874.1	861.8	848.8	824.8	821.9
	人口总数（千人）	30679	29993	29772	29739	29715	29674	29637	29543
	人均卫生技术人员数（人）	0.0316	0.0306	0.0294	0.0294	0.0290	0.0286	0.0278	0.0278
乌拉尔联邦区	卫生技术人员数（千人）	365.8	379.0	380.9	381.1	377.2	371.9	362.1	365.9
	人口总数（千人）	12205	12087	12198	12234	12276	12308	12345	12356
	人均卫生技术人员数（人）	0.0300	0.0314	0.0312	0.0312	0.0307	0.0302	0.0293	0.0296
西伯利亚联邦区	卫生技术人员数（千人）	639.3	654.4	638.2	634.9	624.3	616.3	599.0	535.8
	人口总数（千人）	17573	17208	17211	17228	17247	17259	17263	17230
	人均卫生技术人员数（人）	0.0364	0.0380	0.0371	0.0369	0.0362	0.0357	0.0347	0.0311

续表

地区	指标	2005 年	2010 年	2013 年	2014 年	2015 年	2016 年	2017 年	2018 年
远东联邦区	卫生技术人员数（千人）	214.6	218.4	213.4	212.2	210.0	208.7	203.2	268.0
	人口总数（千人）	8642	8399	8319	8291	8276	8260	8246	8223
	人均卫生技术人员数（人）	0.0248	0.0260	0.0256	0.0256	0.0254	0.0253	0.0246	0.0326

资料来源：《俄罗斯 2019 年卫生统计年鉴》，见 https：// rosstat. gov. ru/storage/mediabank/ KrPEshqr/year_ 2020. pdf。

　　根据《俄罗斯 2019 年卫生统计年鉴》数据，本书经过数据处理得到了俄罗斯人均卫生技术人员的平均值和标准差（见图 4.9），可以看出，2005—2018 年俄罗斯全国各地区人均卫生技术人员平均值总体变化规律呈下降趋势，标准差也不断下降。这表明俄罗斯全国各地区人均卫生技术人员分布绝对数量有所下降，但是各地区的总体差距在缩小，卫生技术人员分配均等化水平有所提升。

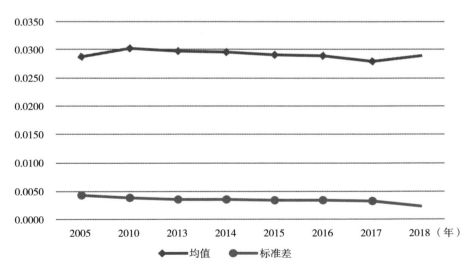

图 4.9　俄罗斯 2005—2018 年各地区人均卫生技术人员的均值和标准差变化趋势图

资料来源：《俄罗斯 2019 年卫生统计年鉴》，见 https：// rosstat. gov. ru/storage/mediabank/ KrPEshqr/year_ 2020. pdf。

将医生数和护士数分开来看，近年来俄罗斯医生总数和每万人口医生数都有所增加（见表4.8和表4.9），尤其是医生总数从2005年的69.03万人增加到2018年的70.37万人，说明俄罗斯对医务人才的培养越来越重视。

表 4.8　俄罗斯各地区医生人数　　　　　　　　　单位：千人

地区	2005 年	2010 年	2013 年	2014 年	2015 年	2016 年	2017 年	2018 年
俄罗斯联邦	690.3	715.8	702.6	709.4	673.0	680.9	697.1	703.7
中央联邦区	193.9	205.6	198.1	195.5	180.4	181.7	183.9	187.8
西北联邦区	74.5	78.8	79.5	79.7	75.5	78.4	81.1	82.1
南部联邦区	60.3	61.5	60.9	70.0	68.5	69.0	71	71.8
北高加索联邦区	33.5	37.8	39.5	40.2	38.4	39.8	41.3	42.1
伏尔加河沿岸联邦区	142.1	141.1	138.1	138.7	133.7	133.0	136.3	136.1
乌拉尔联邦区	51.5	55.6	54.8	54.8	53.1	54.0	55.6	56.3
西伯利亚联邦区	89.8	90.0	87.0	86.7	81.1	81.7	83.8	84.0
远东联邦区	44.7	45.3	44.6	43.8	42.5	43.3	44.1	43.7

资料来源：《俄罗斯2019年卫生统计年鉴》，https：//rosstat.gov.ru/storage/mediabank/KrPEshqr/year_2020.pdf。

表 4.9　俄罗斯各地区每万人口医生人数　　　　　单位：人

地区	2005 年	2010 年	2013 年	2014 年	2015 年	2016 年	2017 年	2018 年
俄罗斯联邦	48.6	50.1	48.9	48.5	45.9	46.4	47.5	47.9
中央联邦区	50.9	53.5	51.0	50.2	46.1	46.3	46.8	47.7
西北联邦区	54.3	57.8	57.6	57.5	54.5	56.4	58.1	58.7
南部联邦区	43.6	44.4	43.6	43.0	41.8	42.0	43.2	43.6
北高加索联邦区	42.5	40.1	41.2	41.6	39.5	40.7	42.0	42.7
伏尔加河沿岸联邦区	46.7	47.2	46.5	46.7	45.0	44.9	46.1	46.3
乌拉尔联邦区	42.5	46.0	44.8	44.7	43.1	43.8	45.0	45.6

续表

地区	2005 年	2010 年	2013 年	2014 年	2015 年	2016 年	2017 年	2018 年
西伯利亚联邦区	51.6	52.4	50.5	50.3	47.0	47.3	48.7	48.9
远东联邦区	52.3	54.2	53.6	52.9	51.4	52.5	53.6	53.3

资料来源：《俄罗斯 2019 年卫生统计年鉴》，见 https：// rosstat. gov. ru/storage/mediabank/ KrPEshqr/year_ 2020. pdf。

2018 年俄罗斯全国每万人口医生人数的平均值为 47.9 人/万人，处于近年来的较高水平，但是在全国平均水平之上的地区只有西北联邦区、西伯利亚联邦区、远东联邦区，其中最高的是西北联邦区 58.7 人/万人。其他五个地区均处于全国平均水平之下，其中最低的为北高加索联邦区 42.7 人/万人（见表4.9）。每万人口护士人数虽然有所下降，但是分布比较均匀，各地区相差不大①（见表 4.10）。

表 4.10　俄罗斯各地区每万人口护士人数　　　　　单位：人

地区	2005 年	2010 年	2013 年	2014 年	2015 年	2016 年	2017 年	2018 年
俄罗斯联邦	107.7	105.6	105.7	104.3	105.8	104.8	103.8	101.6
中央联邦区	102.2	99.8	99.5	97.3	97.9	97.0	93.9	91.9
西北联邦区	110.5	108.5	107.1	107.5	111.6	110.6	109.7	107.2
南部联邦区	95.9	95.7	95.0	93.1	96.9	96.3	96.6	94.2
北高加索联邦区	89.4	88.5	91.3	91.4	91.3	92.1	93.9	93.9
伏尔加河沿岸联邦区	115.5	112.3	111.4	111.3	112.0	110.0	109.5	107.3
乌拉尔联邦区	115.3	116.3	115.0	114.3	116.3	115.1	114.5	112.7
西伯利亚联邦区	114.1	111.8	114.6	112.6	113.7	113.0	112.2	109.5
远东联邦区	111.8	111.0	114.2	111.4	112.9	112.0	114.0	109.1

资料来源：《俄罗斯 2019 年卫生统计年鉴》，见 https：// rosstat. gov. ru/storage/mediabank/ KrPEshqr/year_ 2020. pdf。

---

① 童伟、宁小花：《俄罗斯免费医疗：发展历程、效果分析、困境及未来发展方向》，《俄罗斯东欧中亚研究》2020 年第 1 期。

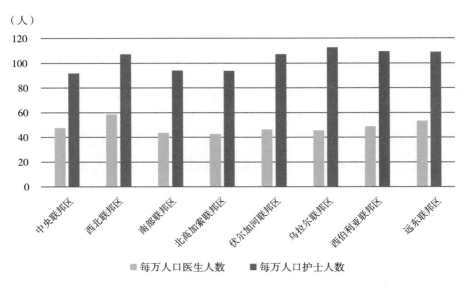

（人）

图 4.10 俄罗斯各地区 2018 年每万人口医生人数和每万人口护士人数

资料来源：《俄罗斯 2019 年卫生统计年鉴》，见 https：// rosstat. gov. ru/storage/mediabank/ KrPEshqr/year_ 2020. pdf.

从横向比较来看，俄罗斯每万人口医生数与国际上其他国家相比还是比较高的。据世界卫生组织官网数据显示，2016 年，美国、英国、日本、印度、中国、巴西每万人口医生人数分别为 25.95 人、27.96 人、24.12 人、7.59 人、18.12 人、21.5 人，普遍低于俄罗斯每万人口医生数（见图 4.11）。

3. 医院床位数情况

从医院床位数这一指标来看，2005—2018 年，俄罗斯全国每万人口床位数从 2005 年的 110.9 张/万人不断下降至 2018 年的 79.9 张/万人，其他各个地区的医院床位数也不同程度减少。2018 年俄罗斯全国每万人口床位数的平均值为 79.9 张/万人，在全国平均水平之上的有西北联邦区、伏尔加河沿岸联邦区、西伯利亚联邦区、远东联邦区。其中，最高的为远东联邦区 97.5 张/万人，最低的为北高加索联邦区 72.4 张/万人（见表 4.11）。另外从每万人口床位数平均值和标准差（见图 4.12）可以看出，2005—2018 年俄罗斯全国各地区每万人口床位数平均值总体在下降，标准差也逐渐降低，地区间床位离散程

（人）

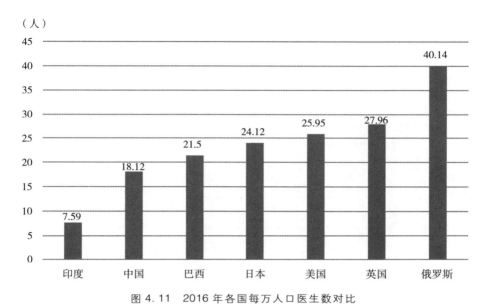

图 4.11　2016 年各国每万人口医生数对比

资料来源：全球卫生观察站数据库，见 http：// apps. who. int/gho/data/node. main. HWFGRP＿0020？lang＝en。

度趋于缩小。这表明俄罗斯全国各地区每万人口床位数分布绝对数量在下降，但是各地区的总体差距在缩小，医院床位数分布公平性有所提升。

表 4.11　俄罗斯各地区每万人口床位数　　　　　　　单位：张/万人

年份 区域	2005	2010	2011	2012	2013	2014	2015	2016	2017	2018
全国	110.9	93.8	94.2	92.9	90.6	86.6	83.4	81.6	80.5	79.9
中央联邦区	112.4	92.3	92.5	90.5	87.6	83.8	78.5	76.4	74.5	73.8
西北联邦区	108.0	93.2	94.2	94.1	92.1	87.6	85.9	83.5	82.6	81.8
南部联邦区	104.8	90.7	92.2	90.7	87.9	81.5	79.9	79.1	79.9	79.0
北高加索联邦区	82.3	78.0	77.0	77.7	76.1	74.0	73.0	72.0	71.6	72.4
伏尔加河沿岸联邦区	111.7	91.9	92.5	92.1	89.5	86.6	83.3	81.5	80.5	80.1
乌拉尔联邦区	110.1	94.0	94.3	92.1	89.6	84.8	82.5	80.7	78.8	78.3

续表

区域＼年份	2005	2010	2011	2012	2013	2014	2015	2016	2017	2018
西伯利亚联邦区	119.9	104.9	102.6	101.6	100.5	97.2	94.1	92.6	91.3	90.1
远东联邦区	126.7	108.7	116.4	112.5	111.7	106.2	103.0	99.1	98.0	97.5

资料来源：《俄罗斯 2019 年卫生统计年鉴》，见 https：// rosstat. gov. ru/storage/mediabank/ KrPEshqr/year_ 2020. pdf。

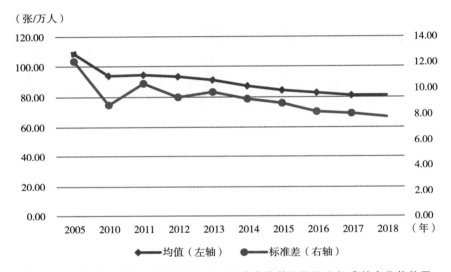

图 4.12　2005—2018 年俄罗斯各地区医院床位数的均值和标准差变化趋势图

资料来源：《俄罗斯 2019 年卫生统计年鉴》，见 https：// rosstat. gov. ru/storage/mediabank/ KrPEshqr/year_ 2020. pdf。

　　从国际比较来看，俄罗斯的每万人口床位数这一指标还是比较乐观的，2015 年在七个国家中排名第二位（见图 4.13），分别是日本、中国、美国、英国、巴西、印度的 0.71 倍、2.31 倍、2.11 倍、3.23 倍、4.04 倍、10.78 倍①。

　　4. 药物供应情况

　　从国家整体的药物供应情况来看，2005 年俄罗斯重要医药产品生产总数为 482.54 亿卢布，而 2018 年这一数值达到 3105.3 亿卢布，14 年增长了 5.44

---

　　①　说明：由于世界卫生组织官网各国每万人口床位数数据最新更新至 2015 年，因此此处主要比较 2015 年各国每万人口床位数。

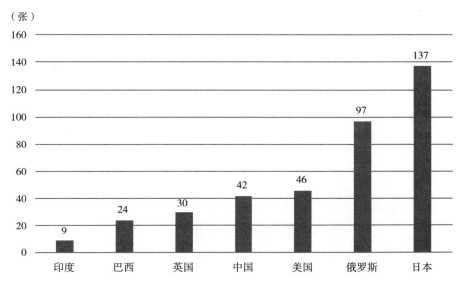

图 4.13　2015 年各国每万人口床位数

资料来源：全球卫生观察站数据库，见 https：// www. who. int/data/gho/data/indicators/indicator－details/GHO/hospital－beds－（per－10－000－population）。

倍（见图 4.14），可见俄罗斯对药品供给和制药业的重视。另外，俄罗斯近年来的药店数量、药店面积以及药品零售亭数量也呈现增长态势（见表 4.12），从而保证了居民对医疗药物的可及性和便利性。

表 4.12　俄罗斯近年来药店数量情况

指标 ＼ 年份	2010	2013	2014	2015	2016	2017	2018
药店数量（家）	26264	31508	33808	35420	36581	37944	39883
药店面积（千平方米）	1239.4	1492.0	1585.9	1773.4	1725.7	1753.5	1838.9
药品零售亭（个）	21066	22543	22279	23105	22736	23359	24378

资料来源：2010—2018 年《俄罗斯卫生统计年鉴》，见 https：// rosstat. gov. ru/folder/210/docu-ment/12994。

（亿卢布）

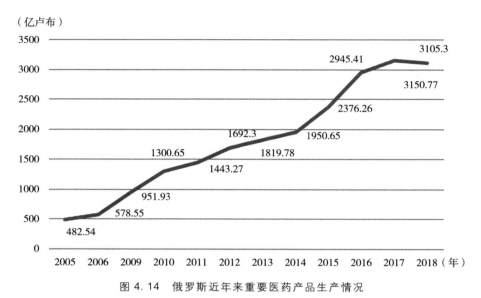

图 4.14　俄罗斯近年来重要医药产品生产情况

资料来源：2005—2018 年《俄罗斯卫生统计年鉴》，见 https：//rosstat.gov.ru/folder/210/document/ 12994。

三、结果公平性分析：卫生服务利用

本部分主要从卫生服务利用的角度分析俄罗斯基本医疗卫生服务结果的公平性。卫生服务利用的公平性主要是指医疗卫生服务供给过程中，政府是否能够公平、公正地分配各种可利用的医疗卫生资源，使得每一个公民都能有平等的机会获得相同质量的医疗卫生服务，而不会因为其所拥有的社会特权或者其经济状况不同而出现差别，包括居民获得医疗卫生服务的机会和利用率[1]，这是评价全民健康覆盖效果的重要指标之一[2]。

（一）研究方法和资料来源

考虑到数据的可获得性和分析可行性，本书运用频数和构成比等统计描述方法，对门诊医疗服务利用情况、住院医疗服务利用情况、基本医疗卫生服务

---

[1]　陈家应等：《卫生服务公平性研究的理论与现实意义》，《中国卫生资源》2000 年第 4 期。

[2]　李建等：《湖南三县农村居民卫生服务利用公平性分析》，《中国农村卫生事业管理》 2014 年第 3 期。

利用情况等指标进行分析。这些数据资料均来源于相应年份的《俄罗斯卫生统计年鉴》、俄罗斯联邦国家统计署网站有关人口和卫生保健的相关数据，以及世界卫生组织网站。

（二）实证分析

本部分根据相关数据，对俄罗斯门诊医疗服务利用情况、住院医疗服务利用情况、基本医疗卫生服务利用情况进行详细分析，以了解俄罗斯基本医疗卫生服务的结果公平性。

1. 门诊医疗服务利用情况

从门诊人次来看，2005—2018 年，无论是全国还是各地区门诊人次总数都在逐渐增加（见表 4.13），从 2005 年的 363.79 万人次增长到 2018 年的399.78 万人次。各地区每万人口年总诊疗人次数总体也呈上升趋势，全国每万人口年总诊疗人次数为 272.4 次/万人，在全国平均水平之上的有中央联邦区、西北联邦区、伏尔加河沿岸联邦区、乌拉尔联邦区、西伯利亚联邦区、远东联邦区六个联邦区域，其中最高的为西北联邦区 323.6 次/万人，低于全国平均水平之下的只有北高加索联邦区和南部联邦区，最低的北高加索联邦区183.5 次/万人（见表 4.14）[1]。

表 4.13　俄罗斯近年来各地区门诊人次总数　　　　单位：千次

地区	2005 年	2010 年	2013 年	2014 年	2015 年	2016 年	2017 年	2018 年
俄罗斯联邦	3637.9	3685.1	3799.4	3858.5	3861.0	3914.2	3966.7	3997.8
中央联邦区	1024.9	1033.5	1051.2	1053.6	1060.7	1064.0	1072.0	1082.3
西北联邦区	402.7	404.7	418.8	422.7	422.1	440.7	446.4	452.1
南部联邦区	314.7	326.4	336.1	369.2	379.3	381.4	390.7	392.5
北高加索联邦区	127.6	159.4	162.5	168.7	171.7	174.4	179.6	181.1
伏尔加河沿岸联邦区	719.3	732.0	766.5	779.2	775.6	789.0	793.4	801.5

[1]　童伟、宁小花：《俄罗斯免费医疗：发展历程、效果分析、困境及未来发展方向》，《俄罗斯东欧中亚研究》2020 年第 1 期。

续表

地区	2005 年	2010 年	2013 年	2014 年	2015 年	2016 年	2017 年	2018 年
乌拉尔联邦区	325.6	332.8	345.6	347.8	343.9	346.9	352.7	356.8
西伯利亚联邦区	507.3	482.7	486.6	487.1	481.8	488.4	499.1	499.9
远东联邦区	215.8	213.7	232.1	230.1	226.0	229.5	232.9	231.6

资料来源：《俄罗斯 2019 年卫生统计年鉴》，见 https：// rosstat. gov. ru/storage/mediabank/
KrPEshqr/year_ 2020. pdf。

表 4.14　俄罗斯近年来各地区每万人口年总诊疗人次数

单位：次/万人

区域 ＼ 年份	2005 年	2010 年	2013 年	2014 年	2015 年	2016 年	2017 年	2018 年
俄罗斯联邦	256.0	257.9	264.5	263.8	263.5	266.6	270.1	272.4
中央联邦区	268.9	268.8	270.8	270.5	271.3	271.4	272.7	274.9
西北联邦区	293.6	297.0	303.4	305.4	304.7	317.1	319.9	323.6
南部联邦区	227.4	235.6	240.7	226.6	231.7	232.2	237.6	238.5
北高加索联邦区	161.9	168.8	169.4	174.7	176.7	178.4	182.8	183.5
伏尔加河沿岸联邦区	236.2	245.0	257.8	262.2	261.4	266.2	268.6	272.7
乌拉尔联邦区	268.4	275.3	282.5	283.3	279.4	281.0	285.4	288.9
西伯利亚联邦区	284.7	276.5	282.9	281.1	275.6	279.6	289.6	291.1
远东联邦区	260.1	261.1	277.9	280.7	283.0	287.2	283.2	282.9

资料来源：《俄罗斯 2019 年卫生统计年鉴》，见 https：// rosstat. gov. ru/storage/mediabank/
KrPEshqr/year_ 2020. pdf。

2005—2018 年俄罗斯八个联邦区域每万人口年总诊疗人次数均值总体变化规律为呈增长态势，标准差变化较大，近年来总体呈上升态势，这表明俄罗斯各区域门诊总数绝对数量在增长，而总体差距有所扩大，如图 4.15 所示。

2. 住院医疗服务利用情况

住院医疗服务利用情况主要涵盖病人住院率、平均住院日、病床周转率、

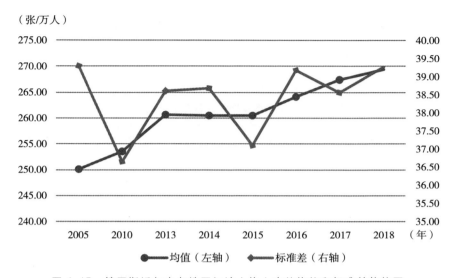

图 4.15 俄罗斯近年来各地区门诊人均人次的均值和标准差趋势图

资料来源：《俄罗斯 2019 年卫生统计年鉴》，见 https：// rosstat. gov. ru/storage/mediabank/ KrPEshqr/year_ 2020. pdf。

平均病床工作日等指标。其中，平均住院日是反映医疗资源利用情况和总体医疗服务质量的综合指标，是医院管理、医院效率和效益重要而敏感的表现指标。从病人住院情况来看，俄罗斯近年来无论是每百门诊病人住院率还是病人平均住院日都有所下降，每百门诊病人住院率由 2005 年的 22.4 人次降到 2018 年的 20.4 人次，病人平均住院日由 2005 年的 13.8 天降到 2018 年的 10.8 天，这从侧面反映了俄罗斯近年来通过不断提高医疗资源利用率、医院总体医疗质量以及医疗技术，从而减少了患者的医疗费用，实现了医疗资源成本的最小化（见表 4.15 和图 4.16）①。

病床周转率和平均病床工作日也是反映医疗质量的指标。其中，病床周转率主要指出院人数与平均开放病床数之比，在一定时间内，病床周转次数越多，说明病人平均住院天数少，床位利用率高。平均病床工作日是指每一张床在一定时期内平均工作的日数，用以衡量病床的利用情况，可以侧面反映一个

---

① 童伟、宁小花：《俄罗斯免费医疗：发展历程、效果分析、困境及未来发展方向》，《俄罗斯东欧中亚研究》2020 年第 1 期。

国家的病床数能否满足居民的需要。从《俄罗斯卫生统计年鉴》的数据中我们可以看出，俄罗斯在平均住院日下降的情况下，加快了病床周转次数，提高了病床使用率，卫生服务利用的公平性还是比较乐观的①。

表 4.15　近年来俄罗斯住院医疗服务利用情况　　单位：次/万人

指数 ＼ 年份	2005 年	2010 年	2013 年	2014 年	2015 年	2016 年	2017 年	2018 年
每百门诊病人住院率（%）	22.4	22.2	21.1	21.4	20.8	20.6	20.3	20.4
平均住院日（天）	13.8	12.6	12.1	11.8	11.5	11.1	11.0	10.8
病床周转率（%）	22.8	25.5	26.6	27.2	27.9	28.5	28.7	29.2
平均病床工作日（天）	310	317	322	321	319	318	315	313

资料来源：《俄罗斯 2019 年卫生统计年鉴》，见 https：// rosstat. gov. ru/storage/mediabank/ KrPEshqr/year_ 2020. pdf。

3. 基本医疗卫生服务使用率

从基本医疗卫生服务使用率来看，2006—2015 年，俄罗斯无论是农村、城市还是全国平均的基本医疗卫生服务使用率都呈现平缓的上升趋势，2006年，全国基本医疗卫生服务使用率为 86%，农村基本医疗卫生服务使用率为 63%，城市基本医疗卫生服务使用率为 94%，城市与农村的基本医疗卫生服务使用率相差 31%。2015 年，全国基本医疗卫生服务使用率为 89%，农村基本医疗卫生服务使用率为 76%，城市基本医疗卫生服务使用率为 93%，城市与农村的基本医疗卫生服务使用率差距缩小到 17%，说明城市与农村的基本医疗卫生服务使用率差距正在缩小（见图 4.17）②。从国际比较来看，2015 年俄罗斯国内基本医疗卫生服务使用率为 89%，高于巴西、印度、中国等发展中国家，在 194 个国家中排名第 96 位，处于中等水平（见表 4.16）。

---

① 童伟、宁小花：《俄罗斯免费医疗：发展历程、效果分析、困境及未来发展方向》，《俄罗斯东欧中亚研究》2020 年第 1 期。

② 童伟、宁小花：《俄罗斯免费医疗：发展历程、效果分析、困境及未来发展方向》，《俄罗斯东欧中亚研究》2020 年第 1 期。

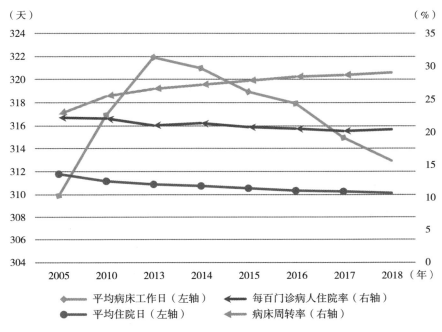

图 4.16　近年来俄罗斯住院医疗服务利用情况趋势图

资料来源：《俄罗斯 2019 年卫生统计年鉴》，见 https：//rosstat.gov.ru/storage/mediabank/ KrPEshqr/year_ 2020.pdf。

表 4.16　2015 年各国基本医疗卫生服务使用率情况　　　单位：%

指标 国家	农村基本医疗卫生 服务使用率	城市基本医疗卫生 服务使用率	全国基本医疗卫生 服务使用率
日本	——	——	100
美国	100	100	100
英国	99	99	99
俄罗斯	76	93	89
巴西	58	91	86
中国	61	86	75
印度	34	65	44

资料来源：世界卫生组织网全球卫生观察站，见 http：//apps.who.int/gho/cabinet/uhc.jsp？lang＝en。

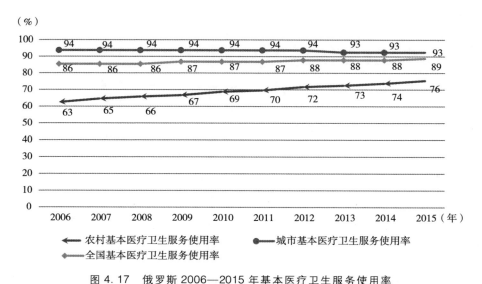

图 4.17 俄罗斯 2006—2015 年基本医疗卫生服务使用率

资料来源：世界卫生组织网全球卫生观察站，见 http：//apps.who.int/gho/cabinet/uhc.jsp？lang=en。

第四节 俄罗斯基本医疗卫生支出有效性分析

有效分析公共财政支出的效率性和效益性，是提高公共部门活动效率、改进公共支出决策和管理的重要途径。[1] 阿瑟·奥肯认为："效率，意味着从一个给定的投入量中获得最大的产出"[2]；而著名经济学家曼昆则认为，效率是"资源配置使所有社会成员得到的总剩余最大化的状态"[3]。简而言之，公共支出效率其实就是一种资源配置状态，通过公共支出产出与公共资源投入之间的比率关系，来体现公共资源合理配置和有效使用的程度。而公共支出效益则是指政府在社会经济建设中财力分配与所取得的社会实际效益之间的比例关系，在一定程度上反映政府运用资源的有效性。相对应地，公共卫生支出效益则是

---

① 王晓洁：《中国公共卫生支出理论与实证分析》，中国社会科学出版社 2011 年版，第 123 页。

② ［美］阿瑟·奥肯：《平等与效率》，王奔洲等译，华夏出版社 1999 年版，第 2 页。

③ ［美］曼昆：《经济学原理》，梁小民译，三联书店、北京大学出版社 1999 年版，第 152 页。

指公共卫生支出对改善社会的整体健康状况和卫生环境所产生的影响[1]。由此，要对基本医疗卫生支出的有效性进行分析，不仅要考虑其投入产出关系，还应从整个社会的角度分析这种支出的产出是否促进社会经济发展，是否符合公共卫生利益，是否满足人民对基本医疗卫生服务的需求。基于此，本书将从效率和效益两个角度对俄罗斯基本医疗卫生支出的有效性进行综合分析。

一、支出效率分析

支出效率分析主要通过数据包络分析法和投入—产出比法分析医疗卫生支出的综合效率、纯技术效率、规模效率等，了解医疗卫生资源合理配置和有效使用的程度。

（一）研究方法与资料来源

为了更系统地了解俄罗斯医疗卫生支出的效率，本书综合国内外学者的相关研究，分别采用数据包络分析法（DEA）和投入—产出比法对其进行分析。

1. 数据包络分析法（DEA）

目前国内外对于公共卫生支出效率分析主要采取 DEA 来分析公共卫生投入与产出之间的关系，比如张宁等（2006）[2]，韩华为、苗艳青（2010）[3]，金荣学、宋弦（2012）[4]，成刚等（2008）[5]，黄小平、方齐云（2008）[6]，邓大

---

[1]　刘叔申：《我国公共卫生支出的绩效评价》，《财贸经济》2007 年第 6 期。

[2]　张宁、胡鞍钢、郑京海：《应用 DEA 方法评测中国各地区健康生产效率》，《经济研究》2006 年第 7 期。

[3]　韩华为、苗艳青：《地方政府卫生支出效率核算及影响因素实证研究——以中国 31 个省份面板数据为依据的 DEA-Tobit 分析》，《财经研究》2010 年第 5 期。

[4]　金荣学、宋弦：《新医改背景下的我国公共医疗卫生支出绩效分析——基于 DEA 和 Mulmquist 生产率指数的实证》，《财政研究》2012 年第 9 期。

[5]　成刚、钱振华、孟庆跃：《DEA 在公共卫生项目目标管理中的应用》，《中国卫生经济》2008 年第 3 期。

[6]　黄小平、方齐云：《我国财政卫生支出区域差异研究》，《中国卫生经济》2008 年第 4 期。

松、吴迪（2015）[①]，安钢（2017）[②]，张仲芳（2013）[③]，王俊（2007）[④]，冈纳森、贾法罗夫（Gunnarsson，Jafarov，2008）[⑤]，赫雷拉、彭（Herrera，Pang，2005）[⑥]，雷茨拉夫－罗伯茨等（Retzlaff-Roberts，et al.，2004）[⑦] 等，这些学者以公共卫生支出、卫生资源投入等为投入变量，以卫生技术人员数量、卫生机构数量、卫生床位数量、预期寿命、人口死亡率、婴儿死亡率、床位利用率等为产出变量，使用 DEA 对相应国家的政府卫生支出生产效率进行测算和分析。

DEA 是 1978 年由查恩斯（Charnes）和库伯（Cooper）等提出并逐步发展完善、在运筹学和经济学中用于评估生产前沿的一种非参数相对效率评价方法，该方法首先通过线性规划构造一个生产前沿边界模型，然后通过比较实际的投入产出与生产前沿边界之间的距离来测算出相对效率，用于评价具有多投入、多产出部门或单位的相对有效性。如果一个决策单元的相对技术效率值小于 1，则该决策单元处于 DEA 无效状态；如果相对技术效率值等于 1，则为 DEA 处于有效状态。[⑧] 根据规模报酬是否可变的不同假设，DEA 方法最常见的有 CCR 和 BCC 两种模型。

（1）CCR 模型

假设模型中有 t 个决策单元，每个决策单元有 m 个输入变量和 s 个输出变

---

① 邓大松、吴迪：《我国公共卫生支出效率分析》，《广西经济管理干部学院学报》2015 年第 3 期。

② 安钢：《我国公共卫生支出效率评估及收敛性研究》，《统计与决策》2017 年第 3 期。

③ 张仲芳：《财政分权、卫生改革与地方政府卫生支出效率——基于省际面板数据的测算与实证》，《财贸经济》2013 年第 9 期。

④ 王俊：《政府卫生支出有效机制的研究——系统模型与经验分析（第一版）》，中国财政经济出版社 2007 年版，第 193—210 页。

⑤ V. Gunnarsson，E. Jafarov，"Government Spendingon Health Care and Education in Croatia：Efficiency and Reform Options"，International Monetary Fund，2008，p. 136.

⑥ S. Herrera，G. Pang，"Efficiency of Public Spending in Developing Countries：An Efficiency Frontier Approach"，Vol. 1，2 & 3，The World Bank，2005，pp. 36－45.

⑦ D. Retzlaff-Roberts，et al.，"Technical Efficiency in the Use of Health Care Resources：A Comparison of OECD Countries"，*Health Policy*，Vol. 69，No. 1（2004），pp. 55－72.

⑧ 邓大松、吴迪：《我国公共卫生支出效率分析》，《广西经济管理干部学院学报》2015 年第 3 期。

量，其中 x_{ij} 表示第 j 个决策单元对第 i 个输入的总输入量，$x_{ij} > 0$；y_{rj} 为 r 类型输出的第 j 个决策单元的总输出，其中 $y_{rj} > 0$；V_i 表示第 i 种输入的测度；U_r 表示 r 类型输出的度量。

CCR 模型建立在规模报酬不变的假设基础之上。假设模型中有 t 个决策单元，每个决策单元都有 m 个投入变量和 s 个产出变量，其中 $x_{ij} > 0$，表示第 j 个决策单元对第 i 种类型输入的投入总量；$y_{rj} > 0$，表示第 j 个决策单元对第 r 种类型输出的产出总量；V_i 表示输入第 i 种类型的量；U_r 表示输出第 r 种类型的量，其中，i 取（1，2，$\cdots$，m），r 取（1，2，$\cdots$，s），j 取（1，2，$\cdots$，n）。各个决策单元相对应的效率评价指数公式表示如下：

$$h_j = \frac{U^T y_i}{V^T x_j} = \frac{\sum_{r=1}^{s} u_r y r_i}{\sum_{i=1}^{mn} u_r x i_j}, \; j = 1, \; 2, \; \cdots, \; n, \; j = 1, \; 2, \; \cdots, \; n$$

可以通过选择合适的权系数 v、u，使得：$h_j \leq 1$，$j = 1$，2，$\cdots$，n。例如，通过公式对第 j_0 个决策单元进行效率评价，一般说来，$h_j(1 \leq j \leq T)$ 越大表明决策单元 j_0 能够用相对较少的投入而取得相对较多的产出，说明其投入是有效率的。[①] 以所有决策单元的效率指数为约束，第 j_0 个决策单元的效率指数为目标，进一步可以构造以下 CCR 模型：

$$\begin{cases} \min[\theta - \varepsilon(\sum_{j=1}^{m} S^- + \sum_{j=1}^{r} S^+)] = v_d(\varepsilon) \\ s.t. \\ \sum_{j=1}^{n} x_j \lambda_j + S^- = \theta x_0 \\ \sum_{j=1}^{n} x_j \lambda_j - S^+ = y_0 \\ \lambda_j \geq 0 \\ S^+ \geq 0, S^- \geq 0 \end{cases}$$

其中，θ 表示效率评价指数，ε 为阿基米德无穷小量，S^+、S^- 为各产出、投入松弛向量，λ_j 为对应的各个单元组合的系数。

当 $\theta = 1$ 时，表示该对应的决策单元为 DEA 弱有效，且如果 $S^+ = 0$，$S^- =$

① R. D. Banker, et al., "Some Models for Estimating Technical and Scale Inefficiencies in Data Envelopment Analysis", *Management Science*, Vol. 30, No. 9（1984），pp. 1078-1092.

0 时表示该决策单元属于 DEA 有效，其经济活动为技术与规模同时有效。

当 $\theta < 1$ 时，表示该对应的决策单元为 DEA 无效，经济活动既不是技术效率最佳，也不是规模最佳。

（2）BCC 模型

BCC 模型是 DEA 的另一种模型。BCC 模型是基于规模报酬可变（VRS）假设，并在 CCR 模型的基础上加入了一个约束条件：$\Sigma\lambda_j = 1$。 BCC 模型如下表示：

$$
\begin{cases}
\min\left[\theta - \varepsilon\left(\sum_{j=1}^{m} S^- + \sum_{j=1}^{r} S^+\right)\right] = v_d(\varepsilon) \\
s.t. \\
\sum_{j=1}^{n} x_j\lambda_j + S^- = \theta x_0 \\
\sum_{j=1}^{n} x_j\lambda_j - S^+ = y_0 \\
\sum_{j=1}^{n} \lambda_j = 1 \\
\lambda^j \geqslant 0 \\
S^+ \geqslant 0, S^- \geqslant 0
\end{cases}
$$

通过 CCR 模型得出的结果为技术效率（TE），也称综合效率。BCC 模型将 CCR 模型中的综合效率（TE）分解为纯技术效率（PTE）和规模效率（SE），便于准确反映决策单元的管理水平。即：

综合效率（TE）= 纯技术效率（PTE）×规模效率（SE）

综合效率 TE 分析的是在给定投入前提下获得的最大产出，纯技术效率 PTE 测算的是规模收益变化的生产前沿与决策单元当前的生产力之间技术水平的差距，即通过提高现有生产技术的运用程度来增加效率；规模效率 SE 反映了在特定的生产技术条件下生产主体最优规模的投入要素的能力。

当 PTE = 1 时，该决策单元达到技术有效，即该决策单元处于最优的产出状态，产出量相对于投入来说已经达到了最大化；

当 PTE < 1 时，该决策单元非技术有效，偏离了最优的生产状态；

当 SE = 1 时，该决策单元达到了规模有效，即规模收益不变，要素投入量恰到好处，不存在产出冗余与不足，处于规模报酬递增向递减的临界状态；

当 SE<1 时，该决策单元非规模有效，正处于规模报酬的递增或递减阶段。

2. 投入—产出比分析法

此外，也有一些学者对于效率有不同的研究方法。如在《公共支出基本方法》一书中，桑贾伊·普拉丹提出，卫生资源的配置效率可以通过成本效益分析法、成本效果分析法和卫生归宿利益分析法来进行评价。[①] 王晓洁（2011）[②] 认为，公共卫生支出效率的核心是政府的卫生资源配置效率，因此在政府卫生支出效率分析中首先要关注的就是卫生支出的投入—产出问题。在他看来，就公共卫生支出的投入—产出效率标准而言，主要涵盖三个方面：（1）是否满足了民众对公共卫生产品的需求；（2）是否实现了成本最小化；（3）是否实现了产出最大化。这三个方面中，第一个已经在前文的卫生资源分配的公平性中进行讨论。因此，本节中主要对后两个标准进行测量，即通过 DEA 对俄罗斯政府卫生支出过程是否实现了成本最小化进行分析，同时借鉴杜乐勋（2005）[③] 与王晓洁（2011）[④] 两位学者的投入—产出比分析方法来具体分析俄罗斯医疗卫生支出是否产出了最佳的社会效益[⑤]。

3. 资料来源

本节研究所需数据均来源于近年的《俄罗斯卫生统计年鉴》《俄罗斯统计年鉴》，以及世界卫生组织官网。

（二）实证分析

本书选择人均政府卫生支出作为投入变量，选取每万人口医生数、每万人口床位数、每万人口门诊机构容量作为产出变量，分别利用数据包络分析法和

---

① ［美］桑贾伊·普拉丹著：《公共支出分析的基本方法》，中国财政经济出版社 2004 年版，第 105 页。

② 王晓洁：《中国公共卫生支出理论与实证分析》，中国社会科学出版社 2011 年版，第 121 页。

③ 杜乐勋：《我国公共卫生投入及其绩效评价》，《中国卫生经济》2005 年第 11 期。

④ 王晓洁：《中国公共卫生支出理论与实证分析》，中国社会科学出版社 2011 年版，第 107 页。

⑤ 童伟、宁小花：《俄罗斯免费医疗：发展历程、效果分析、困境及未来发展方向》，《俄罗斯东欧中亚研究》2020 年第 1 期。

投入—产出比法对俄罗斯政府卫生支出进行效率分析。

1. 数据包络分析法（DEA）实证分析

（1）变量选取

如前所述，DEA 方法可以分别从投入和产出的角度进行效率分析，即投入主导型和产出主导型。前者分析的是相同产出条件下如何使投入最小化；而后者分析的是如何在相同投入状态下使产出最大化。在规模报酬不变的假设下，这两种分析方法计算出的效率值是一致的，但假设规模报酬可变时，结果则可能不一致。在全民健康覆盖进程中，由于政府卫生支出是刚性的，在分析其效率时，主要考量其所能达到的最大产出，因此本书使用产出导向模式的 DEA 模型来进行分析。另外，随着政府卫生支出的变化，其规模报酬也是可变的，因此本书最终选择产出导向模式的 BCC 模型对俄罗斯政府基本医疗卫生支出进行分析。

本书将俄罗斯 85 个联邦主体的基本医疗卫生服务作为决策单元，分析每个联邦主体的政府卫生支出效率情况。在评价指标选取上，为了减少测算的误差，本书根据《俄罗斯卫生统计年鉴》上已有的相关数据，并借鉴前人的研究成果，选择人均政府卫生支出作为唯一投入变量，不加入其他投入变量以免影响政府卫生支出效率的分析。同时，选取年鉴中的每万人口医生数、每万人口床位数、每万人口门诊机构容量作为产出变量，因为在基本医疗卫生服务的产出中，这三个变量是影响政府卫生支出效率的直接变量，代表了基本医疗卫生服务的供给能力，能够直接反映政府卫生投入的有效性。

（2）模型结果

根据以上所选取的变量及 2018 年各联邦主体相关卫生数据（见表 4.17），通过构造前沿生产面，运用 DEAP2.1 软件，可计算出 2018 年度俄罗斯各联邦主体的政府卫生支出效率（见表 4.18）。

表 4.17　2018 年俄罗斯各联邦主体卫生投入、产出数据

地区	每万人口医生数（人）	每万人口床位数（张）	每万人口门诊机构容量（家）	人均政府卫生支出（卢布）
别尔哥罗德州	40.5	72.2	264.4	13634.46
布良斯克州	40.5	75.8	290.3	12749.94
弗拉基米尔州	34.9	83.4	354.0	13702.39
沃罗涅日州	52.3	82.1	256.3	13947.46
伊万诺夫州	44.3	81.9	251.0	12614.3
卡卢加州	40.4	75.8	272.4	14662.7
科斯特罗马州	37.5	95.8	279.8	12493.22
库尔斯克州	51.3	85.0	264.4	13405.82
利佩茨克州	41.4	81.6	344.0	13656.48
莫斯科州	38.2	69.0	208.4	18139.35
奥廖尔州	44.7	90.8	282.7	13060.53
梁赞州	51.5	78.1	259.5	12470.64
斯摩棱斯克州	51.5	95.6	300.5	12929.77
坦波夫州	38.3	76.5	286.3	12144.34
特维尔州	45.7	92.4	237.4	13628.5
图拉州	36.9	87.7	262.2	13700.18
雅罗斯拉夫州	53.7	90.8	274.3	14942.92
莫斯科市	58.3	62.1	309.4	30492.16
卡累利阿共和国	51.3	74.4	293.9	20009.46
科米共和国	51.9	100.0	408.6	26081.59
阿尔汉格尔斯克州	56.0	88.3	395.0	22017.42
涅涅茨自治区	47.7	85.6	275.2	61374.32
沃格格达州	35.3	77.2	308.1	15078.43
加里宁格勒州	45.4	82.6	259.9	12752.65
列宁格勒州	38.4	64.9	259.1	17242.41
摩尔曼斯克州	52.4	94.1	299.7	26297.69
诺夫哥罗德州	43.3	82.2	356.6	13198.03
普什科夫州	34.0	84.6	286.9	12871.24
圣彼得堡市	81.2	83.1	340.0	26004.54
阿迪格共和国	38.9	75.2	255.0	12163.85
卡尔梅克共和国	51.8	78.3	275.3	11856.82

续表

地区	每万人口医生数（人）	每万人口床位数（张）	每万人口门诊机构容量（家）	人均政府卫生支出（卢布）
克里米亚共和国	45.7	76.3	185.8	13531.8
克拉斯诺达尔边疆区	43.4	73.5	236.2	14262.66
阿斯特拉罕州	61.2	88.6	279.6	14298.07
伏尔加格勒州	45.1	87.7	260.6	12860.01
罗斯托夫州	37.5	80.3	242.5	13204.57
塞瓦斯托波尔市	47.3	80.1	199.5	13690.38
达吉斯坦共和国	41.2	69.5	124.1	11418.83
印古什共和国	45.4	44.4	147.1	11069.6
卡巴尔达—巴尔卡尔共和国	45.3	75.1	215.9	11914.82
卡拉恰伊—切尔克斯共和国	41.7	68.7	236.6	11080.82
北奥塞梯—阿兰共和国	67.2	88.8	269.7	12633.76
车臣共和国	29.3	58.2	179.4	11586.53
斯塔夫罗波尔边疆区	43.9	83.7	217.2	12468.4
巴什科尔托斯坦共和国	42.8	77.4	262.9	14908.51
里—埃尔共和国	36.2	80.6	318.6	11424.9
莫尔多维亚共和国	53.5	79.0	258.6	13125.01
鞑靼斯坦共和国	42.2	63.3	241.7	14292.95
乌德穆尔特共和国	49.3	78.0	313.0	13808.41
楚瓦什共和国	49.4	82.6	334.7	13887.03
彼尔姆边疆区	51.0	81.6	227.3	14388.91
基洛夫州	47.0	87.8	293.9	13242.5
下诺夫哥罗德州	47.6	89.7	297.4	13867.06
奥伦堡州	46.7	80.7	277.8	14739.55
奔萨州	42.1	79.6	259.8	13458.44
萨马拉州	47.7	73.9	269.7	13398.87
萨拉托夫州	50.5	100.8	282.5	12154.82
乌里扬诺夫斯克州	41.8	79.9	278.4	12294.59
库尔干州	29.7	86.7	260.7	13791.62

续表

地区	每万人口医生数（人）	每万人口床位数（张）	每万人口门诊机构容量（家）	人均政府卫生支出（卢布）
斯维尔德洛夫斯克州	43.2	84.9	293.5	15563.31
秋明州	55.1	72.6	260.7	20048.1
汉特—曼西自治区（尤格拉）	56.5	75.2	240.9	42319.25
亚马尔—涅涅茨自治区	55.1	77.5	245.6	52952.57
车里雅宾斯克州	42.0	74.2	320.1	14784.08
阿尔泰共和国	45.8	74.5	306.5	20521.34
图瓦共和国	51.4	113.2	306.0	18612.14
哈卡斯共和国	42.1	70.4	338.9	23391.77
阿尔泰边疆区	42.7	92.0	304.8	19243.51
克拉斯诺亚尔斯克边疆区	49.8	81.0	324.1	14181.55
伊尔库茨克州	48.7	98.1	295.3	16669.62
克麦罗沃州	44.5	91.3	291.4	20398.82
新西伯利亚州	54.0	94.8	260.8	18966.87
鄂木斯克州	50.8	80.7	262.6	16342.71
托木斯克州	58.1	99.8	261.7	15119.01
布里亚特共和国	45.6	86.1	272.4	19532.16
萨哈共和国（雅库特）	61.0	96.8	294.6	26780.38
后贝加尔边疆区	50.2	98.8	251.7	40356.12
堪察加边疆区堪察加边疆区	54	109.6	287.7	40250.46
滨海边疆区	50.5	99.4	258.8	17346.59
哈巴罗夫斯克边疆区	57.2	88.5	325.4	21873.73
阿穆尔州	55.0	95.7	285.9	20041.01
马加丹州	63.8	118.6	438.7	50883.64
萨哈林州	58.1	113.8	255.3	43899.62
犹太自治州	36.2	121.1	283.2	18017.43
楚科奇自治区	75.5	131.3	471.6	56586.57

资料来源：《俄罗斯 2019 年卫生统计年鉴》，见 https：// rosstat. gov. ru/storage/mediabank/ KrPEshqr/year_ 2020. pdf。

表 4.18 2018 年俄罗斯各联邦主体政府卫生支出效率情况

| 地区 | 综合效率（TE） | 纯技术效率（PTE） | 规模效率（SE） | 规模收益类型 | 产出不足 | | | 投入冗余 |
					每万人口医生数（人）	每万人口床位数（张）	每万人口门诊机构容量（家）	人均政府卫生支出（卢布）
别尔哥罗德州	0.758	0.810	0.935	drs	9.504	16.943	62.047	0.00
布良斯克州	0.864	0.879	0.983	drs	5.570	10.424	39.923	0.00
弗拉基米尔州	0.926	0.995	0.931	drs	8.387	0.447	1.898	0.00
沃罗涅日州	0.802	0.877	0.914	drs	7.303	11.464	35.787	0.00
伊万诺夫州	0.836	0.852	0.981	drs	7.674	14.188	43.482	0.00
卡卢加州	0.721	0.822	0.877	drs	8.735	16.389	58.897	0.00
科斯特罗马州	0.941	0.963	0.978	drs	21.659	3.727	10.884	0.00
库尔斯克州	0.849	0.902	0.941	drs	5.574	9.236	28.730	0.00
利佩茨克州	0.917	0.97	0.946	drs	1.287	2.537	10.696	0.00
莫斯科州	0.489	0.669	0.731	drs	18.87	34.084	102.944	0.00
奥廖尔州	0.881	0.931	0.945	drs	3.290	6.684	20.810	0.00
梁赞州	0.889	0.894	0.995	drs	6.125	9.289	30.863	0.00
斯摩棱斯克州	0.964	1.000	0.964	drs	0.000	0.000	0.000	0.00
坦波夫州	0.886	0.895	0.989	drs	4.474	8.936	33.441	0.00
特维尔州	0.818	0.894	0.914	drs	5.402	10.922	50.061	0.00
图拉州	0.794	0.871	0.911	drs	8.655	12.964	38.759	0.00
雅罗斯拉夫州	0.797	0.929	0.858	drs	4.103	6.937	20.956	0.00
莫斯科市	0.425	0.809	0.526	drs	13.758	31.74	73.013	0.00
卡累利阿共和国	0.599	0.833	0.719	drs	10.25	14.866	58.725	0.00
科米共和国	0.579	1.000	0.579	drs	0.000	0.000	0.000	0.00
阿尔汉格尔斯克州	0.684	1.000	0.684	drs	0.000	0.000	0.000	0.00
涅涅茨自治区	0.186	0.652	0.285	drs	27.790	45.700	195.923	-4787.75
沃格格达州	0.734	0.872	0.842	drs	7.040	11.348	45.290	0.00

续表

地区	综合效率（TE）	纯技术效率（PTE）	规模效率（SE）	规模收益类型	产出不足			投入冗余
					每万人口医生数（人）	每万人口床位数（张）	每万人口门诊机构容量（家）	人均政府卫生支出（卢布）
加里宁格勒州	0.849	0.871	0.975	drs	6.734	12.252	38.550	0.00
列宁格勒州	0.581	0.729	0.797	drs	14.254	24.091	96.177	0.00
摩尔曼斯克州	0.474	0.864	0.548	drs	8.268	8.268	47.290	0.00
诺夫哥罗德州	0.986	1.000	0.986	drs	0.000	0.000	0.000	0.00
普什科夫州	0.864	0.908	0.952	drs	12.64	8.614	29.212	0.00
圣彼得堡市	0.602	1.000	0.602	drs	0.000	0.000	0.000	0.00
阿迪格共和国	0.830	0.835	0.993	drs	7.678	14.842	50.329	0.00
卡尔梅克共和国	0.973	1.000	0.973	irs	0.000	0.000	0.000	0.00
克里米亚共和国	0.727	0.783	0.928	drs	12.681	21.172	94.980	0.00
克拉斯诺达尔边疆区	0.697	0.778	0.896	drs	12.419	21.032	67.590	0.00
阿斯特拉罕州	0.871	0.966	0.901	drs	2.1260	3.078	9.712	0.00
伏尔加格勒州	0.853	0.888	0.961	drs	5.703	11.09	32.954	0.00
罗斯托夫州	0.758	0.809	0.937	drs	8.862	18.976	57.306	0.00
塞瓦斯托波尔市	0.75	0.816	0.919	drs	10.647	18.03	82.26	0.00
达吉斯坦共和国	0.781	0.906	0.862	irs	4.280	7.221	124.320	0.00
印古什共和国	0.771	1.000	0.771	irs	0.000	0.000	0.000	0.00
卡巴尔达—巴尔卡尔共和国	0.815	0.870	0.937	irs	6.775	11.232	46.200	0.00

续表

地区	综合效率（TE）	纯技术效率（PTE）	规模效率（SE）	规模收益类型	产出不足			投入冗余
					每万人口医生数（人）	每万人口床位数（张）	每万人口门诊机构容量（家）	人均政府卫生支出（卢布）
卡拉恰伊—切尔克斯共和国	0.875	1.000	0.875	irs	0.000	0.000	0.000	0.00
北奥塞梯—阿兰共和国	1.000	1.000	1.000	—	0.000	0.000	0.000	0.00
车臣共和国	0.637	0.689	0.924	irs	13.220	26.260	105.680	0.00
斯塔夫罗波尔边疆区	0.823	0.837	0.983	drs	8.520	16.245	64.790	0.00
巴什科尔托斯坦共和国	0.709	0.82	0.865	drs	9.411	17.02	57.809	0.00
里—埃尔共和国	1.000	1.000	1.000	—	0.000	0.000	0.000	0.00
莫尔多维亚共和国	0.855	0.885	0.967	drs	6.951	10.263	33.597	0.00
鞑靼斯坦共和国	0.690	0.750	0.920	drs	14.086	22.88	80.68	0.00
乌德穆尔特共和国	0.893	0.944	0.947	drs	2.945	6.89	18.696	0.00
楚瓦什共和国	0.931	0.985	0.944	drs	0.731	1.222	4.95	0.00
彼尔姆边疆区	0.743	0.839	0.887	drs	9.822	15.715	43.774	0.00
基洛夫州	0.891	0.94	0.948	drs	3.000	5.604	18.757	0.00
下诺夫哥罗德州	0.863	0.946	0.913	drs	2.714	5.114	16.957	0.00
奥伦堡州	0.763	0.87	0.876	drs	6.95	12.01	41.343	0.00
奔萨州	0.782	0.838	0.934	drs	8.151	15.411	50.298	0.00
萨马拉州	0.825	0.856	0.963	drs	7.995	12.387	45.206	0.00
萨拉托夫州	1.000	1.000	1.000	—	0.000	0.000	0.000	0.00
乌里扬诺夫斯克州	0.888	0.896	0.99	drs	4.826	9.226	32.145	0.00
库尔干州	0.782	0.862	0.907	drs	15.510	13.859	41.673	0.00

续表

地区	综合效率（TE）	纯技术效率（PTE）	规模效率（SE）	规模收益类型	产出不足			投入冗余
					每万人口医生数（人）	每万人口床位数（张）	每万人口门诊机构容量（家）	人均政府卫生支出（卢布）
斯维尔德洛夫斯克州	0.737	0.887	0.831	drs	5.500	10.808	37.365	0.00
秋明州	0.569	0.807	0.706	drs	13.187	17.375	62.394	0.00
汉特—曼西自治区（尤格拉）	0.260	0.718	0.362	drs	22.148	29.479	94.434	−2623.46
亚马尔—涅涅茨自治区	0.208	0.706	0.295	drs	22.946	32.274	102.277	−10023.99
车里雅宾斯克州	0.807	0.893	0.904	drs	5.042	8.907	38.425	0.00
阿尔泰共和国	0.579	0.820	0.706	drs	10.065	16.372	67.358	0.00
图瓦共和国	0.733	1.000	0.733	drs	0.000	0.000	0.000	0.00
哈卡斯共和国	0.532	0.848	0.627	drs	12.510	21.85	60.699	0.00
阿尔泰边疆区	0.621	0.890	0.698	drs	5.26	11.332	37.545	0.00
克拉斯诺亚尔斯克边疆区	0.894	0.962	0.929	drs	1.956	3.181	12.728	0.00
伊尔库茨克州	0.734	0.944	0.778	drs	2.902	5.845	17.596	0.00
克麦罗沃州	0.573	0.858	0.668	drs	7.367	15.114	48.240	0.00
新西伯利亚州	0.632	0.906	0.697	drs	5.588	9.811	41.590	0.00
鄂木斯克州	0.684	0.848	0.807	drs	9.086	14.433	46.967	0.00
托木斯克州	0.841	0.992	0.848	drs	0.445	0.764	24.910	0.00
布里亚特共和国	0.574	0.829	0.692	drs	9.423	17.793	56.292	0.00
萨哈共和国（雅库特）	0.485	0.914	0.531	drs	5.745	9.117	41.620	0.00
后贝加尔边疆区	0.297	0.793	0.374	drs	13.112	25.806	65.743	0.00

续表

地区	综合效率（TE）	纯技术效率（PTE）	规模效率（SE）	规模收益类型	产出不足			投入冗余
					每万人口医生数（人）	每万人口床位数（张）	每万人口门诊机构容量（家）	人均政府卫生支出（卢布）
堪察加边疆区堪察加边疆区	0.328	0.874	0.376	drs	7.770	15.770	107.980	0.00
滨海边疆区	0.694	0.921	0.754	drs	4.336	8.534	39.470	0.00
哈巴罗夫斯克边疆区	0.608	0.930	0.654	drs	4.317	6.679	24.559	0.00
阿穆尔州	0.618	0.917	0.673	drs	4.970	8.647	25.832	0.00
马加丹州	0.331	0.954	0.347	drs	7.28	6.850	21.122	0.00
萨哈林州	0.315	0.898	0.351	drs	6.617	12.961	157.240	0.00
犹太自治州	0.810	1.000	0.810	drs	0.000	0.000	0.000	0.00
楚科奇自治区	0.330	1.000	0.330	drs	0.000	0.000	0.000	0.00

注：irs、—、drs，分别表示规模收益递增、不变、递减。

资料来源：作者根据计算结果自制。

①综合效率结果分析

综合效率（TE）也称技术效率，是对政府卫生支出总体效率的评价结果。根据表 4.18 的 DEA 模型结果，我们可以计算得出，俄罗斯 2018 年政府卫生支出平均综合效率只有 0.72，在 85 个联邦主体中，有 32 个联邦主体政府卫生支出效率低于全国平均综合效率，只有北奥塞梯—阿兰共和国、里—埃尔共和国、萨拉托夫州 3 个联邦主体的技术效率为 1.0，达到理想的效率状态，弗拉基米尔州、科斯特罗马州、利佩茨克州、斯摩棱斯克州、诺夫哥罗德州、卡尔梅克共和国、楚瓦什共和国 7 个联邦主体的综合效率位于 0.9—1.0 之间，卫生资源利用情况较为合理。其他 75 个联邦主体的综合效率位于 0.2—0.9 之间，存在着卫生资源配置或结构不合理问题。因此，从整体来看，俄罗斯政府卫生支出的综合效率还是比较低的。

②纯技术效率结果分析

纯技术效率（PTE）主要衡量的是政府卫生支出的卫生资源规划的科学程

度以及卫生资金管理水平的合理程度。从 DEA 模型结果来看，俄罗斯 2018 年政府卫生支出平均纯技术效率为 0.887，有 40 个联邦主体的纯技术效率低于平均水平，说明这些地区的卫生资源没有得到充分利用，会对其政府卫生支出的综合效率有一定的影响。斯摩棱斯克州、科米共和国、阿尔汉格尔斯克州、诺夫哥罗德州、圣彼得堡市、卡尔梅克共和国、印古什共和国、卡拉恰伊—切尔克斯共和国、北奥塞梯—阿兰共和国、里—埃尔共和国、萨拉托夫州、图瓦共和国犹太自治州、楚科奇自治区 14 个联邦主体的纯技术效率为 1，表明这些地区的卫生资源规划利用水平和政府卫生支出的管理水平相对合理。科斯特罗马州、阿斯特拉罕州、利佩茨克州、楚瓦什共和国等 20 个联邦主体的纯技术效率位于 0.9—1.0 之间，卫生资源利用比较理想。总体来看，俄罗斯各联邦主体政府卫生支出的纯技术效率水平较低，卫生资源规划和管理水平有待提高。

③规模效率结果分析

一般来说，规模效率（SE）越接近 1.0，说明该地区的政府卫生支出结构越接近最优规模。根据 DEA 分析结果，2018 年俄罗斯政府卫生支出平均规模效率为 0.808。在 85 个联邦主体中只有北奥塞梯—阿兰共和国、里—埃尔共和国、萨拉托夫州 3 个联邦主体的规模效率为 1.0，达到了有效水平；布良斯克州、斯塔夫罗波尔边疆区、诺夫哥罗德州、坦波夫州、乌里扬诺夫斯克州、阿迪格共和国、梁赞州等 39 个联邦主体的规模效率位于 0.9—1.0 之间，政府卫生支出结构相对合理。其他 43 个联邦主体的政府卫生支出规模效率位于 0.2—0.9 之间，说明其政府卫生支出结构不合理，需要进一步调整以提高支出效率，比如可以通过增加初级卫生保健和门诊服务方面的财政投入，减少对住院门诊的投资，提高基本医疗卫生服务的配置效率。

④规模效益类型分析

从规模效益类型来看，当规模效益递增时，说明可以通过扩大支出规模或加大投入来提高其综合效率；当规模效益递减时，则应通过减少支出规模来改善其综合效率。根据表 4.17 的 DEA 模型结果，只有北奥塞梯—阿兰共和国、里—埃尔共和国、萨拉托夫州 3 个联邦主体达到了有效规模，6 个联邦主体规模效益递增，其余 76 个联邦主体规模效益递减，说明俄罗斯政府卫生支出管理效率低下，是导致综合效率较低的主要原因。

　　⑤投入产出松弛变量结果分析

　　从投入产出松弛变量情况来看，汉特—曼西自治区（尤格拉）、亚马尔—涅涅茨自治区、涅涅茨自治区 3 个联邦主体存在政府医疗卫生投入冗余情况，71 个联邦主体存在政府卫生支出产出不足情况。

　　通过分析，俄罗斯政府卫生支出还存在以下问题：

　　一是纯技术效率不高，公共卫生资源配置不平衡。在配置卫生资源时，经济发达地区卫生资源配置相对丰富，而经济落后地区卫生资源较为短缺。

　　二是政府卫生支出管理效率有待提高。部分地区纯技术效率低于规模效率，说明其政府卫生支出效率低下原因主要在于纯技术效率比较低，存在政府卫生资金规划和管理水平不高的问题，间接影响了卫生资源的配置效率。另外，涅涅茨自治区、汉特—曼西自治区（尤格拉）、亚马尔—涅涅茨自治区出现了投入冗余，说明政府卫生投入效率较低。事实上，俄罗斯政府卫生支出效率情况正如世界银行报告中所述，平均而言，如果各联邦主体都和表现最好的联邦主体一样高效，那么即便减少卫生部门投入的 26% 仍然能产生相同的结果。该研究还发现，以改革为导向的联邦主体都能以较低的成本及在多个卫生指标上提供更少的资源来实现更好的健康产出[1]。

　　三是政府卫生支出规模不够、结构不尽合理。从表 4.18 中可以看出部分地区纯技术效率为 1，但是规模效率却小于 1，如斯摩棱斯克州、科米共和国等 11 个联邦主体，其中卡尔梅克共和国、印古什共和国、卡拉恰伊—切尔克斯共和国规模效应递增，其他地区规模效应递减，且这 11 个地区并不存在投入冗余及产出不足的情况，由此可知导致这些地区卫生支出效率低下的主要原因是政府卫生支出规模问题。同时，其他 71 个联邦主体存在产出不足或者投入冗余问题，说明这些地区的政府卫生支出结构不尽合理。

---

　　① 　Z. Bogetic , et al. , "Securing Stability and Growth", *World Bank Russian Economic Report*, No. 25（2011）.

2. 投入—产出比法实证分析

在投入—产出比分析方法中，政府卫生支出被看作政府对医疗卫生的投入，这里采用人均健康投资指标来表示；而私人卫生支出则被看作医疗卫生的产出，本书采用人均疾病负担指标表示，则二者的比例关系就表示医疗卫生的投入—产出比。该方法基于以下逻辑进行分析：政府卫生支出作为公共健康投入，主要用于健康环境改善、妇幼保健、疾病预防等重要领域的支出，如果政府卫生支出效率高、医疗卫生产品充足，那么民众健康就越有保障，整个社会的医疗卫生环境得到改善，私人卫生负担减少，医疗卫生产出较高。反之，如果医疗卫生投入不足，公共卫生环境恶化，个人患病机会增加，私人卫生支出上升，医疗卫生产出较低。医疗卫生的投入—产出比值越小说明政府卫生支出效率越高，因为其产出指标是人均疾病负担，人均疾病负担越小说明政府对医疗卫生的投入越有效率。[①]

从表 4.19 和图 4.18 来看，从 2000 年到 2004 年，俄罗斯医疗卫生投入—产出比逐步上升，说明政府健康投资效率逐渐下降。从 2005 年开始，政府健康投资的投入—产出比总体呈下降趋势，到 2012 年达到 0.57，说明居民疾病经济负担是政府卫生健康投资的 0.57 倍，政府健康投资效率较高。但近几年来，俄罗斯医疗卫生的投入—产出比再一次上升，并高达 0.76，说明俄罗斯居民疾病负担正在加重。为了进一步分析其原因，本书对政府健康投入的增长率和居民疾病经济负担的增长率进行分析比较（见图 4.19），发现健康投入和疾病负担的增长速度几乎同步，2005 年到 2008 年，受"国家优先发展计划"以及其他一系列医疗改革的影响，健康投入增长率一直高于疾病负担增长率，直到 2008 年经济危机后，两者的增长率均急速下降，2011 年普京再次担任总统后，继续推进医疗体制改革，并承诺增加政府医疗支出，使得健康投入增长率达到一个小高峰。但是，从近几年的情况来看，政府健康投入增长率一直低于居民疾病负担增长率，2015 年两者相差 8%，这是造成俄罗斯医疗卫生投

---

① 童伟、宁小花：《俄罗斯免费医疗：发展历程、效果分析、困境及未来发展方向》，《俄罗斯东欧中亚研究》2020 年第 1 期。

入一产出比上升的重要原因。①

表 4.19 2000—2017 年俄罗斯医疗卫生的投入一产出比率

年份	人均健康投资（美元）	人均疾病负担（美元）	投入产比率（%）
2000	57	39	0.68
2001	69	49	0.71
2002	82	58	0.71
2003	96	69	0.72
2004	123	86	0.70
2005	166	105	0.63
2006	218	135	0.62
2007	287	175	0.61
2008	382	228	0.60
2009	321	196	0.61
2010	348	219	0.63
2011	429	256	0.60
2012	484	276	0.57
2013	506	305	0.60
2014	459	284	0.62
2015	295	207	0.70
2016	267	202	0.76
2017	334	251	0.75

资料来源：全球卫生观察站数据库，见 http：// apps. who. int/gho/data/node. main. HEALTHFINANCING？lang＝en。

二、支出效益分析

如前所述，卫生支出效益是指财政支出对改善社会的整体健康状况和卫生环境所产生的影响，评价一种卫生支出是否有效果，主要看其是否更好地促进了经济发展，是否有利于全民福利的最大化。因此，卫生支出效益应包括经济

———————

① 童伟、宁小花：《俄罗斯免费医疗：发展历程、效果分析、困境及未来发展方向》，《俄罗斯东欧中亚研究》2020 年第 1 期。

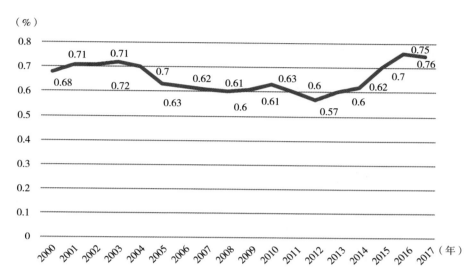

图 4.18 近年来俄罗斯医疗卫生投入—产出比率变化趋势

资料来源：全球卫生观察站数据库，见 http：// apps. who. int/gho/data/node. main. HEALTHFI-
NANCING？lang＝en。

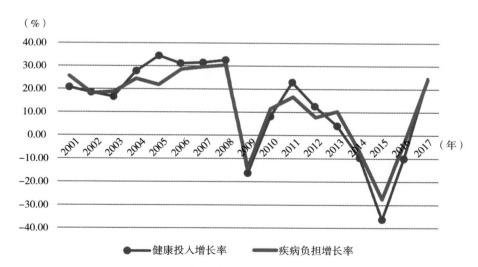

图 4.19 近年来俄罗斯健康投入增长率、疾病负担增长率情况

资料来源：全球卫生观察站数据库，见 http：// apps. who. int/gho/data/node. main. HEALTHFI-
NANCING？lang＝en。

效益和社会效益两个层面。具体到政府卫生支出，其经济效益主要表现为一种间接效益，即通过政府卫生投入提高社会人力资本，从而促进社会经济发展；而其社会效益主要表现为一种直接效益，即政府卫生支出在提高国民健康、延长人们预期寿命方面的推动作用。

（一）经济效益分析

对于政府卫生支出的经济效益，本书主要侧重于总量规模分析，即分析俄罗斯政府卫生支出对经济发展的促进作用。

1. 研究方法与资料来源

在内生经济增长理论框架基础下，本书建立了考察政府卫生支出对经济增长作用机制的相关模型。一般而言，研究影响经济增长因素大多采用柯布道格拉斯生产函数模型：

$$Y = AK^{\alpha}L^{\beta} \tag{4.1}$$

其中，Y、K、L 分别代表国内生产总值、资本和劳动力，α 和 β 分别是资本要素和劳动力要素的弹性系数，A 表示其他因素对经济增长产生的影响。本书将政府卫生支出引入模型中，得到广义的柯布道格拉斯生产函数，即：

$$Y = AK^{\alpha}L^{\beta}H^{\lambda} \tag{4.2}$$

其中，对于 A 本书引入时间因素，设 $A(T) = A(0)e^{cT}$，$A(0)$ 表示初始技术水平，除资本投入、劳动力投入和政府卫生投入要素之外的其他因素如制度变迁、投入结构和技术进步等因素对经济增长的影响则归结于时间因素 cT。对引入政府卫生支出变量的函数两边取自然对数，得到：

$$\ln Y = \ln A(0) + cT + \alpha \ln K + \beta \ln L + \lambda \ln H \tag{4.3}$$

对模型两边分别求时间 t 的导数，得到：

$$\frac{\dot{Y}}{Y} = c + \alpha \frac{\dot{K}}{K} + \beta \frac{\dot{L}}{L} + \lambda \frac{\dot{H}}{H} \tag{4.4}$$

令 $\dot{y} = \dfrac{\dot{Y}}{Y}$，$\dot{k} = \dfrac{\dot{K}}{K}$，$\dot{l} = \dfrac{\dot{L}}{L}$，$\dot{h} = \dfrac{\dot{H}}{H}$，则

$$\dot{y} = c + \alpha \dot{k} + \beta \dot{l} + \lambda \dot{h} \tag{4.5}$$

其中，$\dot{y}$ 为总产出增长率，$\dot{k}$ 为资本增长率，$\dot{l}$ 为劳动力增长率，$\dot{h}$ 为政府卫

生支出增长率。式（4.5）两边同除以$\dot{y}$得出各要素对经济总产出增长率的贡献率：

$$1 = \frac{\dot{c}}{\dot{y}} + \alpha\frac{\dot{k}}{\dot{y}} + \beta\frac{\dot{l}}{\dot{y}} + \lambda\frac{\dot{h}}{\dot{y}} \qquad\qquad (4.6)$$

其中，$\lambda\dfrac{\dot{h}}{\dot{y}}$为政府卫生支出对经济增长的贡献率。

一般来说，以国内生产总值（GDP）作为衡量经济总量的指标，以资本总额的存量值（K）作为衡量资本规模的指标，以年末从业人数（L）作为衡量人力资本规模的指标。本书为了统一统计口径，将按当年价格计算的数值 Y、H、L 和 K 均用以 2017 年为基期的 GDP 平减指数 PI 进行调整，并对 Y、H、L 和 K 分别取自然对数，记为 lnY、lnH、lnL 和 lnK。

本书样本数据主要来自历年《俄罗斯统计年鉴》《俄罗斯卫生统计年鉴》，以及世界卫生组织官网数据，具体数据见表 4.20，使用的统计软件为 Eviews8.0。

表 4.20　俄罗斯政府卫生支出经济效益分析相关数据

年份	名义国内生产 总值 GDP （十亿卢布）	名义政府卫生支出 （十亿卢布）	从业人员 （千人）	实际资本存量 （十亿卢布）
2000	7822.47	233.23	72769.95	386092.47
2001	9576.43	291.60	71546.64	382855.74
2002	11597.07	373.56	72357.13	379832.92
2003	14143.11	424.57	72272.95	377901.10
2004	18232.33	510.38	72984.65	376984.45
2005	23139.14	675.55	73580.98	376807.59
2006	28822.17	848.60	74418.95	378075.73
2007	35600.44	1049.56	75288.93	381166.20
2008	44198.13	1358.20	75700.07	385121.91
2009	41553.64	1456.56	75694.18	386519.71
2010	49585.99	1513.95	75477.87	388484.12

续表

年份	名义国内生产 总值 GDP （十亿卢布）	名义政府卫生支出 （十亿卢布）	从业人员 （千人）	实际资本存量 （十亿卢布）
2011	60075.67	1805.85	75779.01	391339.47
2012	67930.03	2141.74	75676.08	394520.41
2013	72882.98	2313.35	75528.90	397507.42
2014	78927.97	2530.41	75428.42	400060.26
2015	83101.10	2583.82	76587.55	400779.75
2016	86010.16	2579.17	76636.12	401648.57
2017	92089.28	2809.78	76285.41	403180.29

注：表中资本存量数据采用张军等（2004）①，何枫等（2003）② 人的计算方法整理计算，并参照
圣路易斯联邦储备银行相关数据③，其他数据均来自《俄罗斯 2019 年统计年鉴》《俄罗斯 2019
年卫生统计年鉴》，以及世界银行官网数据和全球卫生观察站数据库。

资料来源：作者根据计算结果自制。

2. 实证分析

（1）政府卫生支出和国内生产总值的 ADF 单位根检验

单位根检验主要目的在于检验序列中是否存在单位根，如果存在单位根就
是非平稳时间序列，会使回归分析中存在伪回归。将表 4.20 中数据取自然对
数后，ADF 单位根检验的结果如表 4.21 所示。

表 4.21　ADF 单位根检验结果④

变量	水平检验结果		一阶差分检验结果	
	ADF 值	5%临界值	ADF 值	5%临界值
lnGDP	−0.7884	−3.7105	−4.2703	−3.7332
lnH	−0.1059	−3.7597	−3.8918	−3.8289

---

① 张军等：《中国省际物质资本存量估算：1952—2000》，《经济研究》2004 年第 10 期。

② 何枫等：《我国资本存量的估算及其相关分析》，《经济学家》2003 年第 5 期。

③ 资料来源：Capital Stock at Constant National Prices for Russian Federation
[RKNANPRUA666NRUG]：https：//fred.stlouisfed.org/series/RKNANPRUA666NRUG。

④ 当 ADF 值小于 5%临界值时，表示在 5%的显著性水平下拒绝有单位根的原假设，认为
在相应的显著性水平下变量是稳定的。

续表

变量	水平检验结果		一阶差分检验结果	
	ADF 值	5%临界值	ADF 值	5%临界值
lnL	−1.6988	−3.7105	−5.4171	−3.7332
lnK	−0.3905	−3.7105	−4.7559	−3.7597

资料来源：作者根据计算结果自制。

从表 4.21 中数据可以得知，在 5% 的显著性水平下，国内生产总值 lnGDP、政府卫生支出 lnH、从业人数 lnL、资本存量 lnK 的水平检验 ADF 值均大于临界值，说明这几个变量均为非平稳时间序列；继续做一阶差分检验后，lnGDP、lnH、lnL、lnK 的一阶差分检验 ADF 值均小于 5%临界值，说明国内生产总值、政府卫生支出、从业人数、资本存量的一阶差分序列是平稳的，也就是说 lnGDP、lnH、lnL、lnK 同是一阶单整序列。

（2）政府卫生支出与国内生产总值的格兰杰因果检验（Granger causality test）

由于对变量的数值变换不会改变变量之间的因果关系，因此，可以继续利用每个变量对数值的一阶差分进行格兰杰因果检验，结果如表 4.22 所示。

表 4.22　格兰杰因果检验结果

零假设	F-Statistic	Prob.
政府卫生支出不是经济增长的格兰杰原因	0.9840	0.4044
经济增长不是政府卫生支出的格兰杰原因	8.8533	0.0051

资料来源：作者根据计算结果自制。

根据回归结果，当原假设为"政府卫生支出不是经济增长的格兰杰原因"时，得到的 F 统计量为 0.9840，P 值为 0.4044；当原假设为"经济增长不是政府卫生支出的格兰杰原因"时，得到的 F 统计量为 8.8533，P 值为 0.0051。查表可知，在 5% 的显著性水平下，F 分布的临界值为 4.35。由于统计量 0.9840<4.35，而统计量 8.8533>4.35，因此拒绝第二个原假设，接受第一个原假设，认为实际经济增长是政府卫生支出的格兰杰原因，即经济增长对政府卫生投入具有明显的增长效应，而政府卫生支出不是实际经济增长的格兰杰原因，即政府卫生支出并未对实际经济增长产生太大的增长效应。由此分析可知，俄罗斯政府卫生支出与实际经济增长之间的互馈效应不明显。

值得注意的是，格兰杰因果关系检验的结论并不意味着两者具有真正的因果关系，只是作为统计意义上的因果关系来支持真正的因果关系，但并不妨碍其在研究中的参考价值。

（3）建立俄罗斯政府卫生支出对经济增长的线性回归模型

由 lnGDP 对 lnH、lnL 和 lnK 做回归，结果如表 4.23 所示。

表 4.23　回归分析结果

解释变量	Coefficient	Std. Error	t-Statistic	Prob.
C	−20.13441	14.20753	−1.417165	0.1783
lnH	0.661016	0.132954	4.971758	0.0002
lnL	2.826951	1.334635	2.118145	0.0525
lnK	−0.425001	0.632012	−0.672457	0.5122

资料来源：作者根据计算结果自制。

由表 4.23 可知，lnH 系数通过了显著性检验，回归系数显著不为零。由此，我们可以得出国内生产总值对政府卫生支出、从业人数与资本存量的模型（括号内为 T 值）：

$$\ln GDP = -20.1344 + 0.661\ln H + 2.827\ln L - 0.425\ln K$$

$$(4.9718) \quad (2.1181) \quad (0.6724)$$

$$R^2 = 0.964 \quad 调整 R^2 = 0.956 \quad D.W. = 1.5682 \quad F = 124.79$$

该分析结果表明，模型的拟合优度较高，R^2 和调整 R^2 都达到了 0.95 以上，解释了 95% 以上实际国内生产总值 GDP 对数的变化情况。由回归结果输出 D.W. 值为 1.5682。若给定 $\alpha = 0.05$，已知 $n = 18$，$k = 3$，查 D.W. 检验上下界表可得，$d_L = 0.93$，$d_U = 1.69$，则 $0.93 < 1.5682 < 1.69$，当 $d_L < D.W. < d_U$，不能确定序列之间是否存在相关性。

（4）拉格朗日乘数检验（LM）

为了检验模型是否确实存在序列自相关问题，本书采用拉格朗日乘数检验法对其进行序列相关检验。在数学最优问题中，拉格朗日乘数法是一种寻找变量受一个或多个条件所限制的多元函数的极值的方法。这种方法将一个有 n 个变量与 k 个约束条件的最优化问题转换为一个有 $n + k$ 个变量的方程组的极值问题，其变量不受任何约束。D. W 统计量只适用于一阶自相关检验，而对于高阶自相关检验并不适用。利用 LM 检验的统计量可建立一个适用性更强的自相关检验方法，既可检验一阶自相关，也可检验高阶自相关。LM 检验原假设为：直到 p 阶滞后不存在序列相关，p 为预先定义好的整数；备选假设是：存在 p 阶自相关。检验统计量由辅助回归计算。LM 检验通常给出两个统计量：F 统计量和 $n \times R^2$ 统计量。表 4.24 是 eviews 输出的拉格朗日乘数一阶滞后检验结果。

表 4.24 拉格朗日乘数一阶滞后检验结果

F-statistic	0.418227	Prob. F（1，13）	0.5291
Obs * R-squared	0.561035	Prob. Chi-Square（1）	0.4538

资料来源：作者根据计算结果自制。

结果显示，F = 0.418227，$n \times R^2$ = 0.561035，给定 α = 0.05，已知 n = 13，k = 1，查 $F_{0.05}$（1，13）= 4.67，F = 0.418227 < $F_{0.05}$（1，13）= 4.67；$X^2(1)$ = 3.84，$n \times R^2$ = 0.561035 < $X^2(1)$ = 3.84。因此不能拒绝原假设，表明模型不存在自相关。

上述分析结果表明，俄罗斯政府卫生支出、人力资本对实际经济增长都有一定的正向影响。因此，在经济发展过程中，一定要重视政府卫生投入的正效应，加大基本医疗卫生服务供给力度，发挥其应有的经济效益。

（二）社会效益分析

除了对政府卫生支出的经济效益进行分析外，本书还将从医疗预防质量、国民健康水平，以及居民健康满意度等方面分析政府卫生支出的直接社会产出效益，以评价俄罗斯基本医疗卫生支出结果。

1. 医疗预防质量分析

医疗预防质量分析主要从医疗干预措施的覆盖率及其降低健康危险的水平等方面分析居民对医疗卫生服务的利用情况。这些干预措施不仅包括医疗卫生机构提供的治疗性服务和预防性服务，也包括医疗卫生机构以外提供的其他促进健康的活动，如健康教育等。本书主要从疫苗接种覆盖率、育龄妇女避孕普及率、孕妇产前检查覆盖率、孕妇剖腹产率、专业医护人员接生率等指标来分析俄罗斯医疗预防质量。[1]

疫苗接种覆盖率是反映居民得到卫生干预的重要指标之一，一般来说，疫苗接种完成率越高，医疗预防质量就越高。从俄罗斯疫苗接种人数来看，近年来，俄罗斯疫苗接种的绝对人数呈现较大的增长趋势，2015 年比 2014 年疫苗接种人数增加 58.2%。从接种覆盖率来看，除了成人阶段，其他各个年龄阶段人群按需接种疫苗的百分比都在逐渐上升，尤其是 0—14 岁儿童的疫苗接种率从 2014 年 82.1%增长到了 2015 年的 96.1%，说明俄罗斯医疗预防服务效益正向良性发展（见表 4.25）[2]。

表 4.25　2006—2015 年俄罗斯疫苗接种情况

疫苗接种人数（千人）	2006 年	2007 年	2008 年	2009 年	2010 年	2011 年	2012 年	2013 年	2014 年	2015 年
成人	18419.4	17675.9	17831.6	17442.3	16930.2	16580.7	15843.6	15824.0	21277.7	33663.7
15—17 岁，不含学生	2756.6	2500.6	2269.6	1968.9	1804.7	1593.8	1357.5	1267.1	3507.1	3509.0
15—17 岁学生	3716.7	3442.7	3193.9	3029.3	2901.8	2865.0	2815.9	2772.2	—	—
儿童（0—14 岁）	18356.8	18259.0	18332.0	18295.0	18375.9	18598.7	18827.5	19350.7	19964.1	21606.3

---

[1]　童伟、宁小花：《俄罗斯免费医疗：发展历程、效果分析、困境及未来发展方向》，《俄罗斯东欧中亚研究》2020 年第 1 期。

[2]　童伟、宁小花：《俄罗斯免费医疗：发展历程、效果分析、困境及未来发展方向》，《俄罗斯东欧中亚研究》2020 年第 1 期。

续表

按需接种疫苗的百分比（%）	2006 年	2007 年	2008 年	2009 年	2010 年	2011 年	2012 年	2013 年	2014 年	2015 年
成人	92.0	92.5	93.1	93.4	95.0	94.8	95.1	94.2	93.2	88.7
15—17 岁，不含学生	95.8	95.9	96.4	95.4	97.1	97.0	94.3	95.6	95.3	95.6
15—17 岁学生	84.1	84.4	84.8	84.5	85.4	86.0	86.2	87.0	—	—
儿童（0—14 岁）	85.1	85.0	84.7	83.8	83.4	83.0	82.4	83.0	82.1	96.1

资料来源：俄罗斯联邦国家统计局—卫生保健数据，见 http：//www.gks.ru/wps/wcm/connect/rosstat_main/rosstat/ru/statistics/population/healthcare/。

根据俄罗斯卫生统计年鉴显示，在 15—49 岁女性中，2005 年使用宫内节育器避孕、药物避孕的比率分别为 13.8%、9.5%，而 2018 年这一比率分别为 10.7%、13.1%。2006—2011 年，俄罗斯孕产妇 4 次的产前检查覆盖率为 78.3%，高于印度的 51.2%，但远远低于美国的 92.2%。而全球 4 次产前检查覆盖率约为 75%，俄罗斯的产前检查覆盖率略高于全球水平[①]。2006—2011 年，俄罗斯孕妇剖腹产率为 13%，美国、英国、日本、巴西、中国、印度同一时期的孕妇剖腹产率为 32%、30%、19.7%、55.5%、34.9%、17.2%，从国际相对情况来看，俄罗斯的孕妇剖腹产率低于其他国家。2014 年，俄罗斯孕产妇专业医护人员接生率为 99.7%，美国、日本、中国、巴西、印度这一指标数据分别为 99.1%、99.9%、99.9%、99.1%、85.7%，俄罗斯这一指标在全球中处于中上水平（见图 4.20）[②]。

2. 国民健康水平分析

国民健康水平分析主要是对整个国家医疗卫生服务供给以及卫生系统运行

---

① 《俄罗斯 2017 年卫生统计年鉴》，见 http：//www.gks.ru/wps/wcm/connect/rosstat_main/rosstat/ru/statistics/publications/catalog/doc_ 1139919134734.

② 童伟、宁小花：《俄罗斯免费医疗：发展历程、效果分析、困境及未来发展方向》，《俄罗斯东欧中亚研究》2020 年第 1 期。

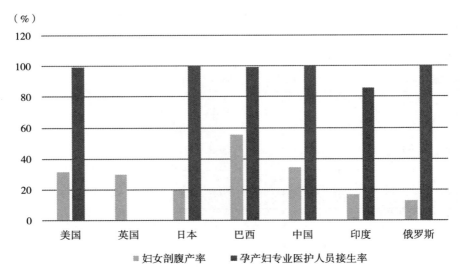

图 4.20 2014 年各国孕妇剖腹产率和孕产妇专业医护人员接生率情况对比图

资料来源：全球卫生观察站数据库，见 http：//apps.who.int/gho/data/node.main.530？lang=en（英国的孕产妇专业医护人员接生率数据缺失）。

的结果进行分析。目前反映一国卫生健康的指标主要有：预期寿命、孕产妇死亡率、婴儿死亡率、儿童死亡率，以及居民健康状况等。

其中，预期寿命是指假若当前的分年龄死亡率保持不变，同一时期出生的人预期能继续生存的平均年数，它是衡量一个国家、民族和地区居民健康水平的重要指标，也间接体现了一个国家的医疗卫生服务水平。从表 4.26 可以看出，从 2006 年到 2018 年，俄罗斯预期寿命增长了 6.22 岁，而且这些年一直呈现增长趋势，说明俄罗斯预期寿命正朝着良好的方向发展。但从国际比较来看，俄罗斯的预期寿命与其他国家相比还存在较大差距，2018 年，俄罗斯预期寿命分别比日本、英国、美国、巴西、中国、印度少 11.3 岁、8.3 岁、5.73 岁、2.2 岁、4.8 岁，比印度高 2.2 岁（见图 4.21）；粗出生率在七个国家中居倒数第三位，粗略死亡率却在七个国家中排名第一位，人口自然增长率 2013 年至 2016 年得到好转，但近几年开始下降[1]。

————————

① 童伟、宁小花：《俄罗斯免费医疗：发展历程、效果分析、困境及未来发展方向》，《俄罗斯东欧中亚研究》2020 年第 1 期。

　　孕产妇死亡率主要反映妇幼健康的公平程度，2006 年、2008 年、2018 年俄罗斯孕产妇死亡率分别为 23.7/10 万、20.7/10 万、9.1/10 万，整体在向好趋势发展，但与发达国家还存在较大差距。从婴儿死亡率、5 岁以下儿童死亡率、5—14 岁儿童死亡率指标来看，俄罗斯这三个指标都呈现了逐年下降的趋势，说明俄罗斯这些年的医疗卫生服务效果比较显著。从国际横向对比来看，2018 年俄罗斯婴儿死亡率是印度、巴西、中国、美国、英国、日本的 0.19 倍、0.49 倍、0.78 倍、1.18 倍、1.78 倍、3.3 倍，与英国、日本等发达国家还存在一定差距。①

表 4.26　俄罗斯近年来国民健康情况

健康指标 ＼ 年份	2006	2007	2008	2009	2010	2011	2012	2013	2014	2015	2016	2017	2018
预期寿命（岁）	66.69	67.61	67.99	68.78	68.94	69.83	70.24	70.76	70.93	71.39	71.87	72.70	72.91
孕产妇死亡率（1/10 万）	23.7	22	20.7	22	16.5	16.2	11.5	11.3	10.8	10.1	10	8.8	9.1
婴儿死亡率（每 1000 人）	10.2	9.4	8.5	8.1	7.5	7.4	8.6	8.2	7.4	6.5	6.0	5.6	5.1
5 岁以下儿童死亡率（每 1000 人）	12.8	11.9	11.2	10.7	10.3	10.1	9.8	9.5	9	8.5	8.0	7.6	7.2
5—14 岁儿童死亡率（每 1000 人）	3.7	3.5	3.3	3.2	3.1	2.9	2.8	2.7	2.6	2.5	2.4	2.3	2.1
出生率（每 1000 人）	10.3	11.3	12	12.3	12.5	12.6	13.3	13.2	13.3	13.3	12.9	11.5	10.9
死亡率（每 1000 人）	15.1	14.6	14.5	14.1	14.2	13.5	13.3	13.0	13.1	13.0	12.9	12.4	12.5
人口自然增长率（每 1000 人）	-4.8	-3.3	-2.5	-1.8	-1.7	-0.9	0.0	0.2	0.2	0.3	0.0	-0.9	-1.6

资料来源：《俄罗斯 2019 年统计年鉴》。

---

　　① 童伟、宁小花：《俄罗斯免费医疗：发展历程、效果分析、困境及未来发展方向》，《俄罗斯东欧中亚研究》2020 年第 1 期。

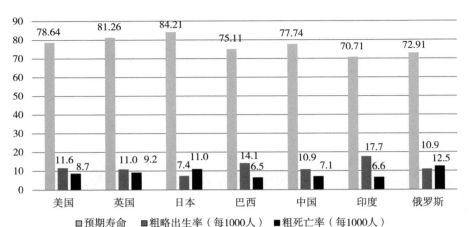

图 4.21　2018 年各国国民健康水平情况

资料来源：世界银行，见 https：//data.worldbank.org/indicator/SP.DYN.CBRT.IN。

3. 居民健康评估分析

从 2018 年俄罗斯 15 岁以上居民自我健康评估情况来看，居民对自我健康状况的满意度为 90%，其中城市居民健康满意度为 90.1%，人口百万以上城市居民健康满意度 90.2%，农村居民健康满意度为 89.9%，略低于城市居民。而 2011 年、2014 年俄罗斯居民健康满意度分别为 88.8%、88.1%，说明俄罗斯居民的自我健康状况良好且近年来得到进一步改善（见表 4.27)①。

表 4.27　2018 年俄罗斯 15 岁以上居民自我健康评估情况　　　单位:%

15 岁以上人口对健康状况评估	总体情	城市	其中拥有 100 万人以上人口的城市	农村
非常好	4.4	4.7	5.8	3.6
好	38.6	39.4	40.7	36.1
满意	47.0	45.9	43.7	50.2
不满意	8.9	8.8	8.5	9.1

① 童伟、宁小花：《俄罗斯免费医疗：发展历程、效果分析、困境及未来发展方向》，《俄罗斯东欧中亚研究》2020 年第 1 期。

续表

15 岁以上人口对健康状况评估	总体情	城市	其中拥有 100 万人以上人口的城市	农村
非常糟糕	1.0	1.0	1.0	0.9
无法判断	0.1	0.1	0.3	0.1

资料来源:《俄罗斯 2019 年统计年鉴》。

通过上述分析,总体来看,俄罗斯基本医疗卫生支出的分配是比较公平的。根据基尼系数法测算,2018 年按照人均政府卫生支出从低到高排序计算出的基尼系数为 0.17,说明目前俄罗斯政府卫生支出的联邦主体间分配总体比较公平。根据泰尔指数法测算,2014—2018 年俄罗斯政府卫生支出的总体差距呈现稍微下降趋势,说明其公平性有所上升。而俄罗斯各联邦区域间政府卫生支出差距有扩大趋势,其对总体差距的贡献率从 2014 年的 16.61% 上升到 2018 年的 32.75%,表明俄罗斯政府卫生支出联邦区域间的均等化水平有所降低。另外,通过政府卫生支出公平性分析可以看出,俄罗斯政府卫生支出的总体差异目前主要由区域内差异引起的,且区域间差距的贡献率有所上升,区域内差距的贡献率有所下降,说明目前区域间差距对俄罗斯政府卫生支出的公平性影响越来越大。其中一大原因是俄罗斯的经济增长在很大程度上依赖于自然资源的出口,尤其是石油和天然气,区域经济发展水平和人均国内生产总值出现两极分化,导致俄罗斯各地区的财政能力、人均卫生支出和卫生成果也存在明显差异。[①]

在政府卫生支出效率方面,俄罗斯政府卫生支出的综合效率还比较低,未能达到最优支出规模,卫生资源规划和管理水平有待提高,这与彭博新闻社 2018 年在世界银行、国际基金组织、世界卫生组织以及中国香港卫生署数据基础上发布的各国卫生系统有效性排名结果基本吻合:俄罗斯排在倒数第 4 位[②],

---

① 童伟、宁小花:《俄罗斯免费医疗:发展历程、效果分析、困境及未来发展方向》,《俄罗斯东欧中亚研究》2020 年第 1 期。

② 资料来源:These Are the Economies With the Most (and Least) Efficient Health Care, https://www.bloomberg.com/news/articles/2018 - 09 - 19/u - s - near - bottom - of - health - index - hong - kong - and - singapore - at-top。

大大出乎世界各国的预料。具体来说主要存在以下问题：一是纯技术效率不高，公共卫生资源配置不平衡。在配置卫生资源时，经济发达地区卫生资源配置比经济落后地区更为丰富。二是政府卫生支出管理效率有待提高。部分地区纯技术效率低于规模效率，存在政府卫生资金规划和管理水平不高的问题，间接影响了卫生资源配置效率。三是公共卫生支出规模不足、结构不尽合理。

在政府卫生支出经济效益方面，模型分析结果指出，俄罗斯政府卫生支出、人力资本对实际经济增长都有一定的正向影响。因此，在经济发展过程中，须重视政府卫生投入的正效应，加大公共卫生服务供给力度，发挥其应有的经济效益；在社会效益方面，俄罗斯实行"全民免费医疗"制度，注重医疗卫生服务的普惠效果，全面覆盖确保底线公平，在加强国民医疗预防、提高居民健康水平等方面产生了一定的健康产出效果。在新冠疫情暴发后，俄罗斯迅速采取了一系列抗疫措施，特别成立国家抗疫部门，并制定专门的以点带面的国家抗疫机制，使得疫情总体在可控范围内，为保障社会经济正常发展作出了积极贡献。①

总体来看，俄罗斯基本医疗卫生支出公平性较高，比较注重医疗卫生服务的普惠效果，但是相对发达国家来说还有一定差距。例如，政府卫生投入总量不足，卫生投入可持续性面临挑战；政府卫生投入结构不尽合理，卫生服务公平性有待提高；政府卫生投入效率较低，卫生服务能力还须进一步增强；等等。这些问题在新冠疫情中也暴露无遗。虽然俄罗斯能够及时动用全国之力抗击疫情，不断加大检测筛查力度，全力免费救治感染者，快速研发疫苗并且全民免费接种，使得俄罗斯新冠肺炎死亡率保持在较低水平，但依然存在着应急医疗救治能力不足的问题，面对重大突发公共卫生事件，不少医疗机构面临医护人员、防护及治疗设备和传染病专用床位的三重短缺②，导致新冠感染人数急剧上升，这在一定程度上打击了医护人员的工作积极性，影响了医疗系统效率。未来，俄罗斯还须以改善民生、全面推进全民健康覆盖为核心，围绕提高

---

① 李勇慧：《俄罗斯抗疫基本情况及对内政外交的影响》，《东北亚学刊》2021 年第 1 期。
② 米元齐、肖兴雨：《俄罗斯公共医疗体系改革及问题分析》，《中国社会科学报》2020 年 6 月 15 日。

政府卫生支出规模，明确联邦和地方政府在医疗卫生服务方面的支出责任，完善卫生支出转移支付制度，优化公共卫生支出结构，提高政府卫生资源规划能力，提升公共卫生资源的配置效率，加强卫生资金预算绩效管理等方面开展一系列新的医疗卫生财政保障制度改革，以进一步提升俄罗斯基本医疗卫生支出的公平性和有效性。

第五章　全民健康覆盖下俄罗斯基本医疗卫生财政保障问题、成因及改革方向

自苏联解体后，俄罗斯一直坚持"免费医疗"的全民健康覆盖理念，采取多项措施确保人们免费享受基本医疗卫生服务。总体来看，经过多年的医疗保障体制改革和财政投入，俄罗斯的医疗保障水平逐渐提高，医疗改革取得了较为积极的成效，显著增强了民众对国家医疗服务体系的信心。[①] 但同时也应充分认识到，俄罗斯现有的医疗保障体制还是一项未完成的改革产物，医疗改革效果并不完全尽如人意，很多医疗卫生指标与发达国家相比仍然存在一定差距，在财政保障机制方面存在的问题和发展瓶颈依然较为突出。

第一节　俄罗斯基本医疗卫生财政保障存在的主要问题

2015 年，俄罗斯学者艾马列季诺夫（Т. А. Аймалетдинов）和梅德科娃（Е. М. Моженкова）从社会正义角度出发，对俄罗斯医疗卫生的筹资能力、资源分配、医疗效率等进行评估分析，指出俄罗斯医疗卫生服务供给过程中依然存在着政府投入不足、医疗腐败严重、医患关系紧张、医疗保障不足、地方间医疗投入不均等问题[②]。正如学者研究所揭示的，总体来看，俄罗斯在基本医疗卫生财政保障方面确实还存在政府卫生投入总量不足、投入机构不尽合

---

① 童伟、宁小花：《俄罗斯免费医疗：发展历程、效果分析、困境及未来发展方向》，《俄罗斯东欧中亚研究》2020 年第 1 期。

② Т. А. Аймалетдинов, Е. М. Моженкова, "Угрозы принципам социальной справедливости в Российсокой системе здравоохранения", *Мониторинг общественного мнения*, №6（2015），С. 67-78.

理、支出效率有待提高等问题，在全民健康覆盖过程中仍面临诸多挑战。

一、政府卫生投入总量不足，卫生投入可持续性面临挑战

在政府卫生投入方面，俄罗斯还存在总量不足、强制医疗保险基金赤字严重、私人支出比例逐渐增大、居民自费负担较重等问题，卫生投入面临可持续性挑战。

（一）政府卫生投入总量不足

虽然从纵向来看，俄罗斯政府对医疗卫生投入总量较以前有了较大增长，但从横向比较来看，俄罗斯还存在政府卫生投入总量不足、支出规模偏小等问题。

1. 卫生支出总额分析

从纵向比较来看，根据俄罗斯卫生统计年鉴数据显示，2000 年俄罗斯实际卫生支出总额仅为 26179.20 亿卢布（以 2017 年的价格指数为 1 进行换算），而到 2017 年已经达到 49175.68 亿卢布，18 年间增长了 2 万多亿卢布，卫生支出总额占 GDP 比重也由 2000 年的 5.02% 提高到了 2017 年的 5.36%。

但从横向比较来看，根据世界卫生组织估计，欧洲国家 2017 年卫生支出总额占 GDP 平均比重为 7.8%，全球各国 2017 年卫生支出总额占 GDP 平均比重为 6.3%。因此，俄罗斯卫生支出总额占 GDP 的比重还是低于欧洲国家（见图 5.1），仅达到 2000 年世界卫生组织对其成员国卫生支出总额占 GDP 5% 的期望值。这说明俄罗斯卫生投入增长落后于其经济社会发展速度，医疗卫生服务投入相对滞后，同时也从侧面反映了俄罗斯政府卫生投入总量还须进一步加大。

2. 政府卫生支出分析

从纵向比较来看，近 20 年来，俄罗斯政府卫生支出总额增长很快，2000 年为 2332.31 亿卢布，而到 2017 年已经达到 28097.85 亿卢布，在绝对数量上有了较大幅度的增长，但是政府卫生支出占 GDP 的相对比重却变化不大，甚至有所下降。此外，政府卫生支出占财政支出的比重由 2000 年的 9.72% 下降到 2017 年的 8.78%，政府卫生支出占卫生支出总额的比重也由

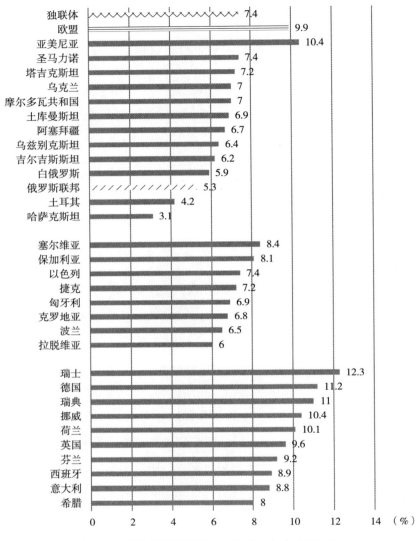

图 5.1　2017 年部分国家卫生支出总额占 GDP 比重

资料来源：全球卫生观察站数据库，见 http：// apps. who. int/gho/data/node. main. HEALTHFI-
　　　　 NANCING？ lang＝en。

2000 年的 59%降到 2017 年的 57%，表明俄罗斯在财政卫生投入方面还存在
后劲不足的问题。

　　从横向比较来看，俄罗斯近年来政府卫生支出占 GDP 比重一直在 3%左右徘
徊，最高时是 2009 年的 3.5%，与全球平均水平持平，不仅与市场经济发达国家相

比相去甚远，与新欧盟国家相比也存在较大差距。2017 年，俄罗斯人均 GDP 为
10956 美元，在 191 个国家中排第 62 位（见图 5.2），人均政府卫生支出为 334.5 美
元，在 191 个国家中排在第 118 位，远低于全球平均水平 578.9 美元（见图 5.3）。

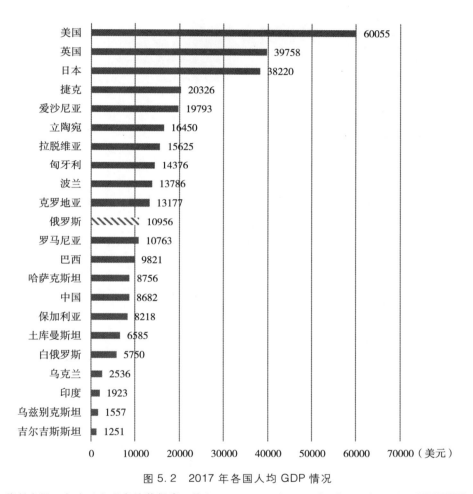

图 5.2　2017 年各国人均 GDP 情况

资料来源：全球卫生观察站数据库，见 http：// apps. who. int/gho/data/node. main. HEALTHFI-
NANCING？lang＝en。

从政府卫生支出占 GDP 比重这一指标来看，俄罗斯 2017 年的政府卫生支
出占 GDP 比重为 3.1%，在全球排名第 96 位，与日本（9.2%）、美国
（8.6%）、英国（7.6%）等国家相比差距较大（见图 5.4）。新欧盟国家特别
是捷克、罗马尼亚、克罗地亚、保加利亚等转轨国家，与俄罗斯经济发展水平

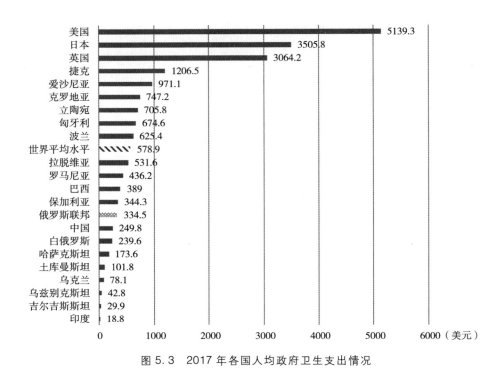

图 5.3 2017 年各国人均政府卫生支出情况

资料来源：全球卫生观察站数据库，见 http：// apps. who. int/gho/data/node. main. HEALTHFI-
NANCING？lang＝en。

相当，但这些国家政府卫生支出占 GDP 的比重大多超过 4%，而 2017 年欧洲
政府卫生支出占 GDP 平均比重为 4.9%，超过了俄罗斯的这一指标数据。正如
2013 年乌伦别科娃（Г. З. Улумбекова）① 在其研究中所指出的，尽管俄罗斯
实施了一系列改革措施提高人口健康状况，但由于缺乏财政和技术支持，国家
保障计划（PSG）提供的医疗服务不足，医务人员结构不平衡，医疗质量不高
等因素，国家健康状况依然堪忧，从国际比较来看，无论是从相对指标（GDP
份额）还是从绝对指标（人均每年卫生支出）来看，俄罗斯的政府卫生支出
指标都低于欧盟国家，公共卫生资金的缺乏导致公共支付形式被个人支出所取
代。因此，如果要追上欧洲的平均水平，俄罗斯还任重道远，这也是俄罗斯免

---

① Г. З. Улумбекова，"Обоснование уровня государственного финансирования здравоохра-
нения для улучшения здоровья населения Российской Федерации"，*Проблемы социальной
гигиены，здравоохранения и истории медицины*，No. 3（2013），C. 32–34.

费医疗目前只能覆盖基本医疗服务，有广度无深度的主要原因。[1]

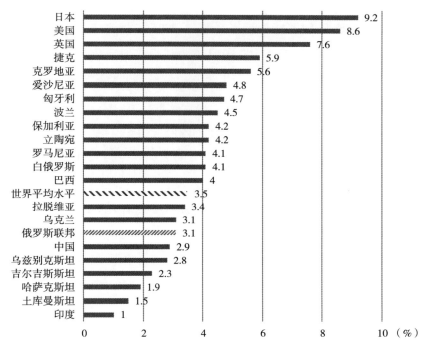

图 5.4　2017 年各国政府卫生支出占 GDP 比重情况

资料来源：全球卫生观察站数据库，见 http：// apps. who. int/gho/data/node. main. HEALTHFI-NANCING? lang＝en。

要实现真正意义上的全民健康覆盖，俄罗斯医疗资金的缺口到底有多大？早在 2010 年，俄罗斯学者乌伦别科娃（Г. Э. Улумбекова）就通过对俄罗斯 25 年来人口和健康状况指标进行分析，认为俄罗斯的医疗卫生筹资至少增加到 2008 年的两倍，并形成了具有特定目标、实施机制和监测指标的长期健康发展战略，才能改善人口的健康状况。[2] 卡利科夫（N. N. Kalmikov）和

①　童伟、宁小花：《俄罗斯免费医疗：发展历程、效果分析、困境及未来发展方向》，《俄罗斯东欧中亚研究》2020 年第 1 期。

②　Гузель Эрнстовна Улумбекова，" Здоровье населения и здравоохранение в России и республике татарстан：анализ проблем и перспективы"，*Казанский медицинский журнал*，No. 3（2010），С. 297–308.

雷赫季娜（N. V. Rekhtina）① 依据粗略死亡率（CDR）分析得出，基于当前俄罗斯的出生率、死亡率、国家健康优先项目的发展以及国家对医疗卫生支出投入的增长率，2020 年俄罗斯预期寿命将比 2005 年提高 7.8 岁，增长率为112%。同时，国内生产总值预计将从 21.6 万亿卢布增至 94.6 万亿卢布（增长率为 337.96 %）。相应地，俄罗斯卫生支出总额预计将增至 5.8 万亿卢布。乌卢姆别科娃（А. Б. Гиноян）等学者也通过分析预测，以目前俄罗斯公共卫生投入水平来看，如果 2018 年到 2024 年的政府卫生支出年增长率继续维持在6%，那么到 2024 年政府卫生支出将占 GDP 的 2.9%，低于 2018 年的 3.2%。

　　加之 2019 年年底暴发的新冠疫情对俄罗斯人口可持续发展造成了严重冲击，俄罗斯要想通过免费医疗制度给人口健康状况带来积极变化，就不得不面临更加巨大的医疗卫生支出增长压力。② 此外，俄罗斯经济发展具有较大的能源依赖性，财政收入往往与国际经济形势以及能源价格浮动相关，医疗保险费上缴率有时甚至得不到保障，使医疗资金不足成为长期困扰俄罗斯医疗卫生服务体系发展的大问题。③

　　（二）强制医疗保险基金赤字严重

　　伦敦政治经济学院教授福塔基（Fotaki，2006）④ 对 1999—2000 年俄罗斯强制性社会医疗保险基金（MHI）满意度调查的数据进行了分析，结果显示，近一半受访者认为 MHI 推出后俄罗斯医疗卫生服务质量未能得到改善，且各地医疗水平差异较大，医疗卫生的不公平性反而加剧。此后由于 2014 年的经济危机，加上提供免费医疗服务的国家保障计划范围已大大扩展，俄罗斯强制

---

　　①　N. N. Kalmikov, N. V. Rekhtina, "The Health-Care System Issues and Prospects in the Russian Federation", *Biology and Medicine*, Vol. 8, No. 4（2016），p. 1.

　　②　Улумбекова Г. Э.，Гиноян А. Б.，Калашникова А. В.，Альвианская Н. В.，"Финансирование здравоохранения в России（2021 - 2024）гг." Факты и предложения // ОРГЗДРАВ：новости，мнения，обучение. Вестник ВШОУЗ. Vol. 5, No. 4（2019）.

　　③　童伟、宁小花：《俄罗斯免费医疗：发展历程、效果分析、困境及未来发展方向》，《俄罗斯东欧中亚研究》2020 年第 1 期。

　　④　M. Fotaki, "Users' Perceptions of Health Care Reforms：Quality of Care and Patient Rights in Four Regions in the Russian Federation", *Social Science & Medicine*, Vol. 63, No. 6（2006），pp. 1637 - 1647.

性医疗保险基金赤字现象近年来更加严重。2015 年，联邦强制性医疗保险基金收入预算为 15735.43 亿卢比，而支出预算为 16388.15 亿卢比，赤字达到 652.72 亿卢布。2016 年至 2017 年，俄罗斯联邦强制性医疗保险基金实现了无赤字预算。①

为确保联邦强制医疗保险基金预算的长期平衡，无条件实现 2012 年 5 月 7 日俄罗斯联邦总统颁布的法令《关于实施国家社会政策的措施》（第 597 号）中确立的增加医务人员工资的目标，联邦强制性医疗保险基金将非劳动人口的强制医疗保险费率提高 7.3%，2019 年提高 4.0%，2020 年提高 4.0%，这使得 2018 年强制医疗保险基金收入比 2017 年增加了 428 亿卢布，在 2019 年增加了 265 亿卢布，在 2020 年增加了 277 亿卢布。② 而在支出方面，由于强制医疗保险基金新增了高科技医疗支出，该项支出 2018 年和 2019 年每年都超过 960 亿卢布，且强制性居民基本医保人均财政补助标准在 2018 年比 2017 年提高了 21.5%，此后两年又分别增长 3.7% 和 4.0%，使 2018 年后俄罗斯强制医疗保险基金持续赤字，2018 年、2019 年赤字分别达到 926.18 亿卢布、627.50 亿卢布（见表 5.1）。新冠疫情暴发后，俄罗斯政府加大了对强制医疗保险基金的政府间转移支付，使得 2020 年、2021 年的强制医疗保险基金有所结余。但是根据俄罗斯联邦审计委员会对 2020 年联邦预算和预算外资金的审计结果显示，俄罗斯 56 个地区的强制医疗保险基金赤字金额达到 513 亿卢布。按照《关于 2022 年以及 2023 年和 2024 年的联邦强制性医疗保险基金预算计划》（2021 年 12 月 6 日第 392-FZ 号）的预计，2022 年、2023 年、2024 年联邦强制医疗保险基金赤字额度将分别达到 218.46 亿卢布、253.73 亿卢布、340.41 亿卢布。加之雇主与地方财政往往以各种方式少缴甚至不缴医疗保险费，且医疗管理机制和诸

---

① E. И. Козыренко, Л. О. Авдеева, "Современное состояние финансирования здравоохранения в России", *Вестник Астраханского государственного технического университета. Серия: Экономика*, No. 1 (2019), C. 153–164.

② "Министерство финансов Российской Федерации: основные направления бюджетной, налоговой и таможенно-тарифной политики на 2018 год и на плановый период 2019 и 2020 годов", https: // www.minfin.ru/ru/document/? id _ 4 = 119695 - osnovnye _ napravleniya _ byudzhetnoi_ nalogovoi_ i_ tamozhenno-tarifnoi_ politiki_ na_ 2018_ god_ i_ na_ planovyi_ period_ 2019_ i_ 2020_ godov.

多流程上存在缺陷，强制医疗保险基金被浪费、被挪用等问题时有发生，强制医疗保险基金的赤字问题已成为俄罗斯医疗卫生服务有效供给的一大障碍。

表 5.1　2010—2022 年俄罗斯强制医疗保险基金预算收支情况

单位：亿卢布

年份	预算收入（亿卢布）		预算支出（亿卢布）			盈余/赤字
	总额	包括：联邦预算中收到的政府间转移支付	总额	包括：拨付给俄罗斯联邦社会保险基金的预算间转账	包括：预算内拨付给联邦预算	
2010	1018.44	47.34	1091.24	175.00	—	−72.80
2011	3484.37	211.41	3104.28	180.00	—	380.09
2012	9665.42	518.10	9321.58	176.39	—	343.84
2013	11013.51	257.80	10487.23	177.92	—	526.28
2014	12505.45	285.50	12686.58	179.82	—	−181.13
2015	15735.43	238.60	16388.15	183.68	1748.00	−652.72
2016	16576.20	254.41	15901.51	178.19	943.61	674.69
2017	17371.64	273.85	16549.90	160.86	60.00	821.73
2018	18959.24	321.94	19885.42	151.59	62.40	−926.18
2019	21239.88	789.82	21867.38	139.79	62.40	−627.50
2020	23926.93	2477.42	23604.63	136.44	—	322.30
2021	26313.85	2948.73	25695.34	133.24	—	618.51
2022（计划）	27792.12	3260.47	28010.59	—	—	−218.46
2023（计划）	29257.47	3267.65	29511.20	—	—	−253.73
2024（计划）	30862.71	3350.57	31203.12	—	—	−340.41

资料来源：历年俄罗斯联邦强制性医疗保险基金的预算执行说明和报告。

（三）私人卫生支出比重逐渐增大

私人卫生支出是指居民在接受各类医疗卫生服务时的直接现金支付，是衡量一个国家居民看病是否贵的重要指标，私人卫生支出水平增加的主要原因通常是公共卫生资金不足，导致居民无法获得必要的公共卫生系统框架内的免费医疗卫生服务。自 20 世纪 90 年代初俄罗斯通过《俄罗斯联邦居民医疗保险法》，规定除强制医疗保险外设立自愿医疗保险后，俄罗斯私人卫生支出逐渐增加，人均私人卫生支出从 2000 年的 38.59 美元增长到 2017 年的 251.41 美元，增长了 5.49 倍。私人卫生支出占卫生支出总额比重也逐渐提高（见图 5.5），到 2017 年这一比重接近 43%，其中的大部分（40.49%）都来自患者自付（见表 5.2）。

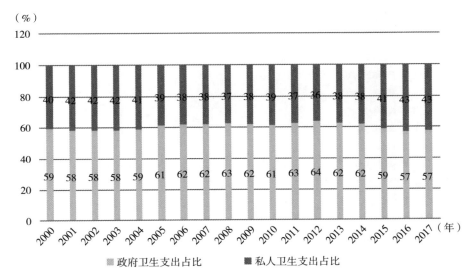

图 5.5　2000—2017 年俄罗斯政府卫生支出、私人卫生支出占比情况

资料来源：全球卫生观察站数据库，见 http://apps.who.int/gho/data/node.main.healthfinancing?
lang=en。

表 5.2　2000—2017 年俄罗斯各种医疗筹资来源占卫生总费用比重变化

单位：%

年份 筹资来源	2000	2005	2010	2015	2017
一般预算收入	35.00	34.60	37.65	22.86	21.12
强制医疗保险基金	24.36	26.55	23.73	35.86	35.97
自费支付	30.21	31.93	35.33	38.65	40.49
自愿健康保险	3.26	3.19	2.69	2.30	2.15
其他筹资来源	7.18	3.73	0.60	0.34	0.27

资料来源：全球卫生观察站数据库，见 http://apps.who.int/gho/data/node.main.healthfinancing?
lang=en。

从国际比较来看，2017 年俄罗斯人均私人卫生支出 283.7 美元，稍低于世界平均水平（见图 5.6），但私人卫生支出占卫生支出总额的比重（43.0%）不仅高于世界平均水平和与其经济发展水平相当的转轨国家（见图 5.7），更是大大高于发达国家的平均比重 28.5%，以及世界卫生组织建议的占卫生支出总额 15%—20% 的规模。

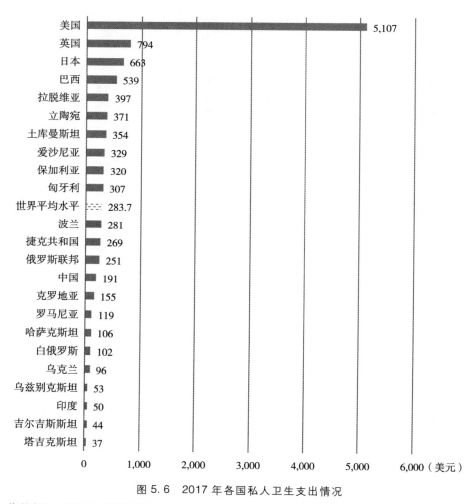

图 5.6 2017 年各国私人卫生支出情况

资料来源：全球卫生观察站数据库，见 http：//apps. who. int/gho/data/node. main. healthfinancing? lang＝en。

私人卫生支出占卫生支出比重能从侧面反映一个国家卫生筹资公平性和民众

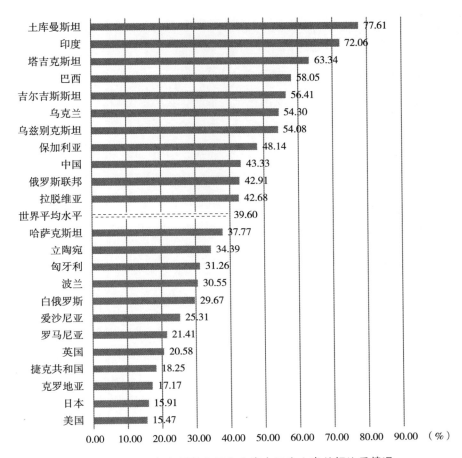

图 5.7 2017 年各国私人卫生支出占卫生支出总额比重情况

资料来源：全球卫生观察站数据库，见 http：//apps. who. int/gho/data/node. main. healthfinancing?
lang＝en。

就医的负担情况，这个比重不能太高，但也不是越低越好。由于私人卫生支出不具
备风险分摊功能，因此过高的私人卫生支出会影响民众，尤其是贫困人口对基本医
疗卫生服务的利用，给居民造成医疗经济负担。世界卫生组织通过国际比较研究发
现，在其他条件不变的情况下，私人卫生支出占卫生支出比重越高的国家，其卫生
筹资系统的风险保护功能越弱，居民发生灾难性卫生支出的比重就会越高①；而过

---

① 张毓辉等：《个人卫生支出比重与居民医疗经济负担关系的案例研究》，《卫生经济研
究》2011 年第 6 期。

低的私人卫生支出则可能影响社会医疗卫生筹资总量，减少民众通过增加个人利用服务成本来改变服务利用模式的机会①。俄罗斯学者阿夫克森蒂耶夫等（Н. А. Авксентьев，et al.）在其研究中也指出，私人卫生支出对居民健康是具有门槛效应的，当私人卫生支出占比较低时，其所占份额的增加在同等条件下可以改善居民健康状况，这是由于私人卫生服务的效率要高于一般公共卫生服务。② 但是，随着私人卫生支出所占份额的进一步增加，导致国家免费医疗服务利用率降低，进而可能导致居民整体健康状况的恶化。因此，面对当前43%的私人卫生支出占比，俄罗斯未来如何有效遏制医疗费用不合理过快增长的势头，减轻民众看病就医的直接负担，是推进深化医疗体制改革需要思考的问题。

二、政府卫生投入结构不尽合理，卫生服务公平性有待提高

作为卫生投入的重要组成部分，政府卫生投入的水平决定着基本医疗卫生服务的数量，而政府卫生投入的结构则决定着基本医疗卫生服务的质量。俄罗斯学者戈尔迪夫等（Gordeev，et al.）曾总结了俄罗斯公共卫生部门的财政改革成果经验，并对关于俄罗斯医疗卫生服务财政改革的质量、公平性、效率和可持续性的37篇相关文献进行综述基础上，指出俄罗斯各地区之间无论在医疗资金的筹集还是医疗卫生服务的可及性方面都存在着不平等性。③ 昆达其（Р. М. Кундакчя）从获得卫生资源的机会以及卫生系统的筹资两个方面对俄罗斯医疗卫生服务的公平和效率进行分析，认为公共服务的可及性不平等是俄罗斯经济社会领域存在的一个关键性问题，这种不平等性尤其存在于医疗卫生方面。④ 库克（Cook）也认为不公平性是俄罗斯免费医疗体系目前存在的主要

---

① 翟铁民等：《"十三五"以来全国及各地区个人卫生支出分析》，《中国卫生经济》2020年第6期。

② Н. А. Авксентьев，et al.，"Частные расходы на здравоохранение в регионах России：факторы и последствия"，*Финансовый журнал*，Vol. 34，No. 6（2016）.

③ V. S. Gordeev，et al.，"Two Decades of Reforms. Appraisal of the Financial Reforms in the Russian Public Healthcare Sector"，*Health Policy*，Vol. 102，No. 2-3（2011），pp. 270-277.

④ Р. М. Кундакчя，"Институциональные проблемы развития отраслей социальной сферы（на примере здравоохранения）"，*Экономика и управление в сфере кслуг*，№5（2010），С. 417-421.

问题，这种不公平性主要体现在家庭差距、区域差距、城乡差距三个方面。其中，在家庭层面，这种不公平性主要表现在医疗卫生支出负担方面；在区域层面，这种不公平性主要体现在各区域卫生资源的分配、卫生服务的可及性，以及健康结果差异性等方面；在城乡层面，这种差距表现农村居民获得的卫生服务的机会较少，卫生服务质量和总体健康状况较城市居民差[①]。正如以上学者研究得出的结论，当前，俄罗斯医疗卫生财政保障方面，除了政府卫生资金不足外，卫生投入结构不合理问题也比较突出，主要表现在联邦与地方负担结构不合理、区域分配不合理、使用结构不合理，医疗卫生服务公平性状况有待进一步提高。

（一）卫生层级负担结构有待进一步优化

政府卫生支出的各级政府负担结构不仅与国家法律规定的政府卫生职责、卫生管理体制和卫生财政体制密切相关，同时还取决于一国中各级政府的支出责任划分。[②] 俄罗斯联邦政府与地方政府间在支出责任方面的划分，决定了各级政府在医疗卫生服务方面应承担的责任和应享有的权利，这是俄罗斯预算联邦制构建的基础，也是俄罗斯政府间预算关系形成的基石。[③]

1. 国内比较

实行预算联邦制以来，俄罗斯一直致力于改善并划清各级政府事权及支出责任。2000 年以前，俄罗斯虽然也明确了联邦政府和联邦主体政府的财政支出权限和范围，并就教育、卫生、社会政策和经济补贴等共同性支出的拨款责任在联邦政府和联邦主体政府之间进行了划分，但却未赋予联邦主体政府管理本地区财政收入和财政支出的实际权限，使地方财政收支规模的确定以及支出结构的安排仍处于联邦政府统一调控与管理之中。此外，根据相关联邦法规，联邦政府还将许多没有拨款来源的支出责任转移给联邦主体财政，这些联邦支

①　L. J. Cook, "Constraints on Universal Health Care in the Russian Federation: Inequality, Informality and the Failures of Mandatory Health Insurance Reforms", *Journal of Self-Governance and Management Economics*, Vol. 3, No. 4 (2015), pp. 37–60.

②　王晓洁：《中国公共卫生支出理论与实证分析》，中国社会科学出版社 2011 年版，第 87 页。

③　童伟：《俄罗斯政府预算制度》，经济科学出版社 2013 年版，第 72 页。

出责任的随意转移和重新分配，一方面模糊了联邦和联邦主体之间的财政支出责任的边界，另一方面又形成了对地方财政的摊派，加重了地方财政的负担①，这种政府间财政支出责任划分的不清晰或不确定，与政府间财政收入的明确划分形成了强烈对比。在联邦政府既划定联邦与联邦主体各级政府财政收入范围，又限制联邦主体各级政府根据自己的需要安排财政支出，而联邦政府的财政支出责任可随意转移给地方的情况下，联邦主体各级政府财政收入和财政支出责任的不对称，加重了各级政府的财政支出压力。②

在这种情况下，2001 年俄罗斯颁布《2005 年以前俄罗斯联邦财政联邦制发展纲要》，明确提出了划分联邦与地方支出权限的五项原则，其中一项为外部效用原则，即一项支出责任的社会相关性越广，则应该属于更高层级的政府。2003 年，俄罗斯对《地方自治机构基本原则法》重新修订，该法将《宪法》第 72 条中所列举的各项政府管理职责逐一定位，划归于不同层级的政府，明确各级政府的财政支出义务和支出责任，并为每一支出责任配备了相应的资金来源。③

根据俄罗斯联邦《宪法》第 72 条，健康问题是俄罗斯联邦政府和联邦主体政府的联合管辖内容。《俄罗斯联邦关于保护公民健康的立法基础》（第5487 号）规定了不同级别政府之间的卫生职责，其中，联邦政府在卫生健康领域主要负责制定健康领域法规、制定统一规划、组织联邦卫生机构提供三级卫生服务、为特定群体提供医疗保健服务、管理联邦卫生服务资产、制定和批准国家卫生保健福利包等；联邦主体政府主要负责制定和批准主体内卫生规划、制定和批准、实现主体内卫生服务福利包、确定卫生预算拨款、提供医疗保健服务和医药品、为非就业人口提供强制医疗保险等。但是，随着 2003 年9 月 16 日国家杜马通过《关于俄罗斯联邦地方自治机关一般原则》，提出俄罗斯联邦预算间关系改革的框架，俄罗斯预算联邦制进入实质性新阶段④，俄罗

---

① 童伟：《俄罗斯政府间财政关系的改革及对我国的启示》，《中央财经大学学报》2003 年第 11 期。

② 童伟：《俄罗斯政府预算制度》，经济科学出版社 2013 年版，第 72—73 页。

③ 童伟：《俄罗斯政府预算制度》，经济科学出版社 2013 年版，第 72—73 页。

④ 李淑霞、孙显松：《俄罗斯地方政府财政制度研究》，《学习与探索》2007 年第 4 期。

斯经济社会发展逐渐出现了地区化发展趋势，调节社会和经济发展的职能越来越多地由联邦政府转移到了联邦主体各级政府，联邦以下政府承担大量的社会保障和社会责任，在卫生服务供给的范围也越来越大。

从实际支出结构来看，在联邦政府支出结构中，居于主要地位的是社会政策、国防、国民经济、国家安全与执法，以及全国性问题，医疗卫生占比4.71%，排在第九位（见表5.4）。而在联邦主体汇总预算支出中，居于第一位的为教育，医疗卫生占比8.5%，排在第五位，说明联邦主体在医疗卫生方面承担了更多的支出责任，面临更大的财政压力（见表5.6）。

表 5.3　俄罗斯联邦政府预算支出结构　　　　单位：亿卢布

项目	2015 年	2016 年	2017 年	2018 年	2019 年
总计，包括：	158542.80	166363.86	170169.14	174912.54	193354.96
全国性问题	11235.88	11277.61	12482.51	14120.56	15966.89
国防	31878.49	38063.61	30596.35	30629.98	32334.61
国家安全与执法	19887.01	18917.99	19607.52	20498.18	21828.15
国民经济	24079.62	24015.81	25802.08	25692.32	30792.90
住房和公共设施	1470.51	756.78	1249.40	1688.12	3369.00
环境保护	499.46	633.66	931.04	1173.84	2155.21
教育	6154.94	6031.75	6231.07	7536.07	8874.45
文化、影视	901.27	906.43	984.07	1125.09	1394.20
医疗卫生	5273.86	5186.42	4519.31	5578.66	7459.60
社会政策	42822.10	46002.86	50313.11	46118.76	48995.84
体育和运动	745.80	671.49	1024.56	736.94	890.45
大众传媒	821.77	767.02	832.46	885.11	1035.87
市政和债务	5929.73	6395.57	7302.77	8143.11	7777.39
转移支付	6842.35	6736.85	8292.89	10985.80	10480.43
预算执行结果（赤字/盈余）	−26029.29	−32677.90	−22966.37	14563.14	6347.83

资料来源：俄罗斯历年预算，见 http://www.roskazna.ru/ispolnenie-byudzhetov/federalnyj-byudzhet/。

表 5.4　俄罗斯联邦政府预算支出类别占比情况　　　　单位：%

项目	2015 年	2016 年	2017 年	2018 年	2019 年
全国性问题	7.09	7.11	7.87	8.91	10.07
国防	20.11	24.01	19.30	19.32	20.39
国家安全与执法	12.54	11.93	12.37	12.93	13.77
国民经济	15.19	15.15	16.27	16.21	19.42
住房和公共设施	0.93	0.48	0.79	1.06	2.12
环境保护	0.32	0.40	0.59	0.74	1.36
教育	3.88	3.80	3.93	4.75	5.60
文化、影视	0.57	0.57	0.62	0.71	0.88
医疗卫生	3.33	3.27	2.85	3.52	4.71
社会政策	27.01	29.02	31.73	29.09	30.90
体育和运动	0.47	0.42	0.65	0.46	0.56
大众传媒	0.52	0.48	0.53	0.56	0.65
市政和债务	3.74	4.03	4.61	5.14	4.91
转移支付	4.32	4.25	5.23	6.93	6.61

资料来源：俄罗斯历年预算，见 http：//www.roskazna.ru/ispolnenie-byudzhetov/federalnyj-byudzhet/。

表 5.5　俄罗斯联邦主体汇总预算支出结构　　　　单位：亿卢布

项目	2015 年	2016 年	2017 年	2018 年	2019 年
总计，包括：	102356.56	105250.17	114395.09	124567.39	143208.56
全国性问题	7127.06	6904.48	7500.60	8051.86	9231.95
国防	40.42	48.63	45.13	43.48	46.16
国家安全与执法	1170.27	1198.14	1253.63	1471.91	1611.74
国民经济	20842.59	21776.78	24753.89	26546.14	31968.78
住房和公共设施	9934.70	10475.15	12475.94	13043.75	15016.51
环境保护	268.70	242.08	298.83	447.22	816.40
教育	25625.61	26197.68	27607.70	30960.48	34690.75
文化、影视	3316.79	3566.80	4266.25	4581.41	4994.70
医疗卫生	14233.18	13301.49	8919.22	9971.36	12174.59
社会政策	15601.29	17160.49	22632.43	24735.44	27501.72
体育和运动	2097.98	2259.68	2693.94	2978.76	3411.56
大众传媒	444.36	438.01	446.30	485.53	531.35

续表

项目	2015 年	2016 年	2017 年	2018 年	2019 年
市政和债务	1619.29	1644.32	1468.71	1213.73	1173.83
转移支付	34.33	36.44	32.52	36.31	38.52
预算执行结果（赤字/盈余）	−9283.69	−8157.86	−7676.33	−5853.95	−8850.70

资料来源：俄罗斯历年预算，见 http：//www.roskazna.ru/ispolnenie-byudzhetov/federalnyj-byudzhet/。

表 5.6 俄罗斯联邦主体汇总预算支出类别占比情况　　　单位：%

项目	2015 年	2016 年	2017 年	2018 年	2019 年
全国性问题	6.96	6.56	6.56	6.46	6.45
国防	0.04	0.05	0.04	0.03	0.03
国家安全与执法	1.14	1.14	1.10	1.18	1.13
国民经济	20.36	20.69	21.64	21.31	22.32
住房和公共设施	9.71	9.95	10.91	10.47	10.49
环境保护	0.26	0.23	0.26	0.36	0.57
教育	25.04	24.89	24.13	24.85	24.22
文化、影视	3.24	3.39	3.73	3.68	3.49
医疗卫生	13.91	12.64	7.80	8.00	8.50
社会政策	15.24	16.30	19.78	19.86	19.20
体育和运动	2.05	2.15	2.35	2.39	2.38
大众传媒	0.43	0.42	0.39	0.39	0.37
市政和债务	1.58	1.56	1.28	0.97	0.82
转移支付	0.03	0.03	0.03	0.03	0.03

2. 国际比较

从世界各国情况来看，对政府卫生支出财政责任的划分主要有以下几种情况：一是中央政府在公共卫生支出负主要责任，地方政府发挥辅助作用；二是地方政府负责医疗卫生服务供给的主要责任，中央政府则发挥辅助作用；三是地方政府在整个过程中负完全责任，如印度的卫生保健支出责任就全部由地区政府和地方政府提供。①

就不同级次政府所负担的具体公共卫生支出比例来看（如表5.7所示），大多数国家中央政府在公共卫生支出中承担着主要责任。其中，西班牙中央政府承担的公共卫生支出比例最低，塞浦路斯、希腊、爱尔兰、马耳他比例最高，中央政府100%承担公共卫生支出。俄罗斯联邦政府2016年承担的公共卫生支出只占15.66%，远低于世界平均水平，联邦主体各级政府承担了84.34%的公共卫生支出。由于联邦主体各级政府在医疗卫生领域主要承担为组织初级保健和紧急服务、对区域内医疗机构提供药品、提高药品可及性、为民众提供公共健康教育和传染病流行信息等责任，这意味着基层医疗卫生及初级保健等基本医疗卫生服务的大部分责任分摊给了基层政府。值得注意的是，基层政府往往是财政最薄弱的环节，由于卫生机构运行经费有限，可用于开展正常业务的经费十分紧张，甚至难以保证基层医护人员的基本福利待遇，从而滋生了"影子支付"和灰色收入的温床，违背了公共卫生的公益性目标，也不利于提高医疗卫生服务的可及性和公平性。另外，以联邦主体政府为主的卫生投入结构使俄罗斯公共卫生的财政投入容易受地区经济发展水平影响，从而导致各地区间卫生投入差异显著，进而影响医疗卫生服务的公平性。

表5.7　2016年部分国家公共卫生支出政府负担比例　　　单位:%

国家	中央	地区	地方
奥地利	23.90	45.74	30.36
比利时	41.24	56.73	2.03
塞浦路斯	100.00	0.00	0.00
爱沙尼亚	61.11	0.00	38.89
芬兰	33.44	0.00	66.56
法国	82.16	0.00	17.84
德国	27.75	45.31	26.94
希腊	100.00	0.00	0.00
爱尔兰	100.00	0.00	0.00

---

① 陈共、王俊：《论财政与公共卫生》，中国人民大学出版社2007年版，第123页。

续表

国家	中央	地区	地方
意大利	36.42	0.00	63.58
拉脱维亚	79.26	0.00	20.74
立陶宛	65.36	0.00	34.64
卢森堡	95.84	0.00	4.16
马耳他	100.00	0.00	0.00
荷兰	75.68	0.00	24.32
葡萄牙	94.13	0.00	5.87
斯洛伐克	88.65	0.00	11.35
斯洛文尼亚	78.97	0.00	21.03
西班牙	4.10	94.65	1.25
阿尔巴尼亚	99.83	0.00	0.17
白俄罗斯	19.82	0.00	80.18
保加利亚	77.50	0.00	22.50
克罗地亚	49.86	0.00	50.14
匈牙利	94.19	0.00	5.81
摩尔多瓦	97.69	0.00	2.31
波兰	36.82	0.00	63.18
罗马尼亚	48.36	0.00	51.64
俄罗斯	15.66	68.12	16.22
土耳其	98.25	0.00	1.75
乌克兰	16.51	0.00	83.49
阿塞拜疆	96.34	3.66	0.00
哈萨克斯坦	63.38	0.00	36.62
吉尔吉斯	93.27	0.00	6.73
乌兹别克斯坦	17.82	82.18	0.00
平均值	65.10	11.66	23.24

资料来源：IMF《政府财政统计 2016》，见 https：// data. imf. org/？ sk = 5804C5E1 - 0502 - 4672 - BDCD-671BCDC565A9。

（二）卫生支出分配结构需要进一步平衡

政府卫生支出的分配结构是指公共卫生资源在地区之间以及城乡之间的配置比例。尽管俄罗斯实行全民免费医疗制度，注重医疗卫生服务的普惠效果，全面覆盖确保底线公平。但在医疗卫生投入分配、医疗资源分配、医疗服务可及性等方面仍然存在各种不公平之处，主要体现在家庭之间、地区之间、区域内城乡之间的不公平性。[1] 2011 年，西尼齐娜（Sinitsina）在 CASE 工作报告中就已对俄罗斯医疗卫生服务可及性的影响因素进行了分析，指出俄罗斯各区域的医疗基础设施可用度和密度以及医务人员的素质存在差距、城乡之间的卫生服务的可及性存在差异、家庭收入差距拉大导致低收入家庭医疗卫生支出负担沉重、各地区医疗筹资的差异化明显、公民获得免费医疗服务的机会存在较大差距等因素影响了俄罗斯医疗卫生服务的公平性和可及性。[2]

1. 家庭层面

从家庭层面来看，尽管近年来经济复苏，俄罗斯家庭收入不断增加，但家庭贫富差距持续存在且越来越大，这种收入差距直接导致了家庭在获取医疗卫生服务水平和类型上的差距。根据俄罗斯纵向监测调查（RMLS）结果表明，1998 年以来，俄罗斯最富有的五分之一人口与其他人口在使用私人卫生服务方面差距有所扩大，俄罗斯私人卫生设施支出占家庭卫生支出的三分之一，但只为全国不到 4% 的患者提供服务。这五分之一人口寻求医疗服务和救助的频率比收入最低的五分之一人口高近 40%，医疗卫生支出是收入最低的五分之一人口的两倍，但卫生支出占其家庭收入的比重却比收入最低的五分之一人口少十倍。[3] 因此，总体来看，贫困家庭的医疗支出占家庭收入比例要高得多，医疗卫生负担也重得多。据世界卫生组织统计数据，1990—2014 年，俄罗斯由于家庭卫生支出而导致的贫困差距增加比例已从 0.23% 上升到 0.45%（见图 5.8）[4]。

---

① L. J. Cook, "Constraints on Universal Health Care in the Russian Federation: Inequality, Informality and the Failures of Mandatory Health Insurance Reforms", *Journal of Self-Governance and Management Economics*, Vol. 3, No. 4 (2015), pp. 37-60.

② I. Sinitsina, "Public Expenditure on Education and Health in Russian Federation Before and During the Global Crisis", CASE Network Reports, No. 103 (2011).

③ L. J. Cook, "Constraints on Universal Health Care in the Russian Federation: Inequality, Informality and the Failures of Mandatory Health Insurance Reforms", *Journal of Self-Governance and Management Economics*, Vol. 3, No. 4 (2015), pp. 37-60.

④ 童伟、宁小花：《俄罗斯免费医疗：发展历程、效果分析、困境及未来发展方向》，《俄罗斯东欧中亚研究》2020 年第 1 期。

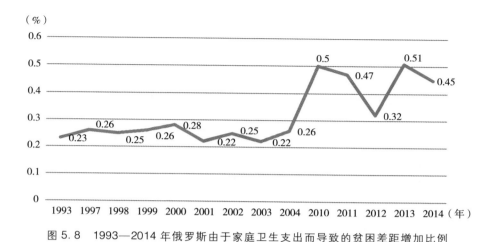

图 5.8 1993—2014 年俄罗斯由于家庭卫生支出而导致的贫困差距增加比例

资料来源：世界卫生组织网，见 https：//apps.who.int/gho/portal/uhc-financial-protection-v3.jsp。

2. 区域层面

从区域层面来看，由于俄罗斯的经济增长在很大程度上依赖于自然资源的出口，尤其是石油和天然气，区域经济发展水平和人均国内生产总值容易出现两极分化，导致俄罗斯各地区的财政能力、人均卫生支出金额和支出效果也存在明显差异。

（1）一般卫生预算支出分析

根据《俄罗斯 2019 年卫生统计年鉴》数据分析，在 2018 年俄罗斯各地区一般卫生预算支出中，85 个联邦主体的平均卫生预算支出为 111.52 亿卢布，其中卫生预算支出最少的地区为印古什共和国，只有 6.36 亿卢布，卫生预算支出最多的为莫斯科市，达到 1836.9 亿卢布，两者相差 288 倍（见表 5.8）。从图 5.9 可以看出，2013—2015 年，俄罗斯各地区的一般卫生预算支出均值总体趋势增大，标准差逐渐降低，表明这几年间俄罗斯各地区一般卫生预算支出的绝对数量在增加，总体差距在缩小。但 2016 年受西方制裁及国际石油价格大幅度下跌带来的财政赤字影响，俄罗斯各地区一般卫生预算支出均值下降，标准差扩大，表明财政投入的减少确实会影响俄罗斯国内卫生公平性问题的解决。①

————————

① 童伟、宁小花：《俄罗斯免费医疗：发展历程、效果分析、困境及未来发展方向》，《俄罗斯东欧中亚研究》2020 年第 1 期。

表 5.8 2013—2018 年俄罗斯各联邦主体一般卫生预算支出金额

单位：百万卢布

地区 \ 年份	一般卫生预算支出金额					
	2013	2014	2015	2016	2017	2018
中央联邦区						
别尔哥罗德州	9979.1	9718.9	10552.2	10154.5	5931.4	7824.7
布良斯克州	5718.2	6627.5	6825.5	2299.7	2850.6	3959.4
弗拉基米尔州	8592.0	8355.6	8375.3	8453.8	5052.2	6411.8
沃罗涅日州	15818.1	16192.9	17124.9	16460.7	7698.3	10249.1
伊万诺夫州	4739.6	5711.0	5795.3	1679.0	1538.7	2723.2
卡卢加州	7224.2	7745.1	9141.4	4328.1	4096.3	5860.7
科斯特罗马州	4502.0	4104.9	4069.9	4005.8	1718.5	2067.3
库尔斯克州	5793.1	6940.7	6462.6	6548.7	3357.9	4435.1
利佩茨克州	7293.2	8284.3	9269.9	4350.1	3648.2	4241.7
莫斯科州	71006.2	73307.1	74100.9	54783.3	68689.8	79713.6
奥廖尔州	5441.2	5167.6	4965.5	5310.6	2357.9	2902.6
梁赞州	7071.5	6415.5	6350.0	6833.5	2899.3	5171.5
斯摩棱斯克州	5715.4	5837.8	8438.9	6433.6	2566.1	3011.8
坦波夫州	5155.7	7239.8	7662.2	6392.7	2043.2	2363.7
特维尔州	9784.9	9390.2	10020.2	9919.2	4520.0	5253.7
图拉州	10344.7	10443.2	11009.4	12203.7	7268.7	7317.9
雅罗斯拉夫州	9432.3	9293.4	8994.9	8994.4	5610.7	6473.2
莫斯科市	208634.4	204129.3	183172.5	195797.4	184676.9	183690.8
西北联邦区						
卡累利阿共和国	5019.7	6006.4	7187.0	6067.2	2746.7	3119.4
科米共和国	12230.8	11385.4	12454.3	11261.1	5564.6	6817.6
大汉格尔州	11180.5	12766.3	13969.2	12541.5	5466.8	6830.7
沃格格达州	7527.7	7731.5	8154.2	8584.9	3778.0	5758.8
加里宁格勒州	6954.1	7656.6	7789.2	7258.9	3936.6	6495.3
列宁格勒州	14565.1	15410.7	16434.6	11367.3	15064.6	15974.8
摩尔曼斯克州	8871.9	9751.9	9810.6	9656.9	4564.3	5114.0
诺夫哥罗德州	4437.2	3922.5	4011.1	4203.8	1813.4	2128.1
普什科夫州	5801.1	4887.3	4681.3	4529.1	2632.0	2452.7

续表

年份 地区	一般卫生预算支出金额					
	2013	**2014**	**2015**	**2016**	**2017**	**2018**
圣彼得堡市	53369.5	67133.9	71334.6	76931.4	90853.2	75769.1
涅涅茨自治区	1888.1	1845.3	2153.0	1641.3	1445.5	1698.5
南部联邦区						
阿迪格共和国	2771.3	3101.8	3088.5	2890.8	1637.1	1666.6
卡尔梅克共和国	1814.6	1801.2	2081.7	1852.0	769.8	882.1
克里米亚共和国	—	16588.2	17458.8	17092.5	13794.1	13898.3
克拉斯诺达尔边疆区	41163.8	39198.9	41601.6	44542.5	23086.5	25909.1
阿斯特拉罕州	7296.1	7087.2	6687.2	6510.0	2399.3	3875.8
伏尔加格勒州	12496.6	15337.2	16143.1	5794.2	5963.0	7788.6
罗斯托夫州	23273.0	24704.9	25903.3	26166.5	10706.7	13079.9
塞瓦斯托波尔市	—	2802.0	3817.8	3978.9	2682.5	3751.5
北高加索联邦区						
达吉斯坦共和国	13199.8	15348.4	18910.0	3584.8	3764.0	4809.3
印古什共和国	2996.2	4143.1	4757.0	3347.9	741.6	636.0
卡巴尔达—巴尔卡尔共和国	4498.2	5319.6	6584.2	6816.5	2280.0	2261.5
卡拉恰伊—切尔克斯共和国	3448.7	3400.0	3820.0	3729.8	1848.1	1952.0
北奥塞梯—阿兰共和国	4401.0	4944.5	5211.4	5209.9	2620.2	3338.4
车臣共和国	8128.1	9562.4	10944.1	10055.4	3409.6	4338.3
斯塔夫罗波尔边疆区	14473.1	14822.9	18099.8	17821.8	6346.5	7184.3
伏尔加河沿岸联邦区						
巴什科尔托斯坦共和国	29760.6	31228.5	33310.4	33413.4	14906.9	19001.6
里—埃尔共和国	3260.7	3457.7	3693.9	4169.6	1423.2	1433.4
莫尔多维亚共和国	5572.7	4946.2	5416.3	5478.1	2701.3	3008.5
鞑靼斯坦共和国	26090.8	28544.4	31711.2	34766.1	20111.2	24082.0
乌德穆尔特共和国	10645.3	11179.5	10847.3	10959.8	4029.6	4750.8

续表

地区＼年份	一般卫生预算支出金额					
	2013	2014	2015	2016	2017	2018
楚瓦什共和国	6465.3	7233.8	6889.0	2931.9	3628.6	4110.9
彼尔姆边疆区	23274.7	22691.5	21919.9	21725.4	10458.8	11338.8
基洛夫州	7359.5	6714.9	7356.0	7177.5	1948.1	2388.1
下诺夫哥罗德州	20702.2	23216.4	22928.8	21079.6	10607.4	12736.8
奥伦堡州	13977.1	15885.8	16624.4	6631.3	5662.0	6491.8
奔萨州	8859.0	9459.4	8740.3	9844.0	4327.2	5390.8
萨马拉州	21409.4	19987.6	20190.6	21310.9	10379.2	11959.0
萨拉托夫州	12221.1	13700.7	15249.1	14018.2	3940.5	4889.7
乌里扬诺夫斯克州	7618.4	7474.4	9227.7	8452.6	4658.1	3740.8
乌拉尔联邦区						
库尔干州	5286.5	5654.8	5817.4	6359.8	2267.9	2530.5
斯维尔德洛夫斯克州	42181.9	41592.4	39529.7	40596.6	20965.1	23518.2
秋明州	14848.8	14681.4	13981.4	7400.7	10576.2	14865.5
车里雅宾斯克州	22852.2	22848.8	27472.9	27880.6	13120.9	14511.7
汉特—曼西自治区（尤格拉）	42580.6	44675.5	45876.4	45410.0	34846.9	39195.4
亚马尔—涅涅茨自治区	15848.3	15402.2	15375.5	15368.3	13132.2	16118.7
西伯利亚联邦区						
阿尔泰共和国	1944.1	1911.6	2353.8	2070.7	874.2	2074.3
图瓦共和国	4171.6	3572.4	3452.8	3980.9	1349.1	1918.6
哈卡斯共和国	4426.6	4695.1	6158.0	7904.6	1870.2	3458.1
阿尔泰边疆区	14742.0	16958.4	18353.1	17501.2	7414.3	8132.7
克拉斯诺亚尔斯克边疆区	29243.0	27915.4	30151.6	32067.6	13267.6	18963.3
伊尔库茨克州	20595.2	22443.3	23684.0	25019.3	10534.4	12009.4
克麦罗沃州	19178.1	19520.9	21179.1	21606.2	7992.1	11923.1
新西伯利亚州	18089.5	17794.7	19846.4	19360.9	7793.2	9480.7
鄂木斯克州	14578.1	13819.5	13730.3	13757.7	4781.4	6595.7
托木斯克州	8985.3	9270.0	9154.1	9296.1	4592.6	5277.6

续表

年份 地区	一般卫生预算支出金额					
	2013	**2014**	**2015**	**2016**	**2017**	**2018**
远东联邦区						
布里亚特共和国	8934.4	11818.9	10139.9	9884.5	4533.8	5964.6
萨哈共和国 （雅库特）	16401.8	17152.1	19436.0	17433.3	9761.8	12662.3
后贝加尔边疆区	7899.8	7392.0	9117.5	8365.9	2009.3	3231.5
堪察加边疆区堪 察加边疆区	6713.2	6670.0	7327.1	7392.0	4656.2	5416.2
滨海边疆区	16645.3	16244.3	16965.4	16450.0	6382.6	9428.2
哈巴罗夫斯克边 疆区	12225.5	13406.6	14154.3	15196.1	7255.7	9274.9
阿穆尔州	8098.2	8454.8	7292.9	2292.4	2949.9	4457.6
马加丹州	5431.8	5242.1	5465.6	5796.6	3944.3	5279.8
萨哈林州	12339.6	15854.2	15987.6	18197.0	12085.1	14620.3
犹太自治州	2862.9	1835.9	2071.1	1852.2	580.7	920.3
楚科奇自治区	2458.8	2016.1	2149.4	2371.0	2438.1	2362.1

资料来源：《俄罗斯 2019 年卫生统计年鉴》，见 http：// www.gks.ru/wps/wcm/connect/rosstat_main/rosstat/ru/statistics/publications。

（2）强制性医疗保险基金分析

从各地区强制性医疗保险基金数据来看，2018 年俄罗斯 85 个联邦主体的平均强制性医疗保险基金为 249.55 亿卢布，其中强制性医疗保险基金最少的地区为涅涅茨自治区，只有 16 亿卢布，强制性医疗保险基金最多的为莫斯科市，达到 2618.76 亿卢布，两者相差 162.67 倍（见表 5.9）①。从图 5.10 可以看出，2013—2018 年，俄罗斯各地区的强制性医疗保险基金均值和标准差都呈上升趋势，表明随着强制医疗保险的缴费率从 3.1% 调整为 5.1%，俄罗斯在强制性医疗保险基金不断增加的同时，各地区的差距也越来越大。

---

①　童伟、宁小花：《俄罗斯免费医疗：发展历程、效果分析、困境及未来发展方向》，《俄罗斯东欧中亚研究》2020 年第 1 期。

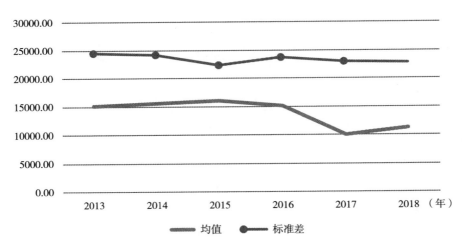

图 5.9　2013—2018 年俄罗斯各联邦主体一般卫生预算支出金额的均值和标准差

资料来源：《俄罗斯 2019 年卫生统计年鉴》，见 http：//www.gks.ru/wps/wcm/connect/rosstat_ main/rosstat/ru/statistics/publications。

表 5.9　2013—2018 年俄罗斯各联邦主体强制性医疗保险基金金额

单位：百万卢布

地区＼年份	强制性医疗保险基金					
	2013	**2014**	**2015**	**2016**	**2017**	**2018**
中央联邦区	323271	402356	441917	452591	504176	593164
别尔哥罗德州	9909	12952	12995	12372	14162	17125
布良斯克州	8032	10829	10516	10691	11078	13366
弗拉基米尔州	8900	10722	12286	12316	12873	15610
沃罗涅日州	14978	18145	19786	20020	21247	25734
伊万诺夫州	7152	8266	9040	8859	9145	11195
卡卢加州	7756	10159	9763	9164	10176	12181
科斯特罗马州	4672	5418	5845	5868	6239	7424
库尔斯克州	8010	8412	9632	9808	10245	12372
利佩茨克州	8001	10407	10080	10324	10944	13220
莫斯科州	64289	83149	96439	96372	107822	113826
奥廖尔州	5702	6220	6726	6889	7250	8664
梁赞州	9043	9400	9785	9877	10352	12527
斯摩棱斯克州	6430	9153	8297	8493	8859	10663

续表

地区 \ 年份	强制性医疗保险基金					
	2013	2014	2015	2016	2017	2018
坦波夫州	6401	9909	8942	9038	9727	11423
特维尔州	9453	10212	11519	11762	12224	14861
图拉州	10733	12551	12853	13133	14008	16527
雅罗斯拉夫州	9580	11048	12027	11315	11939	14569
莫斯科市	124231	155403	175386	186291	215885	261876
西北联邦区	128346	157025	171556	175758	194580	234647
卡累利阿共和国	6821	10027	9238	9391	9594	11577
科米共和国	11949	13252	14298	14367	14905	17711
大汉格尔州	14403	18534	19904	18193	19881	23342
其中包括:						
涅涅茨自治区	806	984	1275	1368	1430	1600
阿尔汉格尔斯克州（不含涅涅茨自治区）	13598	17550	18629	16825	18451	21742
沃格格达州	9005	10472	11312	11672	12277	14747
加里宁格勒州	7647	8820	9577	9751	10319	12227
列宁格勒州	13007	16447	17238	17810	20342	25169
摩尔曼斯克州	10547	12618	13389	13377	13920	16739
诺夫哥罗德州	4361	4879	5369	5558	5882	6918
普什科夫州	4865	7576	5591	5661	5825	6871
圣彼得堡市	45742	54398	65639	69976	81635	99347
南部联邦区	105432	135394	115916	140289	146737	179236
阿迪格共和国	3098	3440	3740	3846	4011	4873
卡尔梅克共和国	1895	2150	2332	2620	2705	3154
克里米亚共和国	—	60	16188	16329	16229	20649
克拉斯诺达尔边疆区	36091	40864	45134	47415	50152	61084
阿斯特拉罕州	6610	7854	8657	8791	9306	11302
伏尔加格勒州	16045	19265	21581	21999	23075	27899
罗斯托夫州	26709	31784	34473	35750	37680	45731
塞瓦斯托波尔市	—	15	3290	3539	3580	4543

续表

地区＼年份	强制性医疗保险基金					
	2013	**2014**	**2015**	**2016**	**2017**	**2018**
北高加索联邦区	58009	75262	74587	78780	83946	99893
达吉斯坦共和国	16873	22069	21073	23595	25180	28410
印古什共和国	2551	5116	3596	3568	3898	4777
卡巴尔达—巴尔卡尔共和国	4884	6694	6499	6571	6810	8260
卡拉恰伊—切尔克斯共和国	2733	3181	3481	3550	3773	4606
北奥塞梯—阿兰共和国	4468	5191	5980	6153	6398	7785
车臣共和国	7515	9252	10642	11320	12444	15435
斯塔夫罗波尔边疆区	18985	23760	23315	24023	25442	30620
伏尔加河沿岸联邦区	217787	257662	273636	277389	290752	348623
巴什科尔托斯坦共和国	32147	34635	38887	39763	40947	47740
里—埃尔共和国	4319	5120	5851	5955	6262	7511
莫尔多维亚共和国	6148	6172	7045	7014	7284	8620
鞑靼斯坦共和国	29852	36143	39022	38959	41506	49835
乌德穆尔特共和国	12121	13100	14546	14683	15495	18601
楚瓦什共和国	9244	10301	10977	11226	11898	14372
彼尔姆边疆区	20960	24661	25599	25397	26620	32031
基洛夫州	10743	11069	12403	12697	13491	16519
下诺夫哥罗德州	22213	24734	28097	28856	30211	36596
奥伦堡州	14727	19076	19016	19655	20905	25047
奔萨州	8415	12927	11576	11838	12400	14797
萨马拉州	22616	27163	27446	28012	29520	35641
萨拉托夫州	15603	20775	21933	22150	22620	27394
乌里扬诺夫斯克州	8679	11787	11237	11184	11594	13919
乌拉尔联邦区	135757	151556	165696	164702	170968	192826

续表

年份 地区	强制性医疗保险基金					
	2013	2014	2015	2016	2017	2018
库尔干州	6432	7300	8516	8729	9157	11092
斯维尔德洛夫斯克州	40947	42168	44894	44187	45322	53630
秋明州	64228	70941	77683	77283	81016	84919
其中包括：						
汉特—曼西自治区（尤格拉）	34006	37930	41741	41379	42858	41624
亚马尔—涅涅茨自治区	13436	13634	16382	16178	18276	20511
秋明州没有自治区	16785	19377	19559	19726	19881	22783
车里雅宾斯克州	24151	31148	34603	34503	35472	43185
西伯利亚联邦区	154306	184766	201240	202952	205807	246699
阿尔泰共和国	2351	2687	3183	3301	3528	4248
图瓦共和国	3555	4493	4855	4942	5432	6504
哈卡斯共和国	5198	8227	6669	6637	7103	8703
阿尔泰边疆区	17211	22224	23016	23370	24864	29804
克拉斯诺亚尔斯克边疆区	34794	41462	47438	47131	40813	49087
伊尔库茨克州	23452	27514	30983	31117	31969	39226
克麦罗沃州	21105	24436	26812	26932	28845	34141
新西伯利亚州	20125	24544	26662	27211	28581	34735
鄂木斯克州	16254	17613	18294	18671	20427	24003
托木斯克州	10261	11566	13328	13642	14245	16248
远东联邦区	103335	120879	131716	131527	138947	167746
布里亚特共和国	9174	12833	12161	12017	13052	15485
萨哈共和国（雅库特）	19022	20837	23629	23065	24294	30984
后贝加尔边疆区	10702	12157	13325	12781	13793	16568
堪察加边疆区堪察加边疆区	5692	6564	7370	7658	7841	9068
滨海边疆区	16233	20800	22839	22530	23775	28518

续表

地区 \ 年份	强制性医疗保险基金					
	2013	**2014**	**2015**	**2016**	**2017**	**2018**
哈巴罗夫斯克边疆区	15686	17350	19173	19333	20150	24313
阿穆尔州	8509	9374	10528	10757	11260	13458
马加丹州	4288	4779	4720	4442	4899	5376
萨哈林州	10479	12166	13556	14417	14884	18752
犹太自治州	1637	1961	2198	2215	2404	2817
楚科奇自治区	1913	2058	2219	2312	2593	2407

资料来源：《俄罗斯 2019 年卫生统计年鉴》，见 http：// www. gks. ru/wps/wcm/connect/rosstat_ main/rosstat/ru/statistics/publications。

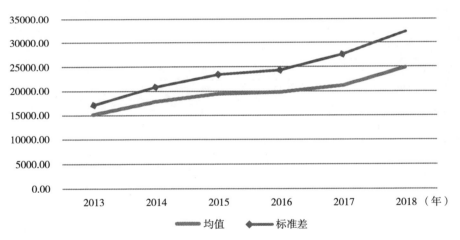

图 5.10　2013—2018 年俄罗斯各联邦主体强制性医疗保险基金的均值和标准差图

资料来源：《俄罗斯 2019 年卫生统计年鉴》，见 http：//www. gks. ru/wps/wcm/connect/rosstat_ main/rosstat/ru/statistics/publications。

（3）人均政府卫生支出分析

从人均政府卫生支出情况来看，2018 年俄罗斯全国人均政府卫生支出为 17580.28 卢布，有 27 个联邦主体的人均政府卫生支出超过全国平均水平，最高的为涅涅茨自治区 61374.32 卢布，其他 58 个联邦主体的人均政府卫生支出都低于全国平均水平，最低的为印古什共和国 11069.6 卢布，最高地区与最低地区人均政府卫生支出相差 4.54 倍（见表 5.10）。而且八大联邦区①的人均政府卫生支出也相差较大（见表 5.11），政府卫生支出的地区公平性有待进一步提高（见图 5.11）。

表 5.10　2018 年俄罗斯各联邦主体人均政府卫生支出　　单位：卢布

地区	人均政府卫生支出		
	总计	人均一般卫生预算支出	人均强制医疗保险基金
中央联邦区	19692.22	5855.7	13836.5
别尔哥罗德州	13634.46	3488.8	10145.7
布良斯克州	12749.94	2603.0	10147.0
弗拉基米尔州	13702.39	3804.4	9898.0
沃罗涅日州	13947.46	3503.5	10443.9
伊万诺夫州	12614.30	2213.0	10401.3
卡卢加州	14662.70	3860.4	10802.3
科斯特罗马州	12493.22	2499.4	9993.9
库尔斯克州	13405.82	2981.9	10423.9
利佩茨克州	13656.48	3412.4	10244.0
莫斯科州	18139.35	5141.5	12997.8
奥廖尔州	13060.53	3048.0	10012.5
梁赞州	12470.64	2424.1	10046.6
斯摩棱斯克州	12929.77	2629.4	10300.4
坦波夫州	12144.34	1746.6	10397.7
特维尔州	13628.50	3322.8	10305.7
图拉州	13700.18	3901.9	9798.3
雅罗斯拉夫州	14942.92	4401.5	10541.4
莫斯科市	30492.16	10374.4	20117.8
西北联邦区	21453.58	6207.6	15246.0
卡累利阿共和国	20009.46	3144.6	16864.9
科米共和国	26081.59	7616.1	18465.5

---

①　俄罗斯土地面积大，一级行政区划数量多，为方便协调地方管理，根据地区分布在 85 个联邦主体之上又设置了 8 个大的联邦管区，每个联邦管区包括数个联邦主体。

续表

地区	人均政府卫生支出		
	总计	人均一般卫生预算支出	人均强制医疗保险基金
阿尔汉格尔斯克州，包括：	22017.42	4289.9	17727.5
涅涅茨自治区	61374.32	30165.2	31209.1
沃格格达州	15078.43	3789.5	11289.0
加里宁格勒州	12752.65	1411.7	11340.9
列宁格勒州	17242.41	3705.7	13536.7
摩尔曼斯克州	26297.69	5777.6	20520.1
诺夫哥罗德州	13198.03	3411.2	9786.9
普什科夫州	12871.24	2900.1	9971.2
圣彼得堡市	26004.54	9579.3	16425.2
南部联邦区	13580.29	3078.6	10501.7
阿迪格共和国	12163.85	2224.8	9939.1
卡尔梅克共和国	11856.82	2508.3	9348.6
克里米亚共和国	13531.80	3499.4	10032.4
克拉斯诺达尔边疆区	14262.66	3597.2	10665.5
阿斯特拉罕州	14298.07	3802.2	10495.8
伏尔加格勒州	12860.01	2360.2	10499.8
罗斯托夫州	13204.57	2523.5	10681.1
塞瓦斯托波尔市	13690.38	3655.2	10035.2
北高加索联邦区	11843.89	1573.8	10270.1
达吉斯坦共和国	11418.83	1083.3	10335.5
印古什共和国	11069.60	1001.9	10067.7
卡巴尔达—巴尔卡尔共和国	11914.82	2066.1	9848.7
卡拉恰伊—切尔克斯共和国	11080.82	1323.6	9757.3
北奥塞梯—阿兰共和国	12633.76	2156.3	10477.5
车臣共和国	11586.53	1495.9	10090.7
斯塔夫罗波尔边疆区	12468.40	1993.4	10475.0
伏尔加河沿岸联邦区	13790.54	2954.2	10836.3

地区	人均政府卫生支出		
	总计	人均一般 卫生预算支出	人均强制 医疗保险基金
巴什科尔托斯坦共和国	14908.51	3586.4	11322.1
里—埃尔共和国	11424.90	1297.9	10127.0
莫尔多维亚共和国	13125.01	2987.6	10137.4
鞑靼斯坦共和国	14292.95	3458.8	10834.2
乌德穆尔特共和国	13808.41	2568.9	11239.5
楚瓦什共和国	13887.03	3358.7	10528.3
彼尔姆边疆区	14388.91	3284.5	11104.4
基洛夫州	13242.50	1723.0	11519.5
下诺夫哥罗德州	13867.06	3417.2	10449.8
奥伦堡州	14739.55	3406.5	11333.1
奔萨州	13458.44	2947.8	10510.6
萨马拉州	13398.87	2731.6	10667.3
萨拉托夫州	12154.82	1623.2	10531.7
乌里扬诺夫斯克州	12294.59	2132.0	10162.6
乌拉尔联邦区	20934.10	6600.5	14333.6
库尔干州	13791.62	2534.3	11257.3
斯维尔德洛夫斯克州	15563.31	4340.9	11222.4
秋明州包括：	20048.10	5662.3	14385.8
汉特—曼西自治区 （尤格拉）	42319.25	17970.4	24348.8
亚马尔—涅涅茨自治区	52952.57	18924.8	34027.7
车里雅宾斯克州	14784.08	3472.1	11312.0
西伯利亚联邦区	17284.48	3672.6	13611.9
阿尔泰共和国	20521.34	3698.9	16822.5
图瓦共和国	18612.14	3977.7	14634.4
哈卡斯共和国	23391.77	4186.3	19205.4
阿尔泰边疆区	19243.51	4136.9	15106.7
克拉斯诺亚尔斯克边疆区	14181.55	2696.5	11485.0

续表

地区	人均政府卫生支出		
	总计	人均一般 卫生预算支出	人均强制 医疗保险基金
伊尔库茨克州	16669.62	1995.8	14673.9
克麦罗沃州	20398.82	4220.6	16178.3
新西伯利亚州	18966.87	3973.1	14993.8
鄂木斯克州	16342.71	4004.9	12337.8
托木斯克州	15119.01	3438.9	11680.1
远东联邦区	15222.18	3502.8	11719.4
布里亚特共和国	19532.16	4750.5	14781.7
萨哈共和国（雅库特）	26780.38	6324.0	20456.4
后贝加尔边疆区	40356.12	9752.8	30603.4
堪察加边疆区堪察加 边疆区	40250.46	13627.0	26623.5
滨海边疆区	17346.59	3507.4	13839.2
哈巴罗夫斯克边疆区	21873.73	4812.8	17061.0
阿穆尔州	20041.01	4231.0	15810.1
马加丹州	50883.64	17866.0	33017.7
萨哈林州	43899.62	10389.8	33509.8
犹太自治州	18017.43	3905.1	14112.3
楚科奇自治区	56586.57	10098.3	46488.3

资料来源：《俄罗斯 2019 年卫生统计年鉴》，见 http：// www. gks. ru/wps/wcm/connect/rosstat＿
main/rosstat/ru/statistics/publications。

表 5.10　2018 年俄罗斯八大联邦区人均政府卫生支出　　单位：卢布

地区	人均政府卫生支出		
	总计	人均一般 预算卫生支出	人均强制 医疗保险基金
中央联邦区	19692.22	5855.7	13836.5
西北联邦区	21453.58	6207.6	15246.0
南部联邦区	13580.29	3078.6	10501.7
北高加索联邦区	11843.89	1573.8	10270.1

续表

地区	人均政府卫生支出		
	总计	人均一般 预算卫生支出	人均强制 医疗保险基金
伏尔加河沿岸联邦区	13790. 54	2954. 2	10836. 3
乌拉尔联邦区	20934. 10	6600. 5	14333. 6
西伯利亚联邦区	17284. 48	3672. 6	13611. 9
远东联邦区	15222. 18	3502. 8	11719. 4

资料来源：《俄罗斯 2019 年卫生统计年鉴》，见 http：// www. gks. ru/wps/wcm/connect/rosstat _ main/rosstat/ru/statistics/publications。

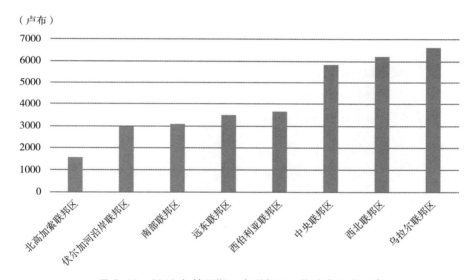

图 5. 11　2018 年俄罗斯八大联邦区人均政府卫生支出

资料来源：《俄罗斯 2019 年卫生统计年鉴》，见 http：//www. gks. ru/wps/wcm/connect/rosstat_ main/rosstat/ru/statistics/publications。

卫生投入的不平衡导致俄罗斯各地医疗人员和设施的分布也存在不均衡，2018 年俄罗斯全国每万人口医生人数的平均值为 47.9 人/万人，在全国平均水平之上的地区只有西伯利亚联邦区、远东联邦区和西北联邦区，其中最高的是圣彼得堡市 81.2 人/万人，最低的为车臣共和国 29.3 人/万人，相差近 2 倍。2018 年俄罗斯全国每万人口床位数的平均值为 79.9 张/万人，在全国平均水平之上的只有西伯利亚联邦区、远东联邦区和西北联邦区。其中，最高的为楚科奇自治区 131.3 张/万人，最低的为印古什共和国 44.4 张/万人①，相差近 2 倍，且贫困地区居民的家庭卫生支出比例远远高于富裕地区居民②，各地区居民在获得医疗卫生服务方面以及医务人员薪酬方面存在一定的不平等。

3. 城乡层面

从城乡层面来看，俄罗斯城乡公共卫生投入差距较大，国际劳工组织的一份全民健康覆盖农村/城市差距评估报告显示，俄罗斯城市居民中由于卫生投入不足而导致的未享受法律规定的健康服务覆盖人数占 1%，而农村这一比例为 16.7%③。波波维奇（Popovich）等学者在对俄罗斯医疗卫生服务的资金筹集、可及性、公平性、健康结果进行评估的基础上，也指出俄罗斯医疗卫生服务的资源分配不公平，农村的医疗服务可及性比城市低得多，而且目前这种医疗卫生的不公平性正在加剧。④ 由于农村卫生支出有限，导致农村医疗基础设施、医疗人员都比较缺乏，目前在俄罗斯 13 万个自然村中，基层医疗中心仅剩 4.5 万个，而且大多数既没有必要的医疗设备，也没有病床或者先进的药物，农村居民获得医疗服务的机会较少，总体健康状况较差。⑤ 世界卫生组织网全球卫生观察站数据显示，2015 年俄罗斯全国基本卫生服务使用率为 89%，农村基本卫生服务使用率为 76%，城市基本卫生服务使用率为 93%，城市与农村的基本卫生服务使用率相差 17%。根据俄罗斯统计部门的数据，2016 年俄罗斯城市人口的平均预期寿命为 72.4 岁，农村地区为 70.5 岁，城市居民的预期寿命比农村居民高出大约两岁，且城市和农村人口的健康状况也存在显著差异。⑥

---

① 资料来源：《俄罗斯 2017 年卫生统计年鉴》，见 http：// www.gks.ru/wps/wcm/connect/rosstat_ main/rosstat/ru/statistics/publications。

② 童伟、宁小花：《俄罗斯免费医疗：发展历程、效果分析、困境与未来发展方向》，《俄罗斯东欧中亚研究》2020 年第 1 期。

③ X. Scheil-Adlung，"Global evidence on Inequities in Rural Health Protection：New Data on Rural Deficits in Health Coverage for 174 Countries"，International Labour Organization，2015.

④ L. Popovich，et al.，"Russian Federation：Health System Review"，2011，pp. 1-190.

⑤ 童伟、宁小花：《俄罗斯免费医疗：发展历程、效果分析、困境与未来发展方向》，《俄罗斯东欧中亚研究》2020 年第 1 期。

⑥ E. A. Николаюк，"Самооценка здоровья и самосохранительное поведение сельских жителей и дачников Костромской области"，*Социальные аспекты здоровья населения*，No. 3 (2015)，C. 43.

2014—2016 年，俄罗斯联邦整个农村地区的死亡率上升了 4%，比城市高出 14%。①

（三）卫生支出使用结构需要进一步调整

卫生支出的使用结构是指一国或一地区在某一年度的卫生支出中，按用途区分的各项支出结构。② 从俄罗斯政府卫生支出的使用结构来看，主要包括以下几个方面：住院医疗、门诊医疗、各类日间医院的医疗服务、紧急医疗服务、疗养和康复保健、药品服务、长期护理、预防保健、卫生管理等，其中主要医疗支出集中于住院和门诊医疗支出。

俄罗斯住院医疗支出主要用于保障提供住院医疗服务机构的正常运行，其中包括高科技医疗救护服务的提供，药品和医疗器械的采购，国家优先发展方向"医疗"项目的实施；门诊医疗支出主要用于保障提供门诊医疗服务机构的正常运行，提供部分类型的商品，以及国家优先发展方向"医疗"项目的实施；各类日间医院的医疗服务支出主要用于保障各类提供日间医疗服务机构的运行；紧急医疗服务支出主要用于保障提供紧急医疗服务机构的正常运行，以及根据紧急命令提供医疗服务和国家优先发展方向"医疗"项目的实施；疗养和康复保健支出主要用于保障提供疗养和康复医疗服务机构的正常运行；药品服务支出主要用于向住院患者以及部门门诊患者提供免费药品服务等；长期护理支出主要用于向慢性病患者和老年人提供的长期住院服务；预防保健支出主要用于保障流行病预防、消毒防疫机构的正常运行，以及流行病的监测与控制等③。

根据世界卫生组织的数据，2017 年俄罗斯政府卫生支出的主要支出方向为住院医疗支出，占比 47.79%，其次是门诊医疗支出，占比 25.63%，随之是医疗用品支出、预防保健支出、日间治疗护理支出、其他保健服务支出，分别

---

① "Расходы на здравоохранение в РФ сокращаются, сельские больницы исчезают", https: // ronsslav. com/rashody － na － zdravoohranenie － v － rf － sokrashhayutsya － selskie － bolnitsy － ischezayut/，2018.

② 王晓洁：《中国公共卫生支出理论与实证分析》，中国社会科学出版社 2011 年版，第 76 页。

③ 童伟：《俄罗斯政府预算制度》，经济科学出版社 2013 年版，第 112—113 页。

占比 7.26%、7.14%、4.10%、3.79%、1.78%（见表 5.12 和图 5.12）。

表 5.12　2016 年、2017 年俄罗斯政府卫生支出的使用结构情况

政府卫生支出项目	2016 年支出金额（百万卢布）	占比（%）	2017 年支出金额（百万卢布）	占比（%）
住院医疗支出	1252848.65	48.58	1342854.81	47.79
门诊医疗支出	663605.03	25.73	720278.81	25.63
医疗用品支出	185630.33	7.20	203993.54	7.26
预防保健支出	194610.32	7.55	200623.70	7.14
日间医疗护理支出	107483.49	4.17	115145.16	4.10
其他保健服务方面的支出	70583.57	2.74	106589.79	3.79
治理、卫生系统和融资管理方面的一般支出	48736.88	1.89	50089.54	1.78
疗养和康复保健支出	21985.20	0.85	24443.12	0.87
家庭医疗和护理支出	15094.84	0.59	17712.01	0.63
长期卫生护理支出	14779.93	0.57	17256.13	0.61
辅助服务支出	3816.45	0.15	10798.03	0.38
总计	2579174.69	100.00	2809784.63	100.00

资料来源：全球卫生观察站数据库，见 http：// apps. who. int/gho/data/node. main. HEALTHFINANC-ING？ lang＝en。

从俄罗斯政府卫生支出项目分配来看，俄罗斯在资源配置方面比较偏向住院治疗，住院率也比世界卫生组织欧洲区的其他国家要高得多，主要用于治疗慢性疾病的并发症，而忽视了基层医疗卫生服务，资源配置效率较低，从而造成了医疗卫生服务供给和需求之间的不平衡。具体来说，还存在以下问题。

一是重治疗轻预防。良好的卫生预防意识有助于与减少疾病发生的概率，减轻个人与政府财政卫生支出的负担，有效保障居民健康。因此从成本效益来看，卫生事先预防比事后治疗成本小但收益更大。而根据俄罗斯 2017 年政府卫生支出的使用结构，住院医疗支出和门诊医疗支出分别占比 47.79% 和 25.63%，而预防保健支出只占 7.14%，政府卫生投入大部分流向医院，流向卫生预防机构的资金微乎其微，这意味着越来越多的卫生资源用于购买费用昂

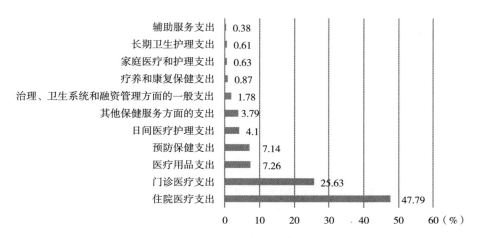

图 5.12　2017 年俄罗斯政府卫生支出的使用结构分布图

资料来源：全球卫生观察站数据库，见 http：//apps. who. int/gho/data/node. main. HEALTHFINANC-
　　　　　ING？lang＝en。

贵的医院治疗服务，挤占了用于购买成本效益较优的基本医疗卫生服务
经费。①

　　二是重专家治疗轻初级保健。预防是所有现代医疗卫生服务中的基本原则
之一。世界卫生组织实证研究表明，重视初级保健服务与更好的健康结果、更
高的患者满意度、更低的卫生支出和更大的卫生公平、可及性具有较强的相关
性。② 但是，2016 年俄罗斯疾病预防支出占卫生支出总额的比例只有 0.8%，
远远低于加拿大和英国的 6.2% 和 5.4%③。从初级保健供给来看，俄罗斯虽然
一直实行强制转诊制度，初诊都是在社区诊所，只有社区诊所处理不了才能转
到大医院治疗，但由于俄罗斯初级保健一直是医学中地位最低、报酬最低的领
域，存在床位不足、硬件设备落后、医务人员不足、专业素养低等多种问题，

---

　　① 　童伟、宁小花：《俄罗斯免费医疗：发展历程、效果分析、困境及未来发展方向》，《俄
罗斯东欧中亚研究》2020 年第 1 期。

　　② 　R. Atun，"What are the Advantages and Disadvantages of Restructuring a Health Care System to
be More Focused on Primary Care Services"，*World Health Organization Publisher*，2004.

　　③ 　В. И. Перхов，В. В. Люцко，" Макроэкономические　расходы　на　здравоохранение　в
России и за рубежом"，*Современные проблемы здравоохранения и медицинской статистики*，No. 2
（2019）.

使得民众对于初级保健机构的信心偏低，加之俄罗斯药品对于住院病人是免费的，但对于门诊病人却必须付费，这在一定程度上刺激了不必要的住院治疗。这些因素导致俄罗斯民众过于依赖专家治疗和住院治疗，加重了公立医院的就诊压力和医患矛盾，也客观上加大了政府卫生支出的负担。[1] OECD2019 年最新数据显示，俄罗斯平均住院时间为 9.1 天，住院率为 22.4%，远高于欧盟国家指标。[2]

三是重高端设备轻基础设施。近年来，俄罗斯医疗卫生支出一直呈增长趋势，但是资金效率比较低下，主要原因之一在于医疗卫生支出用于非优先医疗卫生项目的成本增加，大量资金用于购买昂贵的医疗设备，这些设备的投资回报率很低，维护费用却比较昂贵。例如，2014 年支出 500 亿卢布用于购买昂贵的医疗设备，并建立了提供昂贵医疗服务的围产期中心，但在实际运行过程中，高科技提供医疗服务的多功能医疗中心的使用率非常低。2017 年，作为拥有 1.4 亿人口的国家，俄罗斯仅有的 10—12 个可提供高科技医疗服务的高科技医疗援助中心都设在联邦一级，但这些中心大部分没有医疗专家，只是一个摆设。此外，根据俄罗斯卫生部规定，患有重疾的患者不能在高科技医疗援助中心接受治疗，而只能根据联邦政府的配额进行治疗，这造成了医疗资源的较大浪费[3]。

三、政府卫生投入效率偏低，卫生服务能力还需提升

俄罗斯学者希什金（Shishkin）通过研究认为转型期间俄罗斯医疗筹资系统存在资金不足，资源分配效率低下，医疗卫生服务监管过于集中，医疗资源利用率低，医疗服务质量改善缓慢，对消费者缺乏反应能力等缺点，导致俄罗

---

[1] 童伟、宁小花：《俄罗斯免费医疗：发展历程、效果分析、困境及未来发展方向》，《俄罗斯东欧中亚研究》2020 年第 1 期。

[2] 资料来源："Length of Hospital Stay"，https：// data. oecd. org/healthcare/length－of－hospital－stay. htm#indicator－chart。

[3] "Нерациональное расходование средств, выделяемых на здравоохранение"，https：//insur－portal. ru/oms/neracionalnoe－rashodovanie－sredstv－oms。

斯医疗卫生改革的效果大打折扣。[1] 2008 年，欧洲和中亚地区人力发展部门、俄罗斯联邦国家管理部门以及世界银行等机构[2]从宏观经济效率和微观经济效率两个方面对俄罗斯医疗卫生体系的效率进行了分析，认为目前俄罗斯医疗卫生支出水平低、整体健康状况不佳、区域预期寿命差异大，医疗卫生支出的整体效率较低，这些因素将对俄罗斯经济发展甚至国家安全产生不利影响；从公平性来看，俄罗斯医疗卫生支出的基尼系数为 0.234，表明俄罗斯各地区的医疗支出分布不均。希什金（C. B. Шишкин）通过俄罗斯近十年来在医疗卫生领域的改革情况分析，指出由于经济危机的影响，转型时期的俄罗斯医疗保健系统正面临着严峻的挑战，主要体现在医疗筹资问题得不到解决，医疗保健水平不高以及医疗资源效率低下等方面。[3] 阿夫克森蒂耶夫（H. A. Авксентьев）等学者使用 2006—2013 年 76 个俄罗斯地区的数据，运用数据包络分析（DEA）方法评估了俄罗斯医疗卫生支出的绩效，其中投入指标为人均卫生支出，产出指标为婴儿死亡率、男性一岁时的预期寿命、女性一岁时的预期寿命，结果发现 27% 的地区医疗卫生支出效率低下，相当于每年有 2649 亿—435 亿卢布的低效支出[4]。2018 年，彭博社根据世界卫生组织、联合国人口司和世界银行的数据，基于国家医疗保健体系有效性的三个关键指标：平均预期寿命、政府卫生支出占 GDP 的百分比以及人均卫生支出，对全球预期寿命超过 70 岁的国家进行了卫生系统有效性排名，俄罗斯排名第 53 位。2019 年，彭博社再次对世界 169 个国家人口健康状况进行排名，俄罗斯排名第 95 位，处于较低位置。可见，俄罗斯政府公共卫生投入效率仍须进一步提高。

---

① S. Shishkin, "Health Finance System Reform in Russia", *Revue d'etude comparative Est/Ouest*, Vol. 29, No. 3 (1998).

② P. V. Marquez, "Public Spending in Russia for Health Care: Issues and Options", The World Bank, 2008.

③ C. B. Шишкин, et al., " Здравоохранение: современное состояние и возможные сценарии развития", *Изд-во НИУ ВШЭ*, 2017.

④ H. A. Авксентьев, et al., " Оценка эффективности региональных расходов на здравоохране ние в России", *Современная фармакоэкономика и фармакоэпидемиология*, No. 4 (2015), C. 10-20.

（一）医疗卫生人才培养力度仍须加大

医生是医疗服务的核心与基础，没有足够、专业的医生，就不可能有充足的、高质量的医疗服务。[①]

从医务人员的数量来看，2018 年俄罗斯全国卫生技术人员总数量为 417.31 万人，每万人口医生人数的平均值为 47.9 人/万人，是欧洲其他国家平均值的 1.5 倍。但从分配结构来看，俄罗斯医务人员还存在地区分配不均、农村地区医务人员配置较低、医务人员专业、年龄结构不尽合理等问题。

从医务人员的待遇来看，俄罗斯医务人员工资待遇水平低一直是俄罗斯卫生系统一个比较突出且普遍存在的问题，俄罗斯医生的工资仅为全国平均工资的 78%，而在同等收入国家中，医生的工资水平约为国内平均工资的 1.5—2.5 倍[②]。为了解决这一问题，2012 年 5 月 7 日，俄罗斯总统就职典礼当天签署了 11 项"五月法令"，发布国家"卫生"发展规划，其中一大目标就是逐步提高医务人员工资收入水平，使得医生的工资达到该地区平均水平的 200%，而初级和中级医务人员的工资达到地区平均水平的 100%。经过近几年的努力，俄罗斯医生的平均工资达到了 73290 卢布/月，比 2015 年的 47910 卢布/月提高了 53%；护士的平均工资为 36087 卢布/月，比 2015 年的 26830 卢布/月提高了 34.5%；初中级医务人员的平均工资为 33693 卢布/月，比 2015 年的 27000 卢布/月提高了 24.8%。[③]

然而，与世界其他国家相比，医疗卫生人才培养力度仍须进一步加大。事实上，在很多欧美国家医生是高薪职业之一，根据 OECD 卫生数据，2018 年卢森堡、美国医生的年均薪酬分别达到 357336、242000 美元，转轨国家斯洛文尼亚、波兰、爱沙尼亚、匈牙利等国医生 2018 年的平均年收入也分别达到了 65212、32511、31006、27553 美元，而在俄罗斯只有 14187 美元

---

　　①　童伟、庄岩：《俄罗斯医疗保障制度的启示与借鉴》，《中央财经大学学报》2014 年第 10 期。

　　②　童伟、宁小花：《俄罗斯免费医疗：发展历程、效果分析、困境及未来发展方向》，《俄罗斯东欧中亚研究》2020 年第 1 期。

　　③　Салия Мурзабаева，мониторинг уровня средней заработной платы медиков за 6 месяцев 2015 года в субъектах РФ，https：//minzdrav.gov.ru.

（见图 5.13），医生的平均工资通常相当于国家最低工资①。根据俄罗斯《医生指南》"医生决策支持服务" 2019 年进行的一项调查显示，12%的专科医生和 16%的护士的工资低于俄罗斯 11280 卢布/月的最低工资标准，34%的受访者表示，他们的工资没有变化，30%的受访者表示自己的工资确实提高了，但购买力下降了，76%的医务人员认为自己是在人员严重短缺的情况下超负荷工作的。②

医疗卫生人才培养的投入不足直接导致医务人员流失严重、工作积极性不高、专业素质偏低，制约了医疗服务水平的提高，进而导致医疗卫生服务的可获得性和质量下降，居民医疗保健满意度低。同时也会导致大批优秀的医务人员流向私营医疗部门，民众开始越来越多地使用私立医院的付费医疗服务。因此，未来如何进一步加大医疗卫生人才培养力度，完善医疗卫生人才激励保障机制，建设稳定可靠的医务人才队伍，也是俄罗斯需要关注的问题。

（二）医疗卫生系统绩效有待提高

尽管经过几轮医疗体制改革，俄罗斯医疗保障制度发生了重大变化，医疗卫生服务的公平性和有效性得到了一定提高，但是卫生系统的绩效依然偏低，医疗卫生服务质量与民众日益提高的医疗卫生服务需求还存在一定差距，医疗卫生质量满意度还有待进一步提高。

2019 年，俄罗斯卫生保健组织与管理研究院（HSOUZ）根据 2017 年各联邦主体的出生时的预期寿命（加权 50%）、人均生产总值（加权 10%）、人均政府卫生支出（加权 30%）、15 岁及以上（加权 10%）的人均烈性酒消费量数据，评估了俄罗斯联邦及 85 个联邦主体的卫生系统有效性。其中，出生时的预期寿命反映卫生支出的结果，人均生产总值反映了各联邦主体的经济发展水平和人们生活水平，人均政府卫生支出实质上决定了免费医疗服务供给的数

---

① J. Vertakova, O. Vlasova, "Problems and Trends of Russian Health Care Development", *Procedia Economics and Finance*, No. 16（2014）, pp. 34–39.

② Опрос, у 95% российских медиков зарплата ниже средней по стране, https: // medrussia. org/28201-opros-u-95-rossiyskikh-medikov-zarplata/.

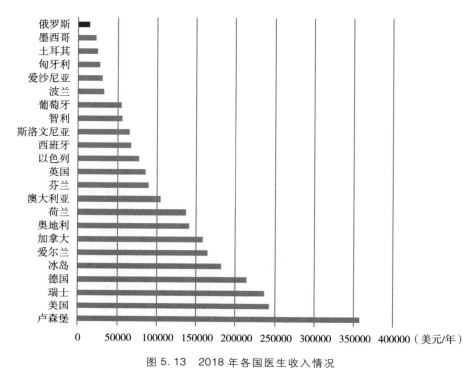

图 5.13　2018 年各国医生收入情况

资料来源：OECD Health Statistics，https：//stats. oecd. org。

量，而 15 岁及 15 岁以上人均高强度酒精饮料的消费指标则反映对人口健康的
负面因素。该评估认为，卫生系统有效性意味着能够以更少的成本获得更好的
结果。根据这四个指标，卫生保健组织与管理研究院得出了俄罗斯 85 个联邦
主体的卫生系统绩效指数（见表 5.13），可以看出，俄罗斯联邦整体的绩效指
数只有 45.06，绩效指数在 50 以上的只有 40 个联邦主体，45 个联邦主体的绩
效指数都低于 50，这表明俄罗斯大多数地区的医疗卫生系统的绩效还是偏
低的。[1]

---

[1]　"Эффективность региональных систем здравоохранения России（рейтинг 2017г.）"，
https：// www. vshouz. ru/journal/2019 - god/effektivnost - regionalnykh - sistem - zdravookhraneniya -
rossii-reyting-2017-g-/。

表 5.13　2017 年俄罗斯 85 个联邦主体卫生系统绩效情况表

2017 年排名	联邦主体	绩效指数	出生时的预期寿命（岁）	人均生产总值（卢布）	人均政府卫生支出（卢布）	15 岁及15 岁以上人均烈性酒的消费量（L）
1	印古什共和国	89.76	81.59	114844	9489	0.4
2	达吉斯坦共和国	88.35	77.79	204197	9320	1.44
3	卡巴尔达—巴尔卡尔共和国	86.71	75.81	160077	10428	0.8
4	车臣共和国	83.65	74.84	125471	10930	0.1
5	斯塔夫罗波尔地区	79.88	74.19	237437	11208	3.1
6	卡拉恰伊—切尔克斯共和国	78.47	75.94	160111	11979	1.4
7	基洛夫地区	76.47	72.72	238692	11209	11.6
8	伏尔加格勒州	75.88	73.54	305130	11381	4.5
9	卡尔梅克共和国	73.76	73.54	240454	11849	4.8
10	萨拉托夫州	71.76	72.88	270766	10681	3.5
11	莫尔多维亚共和国	71.65	73.4	264363	12112	7.6
12	马里里—埃尔共和国	71.53	72.24	247954	11161	9.4
13	阿迪格共和国	71.41	73.25	219259	12286	14.6
14	坦波夫州	70.94	73.21	289847	11268	4.4
15	阿斯特拉罕地区	70.35	73.35	413441	11382	5.6
16	罗斯托夫州	69.18	73.03	318782	11334	3.9
17	北奥塞梯—阿拉尼亚共和国	67.88	75.51	182519	12570	0.5
18	奔萨地区	66.00	73.34	273212	12180	5.9
19	梁赞州	65.76	72.7	320764	11695	6.4
20	乌德穆里亚	64.94	72.06	367138	11725	11.7
21	伊凡诺沃州	62.82	71.47	182398	10373	8.2
22	楚瓦什共和国	62.71	72.73	219406	12520	10.2
23	鞑靼共和国	60.94	74.2	543522	13911	10.7
24	沃罗涅日地区	59.76	73.03	370610	12307	5.5
25	塞瓦斯托波尔市	59.29	73.37	164978	14337	7，7
26	科斯特罗马地区	58.94	71.81	256848	12096	10.5

续表

2017 年排名	联邦主体	绩效指数	出生时的预期寿命（岁）	人均生产总值（卢布）	人均政府卫生支出（卢布）	15 岁及15 岁以上人均烈性酒的消费量（L）
27	托木斯克州	58.35	72.02	473792	11543	6.6
28	莫斯科市	56.71	77.87	1263698	19548	7.4
29	别尔哥罗德州	56.47	73.67	506421	12876	4.5
30	克拉斯诺达尔地区	55.53	73.42	398397	12988	5.2
31	布良斯克州	53.88	71.27	253100	11382	6.6
32	新西伯利亚地区	53.41	71.57	409763	11608	8.3
33	圣彼得堡市	53.41	75.45	727211	25070	8.1
34	汉特—曼西自治区	52.71	73.87	2127214	20362	9.8
35	莫斯科市地区	52.24	73.34	509545	18647	12.2
36	亚马洛涅涅茨自治区	51.88	73.53	4581150	19644	11.0
37	阿尔汉格尔斯克州	51.76	71.96	418370	12516	13.2
38	库尔斯克地区	51.18	71.74	346340	12079	5.3
39	摩尔曼斯克州	50.59	71.67	589997	12154	13.5
40	利佩茨克州	50.35	72.46	431821	12504	6.0
41	下诺夫哥罗德州	49.65	71.88	388809	12403	8.0
42	乌里扬诺夫斯克州	49.29	72.34	272565	12872	5.1
43	加里宁格勒州	49.06	72.62	421479	12797	5.8
44	阿尔泰共和国	48.94	71.15	204895	11849	7.0
45	巴什科尔托斯坦共和国	48.71	71.73	343509	12392	9.0
46	鄂木斯克州	47.88	71.49	331088	11698	3.8
47	斯摩棱斯克州	47.65	71.14	296290	11942	9.2
48	沃洛格达州	46.12	71.26	430626	12166	12.4
49	滨海边疆区	45.88	70.36	405528	11194	9.8
50	列宁格勒州	45.53	72.54	535717	16941	12.5
	俄罗斯联邦	45.06	72.70	510253	14161	7.5
51	阿尔泰地区	44.35	71.10	215768	12050	5.3
52	萨马拉地区	44.12	71.73	422025	12338	5.4

2017 年排名	联邦主体	绩效指数	出生时的预期寿命（岁）	人均生产总值（卢布）	人均政府卫生支出（卢布）	15 岁及15 岁以上人均烈性酒的消费量（L）
53	雅罗斯拉夫尔地区	44.00	71.85	402640	13760	10.9
54	后贝加尔边疆区	43.88	69.64	279443	10444	7.3
55	克里米亚共和国	43.29	72.00	187726	15593	5.8
56	车里雅宾斯克州	42，00	71.53	385560	12387	6.0
57	卡卢加地区	41.41	71.87	411565	14021	9.2
58	布里亚特共和国	41.41	70.69	204770	12345	10.2
59	奥廖尔州	41.29	71.63	285354	12663	5.6
60	卡累利阿共和国	38.94	70.65	404488	12316	15.2
61	秋明州地区	38.82	72.06	680909	15555	7.3
62	萨哈共和国（雅库特）	38.35	71.68	951220	12927	9.8
63	蒂瓦共和国	38.12	66.29	184593	11086	3.3
64	库尔干地区	37.65	70.80	236365	12243	4.1
65	弗拉基米尔地区	37.53	71.15	300274	12882	9.9
66	阿穆尔河地区	36.82	69.06	332533	11572	8.8
67	克麦罗沃地区	36.35	69.35	391624	11449	7.6
68	哈卡斯共和国	34.82	70.21	386128	11789	3.4
69	奥伦堡地区	34.47	70.94	414937	12194	4.8
70	克拉斯诺亚尔斯克地区	33.29	70.61	654514	12130	7.2
71	犹太自治州	32.47	68.83	322720	12157	10.7
72	斯维尔德洛夫斯克州	30.94	71.23	495116	13592	7.9
73	特维尔地区	30.94	70.45	297625	12894	10.1
74	科米共和国	30.94	71.05	679163	13540	16.0
75	图拉地区	30.12	71.18	371709	13985	6.3
76	彼尔姆地区	28.59	70.79	453302	12834	7.5
77	哈巴罗夫斯克州	27.53	69.74	500443	12644	13.2
78	普斯科夫地区	27.18	69.95	237126	13171	8.1
79	诺夫哥罗德州	26.59	69.68	441932	12541	10.2

续表

2017 年排名	联邦主体	绩效指数	出生时的预期寿命（岁）	人均生产总值（卢布）	人均政府卫生支出（卢布）	15 岁及15 岁以上人均烈性酒的消费量（L）
80	涅涅茨自治区	26.24	71.52	6288468	22721	8.8
81	伊尔库茨克州	24.24	69.19	495349	12359	8.0
82	堪察加边疆区	21.29	70.06	639848	14621	13.5
83	萨哈林州	18.35	70.19	1577910	22102	17.3
84	马加丹州	16.71	69.37	1088347	19497	17.5
85	楚科奇自治区	10	66.1	1386085	25287	14.9

资料来源："Эффективность региональных систем здравоохранения России（рейтинг 2017г.）"，https：// www.vshouz.ru/journal/2019 – god/effektivnost – regionalnykh – sistem – zdra-vookhraneniya-rossii-reyting-2017-g-/。

此外，2020 年 9 月，俄罗斯一家公司发布了一项关于俄罗斯民众对医疗卫生服务满意度的调查结果，只有 11%的民众认为很好或非常好，对医疗卫生服务系统表示非常满意；43%的受访者对医疗卫生服务表示不太满意，其中排在前四位的不满意点在于：医生的专业水平不高；医护人员缺乏、民众无法获得高质量医疗服务；药品昂贵；医疗设施设备不足等。[①] 因此，如何在医改过程中进一步提升医疗卫生服务质量和服务水平，提高卫生系统绩效，满足民众日益增长的卫生与健康需求，对于俄罗斯来说任重而道远。

第二节　俄罗斯基本医疗卫生财政保障问题的引发原因

对于俄罗斯基本医疗卫生财政保障问题产生的原因，学者们也莫衷一是。塔加耶娃（Т. О. Тагаева）和卡赞采娃（Л. К. Казанцева）通过计量经济模型对影响俄罗斯国民健康的因素进行了实证分析，指出公共卫生支出不均衡、医疗监管职能不到位、卫生资源使用效率低下、医务人员待遇较低、医疗卫生筹

---

① "Опрос：28% россиян считают качество медуслуг плохим"，https：//vademec.ru。

资不足等因素严重影响了俄罗斯医疗卫生服务的可及性和公平性。[1] 而什切潘（О. П. Щепин）和科罗特基赫（Р. В. Коротких）认为俄罗斯各级政府应对现有卫生资源的公平分配负责。因此，在医疗卫生改革中，应让公共部门参与到医疗卫生服务改革中，直接参与行业融资、资源配置、管理权力下放、医疗质量控制、信息支持、健康监测等方面的改革，以确保实施卫生保健系统运作所需的统一的政治、组织、财政、经济等保障条件[2]。纳扎罗夫（В. С. Назаров）和阿夫克森蒂耶夫（Н. А. Авксентьев）从公民医疗保健方案不健全、卫生资金来源结构不平衡、全面的医疗保健方案缺乏、医疗卫生工作人员积极性不高等方面分析了俄罗斯免费医疗支出效率低下的原因。[3] 结合学者们的研究与实践分析，导致俄罗斯基本医疗卫生财政保障问题产生的深层次因素是多方面的，既有经济发展形势、人口老龄化、劳动力减少等经济社会方面的原因，也有医疗体系运行机制、公共财政管理体制等方面的原因，这也是未来俄罗斯在解决基本医疗卫生财政保障问题过程中的突破口。

一、经济发展水平制约了政府卫生投入规模

在社会经济原因方面，从供给方来看，经济低迷、政府财力不足、劳动力减少使得强制医疗保险基金负担加重等是制约政府卫生投入水平的主要因素。

（一）经济低迷导致政府卫生投入水平较低

自 2008 年以来，俄罗斯经济先后遭到国际金融危机、西方经济制裁、油价下跌的沉重打击，尤其是受 2009 年国际金融危机的重创，俄罗斯 GDP 年度数据十年来首次出现负增长，全年实际增长为 −7.8%[4]（见图 5.15），2010

① Т. О. Тагаева，Л. К. Казанцева，"Направления современной политики в области здравоохранения с целью улучшения общественного здоровья в Российской Федерации"，*Интерэкспо Гео-Сибирь*，No. 2（2017），С. 28−34.

② О. П. Щепин，Р. В. Коротких，"Перспективы развития здравоохранения Российской Федерации"，*Здоровье и общество*，No. 2（2015），С. 3−6.

③ В. С. Назаров，Н. А. Авксентьев，"Российское здравоохранение：проблемы и перспективы //Финансовый журнал"，*Financial Journal*，No. 4（2017），С. 9−23.

④ 郭晓琼：《"梅普"时期的俄罗斯经济：形势，政策，成就及问题》，《东北亚论坛》2012 年第 6 期。

年，俄罗斯经济整体实现恢复性增长，全年 GDP 增长 4.5%，2010—2015 年俄罗斯经济陷入衰退与高通胀，虽然 2016 年以来宏观经济形势逐步趋稳，但是恢复幅度比较小。2019 年，俄罗斯社会经济有所衰退，GDP 较 2018 年下降 0.95%，人均 GDP 较近年来的最高值 2013 年数据降低了 28.1%。经济走势的低迷使得近年来俄罗斯财政赤字现象有所加重（见图 5.16），在卫生投入方面心有余而力不足，政府卫生投入持续处于较低水平。

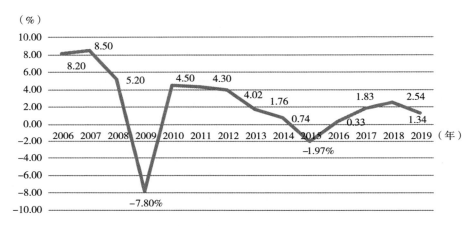

图 5.15　2006—2019 年俄罗斯 GDP 增长率

资料来源：世界银行，见 http：//datatopics. worldbank. org/world-development-indicators/。

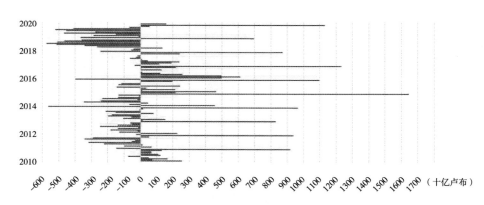

图 5.16　近年来俄罗斯联邦政府财政盈余/赤字情况

资料来源：俄罗斯联邦财政部，见 http：//www. minfin. ru/。

（二）劳动力减少增加地区强制医疗保险基金负担

如前所述，强制医疗保险基金是俄罗斯基本医疗卫生服务的重要财政保障来源，根据 1991 年《俄罗斯联邦居民医疗保险法》的规定，俄罗斯所有公民均须参加强制医疗保险，保险费由企业和国家共同承担。其中，有工作的居民由其所在单位按工资收入的一定比例缴纳强制医疗保险金，没有工作的居民由国家预算支付强制医疗保险金。因此，劳动力人口状况关系到强制医疗保险基金的收入水平和国家的卫生支出负担。

受 20 世纪 90 年代低出生率的影响，当前俄罗斯正面临劳动力缺失的危机。2005—2018 年，俄罗斯劳动人口数从 9015.79 万人减少到了 8136.17 万人，劳动人口比例从 62.94% 降到了 55.43%（见图 5.17）。而退休人口和非劳动人口从 2005 年的 5307.87 万人增加到 2018 年的 6541.90 万人，且两者占人口总数的比例一直处于上升中（见图 5.18），目前退休人口与劳动人口的比例为 1∶2.14（中国 1∶3.5；美国 1∶4.4）。据预计，俄罗斯非劳动力人口数量将持续增加，到 2030 年将达到总人口数的 30%。① 2010 年 11 月 29 日俄罗斯联邦正式通过了《关于部分修订俄罗斯联邦强制医疗保险法》（第 326 号），并于 2020 年 12 月 8 日对其进行修订，根据该法的第 23 条，俄罗斯非劳动人口强制性医疗保险的保险费率的规模和程序应由联邦法律规定，联邦主体预算中规定用于非劳动人口的强制性医疗保险预算拨款，不得少于该联邦主体上一年度非劳动人口被保险者人数以及相应的强制性医疗保险费率标准，且非劳动人口强制医疗保险的年度预算拨款额度应由俄罗斯联邦法律批准。

此外，俄罗斯联邦强制医疗保险基金理事会在 2018 年 11 月 23 日的全体会议上批准了一项法案，根据该法案，政府决定改变计算非劳动人口强制医疗保险费率的方法，在计算差异系数时除了考虑加权平均工资溢价百分比外，还将考虑该地区平均工资与全国平均工资的比率。因此，俄罗斯各联邦主体每月为非劳动人口支付的强制性医疗保险费用将提高，2019 年，各地区为非劳动

---

① 许凤才、梁洪琦：《俄罗斯人口危机及相应政策研究》，《辽宁师范大学学报（社会科学版）》2020 年第 3 期。

人口缴纳的强制医疗保险金增至 7193 亿卢布①。由此看来，劳动人口的减少不仅成为俄罗斯经济发展的阻碍，也加重了地方政府医疗卫生支出负担。

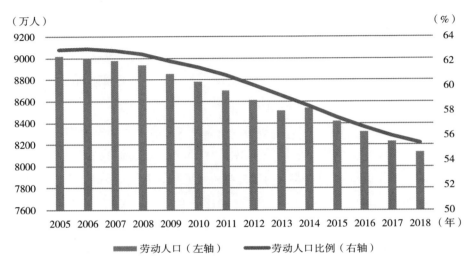

图 5.17　2005—2018 年俄罗斯劳动人口情况及其占比

资料来源：《俄罗斯 2019 年统计年鉴》，见 http：//www.gks.ru/wps/wcm/connect/rosstat_ main/rosstat/ru/statistics/publications。

二、人口老龄化趋势加重了医疗卫生负担

人口老龄化是指老年人口占总人口达到或超过一定的比例的人口结构模型。从联合国的标准来看，若一个地区 60 岁以上老人数量达到总人口数量的 10%（传统标准），或 65 岁及以上老人数占总人口数量的 7%（新标准），则标志着该地区进入老龄化社会。根据《俄罗斯 2019 年统计年鉴》数据（见图 5.19），2005 年，俄罗斯 60 岁以上老年人口、65 岁以上老年人口分别占总人口的 17.11%和 14%，而 2018 年这一数据已经上升到 21.8%、14.97%，分别增长了 27.4%、6.9%。2018 年，俄罗斯年龄在 60 岁以上的公民有 3200 万人，与 2005 年相比，增长了 30.55%，65 岁以上的公民有 2197 万人，与 2005 年相

①　"ВЗНОСЫ РЕГИОНОВ В ФОНД ОМС УВЕЛИЧАТСЯ"，2018 - 11 - 23，https：//vademec.ru/news/2018/11/23/vznosy-regionov-v-fond-oms-uvelichatsya/.

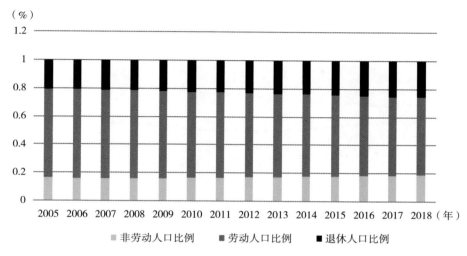

图 5.18　2005—2018 年俄罗斯人口结构及其占比情况

资料来源：《俄罗斯 2019 年统计年鉴》，见 http：//www.gks.ru/wps/wcm/connect/rosstat_ main/rosstat/
ru/statistics/publications。

比，增长了 9.57%。此外，随着预期寿命的增长和出生率的下降，这一比例将
持续增长。目前，俄罗斯已成为世界上 65 岁及以上老年人口比例最高的十个
国家之一。[①] 来自美国、西班牙与挪威的多名学者在分析了全球 195 个国家的
居民老龄化速度基础上得出结论，俄罗斯属于世界上老龄化进程速度最快的国
家之一。

目前俄罗斯超过工作年龄的人口死亡数占死亡总数的 77%，超过工作年
龄的人口住院治疗比例已达到住院治疗总数的 35%。根据俄罗斯高等经济学
院（HSE）的一项调查，只有 5% 的 65 岁以上公民对自己的健康状况表示
"好"或"非常好"，这就意味着俄罗斯老龄人口的医疗卫生服务需求极大。
此外，根据欧盟国家标准，至少有 13% 的 65 岁以上的公民需要长期护理。因
此，预计俄罗斯有长期护理需要的人口总数将达到 285 万人（2197 万×0.13），
俄罗斯用于长期护理服务的政府卫生支出将不断增加。老年人口数量的增加和

① "В России доля граждан старше 65 лет достигает лишь 14%"，2019 - 10 - 31，https：//
sm-news.ru/v-rossii-dolya-grazhdan-starshe-65-let-dostigaet-lish-14-6851/。

健康状况的恶化将使养老金、医疗和社会服务的成本不断增加。[①]

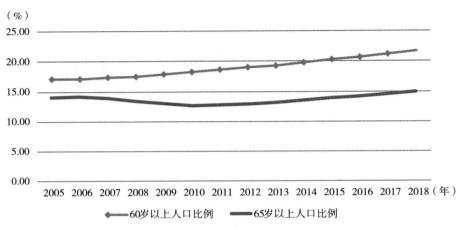

图 5.19　近年来俄罗斯 60 岁和 65 岁以上人口占比情况

资料来源：《俄罗斯 2019 年统计年鉴》，见 http：//www.gks.ru/wps/wcm/connect/rosstat_ main/rosstat/ru/statistics/publications。

三、医疗管理机制不够健全降低了卫生投入效率

虽然俄罗斯在医改过程中一直积极地建立健全医疗管理体制机制，但一些历史遗留问题仍旧存在，客观上降低了医疗卫生投入的宏观效率。

（一）地区卫生部门过于集权

自经济转轨以来，俄罗斯将财税体制改革作为经济转轨和制度变迁的重要内容，各种权力下放成为改革的重要部分。但是，在医疗卫生领域还始终保留着一些集权的特点，这种集权式的管理方式有利于从宏观上加强对卫生事业的统一规划和协调，但同时也会不同程度地造成卫生系统的低效率。一方面，在卫生集权体制下，卫生资源配置的决策权和资源使用的控制权高度集中，在权力层层转移的过程中，不仅增加了医疗卫生体系运行的费用，也降低了卫生体制的运行效率；另一方面，这种卫生集权还容易导致上下级权力机构之间信息

---

① Г. Э. Улумбекова, "Предложения РАН и вшоуз по доработке федерального проекта 'Старшее поколение'", *ОРГЗДРАВ：Новости. Мнения. Обучение. Вестник ВШОУЗ*, Vol. 14, No. 4（2018）.

不对称，滋生卫生领域的腐败，损失社会福利。

（二）医疗管理系统较为混乱

20世纪90年代初，经过一系列改革，俄罗斯成立了医疗保险公司，履行承保人的职能，受理各类医疗保险业务，向医疗机构购买医疗服务，同时负责管理医疗保险基金，并代表被保险人的利益对医疗机构提供的医疗服务质量进行监督和检查。1993年，为进一步推动强制医疗保险制度改革，俄罗斯又通过了《关于建立联邦和地方强制医疗保险基金会的规定》，建立了强制医疗保险基金会，这些基金会及其分支机构被授权可以同医疗保险公司签订医疗保险合同，也可以履行承保人职能与医疗机构发生业务关系，拥有监督和管理医疗保险公司、医疗机构业务活动的权力。同时，俄罗斯也继续保留原有的医疗保健行政机构。

因此，在俄罗斯免费医疗体制架构中形成了强制医疗保险基金会、医疗保险公司、医疗保健行政机构三足鼎立的局面，分别负责医疗资金征收、支付和监管的职能，但由于缺乏整体性和规范性，这三者之间职责权限一直没有得到清晰的界定和划分，导致在医疗体系运行过程中还存在一些相互之间利益冲突现象，扯皮推诿事件时有发生，影响了俄罗斯医疗体制的运行效率。[1] 此外，医疗资金绩效管理机制、医院内部管理制度、医疗人员利益激励机制等也是影响俄罗斯免费医疗服务供给效率的重要原因。[2]

四、公共卫生财政管理体制不完善导致卫生投入不均衡

由于长期以来形成的公共卫生财政管理政策惯性，俄罗斯政府用于医疗卫生的公共财政投入机制还存在不科学、不完善之处。

（一）以供方为主的公共卫生投入方式不利于控制医疗支出的增长

虽然俄罗斯已引入单一渠道医疗卫生融资系统，并在少数地区进行了试点

---

[1] J. Vertakova, O. Vlasova, "Problems and Trends of Russian Health Care Development", *Procedia Economics and Finance*, Vol. 34, No. 1 (2014), pp. 34-39.

[2] 童伟、宁小花：《俄罗斯免费医疗：发展历程、效果分析、困境及未来发展方向》，《俄罗斯东欧中亚研究》2020年第1期。

改革。但目前，俄罗斯大部分地区对公共卫生的投入依然采用供方支付模式，即大部分政府预算拨款通过按服务项目、服务单元、病种、人头、总额预算，以及以资源为基础的相对价值标准支付等方式投入了供方，而只有少数预算投入了需方。在这种供方支付模式下，大部分预算资金来源于当地政府，并根据医疗机构的规模和人员数量进行资金分配，而不是考虑患者的需求和医疗机构所提供的医疗卫生服务种类。这种投入方式客观上鼓励医疗机构趋向机构扩张直至产能过剩，否则就会面临资金削减。从这个层面上说，以供方为主的投入方式对提高医疗卫生支出技术效率具有反向激励，成为提高俄罗斯卫生系统技术效率的主要障碍。①

（二）财政分权改革导致地区间公共卫生投入差别较大

根据俄罗斯《宪法》第 71 条和 72 条，以及《俄罗斯联邦地方自治机构基本原则法》和《2005 年以前俄罗斯联邦财政联邦制发展纲要》，对俄罗斯联邦政府和地区政府的职权范围进行了明确划分，中央与地方预算在权限划分的明晰度上有了明显改进，但权限划分本身依然存在不合理之处。如前所述，在公共卫生领域，俄罗斯绝大部分公共卫生支出由联邦主体和地方自治体承担，这种地方政府负责的卫生投入体制给地方预算造成了较大的财政负担，导致许多财力薄弱的地方政府没有足够的资金投入医疗卫生服务领域。

五、新冠疫情加剧了医疗保障系统压力

俄罗斯是受疫情深度影响的世界大国之一。根据官方公布的数据，截至 2022 年 2 月 15 日，俄罗斯累计报告新冠确诊病例 1465 万例，累计治愈病例 1164 万例，累计死亡病例 34.2 万例。疫情不仅对俄罗斯人口发展进程造成了较大冲击，同时抗疫带来的巨大财政金融负担，也给俄罗斯卫生财政带来较大压力。

（一）人口发展进程减缓

2019 年年底以来，传染性极强、伤害性不低的新冠疫情在全球肆意扩散，

---

① L. Popovich, et al. , "Russian Federation: Health System Review", 2011, pp. 1-190.

不仅给俄罗斯及其他国家社会正常生活生产秩序带来极大冲击，也给各国人口可持续发展带来新的挑战，2020 年之后全球人口增长率甚至跌破了 1% 关口。一方面，新冠疫情通过直接伤害生命健康、挤兑医疗资源、加重医疗保障系统负担、延误正常医疗服务等方式使人口死亡率上升。此外，有学者还研究指出，疫情期间居家隔离，可能使人的生活方式、心理健康都出现较大变化，免疫力下降、酒精中毒、行动不便、家庭争吵等将成为人口死亡率上升的重要原因①。另一方面，新冠疫情导致全球经济衰退，妇女失业率和贫困率急剧上升，收入不确定性和失业水平普遍增加，由此带来的失业风险、收入下降等因素，使人们对婚姻和生育的态度更加消极，未来的不确定性也将降低人口出生率，从而影响出生人口变动②。在高死亡率和低出生率的双重冲击下，俄罗斯的人口自然增长率发展形势更为严峻，人口平均预期寿命也出现了近 20 年来的首次下跌，2021 年的预期寿命仅为 70.06 岁，回到了 2012 年之前的水平（见表 5.14）。俄罗斯人口结构的变化不仅意味着人口负担系数不断提高，同时也意味着劳动投入的减少，进一步加重了医疗卫生的负担。

表 5.14　2011—2021 年俄罗斯人口平均预期寿命情况③

年份	人均 预期寿命（岁）	男性人均 预期寿命（岁）	女性人均 预期寿命（岁）
2011	69.83	64.04	75.61
2012	70.24	64.56	75.86
2013	70.76	65.13	76.30
2014	70.93	65.29	76.47
2015	71.39	65.92	76.71
2016	71.87	66.50	77.06

① Кулькова И. А.，"Влияние пандемии коронавируса на демографические процессы в России"，*Human Progress*，No. 1（2020）（дата обращения：13. 10. 2022）.

② A. Aassve，et al.，"The COVID-19 Pandemic and Human Fertility"，*Science*，Vol. 369，No. 6502（2020），pp. 370-371.

③ "СРЕДНЯЯ ПРОДОЛЖИТЕЛЬНОСТЬ ЖИЗНИ В РОССИИ 2021 У МУЖЧИН И ЖЕНЩИН：РЕЙТИНГИ ПО ГОДАМ И РЕГИОНАМ"，https：// top-rf. ru/places/568-prodolzhitelnost-zhizni. html.

续表

年份	人均 预期寿命（岁）	男性人均 预期寿命（岁）	女性人均 预期寿命（岁）
2017	72.70	67.51	77.64
2018	72.91	67.75	77.82
2019	73.34	68.24	78.17
2020	71.50	66.50	76.40
2021	70.06	64.51	74.51

（二）卫生投入压力增大

为了积极应对新冠疫情，各国都不得不加大卫生领域财政投入。根据经合组织最新统计数据显示，由于各国政府强制性计划的卫生支出增长，2020 年全球平均卫生支出比上一年度增长了 5%，而私人卫生支出平均下降了 3% 以上。此外，由于卫生支出大幅增长和经济普遍下滑，经合组织成员国的卫生支出占 GDP 的比例从 2019 年的 8.8% 跃升至 2020 年的 9.7%[①]，这也引发了各国对卫生系统财政可持续性的担忧。

俄罗斯也不例外，新冠疫情的快速发展和长期化趋势给本已脆弱的经济增长带来了严重的负面冲击，不仅使俄罗斯"突破性增长"和"投资新周期"计划被迫搁置，而且抗疫反危机措施消耗的巨量财政金融资源，也将俄罗斯经济的短期风险提升到了相当高的水平[②]：一方面，针对疫情本身，为解决医疗卫生机构医疗、防护设备短缺和患者医疗费用等问题，联邦财政和各地区财政需要投入大量资金，用于患者医疗救治、医务人员补助、防控物资购买、医院建设以及公共卫生防疫、建立疫情防控短缺物资储备、开展药品和疫苗研发等，保障疫情防控工作。2020 年 7 月，俄罗斯卫生部部长米哈伊尔·穆拉什科指出，俄罗斯联邦预算已分配超过 3000 亿卢布的资金用于抗击新冠疫情中的医疗机构建设、病毒检测、医务人员费用等。而根据俄罗斯卫生统计年鉴数

---

① "Health Expenditure"，https：//www.oecd.org/health/health-expenditure.htm.
② 徐坡岭：《新冠肺炎疫情对俄罗斯经济的影响：抗疫反危机措施，经济运行状况与增长前景》，《新疆财经》2020 年第 4 期。

据，2020 年俄罗斯政府卫生支出达到 49393 亿卢布，比 2019 年增长了 30.33%，占 GDP 比重 4.6%，比 2019 年增长了 31.43%。[①]

另一方面，为支持疫情中的防控及疫情后的复产复工，联邦政府还通过重点对中小企业进行救助和扶持、实施大规模失业和困难群体救助、对战略和重点行业内的特定企业实施救助和扶持等系列财政政策支持防护救治、物资供应、复产复工等，根据 2020 年 3 月 30 日出台的反危机法案，俄罗斯政府共投入 1.4 万亿卢布（相当于 GDP 的 1.2%）用于抗击疫情和稳定社会经济。

巨额的抗疫费用一定程度挤占了正常的医疗卫生支出，2020 年 10 月，俄罗斯政府不得不向国家杜马提交一份草案，提议削减国家"卫生"发展规划和"教育"发展规划的支出，其中医疗卫生系统的资金减少 1170 亿卢布，这意味俄罗斯卫生财政领域面临较大的投入压力。[②]

第三节　俄罗斯基本医疗卫生财政保障的改革方向

俄罗斯医疗保障改革是在社会剧烈动荡时期和巨大的需求压力下进行的，并非一蹴而就，而是一个长期、复杂、艰巨的循序渐进历程。经过多轮改革，俄罗斯政府在一定程度上解决了医疗卫生体系中的很多既有问题，同时也产生了一些新的问题。在这个过程中，俄罗斯政府以改善民生为核心、全面推进全民健康覆盖的初心和决心一直没有改变。正如扬格（Younger）在其研究中所指出的，俄罗斯联邦一直在致力于推动国内公共卫生改革，并越来越强调其在发展、金融、环境和安全事务方面的全球作用。为了追求所有公民对健康的平等权利，俄罗斯在卫生改革中应更多关注弱势群体，并优先考虑高效率、高质量的卫生服务。[③] 针对医疗卫生财政保障中出现的各种问题和短板，俄罗斯政

① "ЗДРАВООХРАНЕНИЕ В РОССИИ (2021)", http：// www. demoscope. ru/weekly/2022/0931/biblio01. php.

② "Правительство сократило расходы на здравоохранение и соцподдержку", https：//ne-wizv. ru/news/society/01－10－2021.

③ D. S. Younger,"Health Care in the Russian Federation", *Neurologic Clinics*, Vol. 34, No. 4 (2016), pp. 1085－1102.

府积极采取了一系列措施落实政府在医疗卫生事业发展中的主体责任，尽力提高医疗卫生系统的公平性和有效性。

一、加大财政医疗投入，以国家规划和国家项目推动医疗卫生事业发展

为建立医疗卫生领域可持续的投入保障长效机制，俄罗斯从 2006 年开始就将医疗卫生事业提高至国家战略高度，通过"医疗"优先发展项目保障国家在医疗卫生领域的投入。未来，俄罗斯还将继续通过国家"医疗"和"人口"规划项目，进一步加大投入力度，推动医疗卫生事业发展。

（一）实施国家"医疗"和"人口"项目规划

2018 年 5 月，普京开始了其第四任期，在总统就职典礼上，提出了2018—2024 年俄罗斯国家战略发展目标：成为世界前五大经济体，经济增长超过全球平均水平，通胀率不超过 4%；形成以高新技术为依托的出口导向型经济，加速数字技术在社会经济领域的应用，加强高科技产业的发展，科研水平跻身于世界前五；居民实际收入增长，贫困人口下降一半。俄罗斯联邦政府也据此对国家的财政经济政策进行了重新筹划，明确提出了俄罗斯联邦政府新的财政经济发展政策目标。

在外部条件日益复杂、内部局限性不断增大的情况下，要实现这些目标，三个条件必不可少：一是创造一个稳定且可预测的环境，即国内经济指数对油价波动的敏感性较低，通胀预期较低、长期实际正利率，税收发展条件稳定；二是消除结构性失衡和发展障碍，包括消除扭曲的竞争格局和投资动机，提高国有资产管理质量和效率；三是改变人口趋势，促进人力资本发展。

要实现其中第三个条件，就必须确保人口和预期寿命持续提高，为提高出生率和降低死亡率创造环境。为此，俄罗斯为提高出生率和降低死亡率专门提出了具体计划和措施（见表 5.15），并期望通过这些措施有效提高出生率，降低死亡率，为实现预期寿命延长到 78 岁、确保自然人口增长的国家目标作出贡献。

表 5.15　2018—2024 年俄罗斯国家战略发展目标中
提高出生率和降低死亡率的具体措施

实现目标	具体措施
提高出生率	（1）实施母亲（家庭）资本规划； （2）完善第一个孩子生育（领养）每月补贴机制； （3）为有年幼儿童的父母参加工作创造条件，为父母通过职业培训和再培训； （4）保障居民生殖健康，提高妇女怀孕分娩及新生儿免费医疗服务的可获得性和服务质量，提高体外受精技术效率； （5）提高有子女家庭的住房负担能力：为三个及以上子女家庭免费提供住房建设用地，对抵押贷款利率进行补贴，降低针对三个及以上子女家庭拥有住房课征的个人财产税税基，降低三个及以上子女家庭拥有的 600 平方米面积的土地税税基
降低死亡率	（1）改善组织管理，向患有循环系统疾病、肿瘤的患者以及儿童提供专业医疗的援助； （2）创造条件以满足居民空中紧急医疗救助需求； （3）改善医疗基础设施条件（包括难以到达和人口稀少的地区）； （4）提供预防、诊断和及早发现疾病的初级卫生保健服务； （5）解决医务人员短缺问题； （6）提供医疗和社会援助，为老年人创造有利条件

资料来源："Указ Президента РФ от 7 мая 2018 г. N 204 'О национальных целях и стратегических задачах развития Российской Федерации на период до 2024 года'"，https：// base. garant. ru。

为了实现第四任期发展战略目标，俄罗斯总统普京在 2018 年 5 月签署的联邦法令"关于俄罗斯联邦至 2024 年发展的国家目标和战略任务"（下简称"五月法令"）中提出，俄罗斯在科学技术、社会经济取得飞跃式发展的同时，应提供更多负担得起的住房和安全高质量的医疗服务，进一步延长人均预期寿命，大幅度提高国民生活水平，全面消除贫困，为居民个人自我价值实现创造条件等方面，同时，提出了人口自然可持续增长、人均预期寿命增长到 78 岁（2030 年到 80 岁）等 9 个明确的国家发展目标。

围绕"五月法令"，俄罗斯联邦政府于 2019 年 5 月发布"俄罗斯联邦 2024 年前国家目标达成统一计划"①，该计划指出，国家发展目标是俄罗斯联

---

① "Единый план по достижению национальных целей развития Российской Федерации на период до 2024 года утверждён в целях реализации Указа Президента Российской Федерации от 7 мая 2018 года No.204 «О национальных целях и стратегических задачах развития Российской Федерации на период до 2024 года»"，http：//government. ru/news/36606/.

邦政府 2024 年前的主要工作方向，保障这一方向实现的工具是国家规划，其中最为重要的实现工具则是国家项目。据此，俄罗斯对国家规划清单进行了进一步修正，2020 年 2 月 18 日公布了最新国家规划清单，共 5 大领域 46 项规划，预算资金占到联邦预算 70% 以上（见表 5.16）①。

表 5.16 俄罗斯 2020 年国家规划清单

序号	名称	执行期限	负责部门
一、提高生活质量（41844 亿卢布）			
1	卫生	2018—2024 年	卫生部
2	教育	2018—2025 年	教育科技部
3	公民社会支持	2013—2024 年	劳动部
4	无障碍环境	2011—2025 年	劳动部
5	住房	2018—2025 年	建设部
6	就业	2013—2024 年	劳动部
7	文化	2013—2024 年	文化部
8	环保	2012—2024 年	自然资源部
9	体育	2013—2024 年	体育部
10	国家政策	2017—2025 年	联邦交通道路局
二、经济创新与现代化（27119 亿卢布）			
11	俄罗斯联邦科学技术发展	2019—2030 年	教育科技部
12	经济发展与创新经济	2013—2024 年	经济发展部
13	发展工业、提高工业竞争力	2013—2024 年	工业贸易部
14	发展国防工业综合体	2016—2027 年	工业贸易部
15	发展航空工业	2013—2025 年	工业贸易部
16	发展船舶制造工业	2013—2030 年	工业贸易部
17	发展电子和无线电工业	2013—2025 年	工业贸易部
18	发展医药工业	2013—2024 年	工业贸易部
19	俄罗斯空间活动	2013—2025 年	国家航天集团
20	发展原子能工业综合体	2012—2027 年	国家原子能集团

---

① Об утверждении перечня государственных программ Российской Федерации（с изменениями на 18 февраля 2020 года），Правительство Российской Федерации Распоряжение от 11 ноября 2010 года N 1950-p.

续表

序号	名称	执行期限	负责部门
21	信息社会	2011—2024 年	通讯部
22	发展交通体系	2018—2024 年	交通部
23	发展农业，调节农产品、原材料和食品市场	2013—2025 年	农业渔业部
24	发展渔业综合体	2013—2024 年	农业渔业部
25	农村综合发展	2020—2025 年	农业渔业部
26	开展对外经济活动	2013—2024 年	经济发展部
27	自然资源再生利用	2013—2024 年	自然资源部
28	发展林业	2013—2024 年	自然资源部
29	发展能源	2013—2024 年	能源部
三、保障国家安全（未公布预算规模）			
30	增强国家国防	2019—2025 年	国防部
31	保障国家安全	2012—2024 年	联邦安全局
32	保护个人、社会和国家安全	2021—2027 年	俄罗斯警卫队
33	保护居民和领土免受紧急情况影响，提供火灾、水灾安全	2013—2030 年	民防部
34	维持公共秩序和打击犯罪	2013—2024 年	内务部
35	国家物资储备管理	2020—2024 年	储备局
36	保障俄罗斯生化安全	2021—2024 年	卫生部
37	俄罗斯联邦后备力量动员	2021—2024 年	国家专项规划管理总局
四、平衡地区发展（10720 亿卢布）			
38	远东地区社会经济发展	2014—2025 年	远东和北极发展部
39	北高加索联邦区发展	2013—2025 年	高加索部
40	发展联邦关系，为建立高效和负责任的地区和地方财政管理创造条件	2013—2024 年	财政部
41	俄罗斯联邦北极地区经济社会发展	2015—2025 年	远东和北极发展部
42	克里米亚共和国和塞瓦斯托波尔市社会经济发展	2019—2022 年	经济发展部
43	加里宁格勒社会经济发展	2013—2025 年	经济发展部

续表

序号	名称	执行期限	负责部门
五、建设高效国家（16310 亿卢布）			
44	管理国家金融和调节金融市场	2013—2024 年	财政部
45	对外政治活动	2013—2030 年	外交部
46	司法	2013—2026 年	司法部

资料来源：Об утверждении перечня государственных программ Российской Федерации（с изменениями на 18 февраля 2020 года），Правительство Российской Федерации от 11 ноября 2010 года N 1950-p。

为持续推进国家规划的顺利实施，提高公民的生活水平，确保教育、医疗服务的可获得性和质量，支持家庭发展，减少贫困，在"五月法令"中俄罗斯总统普京还具有针对性地在"发展人力资本""优化生活环境"和"促进经济增长"三个领域提出了 12 项国家重点发展战略任务：人口、医疗、教育、住房和城市环境、生态、安全优质道路、提高劳动生产率和保障就业、科学、数字经济、文化、中小企业发展和个人创业支持、国际合作和出口。依据这一战略任务，俄罗斯充分借鉴国家优先发展项目的运作方式，提出了设置国家项目予以充分保障的改革方略。2018 年 12 月，俄罗斯 2019—2024 年国家项目获得总统战略发展与国家项目委员会主席团会议批准。除上述 12 大任务均被列为国家项目外，"2024 年前大型基础设施现代化和扩展综合计划"也被纳入其中①，使俄罗斯 2019—2024 年国家项目达到 13 项②。

俄罗斯 2019—2024 年国家项目的预算总额为 25.7 万亿卢布，其中联邦预算 13.1 万亿卢布，联邦主体预算 4.9 万亿卢布，国家预算外基金 1470 亿卢布，其他来源 7.5 万亿卢布。对于俄罗斯来说，国家项目支出是一笔不小的财政负担，俄罗斯 2019 年联邦财政收入 20.2 万亿卢布，国家汇总财政收入 39.1 万亿卢布③，国家项目的预算规模相当于俄联邦政府每年要拿出近 10% 的资

---

① утверждён распоряжением Правительства от 30 сентября 2018 года No.2101-p.

② "НАЦИОНАЛЬНЫЕ ПРОЕКТЫ 2019-2024"，https：//rg.ru/sujet/6234/.

③ 俄罗斯采取预算联邦制，依据《预算法典》规定，俄罗斯各级预算各自独立，每一级预算均不纳入上一级预算之中。俄罗斯联邦预算即为中央政府预算，联邦主体预算即为州级政府预算，国家汇总预算即为中央政府预算与众州政府预算之和。

金、联邦主体政府每年要拿出近 7% 的资金用于支持国家项目的实施，如此庞大的资金规模充分体现了俄罗斯各级政府对国家项目的资助决心与支持力度。

其中，国家"医疗"项目的项目负责人为卫生部部长，2019—2024 年总预算为 17258 亿卢布，涵盖发展初级卫生保健系统、防治心血管疾病、治疗肿瘤疾病、发展儿童保健（包括建立现代医疗设施为儿童提供医疗服务）、为医疗机构配备合格医疗人员、建立国家医学研究中心并引进先进医学技术、创建统一的州健康信息系统（EHISS）、发展医疗服务出口业等八个子项目，以实现降低劳动年龄人口死亡率、降低循环系统疾病的死亡率、降低肿瘤死亡率、降低婴儿死亡率、消除医疗机构人员短缺现象、确保每个公民每年至少进行一次预防性医学检查、确保卫生服务的可及性、完善初级卫生保健机构（包括偏远地区居民）、减少公民就医排队时间、简化医疗服务预约程序、增加医疗服务出口量等具体目标。① 在国家"医疗"项目的指导下，俄罗斯发布《俄罗斯联邦 2025 年前的医疗卫生发展战略》《俄罗斯联邦 2030 年前制药工业发展战略》《俄罗斯联邦 2030 年前医疗产业发展战略》等专项项目战略规划。

国家"人口"项目的负责人则为劳动和社会保护部长，总预算将达到 31052 亿卢布。作为一个从国家优先项目"医疗"中分离出来的全新国家项目，"人口"项目主要用来解决俄罗斯面临的严峻的人口危机，实现支持家庭生育、促进妇女就业、为三岁以下儿童建立学前教育、改善老年人生活质量、鼓励公民养成健康生活方式、增加公民的体育设施、创造体育文化等目标。②

自此，俄罗斯国家规划"卫生"下辖的国家项目由一个扩大为两个，即上述的"医疗"和"人口"，俄罗斯国家优先发展项目也自此正式更名为国家项目规划。③

---

① "Национальный проект: Здравоохранение"，https：//futurerussia. gov. ru/zdravoohranenie.

② "Национальный проект: Демография"，https：//futurerussia. gov. ru/zdravoohranenie.

③ "Указ П Р Ф. от 7 мая 2012 года № 606 «О мерах по реализации демографической политики Российской Федерации»".

（二） 继续加大财政卫生投入

2018 年，面对俄罗斯面临的一系列社会经济矛盾，俄罗斯总统在第 14 届联邦大会中指出，要建立负担得起的高质量医疗保障体系，有必要将政府医疗卫生支出提高到 GDP 的 4%—5%①，并呼吁通过开展国家项目，提高科学技术水平和劳动生产率，使该国的经济处于新的发展阶段，提高人民的生活水平，确保国家的长治久安，并提出每位部长都要负责对应的国家项目。

1. 国家"卫生"发展规划总体投入情况

2019 年 11 月调整后的俄罗斯 2024 年前国家"卫生"发展规划正式获批，此版"卫生"规划预算总规模 30 万亿卢布，约为前期"卫生"规划投入的 5 倍。虽然国家规划"卫生"仅为俄罗斯 46 项国家规划之一，但其下辖的国家项目"医疗"与"人口"却占到俄罗斯 2019—2024 年国家项目数量的 15.4%，国家项目资金的 18.8%，俄罗斯对国家"卫生"规划这样一种财政预算投入，进一步突显出国家对医疗卫生事业发展的高度重视与大力支持。

俄罗斯 2024 年前国家"卫生"发展规划战略目标十分明确：2024 年劳动适龄人口死亡率降低到每 10 万人 350 例；心血管疾病死亡率降低到每 10 万人 450 例；恶性肿瘤死亡率降低到每 10 万人 185 例；每千活产婴儿死亡率降低到 4.5‰。②

2024 年前俄罗斯国家"卫生"发展规划包含了 2 项国家优先发展项目"医疗"和"人口"，下设 8 项子规划，资金主要来自联邦强制医疗保险基金（约占 55.2%）、联邦主体预算（约占 30.5%），以及联邦预算（约占 14.3%）（见表 5.17）。

---

① "ПУТИН: РАСХОДЫ НА МЕДИЦИНУ В 2019 - 2024 ГОДАХ ДОЛЖНЫ ВЫРАСТИ ДО 5% ОТ ВВП"，https：// vademec. ru/news/2018/03/01/putin - raskhody - na - meditsinu - v - 2019-2024-godakh-dolzhny-vyrasti-do-4-5-ot-vvp/.

② Постановление Правительства РФ от 26 декабря 2017 г. N 1640 "Об утверждении государственной программы Российской Федерации ' Развитие здравоохранения ' С изменениями и дополнениями от 30 ноября 2019 г".

表 5.17　俄罗斯"卫生"发展国家规划资金来源　　单位：亿卢布

年份	合计	联邦预算	联邦强制医疗 保险基金预算	联邦主体 汇总预算	预算体系 外资金
2018	33185	3111	19959	10134	0.0
2019	41114	5061	21920	14149	0.1
2020	45399	7612	23520	14282	0.0
2021	45587	6946	25030	13626	0.0
2022	45204	7052	25030	13134	0.0
2023	44874	6651	25030	13208	0.0
2024	44756	6621	25029	13121	0.0
合计	300119	43054	165518	91654	0.1

资料来源：俄罗斯联邦政府令"关于批准俄罗斯联邦国家规划'卫生发展'"（2017 年 12 月 26 日第 1640 号），2019 年 11 月 30 日修订补充。

2. 国家"医疗"项目投入和分配情况

2019 年年初，俄罗斯联邦卫生部首次对国家"医疗"项目的资金来源和计划作了详细说明。国家"医疗"项目 2024 年前的预算规模为 17258 亿卢布，其中大部分由联邦预算支付：联邦预算 13667 亿卢布，联邦主体预算 2650 亿卢布，联邦强制医疗保险基金预算 940 亿卢布，预算外资金 1 亿卢布，具体每年的财政投入额度如图 5.20 所示。俄罗斯计划在实施的头三年中花费国家"医疗"项目一半以上的资金（51%），并且在三年内将 70% 以上的资金用于"在医疗保健领域创建健康信息系统的单个数字电路"，具体每个子项目的财政投入情况如图 5.21 所示。

3. 国家"人口"项目投入和分配情况

2019—2024 年俄罗斯国家"人口"项目的主要任务延续国家优先发展项目"医疗"提出的"培养健康生活方式"，该项目预算规模 31052 亿卢布，支出规模仅次于"大型基础设施现代化和扩建""生态环境保护"和"安全优质公路"等基础设施建设类高投入项目，是社会领域资金规模最大的国家项目。项目预算主要来自联邦预算（29734 亿卢布），约占 95.8%，联邦主体预算 781 亿卢布，约占 2.5%，国家预算外基金预算 537 亿卢布，约占 1.7%，具体投入

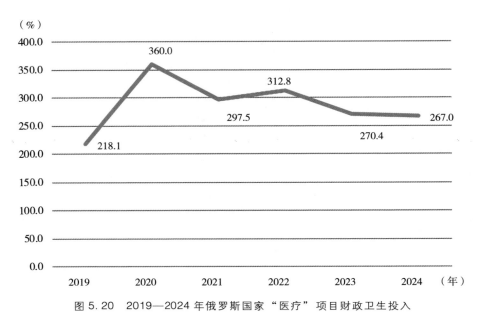

图 5.20　2019—2024 年俄罗斯国家"医疗"项目财政卫生投入

资料来源：Совокупный Бюджет Нацпроекта «Здравоохранение»，见 https：//futurerussia. gov. ru。

到支持家庭生育、促进妇女就业和学前教育、关爱老人、促进公共卫生、发展体育事业等五个项目（见图 5.22），通过财政支持措施改善家庭生活，提高国民生育能力（到 2024 年实现一名妇女生育的子女数从 1.62 增加到 1.7）、延长预期寿命，引入老年人长期照料系统，使退休前年龄的公民接受职业培训、提高职场竞争力，激励人们建立健康的生活方式。①

　　此外，在 2020 年年底俄罗斯财政部提交的《俄罗斯 2021 年、2022 年和 2023 年计划时期的预算、税收和关税政策的主要方向》中，财政部估计预算体系在医疗卫生方面的支出将在 2021 年达到 4.428 万亿卢布，占 GDP 的 3.8%，到 2022 年将增至 4.59 万亿卢布，到 2023 年，这一指标预计将达到 4.75 万亿卢布（见图 5.23）。这些资金主要优先用于应对新冠疫情、初级卫生保健和预防、改善医疗卫生服务的可及性和质量、保护孕产和儿童、形成健康

---

　　①　Совокупный Бюджет Нацпроекта «Демография»，https：//futurerussia. gov. ru.

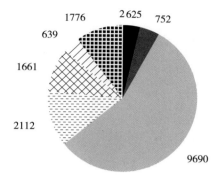

■ 发展初级卫生保健系统

■ 防治心血管疾病

□ 治疗肿瘤疾病

⊡ 发展儿童保健（包括建立现代医疗设施为儿童提供医疗服务）

⊠ 为医疗机构配备合格医疗人员

⊘ 建立国家医学研究中心并引进先进医学技术

⊞ 创建统一的州健康信息系统（EHISS）

☰ 发展医疗服务出口业

图 5.21　2019—2024 年俄罗斯国家"医疗"项目的资金实施计划（单位：亿卢布）

资料来源：Совокупный Бюджет Нацпроекта «Здравоохранение»，见 https：//futurerussia. gov. ru。

的生活方式等领域。①

二、调整卫生支出结构，提高基本医疗卫生服务的可及性和公平性

面对卫生支出中层级负担结构、分配结构、使用结构存在的各种问题，俄罗斯通过完善基层卫生保健系统、加大卫生财政转移支付力度等多种措施，提高医疗卫生服务的可及性和公平性。

（一）重视初级卫生保健系统发展，提高医疗卫生服务的可及性

正如世界卫生组织总干事谭德塞在 2019 年《全民健康覆盖监测报告》发布时所说的："如果想要实现全民健康覆盖，并通过其改善人民生活，就必须

---

①　Основные направления бюджетной，налоговой и таможенно‐тарифной политики на 2020 год и на плановый период 2021 и 2022 годов，https：//www. minfin. ru.

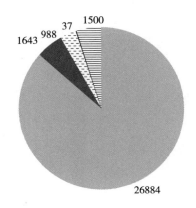

图 5.22　2019—2024 年俄罗斯国家"人口"项目的资金实施计划（单位：亿卢布）

资料来源：Совокупный Бюджет Нацпроекта «Демография», 见 https：//futurerussia. gov. ru.

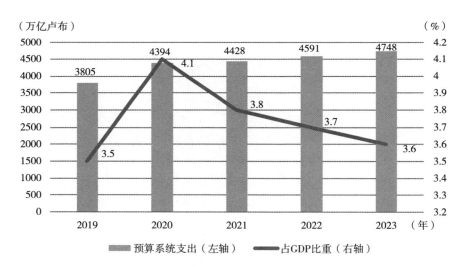

图 5.23　2019—2023 年俄罗斯在医疗卫生方面的预算支出情况

资料来源：Основные направления бюджетной, налоговой и таможенно-тарифной политики на 2021 год и на плановый период 2022 и 2023 годов "（утв. Минфином России）, 见 http：//www. consultant. ru/document/cons_ doc_ LAW_ 364178/。

认真对待初级卫生保健，尽可能在基层地区提供免疫接种、产前保健、健康生活方式等基本医疗卫生服务，并确保人们在享受这些服务中不用自费。"初级卫生保健对于推进全民健康覆盖具有重要意义，世界卫生组织也呼吁各国增加初级卫生保健支出，且增幅应至少达到国内生产总值的 1%，否则到 2030 年全球将仍有 50 亿人无法获得卫生保健服务。俄罗斯近年来也越来越意识到卫生保健部门的工作有效性主要取决于初级卫生保健的发展水平，作为一种最重要的医疗保健类型，初级卫生保健是任何国家医疗卫生系统的基础。因此，有必要发展和加强初级卫生保健系统，并将其作为国家卫生系统中的主要纽带。

在俄罗斯 2019—2024 年的国家"医疗"项目规划中，"开发国家初级医疗保健系统"成为规划中八大项目中的第一个优先规划项目，该项目计划总投入资金达 625 亿卢布，希望通过该项目使偏远地区的人们能够获得初级卫生保健，每年至少为所有公民进行一次预防性身体检查，同时优化医院门诊流程，减少患者的等待时间，保护患者的基本权利。这些资金主要投入三个重点领域：一是根据需要在人口 100—2000 人的居民点建立医疗门诊部、卫生站和孕妇产科中心，利用信息系统，完成初级卫生保健网络的建设，在人口不足 100 人的居民点配备移动医疗设施；二是优化提供初级卫生保健的医疗机构工作流程，简化与医生的预约程序，减少公民与指定医疗机构预约时的排队时间；三是建立保护患者的系统。

政府希望通过以上措施，进一步提升基层医疗卫生服务的可及性，并达到以下具体目标：

（1）建立 350 个卫生站、助产站和救护站；

（2）为 62 个联邦主体中的 1200 多个卫生站、助产站和救护站更新设备；

（3）到 2022 年，将运营 1300 多个移动医疗中心；

（4）到 2025 年，公民每年至少进行一次预防性医学检查的覆盖率将达到 90%，每年接受预防性检查的公民人数将为 1.32 亿；

（5）到 2025 年，参与创建"提供初级卫生保健的医疗组织新模式"的医疗机构比例将达到 54.5%；

（6）在全国制定救护车发展战略；

（7）创建区域救护车调度系统；

（8）在医疗机构附近建造或者改建至少 78 个直升机停机坪和着陆点，使得等待救护车时间不超过 15 分钟；

（9）到 2024 年增加 12500 多次直升机救护飞行，到 2025 年，由于紧急原因在空中救护车帮助下得到救治人数将达到 90%；

（10）保证有 72.9% 的医疗组织在强制性医疗保险的框架内提供基本医疗服务，参加了强制性医疗保险计划。到 2025 年，所有保险和医疗组织在 85 个联邦主体开设办事处（代表处）以保护被保险人的权利，保险医疗代表通过预防性医疗信息的检查，确保 18 岁以上的被保险人 100% 覆盖。①

2019 年 10 月 9 日，随着俄罗斯联邦政府 1304 号法令《俄罗斯联邦初级卫生保健现代化的基本原则》的发布，俄罗斯初级保健卫生服务计划进一步升级。根据该法令，在未来几年中，俄罗斯将对初级卫生保健进行大规模和密集的现代化改造，以确保俄罗斯所有公民在任何地区都可获得高质量的医疗服务，并为医务人员创造体面的工作条件。② 根据该文件，到 2020 年 1 月 10 日俄罗斯每个地区都应根据自身发展制定相应计划，以保障在未来四年内实现初级保健的现代化。③

（二）加大对地方财政转移支付力度，提高医疗卫生服务的公平性

转移支付是指无偿提供给预算体系中的另一级预算或法人，用于一定的专门支出的预算资金。俄罗斯国土面积辽阔、民族众多，各个地区和地方在地理条件、人口数量、资源禀赋以及社会经济发展水平方面都存在巨大差异。因此，通过国家预算的再分配实现拉平各地区预算保障能力就显得极为重要。俄

---

① "Развитие системы оказания первичной медико-санитарной помощи", https://future-russia.gov.ru/razvitie-sistemy-okazania-pervicnoj-mediko-sanitarnoj-pomosi.

② Постановление Правительства РФ от 9 октября 2019 г. No.1304 "Об утверждении принципов модернизации первичного звена здравоохранения Российской Федерации и Правил проведения экспертизы проектов региональных программ модернизации первичного звена здравоохранения, осуществления мониторинга и контроля за реализацией региональных программ модернизации первичного звена здравоохранения" (не вступило в силу), https://www.garant.ru/products/ipo/prime/doc/72733114/.

③ "Первичную медицину планируют модернизировать", https://medrussia.org/32368-pervichnuyu-medicinu/.

罗斯国家对地区的经济调节主要是通过财政资金的转移支付实现的，其中有两种方式：一种通过垂直的转移支付，即通过联邦中央向联邦主体财政资金的流动来实现联邦中央对联邦主体的扶持和调控；另一种通过联邦主体之间的资金流动，即富裕地区向贫困地区的资金流动来实现横向公平的调节。① 依据俄罗斯《预算法典》的规定，俄罗斯联邦财政转移支付包括四种形式：一是提供财政补贴，使各联邦主体的最低预算保障水平尽量保持一致；二是给某些专项支出拨款提供津贴与补助金；三是提供预算贷款；四是提供预算借款，以弥补各联邦主体财政的临时性预算缺口。

在这几种财政援助形式的基础上，俄罗斯《预算法典》第 133 条第 1 节中确定了联邦强制医疗保险基金的转移支付方式：一是联邦强制医疗保险基金预算的预算间转移支付，包括向地区强制医疗保险基金预算提供补助，以及对地区强制性医疗保险基金预算的其他预算间转移支付；二是根据联邦强制医疗保险基金预算法，向联邦预算提供补贴和（或）其他预算间转移支付。其中，联邦强制性医疗保险基金预算对地区强制医疗保险基金预算的补助，是指由于履行俄罗斯联邦在强制医疗保险领域的权利而产生的，政府转移支付给各地区的强制医疗保险基金预算主要用于履行各联邦主体在医疗卫生领域的财政责任②，这也是联邦国家预算外资金管理机构在社会政策领域中执行国家职能的重要部分。

近年来，随着俄罗斯政府对医疗卫生的日益重视，以及医疗卫生资源的地区分布不平衡问题、使用结构分配不合理问题的显现，俄罗斯不断加大医疗卫生领域专项转移支付力度，希望通过这一宏观调控方式引导医疗卫生重点领域发展，缩小各地医疗卫生服务差距。

由图 5.24 可以看出，近年来俄罗斯联邦一直在加大对地区强制医疗保险基金转移支付的力度，其中补助金从 2012 年的 6405.62 亿卢布增加到 2021 年的 22768.25 亿卢布，增长了 2.55 倍，补助金占联邦强制医疗保险基金预算支出总额的比例也呈上升趋势。

---

① 童伟：《俄罗斯政府预算制度》，经济科学出版社 2013 年版，第 88 页。
② Бюджетный Кодекс РФ，http：//obkrf.ru/st130.

图 5.24　2012—2021 年俄罗斯联邦强制医疗保险基金中
补助金金额及其占支出总额比例情况

资料来源：俄罗斯历年联邦强制性医疗保险基金的预算执行说明和报告。

　　根据《关于 2022 年以及 2023 年和 2024 年期间的联邦强制性医疗保险基金的预算计划》① 规定，从联邦强制医疗保险基金预算划拨给地区强制医疗保险基金预算的补助金规模应逐年增加，以帮助各地区履行转移的强制性联邦医疗保险支出责任。在该法案中，俄罗斯根据未来三年社会经济发展趋势，预测强制医疗保险基金预算收入在 2022 年达到 27792 亿卢布，2023 年将达到 29257 亿卢布，2024 年将达到 30862 亿卢布。其中，为了支持联邦主体履行医疗卫生领域的支出责任，联邦强制医疗保险基金预算 2022 年为联邦主体提供 24613 亿卢布补助金，2023 年为 25960 亿卢布，2024 年为 27497 亿卢布。②

　　此外，俄罗斯还计划从联邦预算中划拨政府转移支付用于一些专项医疗卫生支出计划，如为癌症患者提供医疗服务，2020 年 1200 亿卢布，2021 年 1400 亿卢布，2022 年 1400 亿卢布；确保非保险费用（包括在私人医疗组织的强制医疗保险基本计划中未包括的高科技医疗费用等），2020 年为 1183 亿卢布，2021 年为 1225 亿卢布，2022 年为 1267 亿卢布；用于降低强制性医疗保险的

　　① Федеральный закон "О бюджете Федерального фонда обязательного медицинского страхования на 2022 год и на плановый период 2023 и 2024 годов", https：//www.consultant.ru/document/cons_ doc_ LAW_ 402545/.

　　② "О бюджете Федерального фонда обязательного медицинского страхования на 2020 год и на плановый период 2021 и 2022 годов", http：//docs.cntd.ru/document/563897806.

保险费率而导致的收入补偿，2020 年为 120 亿卢布，2021 年为 127 亿卢布，2022 年为 136 亿卢布。该法案在注释中还指出，在强制医疗保险基金预算支出的结构中，未来联邦补助金应占 93% 以上，补助金的增加将进一步为各联邦主体的基本医疗卫生服务供给提供强大的财政保障。这些政策的提出充分体现了俄罗斯联邦政府为保障经济欠发达地区的最低标准卫生服务和基本卫生服务全民覆盖所做的努力。①

三、优化卫生财政转移支付模式，提高卫生转移支付资金效率

来自联邦财政的专项转移支付是俄罗斯强制医疗保险基金收入的重要来源之一，在俄罗斯医疗保障体系改革过程中发挥着不可或缺的支撑作用。为了更好地发挥转移支付对地区医疗卫生均衡化的促进作用，俄罗斯不断优化转移支付的分配方法、程序和使用方向。

（一）优化转移支付的分配方法

为了保障政府转移支付的透明度和可预测性，俄罗斯联邦预算对联邦主体预算进行转移支付时是按照政府制定的统一方法和公式计算的。根据俄罗斯联邦政府 2012 年 5 月 5 日第 462 号法令《关于从联邦强制医疗保险基金预算中向各地区强制医疗保险基金预算分配、提供和支出补助金的程序，以行使联邦各主体在强制医疗保险领域的权力》批准的方法，联邦强制医疗保险基金预算分配给地区强制医疗保险基金的预算资金，应基于该地区被保险人数、基本强制医疗保险计划的人均财政支持标准，以及每个联邦主体的差异系数而最终确定。为了进一步提高医疗卫生领域政府转移支付的科学性和针对性，2018 年 10 月 18 日俄罗斯政府发布第 1240 号法令，对 2012 年的第 462 号法令进行修订，调整了给联邦主体强制医疗保险补助金的分配方法，以确保提高医务工作者的工资。根据最新法令，从联邦强制医疗保险基金预算到地区强制医疗保险基金预算分配的补助金大小由式（5-1）确定：

---

① "Региональное здравоохранение ожидает рекордный прирост субвенций из ФОМС в 2020 году"，https：// medvestnik. ru/content/news/Regionalnoe - zdravoohranenie - ojidaet - rekordnyi-prirost-subvencii-iz-FOMS-v-2020-godu. html.

$$S_i = \frac{q_i \times H \times K_i}{\sum_i q_i \times H \times K_i} \times S_{OБЩ} , \tag{1}$$

其中，S_i 是指从联邦强制医疗保险基金预算到第 i 个联邦主体强制医疗保险基金预算中提供的补助金数额；q_i 是指下一个财政补助金年度，俄罗斯联邦第 i 个联邦主体加入强制医疗保险的被保险人数；H 是指根据国家保障方案中的规定，计算向俄罗斯联邦公民免费提供医疗援助的财政保障标准；K_i 是指俄罗斯第 i 个联邦主体的差异系数；$S_{OБЩ}$ 是指相应财政年度联邦强制医疗保险基金预算中确定的补助金总额。

调整后的分配方法，更充分考虑了各个联邦主体的区域特征，有利于缩小各地区医疗卫生服务差距：一是考虑到医务人员的工资指标在计算对地区强制医疗保险基金补助金额方面起着重要作用，因此在分配方法中的差异系数 K_i 中提高了加权地区平均工资系数总和的加权系数值，同时提高了加权地区平均工资增量和地区工资与俄罗斯工资比率的加权系数值（从 0.6 提高到 0.7）。这些调整将使医务人员的工资占地区基本医疗计划支出的比例提高到 70%。二是在计算补助金额时，使用"预算服务的价格差别系数"这一新指标。同时，对于自然气候条件复杂、交通不便的地区，设置较高的"预算服务的价格差别系数"极限值，从而提高这些地区的补助金额度，进一步提高当地医务人员的工资。在萨哈（雅库特）共和国、堪察加省、马加丹州、涅涅茨州和楚科奇州，预算服务的价格差别系数的极限值也有所提高。三是根据已签署的法令规定，2019 年的补助金不得低于 2018 年的数额。通过调整分配方法后，2019 年几乎所有地区的医疗卫生资金预算的补助都将增加，从而消除了改变分配方法可能带来的补助金数额少于 2018 年的风险。四是根据 2018 年 5 月 7 日第 204 号总统令的规定，该补助金的分配方法还考虑到了医生和护士数量的增加，以解决某些地区或领域医务人员不平衡和不充分问题。①

①　"О порядке распределения, предоставления и расходования субвенций из бюджета Федерального фонда обязательного медицинского страхования бюджетам территориальных фондов обязательного медицинского страхования（с изменениями на 18 октября 2018 года）"，http：//docs.cntd.ru/document/902346071.

（二）规范转移支付的分配程序和原则

为了使卫生专项转移支付程序更加规范、合理，2018 年 10 月 18 日俄罗斯发布的第 1240 号法令还进一步完善了从联邦强制医疗保险基金预算划拨给地区强制医疗保险基金预算转移支付的分配、提供和支出程序。其主要内容有：

（1）下一个财政年度强制医疗保险基金的补助金分配须得到联邦法律对下一个财政年度和计划期间的基金预算的批准；

（2）联邦预算给予地区补助金的前提是，联邦主体的预算法律所批准的针对非工作人口的强制医疗保险的预算拨款金额应符合《俄罗斯联邦强制医疗保险法》第 23 条计算的针对非工作人口的强制医疗保险费的数额；

（3）根据规定程序，将补助金划拨至联邦国库地方机构开立的账户中，用于核算收入，并将其分配给俄罗斯联邦主体预算，然后划拨至地方基金预算；

（4）在分配补助金时，允许批准分配未在属地基金预算之内的补助金，其金额不超过相应补助金总额的 5%；

（5）地区基金应在每月 10 日之前，按照基金规定的方式和形式提交补助金使用情况月度报告；

（6）如果补助金被挪用，则按照俄罗斯联邦卫生部规定的程序向基金预算偿还相应的资金；

（7）根据俄罗斯联邦强制医疗保险法和俄罗斯联邦预算法从基金预算中支出补助金；

（8）由强制医疗保险基金会、联邦财政和预算监督局负责监督地区补助金的执行情况①。

（三）明确卫生专项转移支付的使用方向

为了保证国家"卫生"项目的目标得以实现，俄罗斯政府根据国家"卫

---

① О порядке распределения, предоставления и расходования субвенций из бюджета Федерального фонда обязательного медицинского страхования бюджетам территориальных фондов обязательного медицинского страхования（с изменениями на 18 октября 2018 года），http：//docs. cntd. ru/document/902346071.

生"项目的战略规划和实施方法，进一步明确了卫生领域政府转移支付资金的使用方向，使卫生专项支出的目的和功能逐渐明确，更加符合现代公共财政制度和转移支付制度的要求。如在 2020 年联邦强制医疗保险基金预算拨款的预算分配方案中，对 2019—2024 年国家"医疗"项目规划中的各个子项目以及相应的实施方案都作了明确的预算安排；在《关于 2020 年以及 2021 年和 2022 年期间的联邦强制性医疗保险基金的预算计划》中，明确规定转移支付给医疗机构和其他组织的资金主要用于实施向公民免费提供医疗卫生服务的国家保证计划，对孕产妇、新生儿的医疗服务以及儿童预防性医学检查等方面；2019 年 12 月 30 日，俄罗斯联邦政府还颁布了第 1940 号法令《关于批准从联邦强制医疗保险基金预算向地区强制医疗保险基金预算提供政府间转移的规则，以向医务人员提供财政补贴以在体检和癌症检查中发现癌症人群的预防性体检》，明确该专项的政府间转移支付，主要用于向医务人员提供财政奖励金，鼓励医务人员在帮民众进行医学检查和预防性体检时及早发现癌症并进行及时治疗。①

四、改革预算管理模式，提高基本医疗卫生资金使用效益

2016 年，俄罗斯学者格林克维奇（Л. С. Гринкевич）、巴宁（С. А. Банин）在对俄罗斯医疗卫生筹资系统进行分析的基础上，认为俄罗斯医疗卫生体系运行的社会公平性和具有成本效益的金融模式已经初步形成，但在财务关系方面依然存在各种问题，因此建议政府从卫生服务有效性角度对医疗卫生服务进行分析，了解影响健康的社会决定因素，对卫生服务绩效进行综合评估，从而建

---

① Постановление Правительства РФ от 30 декабря 2019 г. N 1940 "Об утверждении Правил предоставления межбюджетных трансфертов из бюджета Федерального фонда обязательного медицинского страхования бюджетам территориальных фондов обязательного медицинского страхования на финансовое обеспечение осуществления денежных выплат стимулирующего характера медицинским работникам за выявление онкологических заболеваний в ходе проведения диспансеризации и профилактических медицинских осмотров населения", https://www.garant.ru/products/ipo/prime/doc/73264697/.

立一个先进、科学的卫生筹资体系，确保医疗卫生服务的公平与效率。① 近年来，俄罗斯政府也逐渐认识到医疗卫生系统绩效管理体系不够完善、财政投入效率较低等问题，设计了覆盖预算周期全程的预算绩效管理体系，有效保障了预期结果的有效实现。

（一）明确绩效目标和评价指标，夯实预算绩效管理基础

绩效目标是预算绩效管理的起点，是预算资金获得者"医疗卫生部门"的具体工作内容，也是预算资金拨付者"财政部门"进行考核监督和实施奖励与处罚的依据。② 绩效目标的准确性、合理性、规范性与细化量化也因之成为预算实施双方受托责任的全面体现，是双方就预算资金领用达成的契约。当前，绩效目标明确、契约基础扎实正是俄罗斯国家规划及国家项目实施的一大特征，俄罗斯每一国家规划、国家项目都设立了明确的绩效目标，例如，国家规划"卫生"的绩效目标为"劳动适龄人口死亡率降低到每 10 万人 350 例；心血管疾病死亡率每 10 万人 450 例；恶性肿瘤死亡率每 10 万人 185 例；每千活产婴儿死亡率降低到 4.5‰"。国家项目"人口"的绩效目标为"人口出生率提高到 1.753，人均预期寿命延长到 78 岁"。

不仅如此，为了使宏观层面的绩效目标能够对国家规划、国家项目的实施具有现实指导意义，俄罗斯在"改善居民医疗条件""提高医疗卫生服务质量"等整体宏观目标之下，还为建设周期内每个年度设置了更为清晰、明确的项目目标和绩效指标，使国家规划、国家项目的实施结果可操作、可实现、可考核、可衡量（见表 5.18）。如在国家"医疗"项目中，2019 年的主要目标是建立一个肿瘤和心血管中心系统，其具体年度建设指标包括：一是更新诊断和治疗的临床建议，并在该地区至少配备 20 个心血管治疗中心和 90 个癌症治疗中心；二是通过加强预防措施和初级诊断，做到早发现早治疗，降低心血管疾病和肿瘤疾病的死亡率；三是开发保护患者权利的系

---

① Л. С. Гринкевич, Сергей Анатольевич Банин, "Одноканальное финансирование: из прошлого в будущее здравоохранения России", *Финансы и кредит*, No. 2（2016），C. 2-20.

② 童伟：《基于编制本位和流程再造的预算绩效激励机制构建》，《财政研究》2019 年第 6 期。

统。2021 年的主要目标是为民众加强农村地区初级医疗保健建设，为了实现这一目标，需要在这一年达到以下具体细化指标：一是至少 90% 的医疗组织将使用医疗信息系统，并与国家卫生信息系统子系统进行交互；二是 2020 年建立产科护理站和门诊部以及 500 多个移动诊所，以取代处于紧急状态的门诊部；三是建立区域紧急医疗调度系统，各地区至少保证有 110 个门诊癌症治疗中心。

表 5.18　俄罗斯国家"医疗"项目 2019—2024 年年度目标和指标

年份	国家"医疗"项目目标
2019	主要目标：建立一个肿瘤和心血管中心系统 具体指标：（1）更新诊断和治疗的临床建议，并在该地区至少配备 20 个心血管治疗中心和 90 个癌症治疗中心；（2）通过加强预防措施和初级诊断，做到早发现早治疗，降低心血管疾病和肿瘤疾病的死亡率；（3）开发保护患者权利的系统
2020	主要目标：初级诊疗阶段医生短缺得到缓解 具体指标：（1）作为儿童保健发展的一部分，将在模拟中心培训至少有 8000 名围产期、新生儿和儿科专家；（2）2019—2020 年，建立 18 个肿瘤治疗免疫组织化学、病理形态学和放射治疗研究中心；（3）至少有 56 万名专业的医务工作者将定期接受继续教育和培训；（4）到年底初级诊疗合格医生达到 83%，初级保健人员达到 91%；（5）到 2020 年年底，俄罗斯卫生部将制定至少 4000 个新的临床教育项目
2021	主要目标：为民众加强农村地区初级医疗保健建设 具体指标：（1）至少 90% 的医疗组织将使用医疗信息系统，并与国家卫生信息系统子系统进行交互；（2）在 2020 年建立产科护理站和门诊部以及 500 多个移动诊所，以取代处于紧急状态的门诊部；（3）建立区域紧急医疗调度系统，各地区至少保证有 110 门诊癌症治疗中心
2022	主要目标：使诊所变得"精益" 具体指标：（1）俄罗斯卫生部制定并实施提供初级医疗保健的新医疗组织模式的统一标准；（2）到年底，至少 63.8% 的成人和儿童医疗机构必须符合这一模式；（3）一级合格医生达到 89%，护士达到 93%；（4）每年进行预防性检查的人口覆盖率将从不到 40% 提高到 53.5%
2023	主要目标：儿童保健发展方案 具体指标：（1）至少有 132.5 万妇女在怀孕、分娩和产后会接受医疗护理，为保持生殖健康，对 15—17 岁青少年进行预防性检查的覆盖率将达到 70%；（2）各地区执行儿童保健发展方案，到 2023 年底，婴儿死亡率将降至每年 4.6 例/1000 名；（3）从 2019 年开始，将在该地区建造或重建 26 家儿童医院；（4）将在全国范围内实施电子食谱系统

续表

年份	国家"医疗"项目目标
2024	主要目标：挽救将近 23 万生命 具体指标：（1）身体健全的人的死亡率将降低至每十万人中 350 例，婴儿死亡率将降至每千活产中 4.5 例；（2）修改立法，在每个地区开设办事处，以保护被保险人获得免费医疗的权利；（3）每年至少 70% 的俄罗斯人将接受预防性检查或体检；（4）俄罗斯医疗服务出口额将达到 10 亿美元

资料来源：Национальные Проекты 2019-2024，https：//rg.ru/sujet/6234/。

此外，卫生部门还主动公开《俄罗斯联邦卫生部 2019 年至 2024 年的活动计划》，对国家项目中每个任务目标的实施方向、实施措施、实施负责人、实施依据、实施进度安排、预期效果作了详细说明。如对于"人均预期寿命延长到 78 岁"这一任务目标确定了 1 个方向 12 项具体细化指标任务，并公开每项细化任务完成的时间推进表和阶段目标（见表 5.19）。明确的绩效目标和任务指标不仅帮助俄罗斯医疗卫生部门逐步树立起清晰明确的绩效管理思想，还促使俄罗斯医疗卫生部门不断强化前期论证，使医疗卫生预算决策的科学性和有效性得到明显增强。

表 5.19　俄罗斯联邦卫生部 2019—2024 年的活动计划实施表（部分）

项目目标	负责和执行人	实施依据	执行进度和阶段目标						预期结果
			2019 年	2020 年	2021 年	2022 年	2023 年	2024 年	
目标 1. 确保俄罗斯联邦的自然人口可持续增长并将平均寿命提高到 78 岁		俄罗斯联邦总统令，2018 年 5 月 7 日第 204 号，关于俄罗斯联邦 2024 年前的发展的国家目标和战略目标							维护和加强俄罗斯联邦公民健康，延长公民预期寿命
方向 1.1　降低人口死亡率									
指标 1.1.1：劳动年龄人口的死亡率（每 10 万人中最多 350 例）	科夫列娃（Т. В. ковлева）	由俄罗斯联邦总统领导的理事会主席团批准的用于战略发展和国家项目的国家"卫生"项目（2018 年 12 月 24 日第 16 号）（以下简称国家"卫生"项目）	437	419	401	383	365	350	

续表

项目目标	负责和执行人	实施依据	执行进度和阶段目标						预期结果
			2019 年	2020 年	2021 年	2022 年	2023 年	2024 年	
指标 1.1.2：16—59 岁男性的死亡率（每 10 万人口）	萨拉盖（O. O. Салагай）	俄罗斯联邦政府主席批准的俄罗斯联邦政府 2024 年前的主要活动，梅德韦杰夫 2018 年 9 月 29 日第 8028 号（以下简称俄罗斯联邦政府主要活动）	665	638	611	584	557	530	
指标 1.1.3：16—54 岁妇女的死亡率（每 10 万人口）	萨拉盖（O. O. Салагай）	俄罗斯联邦政府的主要活动	205	202	199	196	192	188	
指标 1.1.4：循环系统疾病造成的死亡率（每 10 万人口）	卡姆金（E. Г. Камкин）	国家"卫生"项目	545	525	505	485	465	450	
指标 1.1.5：包括恶性肿瘤在内的肿瘤死亡率（每 10 万人口中最多 185 例）	卡姆金（E. Г. Камкин）	国家"卫生"项目	199.5	197.0	193.5	189.5	187.0	185.0	
指标 1.1.6：早期（I—II 期）检出的恶性肿瘤比例（%）	卡姆金（E. Г. Камкин）	俄罗斯联邦政府的主要活动	57.9	59.0	60.1	61.2	62.3	63.0	
指标 1.1.7：已登记 5 年或以上的恶性肿瘤患者比例（%）	卡姆金（E. Г. Камкин）	俄罗斯联邦政府的主要活动	55.0	55.6	56.1	56.7	57.2	60.0	
指标 1.1.8：恶性肿瘤患者的一年死亡率（在诊断的第一年内死亡）	卡姆金（E. Г. Камкин）	俄罗斯联邦政府的主要活动	21.0	20.2	19.5	18.8	18.1	17.3	
指标 1.1.9：婴儿死亡率（每千名婴儿最多 4.5 例）	科夫列娃（T. B. ковлева）	国家"卫生"项目	5.4	5.2	5.0	4.8	4.6	4，5	
指标 1.1.10：0—4 岁儿童的死亡率（每 1000 例活产）	科夫列娃（T. B. ковлева）	俄罗斯联邦政府的主要活动	6.7	6.6	6.5	6.3	6.1	5.9	
指标 1.1.11：0—17 岁儿童的死亡率（每 10 万相应年龄的儿童）	科夫列娃（T. B. ковлева）	俄罗斯联邦政府的主要活动	59.0	58.5	58.0	57.0	56.0	55.0	

项目目标	负责和执行人	实施依据	执行进度和阶段目标						预期结果
			2019 年	2020 年	2021 年	2022 年	2023 年	2024 年	
指标 1.1.12：超过工作年龄的人口死亡率（每对应年龄的 1000 人）	雅科夫列娃（Г. В. Яковлева）	总统战略发展和国家项目理事会主席团批准的国家"人口"项目（2018 年 12 月 24 日第 16 号）	37.6	37.3	37.0	36.7	36.4	36.1	

资料来源：План деятельности Министерства здравоохранения Российской Федерации на период 2019－2024 год（утв. Министерством здравоохранения РФ 28 января 2019 г.），https：// www. garant. ru/products/ipo/prime/doc/72105924/。

（二）广泛开展绩效评价，评价结果充分公开

俄罗斯对国家规划、国家项目实行绩效管理，每年由财政部对各国家规划、国家项目进行绩效评价，以查看各国家规划、国家项目的任务完成进度、完成质量，预算执行情况以及规划目标实现程度，并进行综合打分排名。例如，俄罗斯国家规划"卫生"2019 年绩效评价结果为：部门规划执行效率 77.3 分，实施方案执行效率 72.3 分，预算执行 94.9 分，部门履职效率 100 分，国家规划目标实现程度 93.4 分，规划总体得分 98.2 分，在公开绩效评价结果的 37 个国家规划①中排名第 19。②

与绩效评价分数同时公开的还有各国家规划、国家项目的绩效评价相关资料，涉及内容十分丰富详尽，主要有：国家规划（项目）检查表、国家规划（项目）未完成名单、国家规划（项目）完成情况分析报告、国家规划（项目）预算执行情况表、国家规划（项目）绩效评价检查信息、国家规划（项目）绩效评价指标体系、国家规划（项目）绩效评价等级、国家规划（项目）绩效评价报告、国家规划（项目）绩效评价分析报告、国家规划（项目）绩效评价情况总结、国家规划（项目）绩效评价得分、国家规划（项目）实施

---

① "增强国家国防""保障国家安全""对外政治活动"等国家规划因涉密，绩效评价结果未公布。

② "Государственный доклад о реализации национальной политики здоровья 2018"，https：// www. rosminzdrav. ru/ministry/programms/sfere-ohrany-zdorovya-za-2018.

情况绩效评价报告、国家规划（项目）绩效评价相关材料等。

　　通过上述材料俄罗斯财政部对每一国家规划（项目）的具体完成情况、任务未完成原因进行全面剖析。例如，财政部《国家规划"卫生"绩效评价报告》指出，国家规划"卫生"经联邦政府正式批复的绩效目标共含有目标值 5 项，其中 2 项完成，3 项未完成（见表 5.20）。

表 5.20　俄罗斯国家规划"卫生"绩效目标完成情况

绩效目标	目标	实际完成	完成情况
每十万适龄劳动人口死亡率（例）	493.2	481.6	完成
每十万人心血管疾病死亡率（例）	583.7	573.6	完成
人均预期寿命（岁）	74.0	72.9	未完成
每十万人肿瘤死亡率（例）	192.8	193.1	未完成
医疗质量满意度（%）	41.7	38.7	未完成

资料来源：根据俄罗斯财政部绩效评价报告整理。

　　除绩效目标外，俄罗斯财政部针对国家规划"卫生"的绩效评价，还提出了 269 个控制点（即细化的二级评价指标），其中，241 个控制点已完成（227 个控制点按时完成，14 个控制点在截止期后完成），28 个控制点尚未完成，未完成的有：对雅罗斯拉夫尔地区和图拉地区提供的财政援助任务，未完成预算已退回联邦预算；彼尔姆地区和奥伦堡地区的医疗卫生基础设施建设滞后；图拉和马加丹地区的绩效目标需要调整；哈巴罗夫斯克地区的预算分配延迟；克麦罗沃地区的项目承包商延迟交付；哈卡斯共和国医疗设备交付合同签订不规范等。上述问题的存在使俄罗斯国家规划"卫生"的总体任务完成率 89.5%，评估得分 72.3。

　　对于国家规划"卫生"未能完成绩效目标的原因，俄罗斯财政部进行了对应性分析，指出因经济增长率和投资水平下降，国家和公司债务增长，结构性增长疲软，通货膨胀加速等方面原因，俄罗斯失业率上升，居民实际收入增长放缓，贫困人口增多，收入低于贫困线人口占比从 2012 年的 10.7% 扩大到 2018 年的 13.2%，这些因素导致人均预期寿命指标未能完成；而初级医疗机构癌症识别工作经验不足，缺乏肿瘤医学警觉性，预防性医学检查不够全面，患者手术治疗不够及时，化学疗法有效性评估不够充分，治疗过程动态监测不当，公众对癌症及其危险性缺乏足够认识，健康生活方式不够普及等则是导致肿瘤死亡率指标未能完成的主要原因。至于居民满意度问题，俄罗斯财政部绩效评价报告指出，患者对医疗服务质量的不满意，如医疗机构组织流程不尽合理，医务人员缺口严重，治疗排队等待时间过长，医疗设备、技术材料不佳，医务人员存在违反道德的行为等，即反映了俄罗斯医疗卫生领域存在的问题，也为俄罗斯国家规划"卫生"指明了未来的改革方向，因为一切公共资源来自民众，公共资源不仅应按民众的意愿使用，还应产生令民众满意的结果，所以民众的满意度应是衡量一切财政资源使用效益的最重要指标，提高居民医疗服务满意度应成为俄罗斯医疗卫生国家规划及国家项目发展的终极目标。

（三）健全激励约束机制，强化公开问责

与此同时，俄罗斯国家规划和国家项目还实施了国际通行的问责机制——部门责任人制。如前所述，俄罗斯每个国家规划、国家项目都有清晰明确的责任人，例如国家项目"医疗"的负责人为卫生部部长斯科沃索娃，项目执行负责人为卫生部副部长霍罗娃；国家项目"人口"的负责人为劳动与社会保障部部长托皮林，项目执行负责人为劳动与社会保障部第一副部长沃夫琴科。这种以个人为主体的绩效问责机制，打破了传统的以部门为责任主体的弊端，将问责对象由宏观抽象的部门——集体责任制，转化为具象明确的个体，使问责具有了真正的可能性和威慑力。国家项目的责任人要签订规划（项目）责任书，不仅要对规划（项目）任务的完成情况负责，还要对有效并符合道德地利用公共预算资源负责，违约则应承担相应的处罚。

此外，俄罗斯还通过国家规划及国家项目内容的全面公开强化责任约束。按照《预算法典》规定，俄罗斯每一国家规划、国家项目的相关材料都需在联邦政府网站[①]及时公开，规划及项目的责任人、规划及项目的绩效目标、预

---

① 联邦政府网站，见 http://government.ru/rugovclassifier/section/2641/。

期结果、预算规模、实施内容、实施方案、绩效评价方法、评价依据等在联邦政府网站均可查询。俄罗斯财政部对每一国家规划、国家项目开展的绩效评价结果也都公布在联邦政府网站上，预算的全面公开成为确保国家规划、国家项目高质量完成的最好监督与控制手段。

由本章研究内容可以看出，自苏联解体后，俄罗斯一直坚持"免费医疗"的全民健康覆盖理念，采取多项措施确保人们免费享受到基本医疗卫生服务，医疗改革取得了较为积极的成效。但同时也应充分认识到，俄罗斯现有的医疗卫生财政保障机制中存在的客观问题和发展瓶颈依然较为突出。这些问题主要集中于三个方面：一是政府卫生投入不足、强制医疗保险基金赤字严重，基本医疗卫生服务面临较大的资金缺口，使得私人卫生支出比例逐渐增加，居民个人卫生负担逐渐加重；二是卫生投入结构不合理问题比较突出，主要表现在中央与地方层级负担结构有待进一步优化、区域分配结构有待进一步平衡、使用结构需要进一步调整，医疗卫生服务公平性状况有待提高；三是政府公共卫生投入效率不高，医疗卫生人才培养力度仍需加大，医疗卫生系统绩效还比较低，医疗卫生服务质量与民众日益提高的医疗卫生服务需求还存在一定差距，医疗卫生质量满意度还有待进一步提高。

导致这些问题产生的深层次因素是多方面的，既有经济发展形势、劳动力减少、人口老龄化等经济社会原因，也有医疗体系运行机制、公共财政管理体制等方面的原因，这也是未来俄罗斯在解决基本医疗卫生财政保障问题过程中的突破口。

近年来，针对医疗卫生财政保障中出现的各种问题和短板，俄罗斯政府积极采取了一系列措施落实政府在医疗卫生事业发展中的主体责任，提高医疗卫生系统的公平性和有效性：一是继续实施国家"医疗"和"人口"项目规划，加大财政医疗投入，以国家规划和项目推动医疗卫生事业发展；二是通过调整政府卫生支出的使用结构（重视初级卫生保健系统发展）、优化中央与地方层级负担结构（加大对地方财政转移支付力度），提高基本医疗卫生服务的可及性和公平性；三是在改革中通过优化转移支付的分配方法、规范转移支付的分配程序和原则、明确卫生专项转移支付的使用方向来优化卫生财政转移支付模式，提高卫生转移支付资金效率；四是日益重视医疗卫生系统绩效管理建设，通过明确绩效目标和评价指标，广泛开展卫生资金绩效评价，健全激励约束机制，从而提高医疗卫生资金的使用效益。

第六章 全民健康覆盖下俄罗斯基本医疗卫生财政保障机制构建的借鉴和启示

经过近 30 年的持续改革与建设，在满足国民基本医疗卫生服务需求、推进全民健康覆盖、提升人民健康水平等方面，俄罗斯基本医疗卫生财政保障机制改革取得了明显成效：强制医疗保险覆盖率大幅提升，到 2019 年已接近 100%；人口自然增长率逐渐转正，在 2013 年第一次达到 0.2‰；人均预期寿命不断提高，从 2000 年的 65 岁提高到 2019 年的 73.6 岁[1]；抗击新冠疫情成效明显，感染者死亡率处于世界较低水平；国民健康生活方式进一步得到推广，并逐渐深入人心；基层医疗服务、初级预防保健、母婴护理以及高科技医疗服务等领域投入不断加大，医疗服务供给质量与水平不断提升。

尽管当前的俄罗斯医疗服务体系已不再是传统意义上的"免费医疗"，人均预期寿命仍然落后于美国、德国、日本等西方发达国家，还存在医疗服务水平有待提升、地区医疗卫生服务不够均衡等方面的问题，未来还有很多地方需要进一步改进。但是，不可否认的是，俄罗斯基本医疗卫生服务保障水平已得到明显改善。在改革过程中，俄罗斯在坚持社会医疗保险改革方向的同时，不断践行全民健康覆盖的理念，摒弃"碎片化"的制度设计，走出一条一体化发展的全民医保道路。这其中的很多制度设计、改革理念都可提供有益的启示，尤其对于同具转型经历、有长久的计划经济传统、医疗卫生服务基础较为薄弱的中国来说，具有一定的现实借鉴和启示参考价值。[2]

---

[1] 资料来源：https://ruxpert.ru。

[2] 王星、葛梦磊：《在市场化与福利化之间——俄罗斯免费医疗体制反思及其启示》，《学术研究》2014 年第 6 期。

第一节　我国基本医疗卫生财政保障发展历程和现状

医疗卫生财政保障机制改革只有从本国国情出发才具有可持续性，要借鉴俄罗斯在改革基本医疗卫生财政保障机制、推进全民健康覆盖过程中的有益经验，首先要充分了解我国基本医疗卫生财政保障机制的发展历程及发展现状，即世界各国医疗卫生发展均高度关注的两大核心问题：一是谁来支付医疗费用，二是谁来提供医疗卫生服务，这两个问题是医疗保障体系的重要组成部分，也是各国医疗保障改革的重要领域之一。[①]

一、我国基本医疗卫生财政保障改革和发展历程

整体来看，我国基本医疗卫生财政保障机制改革大致经历了计划经济时期的制度初建期、改革开放后的探索转型期、新型基本医疗卫生财政保障机制的框架构建期、全民医疗保险制度的发展和完善期等四个时期。

（一）计划经济时期基本医疗卫生财政保障机制的初建期（1949—1977 年）

新中国成立前，由于社会长期处于动荡之中，人民生活比较贫困，各种传染病流行，寄生虫病、烈性传染病、地方病等严重威胁着人民健康，国民人均预期寿命只有 35 岁。新中国成立后，党和国家高度重视医疗卫生事业的发展，开始建立包括医疗保障制度在内的各种社会保障制度。

1. 劳保医疗制度的建立

1951 年 2 月，随着《中华人民共和国劳动保险条例》（以下简称《条例》）颁布，我国在国营、公私合营、私营及合作社经营的各种城镇企业单位正式建立了劳动保险制度。《条例》规定，职工患有疾病或非因工负伤时，其所需诊疗费、手术费、住院费及普通药费均由企业负担，并发放一定的工资补

---

① 胡晓义：《我国基本医疗保障制度的现状与发展趋势》，《行政管理改革》2010 年第 6 期。

助金和救济金。对于职工供养的直系亲属患病时，也给予一定的照顾。① 《条例》的出台标志着我国企业职工医疗保险制度（简称"劳保医疗制度"）的初步建立，为后来城镇职工医疗保险制度的建立奠定了基础。

2. 公费医疗制度的建立

1952年6月和9月，《关于全国各级人民政府、党派、团体及所属事业单位的国家工作人员实行公费医疗预防措施的指示》和《关于各级人民政府工作人员在患病期间待遇暂行办法的规定》相继颁布，规定自1952年7月起将公费医疗的范围分期推广，全国各级人民政府、党派、工青妇等团体、各种工作队，以及文化、教育、卫生、经济建设等事业单位的国家工作人员和革命残废军人都能享受公费医疗预防的待遇，这标志着我国机关事业单位公费医疗制度的初步建立。由于劳保医疗和公费医疗制度与计划经济体制相适应②，两项制度最后的责任方均为国家，因此其本质也是一种国家医疗保障模式。

3. 农村合作医疗制度的探索

为了探索农村地区医疗保障模式，发展农村医疗卫生事业，1960年2月，中共中央批准了卫生部党组的《关于全国卫生工作山西稷县现场会议的报告》，该报告提出要积极发展与提高农村卫生组织和卫生队伍，实行集体保健医疗制度，推行合作医疗，建立县、乡、村三级卫生服务网络，为农村居民提供基本医疗卫生服务。合作医疗以政府牵头、集体经济帮扶和农民互助合作为基础，以社队为单位进行组织和筹资。③

在初建期，随着劳保医疗、公费医疗以及农村合作医疗制度的初步建立，我国第一次建立了历史上制度化的医疗保障体系，基本形成了覆盖广大城乡的医疗卫生服务网络。在该体系中，卫生资源由政府通过计划手段配置，医疗卫生服务费用几乎由政府、全民所有制企业和集体经济全部包揽，医疗卫生服务的价格由国家价格部门统一制定，在保障城乡居民健康方面起到了重要作用。

---

① 《中华人民共和国劳动保险条例》，武汉工人出版社1951年版。
② 李珍：《基本医疗保险70年：从无到有实现人群基本全覆盖》，《中国卫生政策研究》2019年第12期。
③ 李青：《我国医疗保障事业发展的历程和经验》，《社会工作》2010年第8期。

由于"文革"期间工会组织遭到破坏，导致劳动保险的统筹和筹资机制发生了改变，加之受经济发展水平和农民收入水平的制约，医疗保障基金缺乏互助共助能力，抗风险能力十分脆弱，使这一时期医疗保障体系政府投入不足、卫生资源配置不合理、医疗保障待遇差异大、卫生机构缺乏活力、医疗技术水平低、医疗费用膨胀严重等问题十分突出。

（二）改革开放后基本医疗卫生财政保障机制的探索转型期（1978—1997 年）

1978 年 12 月十一届三中全会召开后，我国开始改革开放，正式进入从计划经济向市场经济、农业经济向工业经济的双转型时期，医疗保障体系的宏观外部环境也发生了很大变化：一是经济体制改革、国有企业改革如火如荼，使得职工医疗保障蜕变成了"单位"保障，管理和服务的社会化程度降低；二是非公有制经济组织迅速发展，相关从业人员快速增加，新增劳动力缺乏国家提供的医疗保障，针对公有制和集体经济的制度保障功能也逐步弱化；三是医疗机构的财政支持逐渐减少，但是由于医疗卫生体系缺乏对供需方的有效约束机制，导致支出增长较快、浪费严重。在这种背景下，计划经济条件下的医疗卫生财政保障机制已不能适应改革期的社会主义市场经济，改革迫在眉睫。

1. 职工医保制度改革

1980 年，国务院批转了卫生部《关于允许个体开业行医问题的请示报告》，允许医生个体开业行医，以补充国家和集体力量的不足。1985 年，国务院批转下发卫生部《关于卫生工作改革若干政策问题的报告》，提出为了加快卫生事业的发展，必须对医疗卫生进行改革，放宽政策，简政放权，多方集资，开阔发展卫生事业的路子，并开始了以"放权让利，扩大医院自主权"为导向的医疗改革。1988 年，国务院下发了《关于扩大医疗服务有关问题的意见》，允许有条件的单位和医疗卫生人员在"保质保量完成承包任务，确保医疗卫生服务质量，坚持把社会效益放在首位的前提下"，在单位组织下开展业余服务。同时，国家制定了一系列政策对职工医疗保险进行尝试性改革。

1989 年 3 月 4 日，国务院批转《国家体改委 1989 年经济体制改革要点》，提出在辽宁丹东、吉林四平、湖北黄石、湖南株洲进行医疗保险制度改革试点，同时在深圳、海南进行社会保障制度综合改革试点，这是国家层面首次作出的医疗保险制度改革的试点探索。1992 年 9 月，劳动部发布《关于试行职工大病医疗费用社会统筹的意见的通知》，开始探索建立统筹基金制度，以保证职工的大病医疗。1993 年 10 月 8 日，劳动部印发了《关于职工医疗保险制度改革试点的意见》，该意见在原试行大病统筹意见的基础上对统筹基金进行了修正，提出由单一的大病统筹基金变为医疗保险基金，医疗保险基金由个人专户金、单位调剂金和大病统筹金组成。1993 年 11 月，《中共中央关于建立社会主义市场经济体制若干问题的决定》正式通过，提出城镇职工医疗保险金采用单位和个人共同负担、社会统筹和个人账户相结合的管理模式。此后，全国各地在该框架的指导下纷纷开展了职工医疗保险改革试点。1996 年，国务院办公厅转发国家体改委、财政部、劳动部和卫生部《关于职工医疗保障制度改革扩大试点的意见》，在总结镇江、九江两地职工医保制度改革试点基础上，将医保改革试点范围扩大到 20 多个省区的 40 多个城市。自此，建立新型医疗保障制度已逐渐成为共识。

2. 公费医疗制度改革

1984 年，卫生部、财政部发布《关于进一步加强公费医疗管理的通知》，指出要严格执行国家规定的公费医疗享受范围和医药费报销范围，坚持分级分工医疗的原则。1989 年，两部门又联合颁布了《公费医疗管理办法》，进一步明确了享受公费医疗待遇的范围和公费医疗经费开支范围，加强公费医疗经费预算的管理和监督。1992 年 5 月 21 日，卫生部成立了公费医疗制度改革领导小组，同时下发了《关于加强公费医疗制度改革试点工作的通知》，开始公费医疗制度改革。

3. 农村合作医疗制度改革

在农村地区，随着家庭联产承包责任制的实施，集体经济迅速萎缩，农村合作医疗的经济基础被瓦解，农村居民只能依靠家庭自我保障。为解决农民的医疗保障问题，党和国家也曾多次倡导重建和恢复合作医疗。1979 年 12 月 15 日，卫生部、农业部、财政部、国家医药总局、全国供销合作总社联合发布《农村合作医疗章程（试行草案）》，农村合作医疗的实施正式在制度上得到确立。1996 年 12 月我国召开第一次全国卫生工作大会，并在《中共中央、国务院关于卫生改革与发展的决定》中把建立农村健康保障制度提到首要日程上来，并设定了 2000 年前在农村多数地区建立各种形式合作医疗制度的目标。

总体来看，在探索转型期，我国卫生机构的运营已不再完全依赖于政府，集体经济改革、人民公社解体使得合作医疗的经济基础被削弱，农村合作医疗制度被逐步瓦解，城镇医保覆盖率不断下降，城乡居民医疗负担逐渐加重。与此同时，新型医疗保障制度也开始逐步建立。

（三）新型基本医疗卫生财政保障机制的框架构建期（1998—2008 年）

1. 城镇职工基本医疗保险制度的建立

经过十几年的不断探索和转型，1998 年 12 月，国务院出台《关于建立城镇职工基本医疗保险制度的决定》，在全国推进城镇职工基本医疗保障制度，该文件对职工医疗保险制度的覆盖范围、筹资渠道、统筹层次、基金结构、支付政策、管理规则、服务资源，以及特定群体待遇和补充保险等予以了明确规定。根据该决定，职工医保的对象包括城镇所有用人单位及其职工。基本医疗保险费由用人单位和职工共同缴纳：用人单位缴费率控制在职工工资总额的 6% 左右，职工缴费率一般为本人工资收入的 2%。随着经济发展，用人单位和职工缴费率可作相应调整。用人单位缴纳的基本医疗保险费分为两部分：一部分用于建立统筹基金，一部分划入个人账户。划入个人账户的比例一般为用人单位缴费的 30% 左右，具体比例由统筹地区根据个人账户的支付范围和职工年龄等因素确定。同时规定，退休人员不缴纳基本医疗保险费，但依然参加基本医疗保险。国家公务员在参加基本医疗保险的基础上，享受医疗补助政策。这一制度的制定，正式确立了我国以职工医保为基础，以大额医疗费用补助、公务员医疗补助、企业补充医疗保险、特困人员医疗救助和商业医疗保险为补充组成的城镇职工医疗保险制度，标志着我国医疗保险制度改革进入了一个崭新阶段，也标志着我国实施了 40 多年的公费、劳保医疗制度正式终结，我国从单位医疗保障制度开始向社会医疗保障制度转变。

1999—2000 年，随着《关于印发城镇职工基本医疗保险定点零售药店管理暂行办法的通知》《关于印发城镇职工基本医疗保险定点医疗机构管理暂行办法的通知》《关于印发城镇职工基本医疗保险诊疗项目管理、医疗服务设施范围和支付标准意见的通知》以及《关于印发国家基本医疗保险药品目录的通知》等文件的陆续发布，我国"三二一"（三个目录、两个定点、一个结算办法）医疗保障管理规范与制度改革同步建立，并成为医保管理的主要方式。

2. 新型农村合作社医疗保险制度的建立

在城镇职工基本医疗保险体制逐渐形成的同时，我国开始构建农村合作社医疗保险制度框架。2002 年中共中央、国务院作出《关于进一步加强农村卫生工作的决定》。2003 年国务院办公厅转发卫生部、财政部、农业部三部门《关于建立新型农村合作医疗制度意见的通知》，提出建立新型农村合作医疗制度。2004 年国务院办公厅下发《关于进一步做好新型农村合作医疗试点工作的指导意见》，我国开始实施新农合试点工作，数亿农民无医保的历史从制度上宣告结束。这一系列政策的出台标志着我国新型农村合作医疗制度的基本建立，在新型农村合作医疗制度下，农民由过去的自我负担逐渐转变为由国家、政府和农民共同分担，2009 年新型农村合作医疗参合人数达 8.33 亿，基本实现农村人口全覆盖。

3. 城镇居民基本医疗保险制度的建立

随着城镇职工基本医疗保障制度和新型农村合作医疗制度的逐步建立，原本劳保医疗和公费医疗按照家属待遇覆盖的城镇居民就成为基本医疗保险制度覆盖的盲点。为此，2003 年 5 月，劳动保障部出台《关于城镇灵活就业人员参加基本医疗保险的指导意见》，鼓励各地将非全日制、临时性和弹性工作等灵活形式就业的各类人员纳入基本医疗保险制度范围，逐步扩大基本医疗保险的覆盖范围。2005 年，国务院办公厅转发民政部等部门《关于建立城市医疗救助制度试点工作意见的通知》，我国开始在城市建立医疗救助制度。2007 年，国务院发布《关于开展城镇居民基本医疗保险试点的指导意见》，开展城镇居民基本医疗保险试点，城镇居民医保制度开始在全国范围建立，填补了我国全民医疗保险制度最后的一块制度空白。2008 年 10 月 25 日，国务院办公厅发布《关于将大学生纳入城镇居民基本医疗保险试点范围的指导意见》，提出将基本医疗保障的对象进一步扩大，将大学生纳入城镇居民基本医疗保险试点范围。至此，学生、儿童、老人等城镇非就业人员都也被纳入基本医疗保障范围。

在框架构建期，我国城乡全体居民基本上都被基本医疗保障制度所覆盖，标志着我国基本上建立了社会化的全民医保体系。[①] 但是由于新旧医疗保障制度的更迭交替，财政资金对医疗卫生的支出持续减少，且极为有限的医疗卫生资源高度聚集在大城市和大医院，使基本医疗卫生服务在全国范围内的公平性、可及性下降，看病难、看病贵成为十分突出的社会问题。

（四）全民医疗保险制度的发展和完善期（2009 年至今）

2009 年，为解决民众看病难、看病贵问题，我国启动新一轮医药卫生体制改革。《中共中央 国务院关于深化医药卫生体制改革的意见》的发布拉开了新医改的序幕，文件提出，要加快建设医疗保障体系，全面推开城镇居民基本医疗保险、实施新型农村合作医疗制度，建设覆盖城乡居民的公共卫生服务体系、医疗服务体系、医疗保障体系、药品供应保障体系，形成四位一体的基本医疗卫生制度。按照《医药卫生体制改革近期重点实施方案（2009—2011 年》要求，在这三年内，职工医保、居民医保和新农合应覆盖城乡全体居民，参保率均须提高到 90% 以上。

2010 年《社会保险法》颁布，明确规定"国家建立基本养老保险、基本医疗保险、工伤保险、失业保险、生育保险等社会保险制度，保障公民在年老、疾病、工伤、失业、生育等情况下依法从国家和社会获得物质帮助的权利"，这标志着我国以职工社会保险、城镇居民社会保险、新型农村社会保险为主要框架的社会保险体系初步建立，使我国社会保险制度全面进入法制化轨道。2011 年，人社部等印发《关于领取失业保险金人员参加职工基本医疗保险有关问题的通知》，将领取失业保险金人员纳入职工医保。同时，全面推开城镇居民医保制度，重点解决城市"一老一小"、大学生以及流动人口参保问题。2012—2015 年，《"十二五"期间深化医药卫生体制改革规划暨实施方案》《中共中央关于全面深化改革若干重大问题的决定》《全国医疗卫生服务体系

---

① 刘婧：《我国基本医疗保险法治化的困境与出路》，《中国卫生法制》2020 年第 5 期。

规划纲要（2015—2020 年)》《关于推进分级诊疗制度建设的指导意见》等文件先后发布，强调要健全覆盖城乡居民的基本医疗卫生制度，推动基本医疗服务水平均等化。

随着经济社会快速发展，我国城镇居民医保和新农合医保城乡分割导致的重复参保、重复投入、待遇不够等负面问题开始显现，为了打破城乡制度壁垒，在总结城镇居民医保和新农合运行情况以及地方探索实践经验的基础上，2016 年 1 月，国务院印发《关于整合城乡居民基本医疗保险制度的意见》，城乡居民医保制度开始整合。该意见要求推进城镇居民医保和新农合制度整合，逐步在全国范围内建立起统一的城乡居民医保制度，推动保障更加公平、管理服务更加规范、医疗资源利用更加有效，促进全民医保体系持续健康发展，并对覆盖范围、筹资政策、保障待遇、医保目录、定点管理、基金管理"六统一"基本制度作了详细说明①。此后，新型农村合作医疗成为历史。

2016 年 10 月，中共中央、国务院印发《"健康中国 2030"规划纲要》，提出要通过政府主导、全社会参与，实现持续提升人民健康水平、有效控制主要健康危险因素、大幅提升健康服务能力、显著扩大健康产业规模、促进健康的制度体系更加完善五大战略目标。党的十九大报告进一步指出，要实施健康中国战略。

2017 年 6 月，国务院办公厅印发《关于进一步深化基本医疗保险支付方式改革的指导意见》，提出要全面建立并不断完善符合我国国情和医疗服务特点的医保支付体系，全面推行以按病种付费为主的多元复合式医保支付方式。

2018 年，国务院机构改革方案公布，将多个部门的职责进行整合，组建国家医疗保障局，由其对城镇职工和居民基本医疗保险、生育保险、医疗救助等进行统一管理，我国医疗保障改革与制度建设自此进入统筹规划、集权管理、资源整合、信息一体、统一实施的新格局，为我国基本医疗保险制度的统一奠定了组织基础，开启了新时代中国特色医疗保障制度建设的新征程。

---

① 辽信：《〈关于整合城乡居民基本医疗保险制度的意见〉问答》，《共产党员（下半月）》2016 年第 3 期。

同年，针对我国医疗卫生领域中央与地方财政事权和支出责任划分体系不够完整，缺乏系统的制度规范，部分事项财政事权划分不明确、不科学，支出责任不尽合理，财政资金使用效益不高等问题，国务院办公厅发布《关于印发医疗卫生领域中央与地方财政事权和支出责任划分改革方案的通知》，分别从公共卫生、医疗保障、计划生育、能力建设四个方面划分了财政事权和支出责任，为提高基本医疗卫生服务的供给效率和水平奠定了基础。

2019 年 7 月，《国务院关于实施健康中国行动的意见》和《健康中国行动（2019—2030 年）》出台，围绕疾病预防和健康促进两大核心，文件提出了 15 个重大专项行动，使健康中国行动有了更加清晰的实施路线图。

2020 年 2 月 25 日，为深入贯彻党的十九大关于全面建立中国特色医疗保障制度的决策部署，着力解决我国医疗保障发展不平衡不充分的问题，《中共中央国务院关于深化医疗保障制度改革的意见》发布。文件提出，应通过完善基本医疗保险制度、实行医疗保障待遇清单制度、健全统一规范的医疗救助制度、完善重大疫情医疗救治费用保障机制、促进多层次医疗保障体系发展，完善我国公平适度的医疗待遇保障机制建设，促进健康中国战略实施，使人民群众有更多获得感、幸福感、安全感。

在发展和完善期，我国逐渐从组织上、制度上扫除了长期制约医保改革的体制性障碍，实现了全国医保事业的集中统一管理①，城乡分割的居民基本医疗保险制度稳步整合，基本医疗保险筹资机制不断完善，筹资水平不断提高，医疗支付方式改革不断深化，医疗保障水平大幅度提高，经办管理服务不断优化，支撑全民医保的"两纵"（职工医保和城乡居民基本医疗保险）、"三横"（基本医疗保险、医疗救助、商业健康保险或补充医疗保险）的基本医疗保障制度格局也已基本形成并逐步完善，全民医保在一些关键领域和环节取得了突破性进展。

① 郑功成、桂琰：《中国特色医疗保障制度改革与高质量发展》，《学术研究》2020 年第 4 期。

二、我国基本医疗卫生财政保障发展现状

伴随着社会经济体制的改革，我国医疗卫生财政保障制度也历经多年的改革探索发生了根本性改变：从改革开放前的劳保医疗、公费医疗到当前的职工医疗保险，从改革开放前的传统农村合作医疗发展到当前的城乡居民医疗保险（见表 6.1），基本建成了"两纵"（职工医保和城乡居民基本医疗保险）、"三横"（基本医疗保险、医疗救助、商业健康保险或补充医疗保险）的基本医疗卫生财政保障制度（见表 6.2）。其中，基本医疗保险是主体层，主要满足大多数人普惠性的基本医疗卫生服务需求；城乡医疗救助对特殊困难群众参保和个人负担给予帮助，构成托底层；而商业健康保险或补充医疗保险则满足民众更高的、多样化的医疗卫生服务需求。

表 6.1　我国基本医疗卫生财政保障发展历程

时期	制度初建期	探索转型期	新型框架构建期	发展完善期
时间段	1949—1977 年	1978—1997 年	1998—2008 年	2009 年至今
时代特征	计划经济	改革开放	市场经济	和谐社会
保障模式	劳保医疗 公费医疗 农村合作医疗	职工医保（试点） 公费医疗	职工医保 城镇居民医保 农村合作社医疗	职工医保 城乡居民医保 （2016 年开始）
筹资来源	（1）劳保：单位 （2）公费：政府 （3）农村：政府牵头、集体经济帮扶和农民互助合作	（1）职工：单位、个人 （2）公费：政府 （3）农村：个人付费	（1）职工：单位、个人 （2）城镇居民：家庭缴费为主，政府给予适当补助 （3）农村：政府、个人	（1）职工：单位、个人 （2）城乡居民医保：个人缴费、政府补助
保障特点	保障水平低、覆盖较广	发展缓慢、低覆盖、看病难	发展迅速、看病难、看病贵	广覆盖、统一管理
成就	我国第一次建立了历史上制度化的医疗保障体系，基本建成了覆盖广大城乡的医疗卫生服务网络	——	基本上建立了社会化的全民医保体系，标志着我国医疗保险制度改革进入了一个崭新阶段	全民医保的"两纵""三横"的基本医疗保障制度格局已基本形成并逐步完善

续表

时期	制度初建期	探索转型期	新型框架构建期	发展完善期
存在问题	卫生资源配置不合理、医疗保障待遇差异大、卫生机构缺乏活力、医疗技术水平低、医疗费用膨胀严重	政府投入不足、城乡居民医疗负担加重、医疗卫生公平性较差	新旧医疗保障制度更迭交替、政府卫生支出减少、卫生资源分布不均、医疗保障覆盖面较窄、看病难、看病贵问题突出	保障水平不高、医保制度碎片化、医保差距较大

资料来源：根据公开资料整理。

表 6.2　我国现行基本医疗卫生财政保障机制

群体	就业人群	非就业人群		
		2016 年前	2016 年后	
保障类型	城镇职工医疗保险	城镇居民医疗保险	新型农村合作医疗保险	城乡居民基本医疗保险
建立时间	1998 年	2007 年	2003 年	2016 年
法律依据	《关于建立城镇职工基本医疗保险制度的决定》（国发〔1998〕44 号）	《关于开展城镇居民基本医疗保险试点的指导意见》（国发〔2007〕20 号）	《关于建立新型农村合作医疗制度意见的通知》（国办发〔2003〕3 号）	《国务院关于整合城乡居民基本医疗保险制度的意见》（国发〔2016〕3 号）
覆盖人群	城镇职工	不属于城镇职工参保范围的城镇居民	农村人口	城镇居民医保+新农合所有应参保（合）人员，覆盖除职工基本医疗保险应参保人员以外的其他所有城乡居民
参加类型	强制参加	自愿参加	政府组织、引导、支持，农民自愿参加	政府组织、引导、支持，居民自愿参加
筹资模式	统筹基金+个人账户	统筹基金	统筹基金，部分地区有家庭账户	统筹基金

续表

群体	就业人群	非就业人群		
		2016 年前	2016 年后	
资金筹集	（1）企业：6%（70% 划入统筹基金，30% 划入个人账户）（2）个人：2%（全部划入个人账户）	个人+政府补助	个人、集体和政府多方筹资，以大病统筹为主	个人缴费+政府补助
费用支付	（1）统筹基金："住院＋慢性特病门诊"（2）个人账户：门诊（可支付住院自费部分）（3）设最低起付线和最高支付线，支付比例为85%左右	（1）"住院+门诊大病"医疗支出，有条件地区试行门诊医疗费用统筹（2）设最低起付线和最高支付线，支付比例为60%左右	（1）住院+门诊大病医疗支出（2）设最低起付线和最高支付线，支付比例为50%左右	（1）住院和门诊医药费用（2）政策范围内住院费用支付比例保持在 75% 左右
统筹层次	市级统筹	市级统筹	县级统筹	市级统筹
主管部门	人力资源和劳动社会保障部	人力资源和劳动社会保障部	卫生行政部门	国家医疗保障局

资料来源：根据公开资料整理。

（一）取得的成效

医疗保障制度的不断完善使我国全民健康覆盖进程进一步加快：基本医保制度覆盖范围不断扩大，保障水平不断提升，医疗卫生服务可及性逐渐加强，国民健康水平逐渐提高。

1. 医疗保障覆盖范围不断扩大

随着我国医疗保险事业快速发展，医疗保障覆盖范围不断扩大，《2021 年医疗保障事业发展统计快报》显示，截至 2021 年年底，我国全口径基本医疗保险参保人数 136424 万人，参保覆盖面稳定在 95% 以上。其中，参加职工基本医疗保险人数 35422 万人，参加城乡居民基本医疗保险人数 101002 万人。全年基本医疗保险基金总收入、总支出分别为 28710.28 亿元、24011.09 亿元，年末基本医疗保险（含生育保险）累计结存 36121.54 亿元。[①]

2. 医疗保障水平不断提高

目前，我国各地普遍按照覆盖范围、筹资政策、保障待遇、医保目录、定点管理、基金管理"六统一"要求整合城乡居民医保。城乡居民医保财政补助水平逐步提高，从 2008 年的每人每年 80 元提高到 2022 年的 610 元。2022年 7 月发布的《关于做好 2022 年城乡居民基本医疗保障工作的通知》，明确提出为适应医疗费用增长和巩固提升医保待遇水平，确保参保人员医保权益，要求各级财政进一步加大对居民医保参保缴费的补助力度，合理提高居民医保的筹资标准，人均筹资标准达到 960 元，使政策范围内医疗费用基金支付比例稳定在 70% 左右。2022 年居民医保参保财政补助标准人均新增 30 元，达到每人每年不低于 610 元；相应同步提高个人缴费标准 30 元，达到每人每年350 元。[②]

3. 医疗服务可及性不断加强

从就医管理来看，我国城乡基本医疗保险实行定点医疗机构和定点药店管理，医疗保险经办机构同定点机构签订协议，明确各自的责任、权利和义务。到 2018 年年底，全国共有医保定点医疗机构 19.35 万家，其中非公立定点医疗机构 6.2 万家，占比 32.1%，定点零售药店达到了 34.1 万家，基层医疗机构覆盖范围持续扩大，二级及以下定点医疗机构 24720 家[③]，基本满足广大参保人员就医购药的需求。

从结算管理来看，我国基本医疗保险基本实现了区域内的统筹一站式结算，基本医疗保险、医疗救助、大病保险和部分补充保险的多层次医疗保障制度一站式结算在大部分地区得以实现，基本实现了医保全国联网和跨省异地就医费用直接结算，全国所有省级异地就医结算系统、所有统筹地区均已接入国

---

① 《2021 年医疗保障事业发展统计快报》，见 http：// www. gov. cn/guoqing/2022－03/23/content_ 5680879. htm。

② 《国家医保局、财政部、国家税务总局关于做好 2022 年城乡居民基本医疗保障工作的通知》，见 http：// www. gov. cn/zhengce/zhengceku/2022－07/09/content_ 5700123. htm。

③ 《铺就 14 亿人健康之路》，见 https：// www. gov. cn/xinwen/2019－09/29/content _5434547. htm。

家异地就医结算系统。根据国家医保局相关数据，截至 2021 年年底，住院费用跨省直接结算定点医疗机构数量为 5.27 万家。2021 年当年国家平台直接结算 440.59 万人次，涉及医疗总费用 1070.20 亿元，医保基金支付 624.63 亿元。门诊费用跨省直接结算试点工作正在稳妥推进，开通联网定点医疗机构 4.56 万家，联网定点零售药店 8.27 万家，门诊费用跨省累计直接结算 1251.44 万人次，涉及医疗总费用 31.28 亿元，医保基金支付 17.50 亿元。①

从支付方式来看，支付方式改革不断深化，截至 2019 年年底，全国实行医保付费总额控制的统筹区达到 97.5%，开展按病种付费的统筹区达到 86.3%。此外，60%以上的统筹区开展对长期、慢性病住院医疗服务按床日付费，并探索对基层医疗服务采用按人头付费与慢性病管理相结合的支付方式。② 2021 年，国家医疗保障局《DRG/DIP 支付方式改革三年行动计划》，提出到 2024 年年底，全国所有统筹地区全部开展 DRG/DIP 付费方式改革工作，先期启动试点地区不断巩固改革成果；到 2025 年年底，DRG/DIP 支付方式覆盖所有符合条件的开展住院服务的医疗机构，基本实现病种、医保基金全覆盖，从而全面完成以 DRG/DIP 为重点的支付方式改革任务，建立全国统一、上下联动、内外协同、标准规范、管用高效的医保支付新机制。③

4. 人民健康水平显著提高

随着我国医疗保障体制的改革，基本医疗卫生服务供给能力的提升，民众健康水平不断提高：2021 年，全国孕产妇死亡率下降至 16.1/10 万，婴儿死亡率下降至 5.0‰，5 岁以下儿童死亡率下降到 7.1‰，人均预期寿命从 1949 年的 35 岁提高到 2021 年的 78.2 岁，主要健康指标优于中高收入国家平均水平，为全球卫生服务的改善作出了重要贡献。

---

① 《2021 年医疗保障事业发展统计快报》，见 http：//www.gov.cn/guoqing/2022-03/23/content_5680879.htm。

② 《2019 年医疗保障事业发展统计快报》，见 https：//www.gov.cn/guoqing/2020-03/30/content_5507506.htm。

③ 《国家医疗保障局关于印发 DRG/DIP 支付方式改革三年行动计划》，见 http：//www.gov.cn/zhengce/zhengceku/2021-11/28/content_5653858.htm。

（二）存在的问题

在肯定我国在改革医疗保障制度、推进全民健康覆盖进程中取得成绩的同时，也应该清醒地认识到，我国医疗保障制度还不够成熟，医疗保障领域发展不平衡不充分的问题还比较突出，具体表现为以下几方面。

1. 法制化水平偏低

当前，我国在医疗保障领域的法律依据只有 2010 年出台的《社会保险法》（2018 年修正），但是该法对基本医疗保险的规制比较简单、操作性不强，使医疗保障制度的改进与完善缺乏法律依据，并在实践中出现了一系列难以解决的问题。尽管国家相关部委、地方卫生机构也出台了一些医疗保障的规章制度和管理办法，但都处于低阶位，缺乏法律应该具有的权威性、规范性、强制性以及可诉性，医疗保障领域违法违规现象依然比较突出①。值得一提的是，2021 年 6 月 15 日，国家医保局正式就《医疗保障法（征求意见稿）》向社会公开征求意见。作为一部纲领性的、全面的医疗保障法律，《医疗保障法》将为我国实施医疗保障事业高质量发展引领方向、保驾护航。

2. 医保制度"碎片化"明显

虽然 2017 年我国已实现城乡居民医保制度的整合，基本实现制度意义上的"全民医保"，建立起了制度相对统一、覆盖全体国民、关系转移接续较为顺畅的医疗保险体系。但是，由于区域发展、城乡发展的不平衡，医疗保障仍然以地市统筹为主，地区分割、人群分割、管理分割、城乡分割现象依然较为严重，在一定程度上造成了医疗卫生服务公平和效率的双重损失，距离全民健康覆盖还有一定的距离。

3. 医疗保障水平仍需提高

随着医疗保障体制的改革，我国城乡居民的医疗保障水平已不断提高，但是总体来看人均筹资水平依然较低，保障还不够充分。

全民健康覆盖主要有三个测量维度：人口覆盖、服务覆盖和费用覆盖。从人口覆盖来看，我国已基本实现全民覆盖；从服务覆盖来看，我国基本医疗保

---

① 郑功成、桂琰：《中国特色医疗保障制度改革与高质量发展》，《学术研究》2020 年第 4 期。

险中自费内容还比较多，离高水平医疗保障还有一段差距；从费用覆盖来看，根据世界卫生组织统计数据，我国广义政府卫生支出占卫生支出总额比重虽然上升至 57%，但是与发达国家普遍接近 80% 的水平相比，依然存在较大的差距。且现有的基本医疗保险制度都设立了起付线、个人自负比例、最高支付限额和病种限制，使部分贫困居民难以享受基本医疗保险福利，不能有效地解决"因病致贫"和"因病返贫"及看病贵的问题。

《2018 年全国基本医疗保障事业发展统计公报》数据显示，2018 年我国职工医保政策范围内住院费用基金支付 81.6%（2021 年 84.4%），实际住院费用基金支付 71.8%。居民医保政策范围内住院费用基金支付 65.6%（2021 年 69.3%），实际住院费用基金支付 56.1%，与城乡居民医保政策目标存在近 10% 的差距，实际补偿比例与政策目标的差距近 20 个百分点，医疗保障水平仍须进一步提高。

4. 医疗卫生服务公平性有待提高

由于我国全民医保覆盖主要根据人口户籍和就业状态分步实现，造成地域间、制度间、人群间的政策和基金状态差异，医疗卫生服务公平性还比较低：（1）职工医保与居民医保之间存在待遇差距。目前根据覆盖不同人群的不同，我国医保制度主要分为职工基本医疗保险和居民基本医疗保险两大类，但是这两大类医保制度在筹资机制、筹资水平、保障范围和待遇水平方面都存在着较大差距，在实际运行过程中前者保障水平明显高于后者①。（2）不同统筹地区之间的医保待遇差距较大。目前我国医疗保险普遍都是采用市级统筹，统筹层次过低且管理不集中，这不仅使得各地区在医疗设备、基础设施及医务人员等医疗资源上分布不平衡，而且导致不同地区的报销范围和保障水平对于同一保险项目也存在着较大差异。（3）城乡居民医疗卫生服务存在差异。虽然目前我国已实现城乡居民统一的基本医疗保险，但由于城市和农村地区的医疗机构、医疗基础设施、医护人员技术等存在巨大差距，农村居民首诊利用较多的还是村卫生室，首诊地点在区、市和省级医院的比例远远低于城镇居民，获得

---

① 郑功成、桂琰：《中国特色医疗保障制度改革与高质量发展》，《学术研究》2020 年第 4 期。

的医疗卫生服务明显弱于城镇居民。

5. 医疗保障基金管理绩效有待加强

我国基本医疗保险制度自建立以来，覆盖范围不断扩大，保障水平逐步提高，在保障参保人员基本医疗需求、提高群众健康水平等方面发挥了重要作用，但也面临医疗费用不合理增长、基金运行压力增大等问题。[1] 医疗保险在引导医疗行为、控制医疗费用、监督医疗质量等方面的功能尚没有充分发挥。按项目付费为主的支付方式没有得到根本改变，医疗保险管理过程中缺乏经济效益评价，报销目录和范围缺乏基于成本效益分析的动态调整，医疗保险的监督管理职能也没有充分发挥。[2] 这种医疗卫生费用的不合理增长不仅会加重民众卫生负担，还会部分抵消政府财政卫生投入的效果。

第二节　俄罗斯医疗卫生财政保障模式对我国的借鉴意义

根据筹资模式的不同，目前世界上医疗卫生财政保障模式主要分为国家医疗保障模式、商业（市场）医疗保障模式、储蓄医疗保障模式、社会医疗保障模式等四种典型的医疗卫生财政保障模式。由于各国社会经济制度、经济发展水平以及医疗卫生服务的历史传统不同，每个国家都会根据自身政治、经济、社会条件选择合适的医疗卫生财政保障模式，不同模式在推进全民健康覆盖的进程中也呈现出不同的做法和特点（见表 6.3）。

从筹资来源来看，国家医疗保障模式的主要筹资来源为政府税收，该模式保障了国家高水平的医疗卫生服务，体现了国家和公民之间的直接关系；商业医疗保障模式的筹资来源主要为雇主和个人共同缴纳的保险费，筹资具有一定的灵活性；储蓄医疗保障模式强调个体在医疗保障筹资中的责任；而社会医疗保障模式的筹资来源主要来自于政府、雇主、个人三方，资金主要来自强制医疗保险基金。

---

① 王牧群：《"保险+医疗"模式：定义、现状与前瞻》，《区域治理》2019 年第 11 期。

② 雷晓燕、傅虹桥：《改革在路上：中国医疗保障体系建设的回顾与展望》，《经济资料译丛》2018 年第 2 期。

表 6.3　世界主要医疗卫生财政保障模式的比较

医疗卫生财政保障模式	筹资来源	政府角色	特点	优势	不足
国家卫生保障模式	筹资主要基于一般税收	政府统一筹资、统一分配	强调公助和国家筹资责任 （1）强调福利普遍性； （2）政府筹集并分配、使用医疗资金； （3）政府卫生部门直接参与医疗卫生服务的提供； （4）具有较高的计划性	（1）覆盖面广； （2）资源配置效率高； （3）公平性高	（1）缺乏灵活性和竞争性； （2）容易导致服务效率低下
商业医疗保障模式（市场医疗保障模式）	（1）公共筹资渠道； （2）以雇主为主的购买医疗保险的私人筹资渠道； （3）私人直接缴付医疗保健费用渠道	市场为主，政府主要负责宏观调控	强调自助和个体筹资责任 （1）完全采用市场机制运行； （2）商业医疗保险在财务上实行独立核算、自负盈亏； （3）强调投保自愿； （4）严格遵循权利与义务对等，互济性、经济补偿等保险原则； （5）政府的职责主要是负宏观责任	医疗服务质量较高	（1）医疗费用高，人民负担较重； （2）覆盖面低、公平性差； （3）企业负担较重
储蓄医疗保障模式	个人、雇主和政府	政府主要起宏观调控作用	强调自助和共担筹资责任 （1）以保健储蓄为基础； （2）强调个人责任社会共济和风险共担	（1）避免医疗保健基金的代际转移； （2）有效控制医疗资源的浪费； （3）减轻政府财政负担	（1）忽视社会家庭之间的社会互济性，注重效率而忽视公平； （2）容易导致个人过度因储蓄而降低医疗保障需求

续表

医疗卫生财政保障模式	筹资来源	政府角色	特点	优势	不足
社会医疗保障模式	基于专项缴费（亦可理解为工资税），其筹资水平与薪酬收入增长挂钩（1）参保者保费（不包括特殊群体）；（2）参保者费用共担；（3）政府税收补贴（主要补贴给特殊群体）	政府不经营医院，立法强制全员参与，主要负责宏观调控和监管	强调互助和社会筹资责任（1）国家主导，强制参加；（2）法定保险和私人保险制度并行；（3）就医方便、医药分开；（4）投一保多、共济互助	（1）医保体系覆盖广泛，公平性较高；（2）政府和市场责任分工明确；（3）筹资模式上兼顾公平、效率和可及	（1）缺少有效的制约机制；（2）容易造成资源过度使用、医疗费用上涨
混合医疗保障模式	面向个人征收的法定医保缴费（专项税收），政府、企业、社会和个人多方共同负担	政府主要负责政策制定、宏观调控和监管	介于国家免费医疗和社会医疗之间（1）国家主导，强制参加；（2）卫生支出责任公私共担，法定保险和私人保险制度并行；（3）社会保险承担主体保障责任；（4）建立全民统一的医疗保障体系	（1）医保覆盖面广，公平性较高；（2）政府和市场责任分工明确；（3）医保体系自我稳定性较高	医疗卫生服务效率较低

资料来源：根据公开资料整理。

从覆盖人群与保障水平来看，国家医疗保障模式采取一种真正意义上的全民医疗保险制度，遵循"全民普及、公共公正"的原则，其覆盖人群是最广的；而市场医疗保障模式在覆盖人群上具有鲜明的选择性，因此其医疗保险覆盖率在发达国家算比较低的；储蓄医疗保障模式客观上会造成不同疾病风险以及不同职业和负担能力的人群，享受不同的医疗卫生服务；社会医疗保障模式通过法律强制所有人都必须参加医疗保险，因此其基本医疗卫生服务覆盖率也是比较高的。

从推进全民健康覆盖的政府责任来看，除了国家医疗保障模式中政府直接参与医疗卫生服务的计划、管理与提供，全过程、全方位参与医疗保险制度的实施外，在其他医疗保障模式中，政府在推进全民健康覆盖过程中主要起着"掌舵人"的作用，即通过制定医疗保障体系的相关法律和政策，对医疗保障基金筹集和医疗保险体系进行管理和监管等宏观调控方式，实现卫生体系的高效运营和基本医疗卫生服务的有效供给。

从世界范围来看，每个国家的医疗保障制度都有各自的特点，没有一个国家的医疗保障制度是完美无缺或者可以直接照搬效仿的。无论是哪种制度，无论是发达国家抑或是发展中国家，每种制度都存在不同的缺陷，要么覆盖面不广、公平性不足；要么效率不高、体制的适应性不强；要么保障水平不够，费用过高导致国家财政难以支撑。但这些国家在医疗保障制度改革过程中无疑都具有以下几个共同的发展趋势。

一是强调公平与效率的平衡、政府与市场作用的融合。在各国医疗卫生财政保障改革历程中，如何使公共卫生资源的配置既富有效率又不失公平，如何有效融合政府"有形之手"和市场"无形之手"的力量，将政府的宏观调控作用和市场机制进行更有效的结合，以遏制公共卫生支出的持续上涨、满足民众的多层次医疗服务需求，实现国家医疗保障模式的不断完善及可持续发展，这是各国都要面对并反复钻研的重要共性化课题。在这些课题面前，单一的医疗卫生财政保障制度显然难以解决如此众多的问题。因此，在改革过程中坚持医疗保障面前人人平等原则，不断丰富医疗保障内容，完善财政保障制度，以"共济"思想为基础建立混合式筹资的医疗卫生财政保障制度，形成多层次的医疗保障体系来实现全民健康覆盖目标，已成为各国医疗保障体制改革的一个重要方向。

二是强调医疗体制改革与本国政治、经济和文化背景的相适应。一个国家医疗保障制度的演变、功能和运行受制于政治、经济和文化等各种因素的交互影响。① 一方面，医疗保障制度是生产发展和社会进步的产物，会随着本国政

---

① ［美］戈登·麦克劳德：《美国医疗卫生的失误与教训》，《中华医院管理杂志》2000 年第 1 期。

治、经济、文化等发生的变化而不断被改革或调整；另一方面，一国的医疗保障制度也是该国特定制度背景下经济与社会矛盾相互作用的必然结果，许多改革都是在紧迫的经济形势和社会矛盾下被催生出来的。例如，英国的国家医疗保障模式主要受其救济贫困和扶弱助残的慈善帮困习性与社会共识所影响；美国复杂多样的自由市场型医疗保障体制主要受其特有的历史、文化和社会背景影响；新加坡储蓄医疗保障模式的建立主要基于其人口年龄结构相对年轻，经济相对稳定，劳动力充分就业这一特殊的经济社会结构。因此，任何一种医疗保障模式都有其存在的合理性，制度没有优劣之分，只有合不合适，在国家医疗保障制度改革道路上要充分认识本国的基本国情，选择一条与本国特定的经济、社会、政治与历史文化背景相适应的医疗保障之路、力求实现基本医疗保障制度的"本土化"才是最科学的。

从俄罗斯近几十年的医疗卫生体制发展历程来看，其当前实行的医疗卫生财政保障模式既不属于国家医疗保障模式，也不属于市场医疗保障模式，而是一种介于国家医疗保障和市场医疗保障之间、类似于社会医疗保障的混合医疗保障模式（见表 6.3）。在筹资来源上，从原来的预算拨款制度向保险制度转变，由国家单一主体筹资来源向政府、企业、个人共同筹资转变；在覆盖人群和保障水平上，从医疗卫生服务的一切免费到有限免费转变，实现近 100% 的全民医保覆盖；在服务的提供上，实现医疗卫生服务的多层次供给：既通过税收筹资为所有人提供基本医疗服务包，也通过保险筹资为被保险人提供福利包[1]；在政府责任上，政府角色从"划桨者"向"掌舵者"转变，从集中管理向引入市场竞争机制转变，政府不再直接提供医疗卫生服务，而是通过政策制定、宏观调控、市场监管来保障医疗卫生服务的有效供给。改革后的俄罗斯医疗卫生体制已不再是传统意义上的"免费医"服务，而是一种建立在全民医疗保险制度基础上、全民覆盖、较为基本的免费医疗服务供给，是传统全

---

① 李超凡等：《基本医疗卫生服务筹资模式的国际比较与应用》，《中国卫生资源》2016 年第 2 期。

民免费医疗向全民医疗保险的制度转化。①

在推动全民健康覆盖进程中，对于我国医疗保障制度改革来说，也不能一味地效仿、照搬他国医疗保障模式，只有选择适合本国政治、经济、社会及历史文化的医疗保障制度，才能在尊重历史和国情的基础上，从现实角度出发思考我国医疗保障制度的问题及其构建，从而更有效地推动全民健康覆盖进程。从医疗保障模式上看，我国当前的医疗保障模式更接近于社会医疗保障模式和混合医疗保障模式；从基本国情来看，我国作为一个转型国家，在社会经济发展背景上与俄罗斯有诸多相似之处：

（1）两国转型的时点和初始条件近似。我国社会转型的时间主要从 1978年的改革开放开始，真正确立市场经济体制是在 1992 年，大规模社会转型是20 世纪 90 年代初。俄罗斯虽然在苏联时期已有改革动向，但大规模社会改革仍是 1991 年苏联解体之后。转型前，两国都曾不同程度受行政管控和计划经济影响②。20 世纪 90 年代，两国先后进入市场经济改革，在社会经济领域的诸多改革都选择了相近的改革道路，在改革中遇到的很多问题也极为相似，因此，俄罗斯在医疗保障制度改革等方面的经验及教训值得我们关注与研究。

（2）两国在改革中面临的社会经济发展问题高度相似。20 世纪 80 年代初期至 21 世纪初期，中国和俄罗斯在经济社会领域都开展了多项重大改革，并将保障就业、消除贫困、防止两极分化、维护社会稳定作为制定社会政策的基本出发点。③ 随后，两国又不约而同步入了调整经济发展模式、关注保障和改善民生、增强国家"软实力"的关键时期，同样面临着如何制定适宜的社会政策，以促进社会发展和经济建设相结合的问题。④

---

① 童伟、宁小花：《俄罗斯免费医疗：发展历程、效果分析、困境及未来发展方向》，《俄罗斯东欧中亚研究》2020 年第 1 期。
② 喻月慧：《转型中的中俄医疗保险制度比较分析》，《中国卫生政策研究》2014 年第 1 期。
③ 魏玉东：《社会转型时期中俄社会政策比较研究》，《辽宁教育行政学院学报》2009 年第 6 期。
④ 关海庭、刘莹：《中俄传统政治文化与社会转型比较研究》，《北京大学学报（哲学社会科学版）》2013 年第 2 期。

（3）两国选择的医疗保障模式也较为近似。如前所述，每一种医疗保障模式都是植根于其特定的社会经济体系中。对于转型国家来说，由于其经济社会转型特殊时期的基本国情，市场机制还不够健全，在医疗保障制度改革过程中就更加需要理性考虑政府与市场、国家与个人、公平与效率、权利与义务，以及健康与福利等相关关系和问题。基于此，俄罗斯与我国同样经历了由传统公费医疗向现代社会医疗保障体系的改革历程和改革目标，在医疗保障制度改革中，中俄两国的医疗保险制度设计同样都既没有采用国家医疗保障模式，也没有采用市场医疗保障模式，而是选择了折衷的、类似于社会医疗保障模式的混合医疗保障模式。两国在医改过程中都十分关注医疗卫生的"托底"责任，保障基本医疗卫生服务的公平性。

因此，从转型社会福利制度变迁的视角来研究俄罗斯医疗卫生财政保障机制，借鉴其有效经验，警惕其发展教训，对于我国医疗保障制度改革具有重要的现实意义。

第三节　俄罗斯基本医疗卫生财政保障机制经验借鉴

健康是公民的基本权利，保障公民平等、普遍地享受高质量的基本医疗卫生服务是一国政府义不容辞的责任，也是全民健康覆盖的目标。通过对俄罗斯基本医疗卫生财政保障机制改革的研究，可以看出，俄罗斯在推进全民健康覆盖过程中根据本国国情不断探索，在医疗保障体制改革过程中坚持政府的"托底"责任，注重人文关怀，承担必要的转轨成本，将有限的财力用在全民健康覆盖上，走出了一条全民免费医疗之路，在推进全民健康覆盖进程、确保国民基本医疗服务需求、缓解人口危机、稳定社会发展、抗击新冠疫情等方面取得了较为明显的成效，其中的经验对于有着相似转型经历、长久集体主义传统、强调国家能力与责任的我国来说有着重要的借鉴和启示意义。一方面，在医改过程中要充分认识到"五项关键要素"在实现全民健康覆盖中的重要性；另一方面，也应高度关注与警惕俄罗斯在医疗卫生财政保障改革过程中出现的一些问题，从中吸取教训，处理好"三个重要关系"。

一、坚持政府主导和支持是实现全民健康覆盖的根本原则

如前所述，政府在公共卫生方面的财政支出力度和侧重点决定着公共卫生事业的发展速度及方向，而政府的卫生管理能力直接决定了医疗体制改革推进的力度和进度，最终影响着公共卫生服务提供的质量、可及性和公平性。俄罗斯从苏联时期就非常重视医疗卫生服务的提供，并实行免费医疗制度。苏联解体后，俄罗斯沿袭了之前的免费医疗制，并通过法律制度、国家长远发展规划、国家优先发展项目等各种方式加强医疗卫生服务供给的顶层设计，将有限的财政收入投入到民众最需要的医疗卫生服务中，让人们能够充分享受国家发展的成果，这为俄罗斯的医疗卫生服务公平奠定了良好的基础。①

在医改制度上，俄罗斯政府非常重视医疗保障制度的顶层设计，从中央到地方权力机构都在医疗保障法律制定、完善过程中起着决定性的作用。《俄罗斯联邦保护公民健康的立法基础》就明文规定，卫生保健制度是国家性的制度，国家有责任保护公民健康权利。② 经过 20 多年的努力，俄罗斯根据宪法精神建立了覆盖不同区域、不同职业、不同群体、城乡统一的医疗保险制度③，实现了基本医疗卫生服务的全民覆盖，为医疗卫生服务的公平性奠定了制度基础。

在资金筹集上，俄罗斯建立了全民参与的强制医疗保险，政府"兜底"无业者和老人等弱势群体的医保费用，确保了医疗卫生服务的底线公平，同时鼓励自愿医疗保险，满足不同层次居民的医疗服务需求，增强了医疗保证制度的灵活性。此外，为了保证区域间的医疗卫生服务公平性，俄罗斯逐年增加强制医疗保险基金中分配给联邦基金的比例，并在 2012 年将全部强制医疗保险基金纳入联邦基金统一管理，增强了联邦政府在医疗卫生服务供给中的统一调

---

① 童伟、宁小花：《全民健康覆盖视角下的俄罗斯医疗卫生筹资分析及启示》，《经济社会体制比较》2019 年第 3 期。

② 童伟、宁小花：《全民健康覆盖视角下的俄罗斯医疗卫生筹资分析及启示》，《经济社会体制比较》2019 年第 3 期。

③ 肖来付：《俄罗斯医疗保障制度改革的启示》，《中国社会报》2017 年 1 月 16 日。

控能力，为医疗卫生服务的公平性奠定了经济基础。①

在具体实施上，俄罗斯通过设立专门的国家规划、国家项目针对性地解决国家医疗卫生领域重大问题，使抽象宏观的国家战略通过目标明确的国家规划、国家项目变得更加具象、更加现实、更加具有可操作性。此外，俄罗斯还筹建了最高层级的领导机构，例如先后成立了国家优先发展项目总委员会（2005—2011 年）、国家优先项目和人口政策总统委员会（2012—2016 年）、战略发展和国家项目总统委员会（2016 年至今），以从顶层设计的角度审查和批准国家规划、国家项目的任务目标及实施方案，从宏观层面确保国家规划、国家项目的顺利实施，为推动全民健康覆盖奠定了组织基础。俄罗斯这种以政府为主导、加强医疗卫生领域顶层设计的思想与理念对于统筹协调国内外多方资源，化解各部门各领域矛盾与冲突，消除重复投入与低效支出，解决国计民生重大问题，具有明显优势，其效果也是极为显著的。

从我国的现实来看，虽然经过多年的改革和探索，我国已建成了"两纵"（职工医保和城乡居民基本医疗保险）、"三横"（基本医疗保险、医疗救助、商业健康保险或补充医疗保险）的基本医疗保障制度，全民医保在一些关键领域和环节取得了突破性改革进展。但在具体实施时，仍然存在保障主体不同、覆盖范围不同、保障力度不同、地域分配不均等问题，多元医保制度的差异化和碎片化比较明显，医疗保障水平不高，严重影响了医疗卫生服务的公平性和效益性。

因此，政府应充分认识医疗卫生服务事业的特殊性，加强医疗卫生管理的顶层制度设计，明确政府在公共卫生产品供给中的职责和角色定位，全面强化政府在卫生规划、投入、监管等各个环节的责任。② 在国家层面加快医疗卫生改革，理顺管理机制，做好统筹协调，优化卫生资源配置，注重卫生公平。同时还应完善财政制度，增加政府医疗卫生支出，根据各地经济发展状况，加大

---

① 童伟、宁小花：《全民健康覆盖视角下的俄罗斯医疗卫生筹资分析及启示》，《经济社会体制比较》2019 年第 3 期。

② 童伟、宁小花：《全民健康覆盖视角下的俄罗斯医疗卫生筹资分析及启示》，《经济社会体制比较》2019 年第 3 期。

中央对地方医疗卫生转移支付，关注弱势群体，重视政府在全民健康覆盖中的"兜底"责任，保障医疗卫生服务的公平性和可及性。①

2020 年 2 月 25 日，《中共中央 国务院关于深化医疗保障制度改革的意见》正式发布，指出要坚持以人民健康为中心，完善公平适度的待遇保障机制、健全稳健可持续的筹资运行机制、建立管用高效的医保支付机制、健全严密有力的基金监管机制、协同推进医药服务供给侧改革、优化医疗保障公共管理服务，深化医疗保障制度改革，通过统一制度、完善政策、健全机制、提升服务，增强医疗保障的公平性、协调性，着力解决医疗保障发展不平衡不充分的问题。这一文件的发布使我国医疗保障事业又迈向了一个新的里程碑，也让我们看到了中国政府在实现全民健康覆盖上所作出的努力和改革的决心②，这必将对我国全民健康覆盖带来新的机遇。

二、健全法律制度是实现全民健康覆盖的基本前提

通过立法明确基本医疗卫生服务的地位和财政保障机制是当前国际通行的做法。无论在苏联时期，还是解体后的叶利钦执政时期，以及后来的普京执政时期，俄罗斯历来都非常重视医疗卫生服务相关法律的建立和完善，其医疗保障体制改革也是在一系列法律文件框架下，按照政府和相关部门制定的规定、决议、条例、细则进行的③。《俄罗斯联邦宪法》《俄罗斯联邦保护公民健康的立法基础》《关于保护俄罗斯联邦公民健康的基本原则》《俄罗斯公民强制性医疗保险法》等从国家立法层面提供了国民医疗保障的制度框架。而《俄罗斯联邦强制性社会保险的基本原则》《关于建立联邦和地方强制医疗保险基金的规定》等行政法规以及总统令、联邦政府令、卫生和社会发展部令、医疗保障领域的中长期规划、构想等，则为医疗保障领域政策的具体实施奠定了

---

① 童伟、宁小花：《全民健康覆盖视角下的俄罗斯医疗卫生筹资分析及启示》，《经济社会体制比较》2019 年第 3 期。

② 童伟、宁小花：《全民健康覆盖视角下的俄罗斯医疗卫生筹资分析及启示》，《经济社会体制比较》2019 年第 3 期。

③ 童伟、宁小花：《全民健康覆盖视角下的俄罗斯医疗卫生筹资分析及启示》，《经济社会体制比较》2019 年第 3 期。

法律基础。俄罗斯各联邦主体也以国家法律法规为基础颁布实施地方医疗保障规划、决议、规定，进一步明确了各项法律法规的实施细则。这种从上而下的医疗保障法律体系构建模式，从不同角度对医疗卫生服务的资金保障、服务范围、支出标准、支出程序等进行了较为详细的规定，不仅使俄罗斯医疗卫生服务有法可依，同时对于各项政策的落地与顺利实施产生了极为明显的法律效应。[①]

此外，考虑到法律法规的制定也会存在考虑不周、不够严密等问题，俄罗斯十分重视法律法规的修订完善工作，注重政策的延续性和灵活性。[②] 如《俄罗斯联邦公民卫生流行病防疫法》，在 1999 年出台到 2019 年的 20 年间共修订 41 次，平均一年修订 2 次以上。《俄罗斯联邦强制医疗保险法》自 2010 年 11 月 29 日颁布后，截至 2020 年 4 月 24 日共修订 29 次，除 2017 年外，每年均有不同程度修订，修订主要体现在增补、变更和重新解释法条内容等三个方面。通常情况下，俄罗斯对法律进行修订的核心都在于使执行更有针对性、更具有可操作性，同时基于提高患者的自主权。此外，俄联邦政府及各联邦主体出台的强制医疗保险三年规划、国家免费医疗服务规划，也在每年不断完善和调整，以适应客观现实条件和满足居民医疗卫生服务的需求。

2019 年之前，我国虽然在医疗卫生领域的行政法规、地方性法规，以及其他相关规范性文件较多，但都处于低阶位，缺乏法律应该具有的权威性、规范性、强制性和可诉性。"没有全民健康，就没有全面小康。"[③] 近年来，我国政府也普遍认识到医疗卫生领域的法律建设问题，一直在探索以国家法律形式规范医疗卫生健康领域里的社会关系和行为。2019 年 12 月 28 日，十三届全国人大常委会第十五次会议通过了《中华人民共和国基本医疗卫生与健康促进法》，该法作为我国卫生与健康领域的第一部基础性、综合性法律，凸显了"保基本、强基层、促健康"理念，为做好新时期全民健康覆盖推进工作提供

---

① 童伟、宁小花：《全民健康覆盖视角下的俄罗斯医疗卫生筹资分析及启示》，《经济社会体制比较》2019 年第 3 期。

② 陈晓棠：《俄罗斯强制医疗保险制度构建的法律依据和实践经验》，《医学与法学》2016 年第 6 期。

③ 《习近平谈治国理政》第二卷，外文出版社 2017 年版，第 370 页。

了法理基础和法制保障。未来我国还需要进一步从立法角度，确立覆盖全民的基本医疗卫生制度的地位，围绕全民健康覆盖的多维度需求，不断完善我国医疗卫生服务法律，构建中国特色的公共卫生法律体系。

三、加大财政投入力度是实现全民健康覆盖的关键举措

加大公共卫生投入，是实现和谐社会的重要保障，要坚持基本医疗卫生服务的公益性，就必须要强化政府的支出责任和财政投入。随着俄罗斯对医疗卫生事业发展的重视，以及国家医疗卫生发展战略的不断推出，俄罗斯公共卫生支出规模不断扩大，逐步由 2011 年的 19331 亿卢布增长到 2019 年的 37897 亿卢布，10 年增长了 96.0%，占财政支出总额的比重也呈现出动态上升态势，逐步由 9.7% 上升到 10.2%，扩大了 5.9%（见图 7.1）。不断扩大的财政预算投入，不仅有力保障与支撑了俄罗斯医疗卫生领域国家战略目标的达成与实现，对于推动俄罗斯公共卫生服务规模与服务质量的提升也产生了较为明显的效应。与此同时，我国医疗卫生支出也在不断提高，2011—2018 年间由 6429 亿元提高到 15623 亿元，累计增长 143.0%，占财政支出总额的比重也明显上升，由 5.9% 提高到 7.1%，扩大了 20.0%，其提升速度明显高于俄罗斯，呈现非常好的发展态势。但从医疗卫生支出占财政支出的比重来看，俄罗斯医疗卫生支出十年平均占比 9.6%，中国平均占比 6.5%，表明中国在提升医疗卫生国家战略重视程度，扩大医疗卫生财政支出等方面还有进一步提升的空间（见图 6.1）。

因此，未来我国应进一步加大卫生领财政投入力度，在经济发展水平可行范围内逐步提高公共卫生支出的增长速度。但是，单纯追求卫生投入规模还是不够的，还须进一步合理安排公共卫生投入的分配、使用结构，优化卫生资源的分配管理，提高政府卫生投入的效率性和公平性。

四、实现医疗保障制度一体化是实现全民健康覆盖的核心要义

医疗保障一直遵循大数法则、互助共济的基本原则，只有扩大医疗保障的覆盖范围、提高医保基金统筹层次，才能在平衡医疗卫生负担同时降低基金风

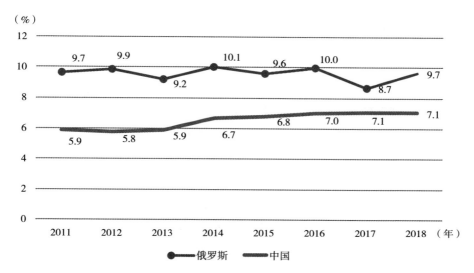

图 6.1　2011—2018 年中国和俄罗斯医疗卫生支出占财政支出比重情况

资料来源：全球卫生观察站数据库，见 http：//apps. who. int/gho/data/node. main. healthfinancing？lang＝en。

险，从而公平地保证人们的医疗待遇。① 一国的基本医疗保险制度作为一种制度型公共产品，具有明显的非竞争性和非排他性，政府在其中承担着主要的供给责任。② 从全球当前基本医疗保险制度改革方向来看，通过政策支持和财政投入，推进各类基本医疗保险制度并轨，用一体化的基本医疗保险制度覆盖全体国民，实现基本医保的全覆盖，是各国医疗保障体制改革的主要趋势。

作为一个具有复杂联邦制、多元文化、多民族的大国，俄罗斯在医疗保障制度建立之初就非常明确不走欧洲国家社会保障制度的"碎片化"道路，将基本医疗卫生服务供给视为国家立法强制实行的公益事业，将基本保障国民健康权视为公民生存权和社会公平权的一种体现。具体在基本医疗卫生服务供给上，不做职业、地区、群体上的区分，走制度一体化的全民医疗保险道路，所有公民均享有基本医疗服务的权利，在基本医疗卫生服务需求面前人人平等。

---

① 李青：《我国医疗保障事业发展的历程和经验》，《社会工作》2010 年第 8 期。

② 王俊华、蔡滨：《推进全民医保从形式普惠走向实质公平—国外医保模式的启示》，《苏州大学学报》2017 年第 5 期。

这种以法律法规的形式固定下来的一体化基本医疗卫生服务供给制度建构比较简单，医保对象全民化，方便政府对医疗保障机构的统一管理，既能提升医疗基金的使用效能，同时提高了医保制度的公平性，确保民众基本医疗保障待遇的均等化，得到了社会大多数民众的认可和支持，使俄罗斯强制医疗保险制度获得了一个稳定的社会改革空间。[①]

从我国基本医疗保障现状来看，虽然目前我国已经基本形成了中国特色的"两纵""三横"的基本医疗保障体系，对贫困人口参保与报销也提供进一步支持，搭建了我国主体层、托底层和补充层的多层次医疗保障体系框架，全民健康覆盖的人群目标已基本实现。但是，由于我国医疗保障体系是建立在长期城乡二元结构的基础上，基本医疗保障"碎片化"问题依然较为严重：城乡居民医保和城镇职工医保的医疗卫生服务包宽度和深度存在较大差异；城乡身份、职业隔阂、支付能力仍然影响着不同人群之间的医疗卫生服务利用情况和待遇水平[②]；不同区域在同一制度下的各个统筹单元起付线、封顶线和报销比例有高有低。这种"碎片化"的医疗保障局面不仅影响了基本医疗卫生服务的公平性，也容易带来医疗资源的重复建设和浪费，不利于医疗资源的高效、合理利用。

因此，在迈向全民健康覆盖目标的进程中，我国应借鉴俄罗斯医疗保障制度整合经验，打破目前制度条块分割导致的基本医保制度身份限制和地域"壁垒"，稳步升各类医保基金统筹层次，逐步均衡各级政府筹资责任负担，建立统一的医保待遇清单，加快建成统一的医保经办机制[③]，缩小城乡之间、区域之间以及各类基本医疗保障制度之间保障水平的差距，将现行分散化、碎片化的基本医疗保险制度，整合为个人缴费水平统一、政府补贴水平统一、给付结构统一的集中化、一体化的社会医疗保险制度，最终消除基本医疗保险的

---

① 陈晓棠：《俄罗斯强制医疗保险制度构建的法律依据和实践经验》，《医学与法学》2016年第 6 期。

② 宋大平：《全球、区域及国家视野下的全民健康覆盖：进程与挑战》，《中国卫生经济》2017 年第 5 期。

③ 郑功成、桂琰：《中国特色医疗保障制度改革与高质量发展》，《学术研究》2020 年第4 期。

城乡差距、地区差距、身份差距，实现卫生公平与正义，从而构建全民覆盖的一体化国民医疗保险制度模式①，真正实现基本医疗卫生服务全民覆盖，让所有民众都能享受到改革发展的成果。

五、加强卫生资金预算绩效管理是实现全民健康覆盖的重要手段

公共卫生政策能否得到有效贯彻和实施，公共卫生资金能否得到高效使用，在很大程度上依赖于政府卫生投入的预算绩效管理机制。如前所述，近年来，俄罗斯在医疗保障体制改革过程中，充分认识到了卫生资金绩效预算管理的重要作用，通过在国家卫生规划、国家卫生项目中设立明确的绩效目标和评价指标，广泛开展绩效评价，充分公开评价结果，健全激励约束机制，强化公开问责等措施，逐步设计了涵盖目标管理、过程管理、结果评价及其应用的覆盖预算周期全程的预算绩效管理体系，有效保障了卫生资金预期结果的有效实现。

伴随着中国经济体制改革向市场化的深入推进，我国社会保险制度也不断完善，基本形成了"广覆盖、保基本、多层次、可持续"的社会保险体系。社会保险基金预算也持续优化，在全口径预算管理模式下，体制改革推进加快、编制方法不断完善、预算质量稳步提升，为规范社会保险基金收支管理、提升社会保险基金运营效益提供了有力支撑。但是在社会保险待遇标准提高、整合监督力度加大的改革背景下，长期深层次的矛盾积累使我国社会保险基金预算在编制、执行和体系建设方面存在的问题逐步显现，也使社会保险基金预算管理面临一些新问题、新挑战，如社保基金预算执行力和约束力不够强，使得社保基金预算管理难以最大限度发挥作用等。医疗保险基金同样存在这些问题。

2018 年 9 月，中共中央、国务院印发《关于全面实施预算绩效管理的意见》，要求各级政府将社会保险基金预算全部纳入绩效管理，医疗保险基金作为社会保险基金的一部分也涵盖其中。因此，强化预算绩效管理，健全激励约

---

① 顾昕：《走向准全民公费医疗：中国基本医疗保障体系的组织和制度创新》，《社会科学研究》2017 年第 1 期。

束机制，既是俄罗斯保障国家医疗卫生战略达成的工具与方法，也是我国医疗卫生领域财政预算管理的不足与短板。借鉴俄罗斯相关经验，以民众需求为导向，以服务国家医疗卫生战略为核心，构建以规划预算为基础的医疗卫生预算管理体系，加强对医疗卫生服务的常规投入和紧急投入的全过程、全方位的跟踪绩效评价[1]，促进我国医疗卫生公共支出效应显著提升，应成为我国医疗卫生领域财政预算改革的重心。

第四节　俄罗斯基本医疗卫生财政保障改革的教训吸取

在借鉴俄罗斯基本医疗卫生财政保障改革方面经验的同时，我们也应充分意识到，俄罗斯对于医疗保障制度的改革并不彻底，还存在一些待改进之处，其中的教训也值得我们警惕与关注。

一、在基本医疗卫生财政保障中处理好中央和地方的关系

科学划分政府间支出责任是明确卫生领域政府和市场的基本分工、规范中央和地方支出行为、科学界定中央和地方卫生职能的基本前提，对保证政府卫生投入的可持续性、加快推进全民健康覆盖具有重大意义。[2] 如前所述，虽然根据俄罗斯宪法第 71 条和第 72 条，以及《俄罗斯联邦地方自治机构基本原则法》和《2005 年以前俄罗斯联邦财政联邦制发展纲要》，俄罗斯对联邦政府和地区政府的职权范围进行了划分，中央与地方预算在权限划分的明晰度上有了明显改进，且在 2011 年 11 月 21 日颁布的《关于保护俄罗斯联邦公民健康的基本原则》中对医疗保障中联邦政府与地区政府的权力和筹资责任作了一定规定。但是在具体执行过程中，依然存在各级政府间支出责任划分模糊、地区和地方政府的财权与事权划分不配套，中央财政转移支付制度实施得不够规范和透明等问题，这直接导致一方面地方政府滥用财政卫生资金，形成了预算软

---

[1]　孙琳、高司民：《公共卫生投入与预算绩效评价：基于新冠肺炎疫情的视角》，《财经智库》2020 年第 2 期。

[2]　孙菊：《中国卫生财政支出的实证分析》，中国社会科学出版社 2010 年版，第 190 页。

约束，影响基本医疗卫生服务的有效供给；另一方面由于绝大部分公共卫生支出由地方政府承担，给地方预算造成了较大的财政负担，导致许多财力薄弱的地方政府没有足够的资金投入医疗卫生服务领域，各联邦主体人均政府卫生支出差距甚大，进而影响了基本医疗卫生服务的公平性。

因此，我国要吸取相关教训，充分认识当前我国医疗卫生领域财政事权和支出责任划分存在的各种问题，在坚持共建共享原则，坚守互助共济本质的基础上，构建政府间卫生事权与支出责任划分的法律体系，科学调整各级政府的卫生财政支出责任，明确中央政府卫生投入的力度和重点，提高政府卫生投入的效果。值得一提的是，2018 年 7 月，国务院办公厅印发了《医疗卫生领域中央与地方财政事权和支出责任划分改革方案的通知》，明确了公共卫生、医疗保障、计划生育、能力建设四个医疗卫生具体领域中的中央财政事权、中央与地方共同财政事权，以及完全属于地方财政事权的范围，并详细阐述了中央政府对地方政府的分级转移支付力度，体现了政府对卫生和健康事业的主导作用和财政投入的决心，为进一步完善我国医疗卫生财政体制奠定了基础。

二、在基本医疗卫生供给中处理好政府和市场的关系

政府与市场的边界问题一直是经济学的核心议题之一。而在医疗卫生领域，随着社会的发展和民众对医疗卫生服务的多种需求，在基本医疗卫生服务中引入市场机制已成为当前各国医疗保障体制改革的主要趋势，而在这其中如何正确处理好政府与市场在医疗卫生事业发展中的关系已成为医疗保障改革的关键。

为了在有限的财政收入条件下保证医疗卫生服务的有效供给，俄罗斯实行政府与市场相结合的卫生筹资体系和医疗服务供给体系：在卫生筹资方面，除了国家一般预算外，通过建立强制医疗保险基金，构建多元化医疗保险机制，保证医疗卫生服务的资金来源；在医疗卫生服务供给方面，打破政府垄断，引入非国有成分，放宽强制医疗保险体系准入门槛，取消私人医疗机构进入强制医疗保险体系的限制，赋予被保险人自主选择医疗保险公司的权利，在保证基本医疗卫生服务的同时，满足了不同社会阶层对医疗卫生服务的需求，从而保

证医疗卫生服务的有效供给。①

但是在俄罗斯社会分层的背景下，由于富人和穷人对获得医疗卫生服务的需求和经济机会不同，能够负担私营医疗卫生服务的富人的存在刺激了私营部门的发展，出于利润动机私营卫生系统发展迅速，这一方面可以扩大医疗卫生服务消费者的选择范围。但是如果私人卫生系统增长到一定水平以上，就有可能导致基本医疗卫生服务出现两个不同级别的供给系统——私营部门提供高质量的医疗卫生服务，而公共卫生部门反而提供低质量的医疗卫生服务。在这种情况下，民众对免费医疗的需求未得到满足，不可避免地会产生对私营部门付费医疗卫生服务的需求，或者在公共卫生部门中通过"影子付款"获得有偿医疗卫生服务，破坏了医疗卫生服务供给系统并使低收入群体被边缘化②，民众基本医疗卫生服务可及性降低，最终造成医疗卫生服务的不公平分配，甚至使得贫富差距进一步扩大。这也是近年来俄罗斯私人卫生支出比例不断增加、私人卫生负担正在加重的主要原因。

因此，我国在医疗卫生领域引入市场机制过程中，一方面，应通过建立起调控有力、运行有序、富有生机的医疗服务市场运行机制，通过市场化改革，促进公平竞争，鼓励社会资本兴办医疗机构，调动各方面的积极性，提供高层次、高质量的医疗卫生服务，以满足广大群众多层次、多样化的医疗卫生服务需求，实现医疗卫生服务的有效供给；另一方面，还应把握适度性、整体性、系统性原则，统筹兼顾各方面的利益关系，坚持医疗卫生事业的公益性，建立合理的利益导向和激励机制，加强对医疗服务市场的监督和管理，警惕医疗卫生服务市场的过度市场化，保证老百姓在医改中得到实惠。

三、在医疗卫生资源配置中处理好供给和需求的关系

如前文所述，经过多年的财政投入和不断变革，俄罗斯免费医疗服务范围

---

① 童伟、庄岩：《俄罗斯医疗保障制度的启示与借鉴》，《中央财经大学学报》2014 年第10 期。

② Н. Н. Лайченкова，С. А. Нефедова，"Проблемы становления института государственно-частного партнерства в системе здравоохранения Российской Федерации"，*Ленинградский юридический журнал*，Vol. 47，No. 1（2017）.

不断扩大，医疗保障水平逐渐提高，基本医疗卫生服务供给情况、民众健康情况有了很大改善，但是客观存在的卫生资源设施不充足、不均衡问题依然较为突出，离高质量的全民健康覆盖还有一段距离，这些问题在新冠疫情中也暴露无遗。虽然俄罗斯能够及时动用全国之力抗击疫情，不断加大检测筛查力度，全力免费救治感染者，快速研发疫苗并且全民免费接种，使得俄罗斯新冠死亡率保持在较低水平，但依然存在着应急医疗救治能力不足的问题，面对重大突发公共卫生事件，不少医疗机构面临医护人员、防护及治疗设备和传染病专用床位的三重短缺[①]，导致新冠感染人数急剧上升，这在一定程度上打击了医护人员的工作积极性，影响了医疗系统效率；而在基层医疗卫生服务供给方面，由于俄罗斯在继承苏联医疗保障体之时主要强调专科和医院治疗，基层医疗卫生服务供给不足且能力较差，难以进行有效的健康预防和管理，使弱势群体和低收入阶层往往陷入公立卫生机构医疗服务供给不足和无力支付私立卫生机构高额费用的尴尬境地，因此缺乏有效的基层医疗卫生机构成为俄罗斯医疗保障体系中面临的最大问题。[②] 为了解决这一问题，近年来俄罗斯医疗保障制度改革多集中于强化基层医疗机构服务能力，提高基层医疗卫生服务的质量、水平及其可及性。

就我国来看，虽然近年来我国在医疗卫生领域的投入（尤其是医院建设）增长迅速、规模巨大，每千人拥有的医生人数和医院病床数量已接近或超过英美等发达经济体的水平，但中国老百姓"看病难"的问题却依然存在。这一问题的主要根源在于医疗卫生资源存在结构性供需失衡，导致医疗资源供需矛盾较为严重，主要表现为基层医疗服务机构人才缺位、硬件条件较差、服务能力较弱，加上长期以来我国居民更认同信任大医院专家的诊断和治疗，使得医联体双向转诊制度难以有效实施，影响了我国基本医疗卫生服务供给的可持续发展。

---

① 米元齐、肖兴雨：《俄罗斯公共医疗体系改革及问题分析》，《中国社会科学报》2020 年6 月15 日。

② 赵斌、王宗凡：《俄罗斯"免费医疗"对我国医保制度的启示》，《中国社会保障》2014 年第 5 期。

因此，我国应充分认识到当前人民日益增长的健康需求与医疗卫生资源不平衡、不充分之间的矛盾，推进我国基本医疗卫生服务的供给侧改革。通过加大对基层医疗卫生机构医护人才的培养、增加中高端医疗设备在一、二级医院及基层医疗卫生机构的采购与配置等措施，健全基层医疗卫生机构的各项服务功能，转变基层医疗卫生机构运行机制，发展以基层医疗卫生服务为基础的新型医疗卫生服务模式，发挥好基层医疗卫生机构在保障居民健康中的"守门人"作用。

参考文献

一、中文参考文献

［1］［美］阿瑟·奥肯：《平等与效率》，王奔洲等译，华夏出版社 1999 年版。

［2］安钢：《我国公共卫生支出效率评估及收敛性研究》，《统计与决策》2017 年第 3 期。

［3］邴媛媛等：《卫生服务的效率及其测量》，《中华医院管理杂志》2001 年第 5 期。

［4］曹燕等：《我国各省财政卫生投入的健康绩效比较》，《中国卫生经济》2010 年第 5 期。

［5］常凤姣等：《中国与俄罗斯医疗卫生状况的比较分析》，《中国社会医学杂志》2017 年第 2 期。

［6］陈共、王俊：《论财政与公共卫生》，中国人民大学出版社 2007 年版。

［7］陈浩：《卫生投入对中国健康人力资本及经济增长影响的结构分析》，《中国人口科学》2010 年第 2 期。

［8］陈家应等：《卫生服务公平性研究的理论与现实意义》，《中国卫生资源》2000 年第 4 期。

［9］陈琴：《完善公共财政对卫生领域投入的研究》，硕士学位论文，武汉大学，2005 年。

［10］陈晓棠：《俄罗斯强制医疗保险制度构建的法律依据和实践经验》，《医学与法学》2016 年第 6 期。

［11］陈晓棠：《俄罗斯卫生服务项目制供给与启示》，《中国卫生经济》2020 年第 7 期。

［12］陈昱方等：《新加坡卫生服务体制对我国卫生服务体制改革的启示》，《医学与社会》2012 年第 1 期。

［13］成刚等：《DEA 在公共卫生项目目标管理中的应用》，《中国卫生经济》

2008 年第 3 期。

[14] 程琳、廖宇岑：《地方政府医疗卫生支出效率及其影响因素分析：基于异质性随机前沿模型》，《中国卫生经济》2015 年第 1 期。

[15] 程晓明：《卫生经济学》，人民卫生出版社 2013 年版。

[16] 迟垚等：《全民健康覆盖实现程度的国际比较》，《中国卫生资源》，2016 年第 5 期。

[17] 楚廷勇：《中国医疗保障制度发展研究》，博士学位论文，东北财经大学，2012 年。

[18] 代英姿：《公共卫生支出：规模与配置》，《财政研究》2004 年第 6 期。

[19] 邓大松、郭婷：《我国医疗保障中政府角色与责任研究》，《长江论坛》2016 年第 4 期。

[20] 邓大松、吴迪：《我国公共卫生支出效率分析》，《广西经济管理干部学院学报》2015 年第 3 期。

[21] 邓子如等：《金砖国家卫生外交政策及其参与全球卫生治理的经验》，《中国卫生政策研究》2020 年第 8 期。

[22] 杜凤姣、宁越敏：《我国医疗卫生资源空间配置的公平性分析》，《中国城市研究》2015 年第 2 期。

[23] 杜乐励：《我国公共卫生投入及其绩效评价》，《中国卫生经济》2005 年第 11 期。

[25] 范迪军：《医保改革的德国经验》，《行政管理改革》2012 年第 4 期。

[26] 方福前：《公共选择理论—政治的经济学》，中国人民大学出版社 2000 年版。

[28] 高连克、杨淑琴：《英国医疗保障制度变迁及其启示》，《北方论丛》2005 年第 4 期。

[29] 耿嘉川、苗俊峰：《公共卫生支出的经济增长效应》，《社会科学研究》2008 年第 5 期。

[30] 龚文君、周健宇：《德国"混合型"医疗保障模式的理念、实践与启示》，《理论界》2012 年第 4 期。

[31] 龚相光、胡善联：《卫生资源配置的公平性分析》，《中华医院管理杂志》2005 第 2 期。

[32] 龚向光：《卫生资源配置的公平性分析》，《中华医院管理杂志》2005 年第 2 期。

[33] 顾昕：《公共财政转型与政府卫生筹资责任的回归》，《中国社会科学》

2010 年第 2 期。

[34] 顾昕：《社会医疗保险和全民公费医疗：医疗保障制度的国际比较》，《行政管理改革》2017 年第 12 期。

[35] 顾昕：《走向准全民公费医疗：中国基本医疗保障体系的组织和制度创新》，《社会科学研究》2017 年第 1 期。

[36] 华颖：《健康中国建设：战略意义，当前形势与推进关键》，《国家行政学院学报》2017 第 6 期。

[37] 关博：《俄罗斯医保制度改革及对我国的启示》，《北京劳动保障职业学院学报》2014 年第 8 期。

[38] 关海庭、刘莹：《中俄传统政治文化与社会转型比较研究》，《北京大学学报：哲学社会科学版》2013 年第 2 期。

[39] 郭军强、王林松：《我国公共财政卫生投入体制的研究》，《医学与哲学（A）》2007 年第 7 期。

[40] 郭平等：《内生增长模型下政府卫生支出对经济增长的贡献分析》，《统计与决策》2011 年第 7 期。

[41] 郭伟伟：《改善民生、促进社会和谐的成功实践—透视新加坡社会保障制度》，《东南亚纵横》2009 年第 11 期。

[42] 郭伟伟：《新加坡社会保障制度研究及启示》，《当代世界与社会主义》2009 年第 5 期。

[44] 韩华为、苗艳青：《地方政府卫生支出效率核算及影响因素实证研究——以中国 31 个省份面板数据为依据的 DEA-Tobit 分析》，《财经研究》2010 年第 5 期。

[45] 何枫等：《我国资本存量的估算及其相关分析》，《经济学家》2003 年第 5 期。

[46] 何子英、郁建兴：《全民健康覆盖与基层医疗卫生服务能力提升——一个新的理论分析框架》，《探索与争鸣》2017 年第 2 期。

[47] 胡晓义：《我国基本医疗保障制度的现状与发展趋势》，《行政管理改革》2010 年第 6 期。

[48] 黄冠：《建立卫生筹资公平性新视角》，《中国卫生经济》2011 第 5 期。

[49] 黄君洁：《公共财政框架中的健康投资问题》，《江西财经大学学报》2006 年第 3 期。

[50] 黄小平、方齐云：《我国财政卫生支出区域差异研究》，《中国卫生经济》2008 年第 4 期。

[51] 贾伊·普拉丹：《公共支出分析的基本方法》，中国财政经济出版社 2000

年版。

[52] 姜垣等：《卫生筹资公平性研究》，《卫生经济研究》2003 年第 3 期。

[53] 蒋春红等：《全民健康覆盖的内涵及我国推进全民健康覆盖的策略选择》，《中国卫生经济》2014 年第 8 期。

[54] 蒋春红、马敬东：《我国"全民医保"在"全民健康覆盖"进程中作用分析》，《中国卫生事业管理》2015 年第 2 期。

[55] 金荣学、宋弦：《新医改背景下的我国公共医疗卫生支出绩效分析——基于 DEA 和 Mulmquist 生产率指数的实证》，《财政研究》2012 第 9 期。

[56] 雷光和：《中国卫生系统公平性探析》，博士学位论文，武汉大学，2016 年。

[57] 雷晓燕、傅虹桥：《改革在路上：中国医疗保障体系建设的回顾与展望》，《经济资料译丛》2018 第 2 期。

[58] 李超凡等：《基本医疗卫生服务筹资模式的国际比较与应用》，《中国卫生资源》2016 年第 2 期。

[59] 李华、俞卫：《政府卫生支出对中国农村居民健康的影响》，《中国社会科学》2013 年第 10 期。

[60] 李建等：《湖南三县农村居民卫生服务利用公平性分析》，《中国农村卫生事业管理》2014 第 3 期。

[61] 李青：《我国医疗保障事业发展的历程和经验》，《社会工作》，2010 年第 8 期。

[59] 李琼：《印度医疗保障体系公平性分析》，《经济评论》2009 第 4 期。

[62] 李淑霞等：《我国医疗卫生支出的公共政策研究》，《中国卫生经济》，2002 年第 7 期。

[63] 李心怡等：《全民健康覆盖视角下的发展中国家卫生筹资机制比较》，《江苏预防医学》2017 年第 3 期。

[64] 李永全：《俄罗斯医疗保障体系改革》，社会科学文献出版社 2014 年版。

[65] 李珍：《基本医疗保险 70 年：从无到有实现人群基本全覆盖》，《中国卫生政策研究》2019 第 12 期。

[66] 李中海：《当代俄罗斯经济思想：知识重构及政策影响》，《俄罗斯研究》2020 年第 2 期。

[67] 梁立霖等：《全民健康覆盖的发展道路：基于外部视角》，《中国卫生政策研究》2013 年第 2 期。

[69] 刘楚、尹爱田等：《我国全科医生的配置公平性研究：基于基尼系数和泰

尔指数》，《中国卫生经济》，2017 年第 1 期。

[70] 刘婧：《我国基本医疗保险法治化的困境与出路》，《中国卫生法制》2020 年第 5 期。

[71] 刘叔申：《我国公共卫生支出的绩效评价》，《财贸经济》2007 年第 6 期。

[72] 刘晓凤：《卫生支出与政府职责研究——印度与俄罗斯的卫生支出启示》，《经济与管理评论》2008 年第 5 期。

[73] 刘兴柱、徐凌中：《我国公共卫生筹资改革措施评价》，《中国卫生资源》1998 年第 4 期。

[74] 刘勇政、张坤：《我国公共卫生支出的经济增长效应实证分析》，《北方经济》2007 年第 24 期。

[75] 陆南泉：《转型中的俄罗斯》，社会科学文献出版社 2014 年版。

[76] 骆永民：《公共卫生支出、健康人力资本与经济增长》，《南方经济》2011 年第 4 期。

[77] 马翠等：《中国与俄罗斯医疗卫生状况的比较》，《新疆医科大学学报》2011 年第 7 期。

[78] ［德］卡尔·马克思、［德国］弗里德里希：《恩格斯马克思恩格斯文集·第 1 卷》，人民出版社 2009 年版。

[79] 马振江：《论卫生领域效率和公平的特殊性》，《医学与哲学》1999 年第 5 期。

[80] 曼昆：《经济学原理》，梁小民译，北京大学出版社 1999 年版。

[81] 毛文琳、卫龙宝：《政府卫生支出规模对居民健康的影响研究》，《浙江社会科学》2020 年第 3 期。

[82] ［美］欧文·费雪：《资本和收入的性质》，商务印书馆 2018 年版。

[83] ［美］詹姆斯·亨德森：《健康经济学》，向运华等译，人民邮电出版社 2008 年版。

[84] 孟庆跃：《全民健康覆盖：从理念到行动》，《中国卫生政策研究》2014 年第 2 期。

[85] 米元齐、肖兴雨：《俄罗斯公共医疗体系改革及问题分析》，《中国社会科学报》2020 年 6 月 15 日。

[86] 牟俊霖：《我国医疗筹资的公平性研究——基于"中国健康与营养调查"的微观数据》，《人口与经济》2010 年第 6 期。

[87] 裴育、贾邵猛：《公共卫生体系建设中的财政保障机制研究》，《财政监督》2020 第 24 期。

［88］秦德占：《新加坡人民行动党和谐理念的践行与启示》，《新视野》2015 年第 5 期。

［89］任苒：《公共卫生的作用及政府职责》，《医学与哲学》2005 年第 8 期。

［90］石光：《概念、政策与策略：我国如何实现全民健康覆盖的目标》，《卫生经济研究》2013 年第 10 期。

［91］史妍嵋、孟璇：《俄罗斯的医疗问题及其解决》，《学习时报》2013 年 8 月 19 日。

［92］世界卫生组织：《2013 年世界卫生报告：全民健康覆盖研究》，2013 年。

［93］宋大平：《全球、区域及国家视野下的全民健康覆盖：进程与挑战》，《中国卫生经济》2017 年第 5 期。

［94］孙健夫、要敬辉：《公共财政视角下中国医疗卫生支出分析》，《河北大学学报（哲学社会科学版）》2005 年第 3 期。

［95］孙菊：《中国卫生财政支出的健康绩效及其地区差异——基于省级面板数据的实证分析》，《武汉大学学报（哲学社会科学版）》2011 年第 6 期。

［96］孙菊：《中国卫生财政支出的实证分析》，中国社会科学出版社 2010 年版。

［97］孙开、崔晓冬：《基本医疗卫生服务均等化与财政投入研究》，《地方财政研究》2011 年第 5 期。

［98］孙琳、高司民：《公共卫生投入与预算绩效评价：基于新冠肺炎疫情的视角》，《财经智库》2020 年第 2 期。

［99］锁凌燕、孙祁祥：《英美医疗保险体系比较研究及对中国的启示》，《保险研究》2007 年第 7 期。

［100］童伟、宁小花：《全民健康覆盖视角下的俄罗斯医疗卫生筹资分析及启示》，《经济社会体制比较》2019 年第 3 期。

［101］童伟、庄岩：《俄罗斯医疗保障制度的启示与借鉴》，《中央财经大学学报》2014 年第 10 期。

［102］童伟：《俄罗斯政府预算制度》，经济科学出版社 2013 年版。

［103］童伟等：《2012 年俄罗斯财经研究报告》，经济科学出版社 2012 年版。

［104］汪金峰等：《医疗保障制度：比较中的路径探索——以中国和俄罗斯为例》，《江汉学术》2014 年第 3 期。

［105］汪彦辉等：《我国实现全民健康覆盖目标的策略建议》，《南京医科大学学报（社会科学版）》2014 年第 3 期。

［106］汪云等：《我国医疗卫生服务效率及其改进策略》，《卫生经济研究》2007 年第 12 期。

［107］王弟海等：《健康人力资本、健康投资和经济增长——以中国跨省数据为例》，《管理世界》2008 年第 3 期。

［108］王根贤：《公共财政视角下的中国医疗卫生保障制度研究》，西南财经大学出版社 2008 年版。

［109］王海成、苏梽芳：《中国公共卫生支出与经济增长关系的再检验》，《统计与决策》2015 年第 1 期。

［110］王杰杰、何辉：《公共卫生支出是否提高了居民健康水平？—基于宏观和微观数据的实证分析》，《财政监督》2018 年第 11 期。

［111］王俊：《政府卫生支出有效机制的研究—系统模型与经验分析（第一版）》，《中国财政经济出版社》2007 年版。

［112］王俊：《中国政府卫生支出规模研究——三个误区及经验证据》，《管理世界》2007 年第 2 期。

［113］王俊华、蔡滨：《推进全民医保从形式普惠走向实质公平—国外医保模式的启示》，《苏州大学学报》2017 年第 5 期。

［114］王牧群：《"保险+医疗"模式：定义、现状与前瞻》，《区域治理》2019 年第 11 期。

［115］王文娟、付敏：《"健康中国"战略下医疗服务供给方式研究》，《中国行政管理》2016 年第 6 期。

［116］王晓洁：《中国公共卫生支出理论与实证分析》，中国社会科学出版社 2011 年版。

［117］王昕：《我国卫生总费用筹资分析与建议》，《中国软科学》2013 年第 11 期。

［118］王星、葛梦磊：《在市场化与福利化之间——俄罗斯免费医疗体制反思及其启示》，《学术研究》2014 年第 6 期。

［119］王宇丹：《21 世纪目睹之美国医改怪现状》，《环球》2017 年第 12 期。

［120］魏玉东：《社会转型时期中俄社会政策比较研究》，《辽宁教育行政学院学报》2009 年第 6 期。

［121］魏众、古斯塔夫森：《中国居民医疗支出不公平分析》，《经济研究》2005 年第 12 期。

［122］吴传俭：《全民健康覆盖理念下的医疗保险制度改善路径》，《中国卫生经济》2014 年第 11 期。

［123］肖来付：《俄罗斯医疗保险制度改革：现状、问题及前景》，《中国卫生经济》2015 年第 7 期。

［124］肖来付：《俄罗斯医疗保险制度改革的新进展》，《欧亚经济》2015 年第 4 期。

［126］徐海燕：《苏联与俄罗斯医疗保险制度比较》，《中共天津市委党校学报》2008 年第 5 期。

［127］徐坡岭：《新冠疫情下俄罗斯经济重启的制约因素及前景分析》，《渤海大学学报（哲学社会科学版）》2020 年第 6 期。

［128］徐坡岭：《新冠肺炎疫情对俄罗斯经济的影响：抗疫反危机措施，经济运行状况与增长前景》，《新疆财经》2020 年第 4 期。

［129］徐颖科：《我国卫生支出结构与 GDP 关系研究——基于 VEC 模型》，《山西财经大学学报》2010 年第 5 期。

［130］许凤才、梁洪琦：《俄罗斯人口危机及相应政策研究》，《辽宁师范大学学报（社会科学版）》2020 第 3 期。

［131］许敏兰、罗建兵：《公共卫生支出公平性的实证分析——基于基尼系数和泰尔指数的视角》，《湖南商学院学报》2011 年第 5 期。

［132］许艳丽：《透视俄罗斯免费医疗》，《天津社会保险》2016 年第 1 期。

［133］闫凤茹：《我国医疗卫生服务资源配置公平性研究》，《中国卫生资源》2010 年第 6 期。

［134］杨学来等：《卫生筹资系统公平性分析方法研究》，《中国卫生经济》2013 年第 3 期。

［135］杨艳、李晓梅：《卫生筹资公平性评价方法浅析》，《卫生软科学》2014 年第 9 期。

［136］杨洋：《我国卫生总费用与经济增长的动态关》，《中国卫生经济》2014 年第 7 期。

［137］尹冬梅等：《中国贫困农村地区卫生服务公平性研究》，《中国卫生经济》1999 年第 3 期。

［138］［印度］阿玛蒂亚·森，让·德雷兹：《经济发展与社会机会》，黄飞君译，社会科学文献出版社 2006 年版。

［139］喻月慧：《转型中的中俄医疗保险制度比较分析》，《中国卫生政策研究》2014 年第 1 期。

［140］詹姆斯·布坎南：《民主财政论》，商务印书馆 2002 年版。

［141］张朝阳、孙磊：《全民健康覆盖的内涵界定与测量框架》，《中国卫生政策研究》2014 年第 1 期。

［142］张岱年等：《中国文化概论》，北京师范大学出版社 2004 年版。

［143］张晖、许琳：《我国各地医疗卫生投入效果分析》，《卫生经济研究》2009 年第 4 期。

［144］张军等：《中国省际物质资本存量估算：1952—2000》，《经济研究》2004 年第 10 期。

［145］张宁、陈康民：《公共卫生服务系统的效率评估》，《上海理工大学学报》1992 年第 4 期。

［146］张宁等：《应用 DEA 方法评测中国各地区健康生产效率》，《经济研究》2006 年第 7 期。

［147］张胜军：《基本医疗卫生服务筹资模式的国际比较》，《求索》2016 年第 1 期。

［148］张彦琦等：《基尼系数和泰尔指数在卫生资源配置公平性研究中的应用》，《中国卫生统计》2008 年第 3 期。

［149］张毓辉：《中国卫生筹资公平性现状与挑战》，《卫生经济研究》2013 年第 8 期。

［150］张振忠：《中共中央国务院关于深化医药卫生体制改革的意见》，《中国康复医学会第七次全国老年医学与康复学术大会资料汇编》2012 年。

［151］张仲芳：《财政分权、卫生改革与地方政府卫生支出效率—基于省际面板数据的测算与实证》，《财贸经济》2013 年第 9 期。

［153］张仲芳：《国内外政府卫生支出测算方法、口径及结果的比较研究》，《统计研究》2008 年第 4 期。

［154］赵斌、王宗凡：《俄罗斯"免费医疗"对我国医保制度的启示》，《中国社会保障》2014 年第 5 期。

［155］赵斌等：《我国基本医疗保险制度发展历程》，《中国人力资源社会保障》2018 年第 1 期。

［156］赵飞虎、魏东晓：《我国卫生公平性现状评价和分析》，《人力资源管理》2014 年第 10 期。

［157］赵建国、苗莉：《中国医疗卫生支出公平性的实证分析》，《财政研究》2008 年第 7 期。

［158］赵玉川：《卫生医疗与社会经济发展的关系浅析》，《卫生经济研究》2004 年第 5 期。

［159］赵郁馨等：《我国基本医疗卫生服务筹资研究》，《卫生经济研究》2008 年第 3 期。

［160］郑功成、桂琰：《中国特色医疗保障制度改革与高质量发展》，《学术研

究》2020 年第 4 期。

［161］钟晓敏、杨六妹：《公私医疗卫生支出与经济增长关系的实证分析》，《财经论丛（浙江财经学院学报)》2016 年第 3 期。

［162］钟正东等：《全民健康覆盖下服务覆盖测量的发展、框架与启示》，《卫生经济研究》2019 年第 6 期。

［163］周婷：《跨国比较视角下政府卫生筹资影响健康水平的实证研究》，《世界经济研究》2017 年第 6 期。

［164］周旭东等：《公共财政框架下公共卫生支出的改革思路》，《中国卫生事业管理》2006 第 10 期。

［165］周寅：《财政投入对公共医疗卫生服务影响的探讨》，《求实》2006 年第 2 期。

［166］朱必祥：《人力资本理论与方法》，中国经济出版社 2005 年版。

［167］朱坤：《"全民健康覆盖"全球瞩目中国需加速进程》，《中国财经报》2019 年 7 月 16 日。

二、外文参考文献

［1］Aarva，P.，et al.，"Formal and Informal Payments in Health Care Facilities in Two Russian Cities，Tyumen and Lipetsk"，*Health Policy and Planning*，Vol. 24，No. 5（2009）.

［2］Aisa，R.，Pueyo，F.，"Government Health Spending and Growth in a Model of Endogenous Longevity"，*Economics Letters*，Vol. 90，No. 2（90）.

［3］Altman，D E.，Morgan D H.，"The role of state and local government in health"，*Health Affairs*，Vol. 2，No. 4（1983）.

［4］Antoun，J.，et al.，"Soviet Transition：Improving Health Services Delivery and Management"，*Mount Sinai Journal of Medicine：A Journal of Translational and Personalized Medicine*，Vol. 78，No. 3（2011）.

［5］Anjomshoa，M.，et al.，"Assessing progress in the national health financing system towards universal health coverage in Iran：a mixed-method study protocol"，*Health Research Policy and Systems*，Vol. 19，No. 1（2021）.

［6］Atems，B.，"Public Health Expenditures，Taxation，and Growth"，*Health Economics*，Vol. 28，No. 9（2019）.

［7］January.，"What are the advantages and disadvantages of restructuring a health care system to be more focused on primary care services？. "*Assistência，Saúde*（2004）.

［8］Baicker，K.，Skinner，J.，"Health care spending growth and the future of US tax rates", *Tax Policy and the Economy*, Vol. 25, No. 1(2011).

[9] Banker, R D. , "Charnes A, Cooper W W. Some models for estimating technical and scale inefficiencies in data envelopment analysis", *Management science*, Vol. 30, No. 9 (1984).

[10] Becker, S. , Human, A. , "Theoretical and Empirical Analysis, With Special Reference to Education", *New York Columbia University Press*, 1964.

[11] Behr, A. , Theune, K. , "Health system efficiency: A fragmented picture based on OECD data", *PharmacoEconomics-open*, Vol. 1, No. 3(2017).

[12] Berger, M. , Messer, J. , "Public financing of health expenditures, insurance, and health outcomes", *Applied Economics*, Vol. 34, No. 17(2002).

[13] Blam, I, Kovalev, S. , "Spontaneous commercialisation, inequality and the contradictions of compulsory medical insurance in transitional Russia", *Journal of International Development*, Vol. 18, No. 3(2006).

[14] Blank, R. , "When can public policy makers rely on private markets? The effective provision of social service", *The Economic Journal*, Vol. 110, No. 462(2000).

[15] Bleaney, M. , Gemmell, N. , "Kneller R. Testing the endogenous growth model: public expenditure, taxation, and growth over the long run", *Canadian Journal of Economics*, Vol. 34, No. 1(2001).

[16] Bogetic, Z. , et al. , "Securing Stability and Growth", *World Bank Russian Economic Report*, No. 25(2011).

[17] Borgonovi, E. , "Compagni A. Sustaining universal health coverage: the interaction of social, political, and economic sustainability", *Value in health*, Vol. 16, No. 1(2013).

[18] Busse, R. , Schlette, S. , "Health Policy Developments 7/8: Focus on Prevention, Health and Ageing, and Human Services", *Verlag Bertelsmann Stiftung, Gutersloh*, 2007.

[19] Carrin, G. , Politi, C. , "Exploring the Health Impact of Economic Growth, Poverty Reduction and Public Health Expenditure", World Health Organization, 1996.

[20] Cassiani, S. , "Strategy for universal access to health and universal health coverage and the contribution of the International Nursing Networks", *Revista latino-americana de enfermagem*, Vol. 22, No. 6(2014).

[21] Cevik, S. , Tasar, M. , "Public spending onhealth care and health outcomes: cross-country comparison", *Journal of Business, Economics*, Vol. 2, No. 4(2013).

[22] Chalkidou, K. , et al. , "Health technology assessment in universal health coverage", *The Lancet*, Vol. 382, No. 9910(2013).

［23］Cook，L J.，"Constraints on universal health care in the Russian federation：Inequality，informality and the failures of mandatory health insurance reforms"，*Journal of Self-Governance and Management Economics*，Vol. 3，No. 4（2015）.

［24］Cookson，R.，et al.，"Health equity monitoring for healthcare quality assurance"，*Social Science & Medicine*，Vol. 198，No. 6（2018）.

［25］Culyer，A J.，Chalkidou，K.，"Economic evaluation for health investments En route to universal health coverage：cost-benefit analysis or cost-effectiveness analysis？"，*Value in Health*，Vol. 22，No. 1（2019）.

［26］Cutler，D.，"Equality，efficiency，and market fundamentals：the dynamics of international medical-care reform"，*Journal of economic literature*，Vol. 40，No. 3（2002）.

［27］Cylus，J.，et al.，"Is there a statistical relationship between economic crises and changes in government health expenditure growth？An analysis of twenty – four European countries"，*Health services research*，2012，47（6）：2204－2224.

［28］De Maio，F G.，"Income inequality measures"，*Journal of Epidemiology & Community Health*，Vol. 61，No. 10（2007）.

［29］Organization，W H.，"Research for Universal Health Coverage"，2013.

［30］Economic，S.，Non-governmental，C R.，"Universal health coverage post-2015：putting peoplefirst"，*The Lancet*，Vol. 384，No. 9960（2014）.

［31］Filmer，D.，Pritchett，L.，"The impact of public spending on health：does money matter？"，*Social Science & Medicine*，Vol. 50，No. 10（2000）.

［32］Fotaki，M.，"Users' perceptions of health care reforms：quality of care and patient rights in four regions in the Russian Federation"，*Social Science & Medicine*，Vol. 63，No. 6（2006）.

［33］Victor，R.，"The Contribution of Health Services to American Economy"，*Milbank Memorial Fund Quarterly*，Vol. 23，No. 44（1966）.

［34］Fullman，N.，"Lozano R. Towards a meaningful measure of universal health coverage for the next billion"，*The Lancet Global Health*，Vol. 6，No. 2（2018）.

［35］Ulumbekova，G. E.，"Sistema zdravookhraneniya Rossiyskoy Federatsii：itogi，problemy，vyzovy i puti resheniya"，*Vestnik Roszdravnadzora*，Vol. 33，No. 2（2012）.

［36］Ooms，G.，et al.，"Great expectations for the World Health Organization：a Framework Convention on Global Health to achieve universal health coverage"，*Public Health*，Vol. 128，No. 2（2014）.

［37］González，E.，Cárcaba，A.，"Ventura J. Value efficiency analysis of health systems:does public financing play a role?", *Journal of Public Health*, Vol. 18, No. 4(2010).

[38]Gordeev, V., et al., "Two decades of reforms. Appraisal of the financial reforms in the Russian public healthcare sector", *Health policy*, Vol. 102, No. 2(2011).

[39]Gordeev, V., "Financial reforms and out-of-pocket payments in the Russian healthcare sector", 2014.

[40]Grigoli, F., Kapsoli, J., "Waste not, want not: the efficiency of health expenditure in emerging and developing economies", *Review of Development Economics*, Vol. 22, No. 1 (2018).

[41]Grossman, M., "On the concept of health capital and the demand for health", *Journal of Political Economy*, Vol. 80, No. 2(1972).

[42]Gunnarsson. V., Jafarov, E., "Government Spendingon Health Care and Education in Croatia: Efficiency and Reform Options", *International Monetary Fund*, 2008.

[43]Gupta, S., et al., "The effectiveness of government spending on education and health care in developing and transition economies", *European Journal of Political Economy*, Vol. 18, No. 4(2002).

[44]Hauner, D., Kyobe, A., "Determinants of government efficiency", *World Development*, Vol. 38, No. 11(2010).

[45]Herrera, S., Pang, G., "Efficiency of public spending in developing countries: An efficiency frontier approach", *The World Bank*, 2005.

[46]Heshmati, A., "On the causality between GDP and health care Eexpenditure in augmented Solow growth model", *SSE/EFI Working Paper Series in Economics and Finance*, 2001.

[47]Hogan, D R., et al., "Monitoring universal health coverage within the Sustainable Development Goals: development and baseline data for an index of essential health services", *The Lancet Global Health*, Vol. 6, No. 2(2018).

[48]Hsu, Y C., "The efficiency of government spending on health: Evidence from Europe and Central Asia", *The Social Science Journal*, Vol. 50, No. 4(2013).

[49]Раздел. I. V., Раздел, X., "Основы законодательства Российской Федерации об охране здоровья граждан от 22 июля 1993 г. N 5487-1", 1993.

[50]Ibrahim, M., Daneshvar, S., "Efficiency analysis of healthcare system in Lebanon using modified data envelopment analysis", *Journal of healthcare engineering*, Vol. 15, No. 6 (2018).

[51]Institute of Modern Russia., "Russia's Healthcare System: Current State of Affairs

and the Need for Reforms", 2016.

［52］Jaba, E. , et al. , "The relationship between life expectancy at birth and health expenditures estimated by a cross-country and time-series analysis", *Procedia Economics and Finance*, Vol. 108, No. 15(2014).

［53］Kalmikov, N. , Rekhtina, N. , "The Health-Care System Issues and Prospects in the Russian Federation", *Biology and Medicine*, Vol. 8, No. 4(2016).

［54］Kulkarni, L. , "Health inputs, health outcomes and public health expenditure: evidence from the BRICS countries", *International Journal of Applied Economics*, Vol. 31, No. 1 (2016).

［55］Marmot, M. , et al. , "Building of the global movement for health equity: from Santiago to Rio and beyond", *The Lancet*, Vol. 379, No. 9811(2012).

［56］Marmot, M. , "Commission on Social Determinants of Health. Achieving health equity: from root causes to fair outcomes", *The Lancet*, Vol. 370, No. 9593(2007).

［57］Marquez, P V. , "Public spending in Russia for health care: issues and option", *The World Bank*, 2008.

［58］Matheson, D. , "Will universal health coverage(UHC)lead to the freedom to lead flourishing and healthy lives? ", *International journal of health policy and management*, Vol. 4, No. 1(2015).

［59］Mayer, D. , "The long-term impact of health on economic growth in Latin America", *World development*, Vol. 29, No. 6(2001).

［60］Mayer, S. , Sarin, A. , "Some mechanisms linking economic inequality and infant mortality", *Social science & medicine*, Vol. 60, No. 3(2005).

［61］McKee, M. , et al. , "Universal health coverage: a quest for all countries but under threat in some", *Value in Health*, Vol. 16, No. 1(2013).

［62］Mj, A. , et al. , "The impact of health expenditures on public health in BRICS nations", *Journal of Sport and Health Science*, Vol. 8, No. 6(2019).

［63］Mohapatra, S. , Mishra, P. , "Composition of Public Expenditure on Health and Economic Growth: A Cointegration Analysis and Causality Testing", *IUP Journal of Public Finance*, Vol. 9, No. 2(2011).

［64］Mohanty, R K. , Behera, D K. , "How Effective is Public Health Care Expenditure in Improving Health Outcome? An Empirical Evidence from the Indian States", *Working Papers*, 2020.

［65］Serra, R. , Smith, P. , "Does progress towards universal health coverage improve population health?", *The Lancet*, Vol. 380, No. 9845(2012).

[66] Kalmikov, N. N. , Rekhtina, N. V. , "The Health-Care System Issues and Prospects in the Russian Federation", *Biology and Medicine*, Vol. 8, No. 4(2016).

[67] Newhouse, P. , "Medical-care expenditure: a cross-national survey", *The Journal of Human Resources*, Vol. 12, No. 1(1977).

[68] Novignon, J. , et al. , "The effects of public and private health care expenditure on health status in sub-Saharan Africa: new evidence from panel data analysis", *Health economics review*, Vol. 2, No. 1(2012).

[69] Organisation for EconomicCo-operation and Development. , "The Social Crisis in the Russian Federation", *OECD Publishing*, 2001.

[70] Piabuo, S. , Tieguhong, J. , "Health expenditure and economic growth-a review of the literature and an analysis between the economic community for central African states (CEMAC) and selected African countries", *Health economics review*, Vol. 7, No. 1(2017).

[71] Popovich, L. , et al. , "Russian Federation: health system review", 2011.

[72] Preker, A. , et al. , "'Make or buy' decisions in the production of health care goods and services: new insights from institutional economics and organizational theory", *Bulletin of the World Health Organization*, Vol. 78, No. 6(2000).

[73] Qureshi, M. , "Human development, public expenditure and economic growth: a system dynamics approach", *International Journal of Social Economics*, Vol. 36, No. 1(2009).

[74] Randall, G. , "Public Goods Theory and Public Policy", *The Journal of Value Inquiry*, Vol. 34, No. 2(2000).

[75] Ravallion, M. , Bidani, B. , "Decomposing Social Indicators Using Distributional Data", *The World Bank*, 1999.

[76] Retzlaff-Roberts, D. , Chang, C. , "Rubin R M. Technical efficiency in the use of health care resources: a comparison of OECD countries", *Health policy*, Vol. 69, No. 1(2004).

[77] Reshetnikov, V. , et al. , "Analysis of the Financing of Russian Health Care over the Past 100 Years", *International Journal of Environmental Research and Public Health*, Vol. 16, No. 10(2019).

[78] Samsonova, V. , "Private Healthcare Market in Russia: Outlook for 2017 – 2019", 2017.

[79] Savedoff, W. , et al. , "Political and economic aspects of the transition to universal health coverage", *The Lancet*, Vol. 380, No. 9845(2012).

[80] Scheil-Adlung, X. , "Global evidence on inequities in rural health protection: new

data on rural deficits in health coverage for 174 countries", *International Labour Organization*, 2015.

［81］Schultz, T. , "Investment in Human Capital", *The American Economic Review*, Vol. 51, No. 1(1961).

［82］Sen, A. , "Development as freedom", *New York*:*Alfred A. Knopf*, 1999.

［83］Sheiman, I. , Shevski, V. , "Evaluation of health care delivery integration:the case of the Russian Federation", *Health Policy*, Vol. 115, No. 2(2014).

［84］Shishkin, S. , "Health Finance System Reform in Russia", *Revue d'etude comparative Est/Ouest.* Vol. 29, No. 3(1998).

［85］Shishkin, S. , "Priorities of the Russian health care reform", *Croatian Medical Journal*, 1998, Vol. 57, No. 29(1998).

［86］Sinitsina, I. , "Public Expenditure on Education and Health in Russian Federation Before and During the Global Crisis", *CASE Network Reports*, 2011.

［87］Sokol, R. , et al. , "How local health departments work towards health equity", *Evaluation and Program Planning*, Vol. 101, No. 65(2017).

［88］Stabile, M. , Thomson, S. , "The changing role of government in financing health care:an international perspective", *Journal of Economic Literature*, Vol. 52, No. 2(2014).

［89］Stewart, H. , et al. , "Perspectives of lived experience across continents:our reality and call for universal health coverage", *The Lancet Psychiatry*, Vol. 8, No. 1(2021).

［90］Stockholm Region office in St. Petersburg. , "Russian Healthcare System Overview", 2010.

［91］Tanzi, V. , Schuknecht, L. , "Reconsidering the fiscal role of government:the international perspective", *The American Economic Review*, Vol. 87, No. 2(1997).

［92］The Ministry of Health of the Russian Federation. , "On the outcome of the Russian Ministry of Health in 2014 and tasks for 2015", *The Ministry of Health of the Russian Federation*, 2015.

［93］Tompson, W. , "Healthcare reform in Russia:problems and prospects". 2007.

［94］Vertakova, J. , Vlasova, O. , "Problems and trends of Russian health care development", *Procedia Economics and Finance*, Vol. 34, No. 16(2014).

［95］Wagstaff, A. , Van Doorslaer, E. , "Equity in the finance of health care:some international comparisons", *Journal of health economics*, Vol. 11, No. 4(1992).

［96］Wang, L. , "Health outcomes in poor countries and policy options:empirical findings from demographic and health surveys", *The World Bank*, 2002.

［97］Walker,C. ,Peterson,C. ,"Universal health coverage and primary health care: Their place in people's health",*Journal of Evaluation in Clinical Practice*,2020.

［98］WHO. "The World Health Report 2010. Health Systems Financing:The Path to Universal Coverage",Geneva,2010.

［99］Williams,J. ,et al. ,"Achieving equity in an evolving healthcare system:opportunities and challenges",*The American journal of the medical sciences*,Vol. 351,No. 1(2016).

［100］Wolfe,B. ,"Health status and medical expenditures:is there a link?",*Social Science & Medicine*,Vol. 22,No. 10(1986).

［101］World Health Organization. ,"Monitoring progress towards universal health coverage at country and global levels:framework, measures and targets",*World Health Organization*,2014.

［102］World Health Organization. ,"World Healh Report:Health SystemsFinancing:the path to universal Coverage(Arabic)",*World Health Organization*,2010.

［103］World Health Organization. ,"The role of government in health development",*Regional Office for the Eastern Mediterranean*,2006.

［104］World Health Organization. ,"Theworld health report 2000－Health systems:improving performance",2010.

［105］Yip,W. ,Hafez,R. ,"World Health Organization. Improving Health System Efficiency:Reforms for improving the efficiency of health systems:lessons from 10 country cases",*World Health Organization*,2015.

［106］Younger,D. ,"Health care in the Russian Federation",*Neurologic clinics*,Vol. 34,No. 4(2016).

［107］Котягин,А. В. ,"Особенности организационно-экономических моделей мирового и российского здравооханения",*Вектор науки ТГУ*. 2009. №9. C. 43－48.

［108］Рагозин,А. В. ,et al. ,"Эффективность национальной системы здравоохранения: соответствует ли используемая модель финансирования здравоохранения объективным условиям страны",*Здравоохранение Российской Федерации*,2013. №2. C. 3－9.

［109］Зубец,А. Н. ,Новиков,А. В. ,"Качество медицинских услуг,оказываемых российскому населению, в условиях социальных преобразований",*Гуманитарные науки. Вестник Финансового университета*,2017. №2. C. 58－63.

［111］Перхов, В. И., Люцко, В. В., "Макроэкономические расходы наздравоохранение в России и за рубежом",*Современные проблемы здравоохранения и медицинской статистики*, 2019.

［112］Гасников, В. К. , et al. , "О Результативности реформ в дравоохранении за двадцатилетний период после принятия конституции Российской Федерации", *Медицинский альманах*, 2015. №3. С. 7–9.

［113］Кораблев, В. Н. , Дементьева, Е. Л. , "Система показателей оценки эффективности медицинской помощи в здравоохранении", *Дальневосточный медицинский журнал*, 2014. №4. С. 94–98.

［114］Назаров, В. С. , Авксентьев, Н. А. , "Российское здравоохранение: проблемы и перспективы", *Финансовый журнал*. 2017. №4. С. 9–23.

［116］Улумбекова, Г. З. , "Обоснование уровня государственного финансированияздравоохранения для улучшения здоровья населения Российской Федерации", *Проблемы социальной гигиены*, 2013. №3. С. 32–34.

［117］Улумбекова, Г. Э. , et al. , "Финансирование здравоохранения в России (2021 – 2024 гг.). Факты и предложения", *ОРГЗДРАВ: Новости. Мнения. Обучение. Вестник ВШОУЗ*, 2019.

［118］Улумбекова, Г. Э. , "Предложения РАН и вшоуз по доработке федерального проекта 'Старшее поколение', *ОРГЗДРАВ: Новости. Мнения. Обучение. Вестник ВШОУЗ*, 2018.

［119］Гузель Эрнстовна Улумбекова. , "Здоровье населения и здравоохранение в России и республикетатарстан: анализ проблем и перспективы", *Казанский медицинский журнал*, 2010. №3. С. 297–308.

［120］Роднянский, Д. В. , Валеева, Г. Ф. , "Государственно-частное партнерство в сфере здравоохранения: региональный анализ", *Международный журнал прикладных наук и технологий «Integral»*, 2019. №1. С. 387–389.

［121］Николаюк, Е. А. , "Самооценка здоровья и самосохранительное поведение сельских жителей и дачников Костромской области", *Социальные аспекты здоровья населения*, 2015. №3. С. 43.

［122］Козыренко, Е. И. , Авдеева, Л. О. , "Современное состояние финанси-рования здравоохранения в России", *Вестник Астраханского государственного технического университета. Серия: Экономика*, 2019. №1. С. 153–164.

［123］Савельева, Ж. В. , et al. , "Информационная доступность медицинских услуг в контексте справедливости здравоохранения", *Казанский медицинский журнал*, 2017. №4. С. 613–617.

［124］ Тащилина, И. П. , " Систематизация источников формирования финансовых ресурсов здравоохранения в России ", *Вестник Ростовского государственного экономического университета（РИНХ）*,2009. №2. С. 176–182.

［125］ Чебуханова, Л. В. , Кузнецова, О. А. , " Эффективность бюджетных расходов на социальное развитие России（на примере здравооранения）", *Серия：Гуманитарные науки*,2014.

［126］ Товмач, Л. Н. , Михина, И. В. , " Проблемы и перспективы развития и финансирования здравоохранения в Российской Федерации", *Серия：Естественные и технические науки*,2015. №4. С. 795–797.

［127］ Гринкевич, Л. С. , " Сергей Анатольевич Банин. Одноканальное финансирование：нз прошлого в будущее здравоохранения России", *Финансы и кредит*,2016. №2. С. 2–20.

［128］Лазарева,Д. , "Практика применения государственно-частного партнерства в сфере здравоохранения Российской Федерации", *Тенденции и перспективы государственного управления социально-экономическим развитием регионов и территорий*. 2018.

［130］ Федорова, Н. В. , " Одноканальная система финансирования здравоохранения в РФ：преимущества и недостатки", *Научное обозрение. Экономические науки*,2016. №3. С. 61–63.

［131］ Яшина, Н. Г. , et al. , " Методика оценки эффективности управления бюджетными ресурсами в сфере здравоохранения", *Экономический анализ：теория и практика*,2015. №4. С. 15–24.

［132］Калмыков,Н. Н. ,et al. , "Бруева. Общая оценка системы здравоохранения（по результатам экспертного опроса）", *СМАЛЬТА*,2017. №5. С. 32.

［133］Лайченкова, Н. Н. , Нефедова, С. А. , "Проблемы становления института государственно-частного партнерства в системе здравоохранения Российской Федерации", *Ленинградский юридический журнал*,2017.

［134］ Коробкова, О. К. , " Управление медицинскими услутами на основе одноканального финансирования системы здравооранения", *Региональныепроблемы экономических преобразований*,2015. №4. С. 69–73.

［135］Щепин,О. П. ,Коротких, Р. В. , " Перспективы развития здравоохранения Российской Федерации", *Здоровье и общество*,2015. №2. С. 3–6.

［136］ Щепин, О. П. , Медик, В. А. , " Общественное здоровье и *здравоохранение"*, *ГЭОТАР-Медиа*, 2012.

［137］Кундакчя, Р. М.，"Институциональные проблемы развития отраслей социальной сферы（на примере здравоохранения）", *Экономика и управление в сфере кслуг*, 2010. №5. С. 417−421.

［138］Анатольевич, С. А.，"Анализ современного состояния реформирования системы здравоохранения россии", *Экономика и социология здравоохранения*, 2017. №3. С. 215−220.

［139］Шишкин, С. В.，et al.，"Здравоохранение: современное состояние и возможные сценарии развития", *Изд-во НИУ ВШЭ*, 2017.

［140］Шишкин, С. В.，et al.，"Здравоохранение: современное состояние и возможные сценарии развития", *Изд-во НИУ ВШЭ*, 2017.

［141］Аймалетдинов, Т. А.，Моженкова, Е. М.，"Угрозы принципам социальной справедливости в Российсокой системе здравоохранения", *Мониторинг обществ-енного мнениия*, 2015. №6. С. 67−78.

［142］Туренко, Т. А.，"Методические подходы к оценке результативности и эффективности здравоохранения на основе данных официальной статистики", *Известия Байкальского государственного университета*, 2013. №4. С. 120−125.

［143］Чубарова, Т. В.，"Финансово-экономические аспекты доступности медицинских услуг в России", *Acta Biomedica Scientifica*, 2016. №5. С. 84−89.

［144］Тагаева, Т. О.，азанцева, К. К.，"Направления современной политики в области здравоохранения с целью улучшения общественного здоровья в Российской Федерации", *Интерэкспо Гео-Сибирь*, 2017. №2. С. 28−34.

［145］Указ П Р Ф.，"от 7 мая 2012 года № 606 «О мерах по реализации демографической политики Российской Федерации»", *Российская газета*, 2012.

责任编辑:曹　春

封面设计:汪　莹

图书在版编目(CIP)数据

俄罗斯财经研究报告.2022—2023年:全民健康覆盖下俄罗斯基本医疗
　卫生财政保障/中央财经大学俄罗斯东欧中亚研究中心 组织编写;
　童伟,宁小花 著. —北京:人民出版社,2024.1
ISBN 978 - 7 - 01 - 026241 - 3

Ⅰ.①俄…　Ⅱ.①中…②童…③宁…　Ⅲ.①财政经济-研究报告-俄罗斯-
　2022-2023　Ⅳ.①F815.12

中国国家版本馆 CIP 数据核字(2023)第 251052 号

俄罗斯财经研究报告(2022—2023 年)

ELUOSI CAIJING YANJIU BAOGAO 2022–2023 NIAN

——全民健康覆盖下俄罗斯基本医疗卫生财政保障

中央财经大学俄罗斯东欧中亚研究中心 组织编写　童 伟　宁小花 著

人民出版社 出版发行

(100706　北京市东城区隆福寺街 99 号)

北京盛通印刷股份有限公司印刷　新华书店经销

2024 年 1 月第 1 版　2024 年 1 月北京第 1 次印刷
开本:710 毫米×1000 毫米 1/16　印张:21.25
字数:324 千字

ISBN 978 - 7 - 01 - 026241 - 3　定价:128.00 元

邮购地址 100706　北京市东城区隆福寺街 99 号
人民东方图书销售中心　电话 (010)65250042　65289539